应用型高等院校规划教材

# 市场营销理论与实务

王彦长　主编

图书在版编目(CIP)数据

市场营销理论与实务 / 王彦长主编. —合肥:安徽大学出版社,2012.8(2013.11重印)
应用型高等院校规划教材
ISBN 978-7-5664-0533-3

Ⅰ.①市… Ⅱ.①王… Ⅲ.①市场营销学—高等学校—教材 Ⅳ.①F713.50

中国版本图书馆 CIP 数据核字(2012)第 173470 号

---

## 市场营销理论与实务

王彦长 主编

| | |
|---|---|
| 出版发行 | 北京师范大学出版集团 |
| | 安 徽 大 学 出 版 社 |
| | (安徽省合肥市肥西路 3 号 邮编 230039) |
| | www.bnupg.com.cn |
| | www.ahupress.com.cn |
| 印　　刷 | 合肥金福来印务有限公司 |
| 经　　销 | 全国新华书店 |
| 开　　本 | 184mm×260mm |
| 印　　张 | 24.75 |
| 字　　数 | 520 千字 |
| 版　　次 | 2012 年 8 月第 1 版 |
| 印　　次 | 2013 年 11 月第 3 次印刷 |
| 定　　价 | 45.00 元 |

ISBN 978-7-5664-0533-3

---

责任编辑:朱丽琴　龚婧瑶　　　　　　　　　装帧设计:戴　丽
责任印制:陈　如

**版权所有　侵权必究**

反盗版、侵权举报电话:0551—65106311
外埠邮购电话:0551—65107716
本书如有印装质量问题,请与印制管理部联系调换。
印制管理部电话:0551—65106311

# 编委会

**主　编**　　王彦长

**副主编**　　何叶荣　姚　垚

**编　委**（排名不分先后，以姓氏笔画为序）

　　　　　　王彦长　王　亮　王　敏
　　　　　　张乃书　张保花　何叶荣
　　　　　　孟凡会　姚　垚　蔡文芬

# 前 言

在竞争日益激烈的市场经济时代,市场营销知识已经成为在市场经济大潮中拼搏的人们必备的知识,掌握市场营销技能的人已经成为企业的抢手人才。市场营销学是一门建立在经济科学、行为科学和现代管理理论基础之上的新兴应用科学,是教育部高教司指定的高等院校工商管理类专业核心课程之一。市场营销学是研究以满足消费者需求为中心的企业市场营销活动过程及其规律性的一门学科,越来越多的企业、非营利组织,乃至政府部门,正以空前的热情,创新、开拓和深化企业营销、行业营销、城市营销以及国家营销等领域。在这个充满机遇和挑战的时代,全面系统地学习现代市场营销理论知识,掌握营销应用技能,对于有志从事市场营销工作及事业开拓者来说,是一个迫切的学习课题。

应用型人才的培养急需理论的指导。在新形势下,市场营销教学如何才能更好地适应时代的发展,更好地把握时代的脉搏,适应当代应用型本科教育发展趋势是我们一直思考的问题。时代的发展,呼唤具有中国市场特色的应用型市场营销新教材的诞生。

《市场营销理论与实务》的编写,就是顺应这样的一种时代要求。本书的编者大都是应用型本科院校市场营销专业骨干教师,教学效果突出、科研成果丰硕,在专业课程建设、师资队伍建设、实践教学体系建设、教材建设等方面进行过有益的探索并取得了一定的成绩。本书的编写出版,是集体智慧的结晶,融汇了编者多年来在市场营销领域的新体会和新感悟。在浩瀚书海中,追求与众不同的风格,是我们一直努力的方向。本书的主要特色体现在:

一是凸显应用性。"压缩理论知识,加大实践操作"是我们编写本书的主要宗旨,也是本书与以往市场营销教材的最大区别之处。理论知识以"够用、实用、适用、好用"为基本原则,突出教材的营销实战。为突出应用性,本书的编者采集和自编了许多市场营销案例,力求以案例说话,增强实战氛围;每章后面还设有一定深度的"案例分析"和尝试增加了带有实战意味的"应用训练",力求提高学生的独立思考能力,力求提高学生解决营销问题的实际动手能力。

二是凸显时代感。本书在案例的选用上力求时效性,多选用近期国内市场发生的例子,围绕社会热点,突出本学科最新研究成果,体现内容的先进性和时代感,努力使教材与时代合拍。通过"知识链接"、"市场聚焦"等栏目穿插介绍了大量市场营销的新策略、新知识等,开阔学生的视野,使教材增加了一定的新鲜度,彰显与时俱进。

三是凸显可读性。本书的编者力戒枯燥的说教,想方设法增加可读性。在生动的基础上,力求使理论与实例融为一体,教材中各章开篇设有"案例导引",每章后附有能够反映我国市场营销实践中面临具体问题的"案例分析"、"本章小结"、"思考与练习"、"应用训练",中间还有新开辟的精彩营销故事的"市场回放",使学生在学习时不仅能开动脑筋、开拓视野,还能增加学习兴趣。本书结构严谨、形式活泼,力求将营销理论与营销实战熔为一炉,增强了学习中的趣味性。

编　者<br>2012 年 6 月

# 目 录

**第一章　市场与市场营销学** ……………………………………………………… (1)
　　第一节　市场概述 …………………………………………………………… (2)
　　第二节　市场营销学的产生与发展 ………………………………………… (5)
　　第三节　市场营销思维的演进 ……………………………………………… (12)
　　　　本章小结 ………………………………………………………………… (16)
　　　　本章习题 ………………………………………………………………… (16)
　　　　案例研讨 ………………………………………………………………… (16)
　　　　应用训练 ………………………………………………………………… (19)

**第二章　顾客价值与顾客满意** …………………………………………………… (20)
　　第一节　顾客价值 …………………………………………………………… (21)
　　第二节　顾客满意 …………………………………………………………… (26)
　　第三节　顾客忠诚 …………………………………………………………… (32)
　　第四节　客户关系管理 ……………………………………………………… (36)
　　　　本章小结 ………………………………………………………………… (40)
　　　　本章习题 ………………………………………………………………… (41)
　　　　案例研讨 ………………………………………………………………… (41)
　　　　应用训练 ………………………………………………………………… (43)

**第三章　规划企业营销战略** ……………………………………………………… (45)
　　第一节　企业营销战略与规划 ……………………………………………… (46)
　　第二节　规划总体战略 ……………………………………………………… (51)
　　第三节　规划经营战略 ……………………………………………………… (59)
　　第四节　市场营销管理 ……………………………………………………… (62)
　　　　本章小结 ………………………………………………………………… (65)
　　　　本章习题 ………………………………………………………………… (66)

案例研讨 …………………………………………………………… (66)
　　应用训练 …………………………………………………………… (68)

## 第四章　市场营销环境 …………………………………………… (69)

　第一节　市场营销环境 …………………………………………… (70)
　第二节　宏观市场环境 …………………………………………… (76)
　第三节　微观市场环境 …………………………………………… (83)
　　本章小结 …………………………………………………………… (87)
　　本章习题 …………………………………………………………… (87)
　　案例研讨 …………………………………………………………… (87)
　　应用训练 …………………………………………………………… (89)

## 第五章　市场行为分析 …………………………………………… (90)

　第一节　消费者购买行为分析 …………………………………… (91)
　第二节　生产者购买行为分析 …………………………………… (100)
　第三节　中间商购买行为分析 …………………………………… (106)
　第四节　非营利组织市场购买行为分析 ………………………… (113)
　　本章小结 …………………………………………………………… (117)
　　本章习题 …………………………………………………………… (118)
　　案例研讨 …………………………………………………………… (118)
　　应用训练 …………………………………………………………… (118)

## 第六章　市场调研与预测 ………………………………………… (120)

　第一节　市场营销信息系统 ……………………………………… (121)
　第二节　市场调研方法 …………………………………………… (126)
　第三节　市场需求的测量与预测 ………………………………… (136)
　　本章小结 …………………………………………………………… (143)
　　本章习题 …………………………………………………………… (144)
　　案例研讨 …………………………………………………………… (144)
　　应用训练 …………………………………………………………… (146)

## 第七章　目标市场营销战略 ……………………………………… (147)

　第一节　市场细分 ………………………………………………… (148)
　第二节　目标市场选择 …………………………………………… (155)
　第三节　市场定位 ………………………………………………… (161)

本章小结 …………………………………………………………（172）
　　本章习题 …………………………………………………………（172）
　　案例研讨 …………………………………………………………（172）
　　应用训练 …………………………………………………………（174）

## 第八章　竞争性市场营销战略 …………………………………（175）

　第一节　竞争者分析 ………………………………………………（175）
　第二节　基本竞争战略 ……………………………………………（180）
　第三节　企业的市场竞争地位与营销战略选择 …………………（185）
　　本章小结 …………………………………………………………（192）
　　本章习题 …………………………………………………………（192）
　　案例研讨 …………………………………………………………（192）
　　应用训练 …………………………………………………………（195）

## 第九章　产品策略 …………………………………………………（196）

　第一节　产品整体概念 ……………………………………………（197）
　第二节　产品的生命周期策略 ……………………………………（200）
　第三节　产品组合策略 ……………………………………………（204）
　第四节　新产品开发策略 …………………………………………（206）
　第五节　品牌策略 …………………………………………………（210）
　　本章小结 …………………………………………………………（216）
　　本章习题 …………………………………………………………（217）
　　案例研讨 …………………………………………………………（217）
　　应用训练 …………………………………………………………（219）

## 第十章　价格策略 …………………………………………………（220）

　第一节　定价的基本要素 …………………………………………（221）
　第二节　定价方法 …………………………………………………（223）
　第三节　定价策略 …………………………………………………（228）
　　本章小结 …………………………………………………………（236）
　　本章习题 …………………………………………………………（236）
　　案例研讨 …………………………………………………………（236）
　　应用训练 …………………………………………………………（237）

## 第十一章　渠道策略 ………………………………………………（240）

　第一节　分销渠道概述 ……………………………………………（241）

第二节　中间商 ………………………………………………………… (244)
　　第三节　分销渠道设计与选择 ………………………………………… (250)
　　第四节　电子分销 ……………………………………………………… (260)
　　　本章小结 ………………………………………………………………… (262)
　　　本章习题 ………………………………………………………………… (263)
　　　案例研讨 ………………………………………………………………… (263)
　　　应用训练 ………………………………………………………………… (267)

第十二章　促销策略 …………………………………………………………… (270)
　　第一节　促销与促销组合 ……………………………………………… (271)
　　第二节　人员推销策略 ………………………………………………… (275)
　　第三节　广告策略 ……………………………………………………… (283)
　　第四节　公共关系策略 ………………………………………………… (289)
　　第五节　销售促进与直复营销 ………………………………………… (293)
　　　本章小结 ………………………………………………………………… (297)
　　　本章习题 ………………………………………………………………… (298)
　　　案例研讨 ………………………………………………………………… (298)
　　　应用训练 ………………………………………………………………… (299)

第十三章　市场营销计划、组织与实施 …………………………………… (301)
　　第一节　市场营销计划 ………………………………………………… (302)
　　第二节　市场营销组织 ………………………………………………… (305)
　　第三节　市场营销实施 ………………………………………………… (313)
　　第四节　市场营销控制 ………………………………………………… (315)
　　第五节　市场营销审计 ………………………………………………… (324)
　　　本章小结 ………………………………………………………………… (328)
　　　本章习题 ………………………………………………………………… (329)
　　　案例研讨 ………………………………………………………………… (329)
　　　应用训练 ………………………………………………………………… (331)

第十四章　市场营销创新 …………………………………………………… (332)
　　第一节　整合营销 ……………………………………………………… (333)
　　第二节　绿色营销 ……………………………………………………… (335)
　　第三节　水平营销 ……………………………………………………… (340)
　　第四节　网络营销 ……………………………………………………… (342)

|第五节 体验营销 | (346) |

　本章小结 (351)
　本章习题 (351)
　案例研讨 (351)
　应用训练 (353)

## 第十五章 国际市场营销 (355)

第一节 国际市场营销概述 (356)
第二节 国际市场营销环境 (361)
第三节 国际市场营销战略 (366)
　本章小结 (373)
　本章习题 (373)
　案例研讨 (374)
　应用训练 (376)

## 参考文献 (377)

## 后　记 (381)

# 第一章
# 市场与市场营销学

## 学习目标

▶ 了解市场的起源
▶ 掌握市场概念和基本要素
▶ 理解市场营销学的诞生与成长过程
▶ 深刻领会市场营销思维观念的演变

## 案例导引

### "肥西老母鸡"更名惹争议

肥西老母鸡农牧科技有限公司于2012年3月3日下午正式宣布,肥西老母鸡升级为"老乡鸡"。企业品牌更新升级,本是一件平常事,而肥西老母鸡此举却在网上掀起了轩然大波。

肥西老母鸡是合肥土生土长的快餐连锁品牌,品牌价值高达35.6亿元,其商标去年被国家工商总局认定为"中国驰名商标"。如今,再塑新品牌,可谓是"一掷千金"。业内人士称,"老乡鸡"品牌塑造之路机遇与挑战并存,成败要由市场来检验。

肥西老母鸡现已成为合肥29个"中国驰名商标"之一。乘着风头正劲,肥西老母鸡快餐连锁大举扩张,走向全国,目前其连锁店总数已经突破260家。"在合肥本地以及周边地区,肥西老母鸡这个品牌,很容易被人接受,但在外地发展,还是有一定局限性。"肥西老母鸡品牌创始人束从轩坦言,升级为"老乡鸡"是市场需要,前期也进行了充分论证,逐步实现品牌升级。

其实,不论是市民还是网民,他们关心的并不只是一家企业。因为,肥西老母鸡,还是一个地方的历史记忆。"从肥东到肥西,买了一只老母鸡。"这句顺口溜在合肥地区叫了几十年。肥西老母鸡品牌创始人束从轩也就是从这句顺口溜中发现商机并塑造品牌的。此次肥西老母鸡更名,使得人们担心,更名"老乡鸡"后,也就什么鸡都用了,再也喝不到正宗的肥西老母鸡汤、找不回儿时的记忆了。为此,有人在网上直呼:"还我老母鸡"。

针对人们广泛关心的"老乡鸡"原料问题,肥西老母鸡农牧科技有限公司董事长束从轩明确表示,今后在"老乡鸡"快餐店里,人们仍然能喝到正宗肥西老母鸡汤,口味不会变,还是坚定不移地用肥西老母鸡做原料,并且加大养殖肥西老母鸡的投入。

商家更换品牌,并不新鲜,其目的无外乎是为了打开新局面、推行新战略、开创新事业。

(资料来源:中国畜牧兽医专业人才网)

## 第一节 市场概述

### 一、市场起源

"市场"在汉英词典中的解释是:market,是商品交换的场所。纵观人类社会发展史,市场是伴随着人类社会的发展而发展的,是社会分工和经济发展的必然产物,同时,市场在其发育和壮大过程中,也推动着社会分工和商品经济进一步向纵深发展。市场通过信息反馈,直接影响着人们生产什么、生产多少,以及销售时间和销售状况,联结商品经济发展过程中的产、供、销各方,为产、供、销各方提供交换场所、交换时间和其他交换条件,从而实现商品生产者、商品经营者和商品消费者各方的利益。

从我国古代的一些文献资料中可追寻到市场起源的记载。《周易·系辞》中就市场的起源写道:"神农日中为市,致天下之民,聚天下之货,交易而退,各得其所。"司马光在《资治通鉴》中也说:"神农日中为市,致天下之民,聚天下之货,交易而退,此立市始。"这两种说法都认为原始市场是从神农氏的时代开始出现的。但神农是传说中的上古帝王,不一定实有其人。不过有一点可以肯定,我国古代社会进入农业时期,社会生产力有了一定发展后,先民们就开始有了少量剩余产品可以交换,因而产生了原始市场。"市"在古代也称作"市井",这是因为最初的交易都是在井边进行的。《史记·正义》写道:"古者相聚汲水,有物便卖,因成市,故曰市井。"古时在尚未修建正式市场之前,常是"因井为市"的。这样做有两点好处:一是解决商人、牲畜用水之便;二是可以洗涤商品。

在周朝的正式市场中,每日的交易活动分三次举行:"朝市"在早晨,"大市"在午后,"夕市"在傍晚。参加夕市贸易的,都是小商小贩。市场设有门,进入市门交易,叫"市入",市入之时,有小吏执鞭守于门口,以维护市入秩序。

西汉时,全国有六大商业城市,以国都长安为首。它依靠水陆商路的便利与全国其他著名商市,如洛阳、邯郸、临淄、成都联系,形成一个全国性的商业网。司马迁说:"关中之地,于天下三分之一,而人众不过什三;然量其富,什居其六。"可以想见,长安城更是财富集中、物质殷阗。

南唐尉迟偓《中朝故事》记载:"每阅市场,登酒肆,逢人即与相喜。"清兰陵忧患生《京华百二竹枝词》描述:"新开各处市场宽,买物随心不费难。"

随着社会的不断发展,人类文明的不断进步,市场也越来越发达和繁荣。特别是电脑的问世,网络的推广,社会交往的网络虚拟化程度越来越高,给人类开拓了全新的市场。到了新世纪,市场不一定是真实的场所和地点,当今许多买卖都是通过计算机网络来实现的。我国目前最大的电子商务网站"淘宝网"就是一个虚拟市场。淘宝网,亚洲第一大网络零售商圈,致力于创造全球首选网络零售商圈,由阿里巴巴集团于2003年5月10日投资创办。淘宝数据显示,2010年淘宝网注册用户达到3.7亿人,在线商品数达到8亿种,最多的时候每天6000万人访问淘宝网,平均每分钟出售4.8万件商品。同时,以淘宝商城为代表的B2C业务交易额在2010年翻4倍。淘宝网单日交易额峰值达到19.5亿元,分别超过北京、上海、广州三地社会消费品零售单日额,由此可见网络的神奇魅力。我们已经迈入了实体市场和"虚拟市场"共存的时代,"虚拟市场"的出现使市场的内涵进一步丰富化和立体化了。

**二、市场的概念及基本要素**

(一)什么是市场

经济学家认为市场是一个商品经济的范畴,是商品内在矛盾的表现,反映的是供求关系,是商品交换关系的总和。管理学家认为,市场是供需双方在共同认可的一定条件下所进行的商品或劳务的交换活动。

美国营销学家菲利普·科特勒博士(Dr. Philip Kotler)指出:"市场是由一切具有特定欲望和需求,并且愿意和能够以交换来满足这些需求的潜在顾客所组成的。"

我国营销学家吴健安认为:市场是商品经济中生产者与消费者之间为实现产品或服务价值,满足需求的交换关系、交换条件和交换过程。

一般来说,狭义的市场是指商品交换的场所,由商品的买卖双方、实现商品买卖行为的地点及设施等简单要素组成。广义的市场是指买卖双方商品交换关系的总和。现代社会,商品交换不再局限于某一区域,商品交易对象不再局限于有形的物品,市场行为除了交易外,已经扩展到服务、管理、公关等领域。

人类社会发展到现在这个阶段,我们对于现代社会市场的理解,应该有新的诠释,我们可以从以下4个方面来进一步加深对现代市场的理解:

**1. 市场是商品交换的场所,是买卖双方发生交易的时空区域**

现代社会的市场,可以说是一个地理概念,也可以是非地理的概念,是广漠的时空区域,市场能做多大,取决于你的思维所能够企及的范畴。

**2. 市场是买卖双方多维思维撞击的交集点**

现代社会,由于时空变幻,人们的思维束缚区域少且其扩散程度高。经济的高速发展,和谐社会的构建,外来思想的冲击,为买卖双方思维的发散提供了极为广阔的空间;现代社会人们已经挣脱了二元思维,人们思维的触角是多维的,买卖双方多维思维撞击的交集点便构成了新时代的市场。

**3. 市场是买者与卖者"视界"的重合区域**

一个人的"视界"是他多年来形成的思维视野,一个人"视界"的形成受成长环境和生活阅历的影响,不同的生活阅历便形成了不同的视域范围,对买者和卖者来说,其在成长过程中,形成的"视界"大小及范围是不一样的,他们的重合区域便是当今的市场。

**4. 市场是买主、卖主力量的结合,是商品供求双方力量相互作用的总和**

"买方市场"、"卖方市场"这些名词反映了供求力量的相对强度,反映了交易力量的不同状况。在买方市场中,商品供给量大于需求量,需求力量占据有利地位,商品价格趋于下降,顾客支配着销售关系;在卖方市场中,商品的需求量大于供给量,卖方就成了支配交易关系的主导方面,商品价格趋于上升。营销人根据市场供求力的相对强弱,分析变化趋势,有利于企业的营销决策。

(二)市场的构成要素

市场规模的大小取决于消费者人口、消费者购买欲望和购买力,用公式表示如下:

市场＝消费者人口＋购买欲望＋有货币支付能力的购买力

消费者人口的多少,决定着市场容量的大小,人口的状况影响着市场需求的内容和结构。2011年4月28日,第六次全国人口普查主要数据公报发布,此次人口普查登记的全国总人口为1339724852人,可见中国的市场容量很大。

购买欲望指消费者购买商品的愿望、要求和动机。它是把消费者的潜在购买力变为现实购买力的重要条件。

购买力是人们支付货币购买商品或劳务的能力,在人口状况既定的条件下,购买力的高低决定了市场的大小。

市场的这三个因素是相互制约、缺一不可的,只有三者结合起来才能构成现实的市场,才能决定市场的规模和容量。比方说,一个国家或地区人口众多,但收入很低,购买力有限,则不能构成容量很大的市场;反之,购买力虽然很大,但人口很少,也不能成为很大的市场。只有人口既多,购买力又强,才能成为一个有潜力的大市场。

## 三、市场的功能

(一)交换和集聚功能

交换和集聚功能是市场的最基本功能。在商品经济条件下,商品生产者出售商品,消费者购买商品,都是通过市场进行的。市场不仅为各方提供交换商品的场所,而且通过等价交换的方式促成商品所有权在各当事人之间让渡和转移。与此同时,市场通过提供流通渠道,组织商品存储和运输,推动商品实体从生产者手中向消费者手中转移,完成商品实体相交换。这种促成和实现商品所有权交换与实体转移集聚的活动,是市场最基本的功能。尽管随着社会的发展,商品的范围已扩展到各种无形产品及生产要素,如服务、信息、技术、资金、房地产、劳动力、产权等,但上述商品仍然是通过市场完成其交换和集聚运动的。

（二）引领和自洁功能

商品生产者生产什么生产多少,要不停地看市场的脸色,商品生产者和商品经营者能否在市场上站得住脚,也要看市场是否给面子,这些都说明市场本身具有引领和自洁功能。市场在交换活动中产生的经济信息非常重要,商品出售者和购买者在市场上进行交换活动的同时,需要不断关注有关生产、消费等方面的信息,这些都是市场上商品供应能力和需求能力的反应,是市场供求变动趋势的预示,其实质反映了社会资源在各部门的配置比例。企业根据商品的市场销售状况的信息反馈,对消费偏好和需求潜力做出判断和预测。企业对市场信息把握得准确与否,将直接导致企业在市场的成败,从而优胜劣汰一部分企业。

（三）调节和再分配功能

市场在运转过程中,在其内在机制的作用下,能够自动调节社会经济的运行过程和基本比例关系。市场作为商品经济的运行载体和现实表现,本质上是价值规律发生作用的实现形式。价值规律通过价格、供求、竞争等作用形式转化为经济活动的内在机制。市场机制以价格调节、供求调节、竞争调节等方式,对社会生产、分配、交换、消费的全过程进行自动调节。例如,调节社会资源在各部门、行业、企业间的配置与生产产品总量和种类构成;调节各个市场主体之间的利益分配关系;调节市场商品的供求总量与供求结构;调节社会消费水平、消费结构和消费方式等。在上述调节的基础上,最终达到对社会经济基本比例关系的自动调节,同时也对社会财富起着一个再分配的效果。调节和再分配功能是市场最主要的具有核心意义的功能。

# 第二节　市场营销学的产生与发展

市场营销学从产生至今,已经近百年了。它是在19世纪末20世纪初从自由竞争资本主义向垄断资本主义过渡,资本主义基本矛盾日益尖锐化的基础上产生的,迄今大体经历了以下几个阶段：

## 一、初创阶段（19世纪末～20世纪30年代）

人类的市场经营活动，从市场出现就开始了，进入19世纪，伴随世界经济的发展，资本主义的固有矛盾日益尖锐，频频爆发的经济危机，迫使企业日益关心产品销售，研究如何更有效地应对竞争，在实践中不断探索市场运动的规律。19世纪末到20世纪初，世界主要资本主义国家先后完成了工业革命，垄断组织加快了资本的积聚，使生产规模迅速扩大。这一时期，以泰罗为代表的"科学管理"理论应运而生，企业的生产效率大大提高，生产能力大大增强，但一些产品的销售遇到了困难。为了解决产品的销售问题，一些经济学家和企业家根据企业销售活动的需要，开始研究销售的技巧，研究各种推销方法。1905年，美国宾夕法尼亚大学开设了名为"产品的市场营销"的课程，1912年，第一本以分销和广告为主要内容的《市场营销学》教科书在美国哈佛大学问世，这是市场营销学从经济学中分离出来的起点。但这时的市场营销学主要研究有关推销术、分销及广告等方面的问题，而且仅限于某些大学的课堂中，并未引起社会的重视，也未应用于企业营销活动中。

## 二、形成阶段（1931年～第二次世界大战爆发）

从20世纪30年代到第二次世界大战结束，是市场营销学逐步应用于社会实践的阶段。1929～1933年，资本主义国家爆发了严重的经济危机，导致生产过剩、产品大量积压，因而，企业如何将产品转移到消费者手中就很自然地成了企业和市场学家们认真思考和研究的课题，市场营销学也因此从课堂走向了社会实践，并初步形成体系。这期间，美国相继成立了全国市场营销学和广告学教师协会（1926年）、美国市场营销学学会（1936年）。理论与实践的结合促进了企业营销活动的发展，同时，也促进了市场营销学的发展。但这一阶段的市场营销仍局限于产品的推销、广告宣传、推销策略等，仅处于流通领域。

## 三、发展阶段（二次大战后～20世纪60年代末、70年代初）

20世纪50年代后，随着第三次科技革命的发展，劳动生产率空前提高，社会产品数量剧增，花色品种不断翻新，市场供过于求的矛盾进一步激化，研究如何推销的市场营销学，显然不能适应新形势的需求。许多市场学者纷纷提出了生产者的产品或劳务要满足消费者的需求与欲望，以及营销活动的实质就是企业对于动态环境的创造性的适应的观点。从而，使市场营销学发生了一次变革，企业的经营观点从"以生产为中心"转为"以消费者为中心"，市场也就成了生产过程的起点而不仅仅是终点，营销也就突破了流通领域，延伸到生产过程及售后过程；市场营销活动不仅是推销已经生产出来的产品，而且是通过对消费者的需要与欲望的调查、分析和判断，通过企业整体协调活动来满足消费者的需求。

进入20世纪70年代,市场营销学发展势头加快,市场营销学更紧密地结合经济学、哲学、心理学、社会学、数学及统计学学科,而成为一门综合性的边缘应用科学,并且出现了许多分支,例如,消费心理学、工业企业市场营销学、商业企业市场营销学等。菲利普·科特勒曾经形象地总结说,经济学是市场营销学之父,行为科学是市场营销学之母,数学是市场营销学的祖父,哲学是市场营销学的祖母。市场营销学无论在国内还在国外都得到了广泛的应用。这一期间还涌现了许多新概念:

（一）市场营销组合

1950年左右,尼尔·鲍顿开始采用"市场营销组合"这个概念,确立了营销组合的12个因素,他指出营销学家将比经济学家(他们主要关心价格)、销售人员(他们关心推销)和广告人员(他们重视创造需求)等走得更远。

（二）产品生命周期

乔尔·迪安在他的关于有效定价政策的讨论中采用了"产品生命周期"的概念,对产品市场作了开拓期、拓展期和成熟期的划分。这个概念经多次修正,至今依然是一个使人们感到有趣和有争议的问题。

（三）品牌形象

1955年西德尼·莱维提出了"品牌形象"这个概念,尤其为广告人员和公关人员所偏爱,它创造了各种研究机会,扩大了就业,并证明了巨额的广告费支出对于建立品牌形象是有益的。

（四）市场细分

1956年温德尔·斯密介绍了一个内涵丰富的概念,也就是"市场细分",认为一个市场的顾客是有差异的,他们有不同的需要,寻求不同的利益。要求公司对市场进行细分,而不仅仅停留在产品差异上,要把市场细分视为一种战略。

（五）市场营销概念

1957年通用电气公司的约翰·麦克金特立克阐述了所谓"市场营销概念"的哲学,并称它为"公司效率和长期盈利的关键"。他认为,一个组织,脚踏实地从发现顾客的需要,然后给予各种服务,最终使顾客得到满足,它便是以最佳方式完成了组织自身的目标,这是何等不同凡响的见解,正如顾客所希望的。市场营销概念的重点从"以产定销"移到了"以销定产"。

（六）营销审计

1959年,哥伦比亚大学的阿贝·肖克曼让我们见识了"营销审计"这一概念。如此众多的公司被关在生产、产品或营销导向的圈子里,不知如何去寻找公司的发展机会和途径。许多公司实际上已经死了,或正在走向死亡却全然不觉。公司应该定期进行营销审计,以检查它的战略、结构和制度是否与它们最佳的市场机会相吻合。

以上是 20 世纪 50 年代出现的一些被誉为"里程碑式的概念",由此 50 年代被称为"金色的 50 年代"。

**四、完善阶段(20 世纪 70 年代至今)**

这一阶段,市场营销理论发展更为迅速,营销学家们思维的视角更加广阔,不但思考到消费者的需求,还联系到营销中的社会责任。涌现的主要营销理论有:

(一)4P 组合

1960 年,美国营销学家杰罗姆·麦肯锡提出了著名的"4P 组合",即产品、价格、地点、促销。他们的英文都是以"P"开头的,因此,被誉为"4P 组合"。

(二)营销近视症

1961 年,西奥多·雷维特发表了著名的"营销近视症"理论,他认为,有些行业在困难期间,衰退的原因在于他重视的是"产品",而不是"顾客需要"。任何产品都只是满足一个持久需要的现有手段,一旦有更好的产品出现,便会取代现有产品。

(三)生活方式

1963 年,威廉·莱泽提出了"生活方式"这个令人着迷的概念。这一概念曾为某些社会学家所用,各种生活方式比社会阶层更为生动地向我们揭示了人们的消费方式。看到一对衣着入时的"雅皮士"夫妇,我们也许能猜出他们喜欢吃些什么、喝些什么和穿些什么。我们越来越多地按照某一特定生活方式生活的群体需要来设计产品。

(四)买方行为理论

1967 年,约翰·霍华德和杰迪逊·西斯提出了精湛的"买方行为理论"。约翰打算为他们合写的书取名《买方行为通论》,而杰迪逊则想采用《买方行为初探》的标题,最后他们达成了协议,标题定为《买方行为理论》。后来当他们在 1969 年将此文扩写为一本书时,标题就定为《买方行为理论》。

(五)扩大的营销概念

1969 年,西德尼·莱维和菲利普·科特勒提出了"扩大的营销概念"。他们认为,营销学不仅适用于产品和服务,也适用于组织、人、地方和意识形态。所有的组织,不管它们是否进行货币交易,不管它们干得好或坏,事实上都是在营销。

## (六)社会营销

1971年,杰拉尔德·查特曼和菲利普·科特勒提出了"社会营销",促使人们注意到营销学在传播意义重大的社会目标方面可能产生的作用,如环境保护、计划生育、改善营养、适用安全带等等。社会营销在斯堪的纳维亚地区、加拿大、澳大利亚和若干发展中国家的发展速度比它在美国还要快,而在近几年,一些国际组织如国际开发署、世界卫生组织和世界银行也开始承认这一概念。

## (七)低营销

1971年,西德尼·莱维和菲利普·科特勒提出了"低营销"这一概念,他们认为,在某种环境中,营销经理必须掌握如何有选择地或全面地减少需求水平的技能,就像他擅长扩大需求一样,他们阐述了如何把不同的营销组合用于降低市场需求。

**知识链接**

### 低碳营销

20世纪90年代联合国环境与发展会议通过了全球《21世纪议程》,要求各国根据本国的情况,制定各自的可持续发展战略、计划和对策。一些国家纷纷推出以环保为主题的"绿色计划",积极树立绿色营销观念,实施绿色营销。也就是企业营销活动中必须体现社会价值观、伦理道德观,充分考虑社会效益,既自觉维护自然生态平衡,更自觉抵制各种有害营销,自始至终谋求消费者利益、企业利益与环境利益的协调,既要充分满足消费者的需求,实现企业利润目标,也要充分注意自然生态平衡。

低碳经济是指在可持续发展理念指导下,通过技术创新、制度创新、产业转型、新能源开发等多种手段,尽可能地减少煤炭、石油等高碳能源消耗,减少温室气体排放,达到经济社会发展和生态环境保护双赢的一种经济发展形态。低碳经济已经成为现阶段各国正在实行或将要实行的经济发展模式。目前在全球范围内,"低碳经济"已经从概念走向现实,对实体经济影响正在逐渐加大,同时给人类带来的将是一场前所未有的价值观念、发展模式、生活方式的革命。

低碳营销正是在环境保护形势日益严峻的状况和低碳经济逐渐形成的驱动下产生的。而由此催生的低碳营销必然会日益深化并成为21世纪的主流营销模式——绿色营销。

低碳经济时代,企业主动实施低碳营销是企业在营销实践中主动承担社会责任的积极反映,也是企业可以保持长久竞争优势的一个重要筹码。

(资料来源:百度百科)

## （八）定位

1972年，美国营销大师阿尔·里斯和杰克·特劳特在《广告时代》杂志上发表了《定位新纪元》一文，令"定位"一词开始进入人们的视野，提出了"定位"这个富有吸引力的概念。1980年他们再度联手合作，出版了《定位：头脑争夺战》，再次引领市场营销学界的"定位"潮流，该书也成了广告学界经久不衰的畅销书。他们认为，公司必须在预期客户头脑里建立一个"地位"，要想成为市场领导者，就必须第一个进入预期客户的头脑。对市场领导者有效的东西未必对市场跟随者也有效。市场跟随者必须在人们头脑里找到一个没有被别人占领的空子。如果没有空子可钻，你就得通过给竞争对手重新定位来创造一个空子。

## （九）战略营销

20世纪70年代早期的经济冲击导致了战略计划这一概念的产生，波士顿咨询集团要求公司不要对其所有业务一视同仁，而应该根据各种业务的市场份额成长的情况，决定哪些业务必须建立，哪些业务应该保留，或者收获、或者淘汰，这就是"业务投资组合法"。对营销者而言，营销并不仅仅意味着增加销售额。从这一思想中产生了"战略营销"这个概念，它和"战术性营销"的界线现在日趋明朗化。

## （十）营销战

1981年，莱维·辛格和菲利普·科特勒考证了"营销战"概念以及军事理论在营销战中的应用。几年后，列斯和特罗出版了他们关于营销战的书。列斯和特罗显示了他们真正的广告代理商的才智，租用了一辆军用坦克，沿着纽约第五大街，兜售他们的《营销战》一书。

## （十一）内部营销

1981年，瑞典经济学院的克里斯丁·格罗路斯发表了论述"内部营销"概念的论文，他认为，在培养公司经理和雇员接受以顾客为导向的概念时，公司所面临的问题比为顾客开发有吸引力的产品和服务更为棘手。内部营销是一项管理措施，其核心是培养对员工的顾客服务意识，在把产品和服务通过营销活动推向外部市场之前，应先将其对内部员工进行营销。

## （十二）全球营销

1983年，西奥多·莱维特写了一本堪称"里程碑"的论文，他在文章中明确提出了"全球营销"的概念，他呼吁多国公司向全世界提供一种统一的产品，并采用统一的沟通手段。他发现，过于强调对各个当地市场的适应性，将导致生产、分销和广告方面规模经济的损失,从而使成本增加。当然,他的观点也激起了不少争议。

### (十三)直接营销

"直接营销"指在零售店外向人们销售的一种新方式。它的原始形式是上门推销和直接邮寄,现已发展到集会推销、电话推销、家庭电视购物等。大量信息的获得和电视通讯技术的发展才使直接营销成为可能。

### (十四)关系营销

1985年,美国著名学者、营销学专家巴巴拉·本德·杰克逊提出了关系营销的概念,使人们对市场营销理论的研究,又迈上了一个新的台阶。他认为,关系营销是把营销活动看成是一个企业与消费者、供应商、分销商、竞争者、政府机构及其他公众发生互动作用的过程,其核心是建立和发展与这些公众的良好关系。关系营销理论一经提出,迅速风靡全球,杰克逊也因此成了美国营销界倍受瞩目的人物。

### (十五)大市场营销

1986年,美国著名市场营销大师菲利普·科特勒,针对现代世界经济迈向区域化和全球化,企业之间的竞争范围早已超越本土,形成了无国界竞争的态势,提出了"大市场营销"的观念。大市场营销是对传统市场营销组合战略的不断发展。科特勒指出,企业为了进入特定的市场,并在那里从事业务经营,在策略上应协调地运用经济的、心理的、政治的、公共关系等手段,以博得地方或外国各方面的合作与支持,从而达到预期的目的。大市场营销战略在4P的基础上加上2P也就是权力(Power)和公共关系(Public Relations),从而把营销理论进一步扩展。由于贸易保护主义回潮、政府干预加强,企业营销中所面临的问题,已不仅仅是如何满足现有目标市场的需求,企业面临的首要问题是如何进入壁垒森严的特定市场。一个公司可能有一个精湛的优质产品,一个完美的营销方案,但是要进入某个特定的地理区域时,可能面临各种政治壁垒和公众舆论方面的障碍,当代的营销者越来越需要借助政治技巧和公共关系技巧,以便在全球市场上有效地开展工作。

### (十六)服务营销

服务营销是企业在充分认识消费者需求的前提下,为充分满足消费者需要在营销过程中所采取的一系列活动。服务作为一种营销组合要素,真正引起人们重视的是在本世纪80年代后期,这时期,由于科学技术的进步和社会生产力的显著提高,产业升级和生产的专业化发展日益加速,一方面使产品的服务含量,也就是产品的服务密集度日益增大;另一方面,随着劳动生产率的提高,市场转向买方市场,消费者随着收入水平提高,他们的消费需求也逐渐发生变化,需求层次也相应提高,并向多样化方向拓展。

# 第三节 市场营销思维的演进

市场营销思维的变化是伴随着经济社会的发展而变化的,市场营销思维或理念是指企业在组织和谋划其营销管理实践活动时,在处理企业、社会、顾客、员工、竞争者等方面的利益和关系方面所持态度、思想和观念。

纵观几十年来人们对市场营销活动的理解和企业在营销实践活动中的经验归纳和总结,我们认为从大的方面梳理一下过去若干年的营销思路对指导今后的企业营销方向,是非常必要的。总体来说,营销观念可以分旧观念和新观念两大阶段。

## 一、旧观念阶段——以企业为中心的观念

### (一)生产观念(Production Concept)

生产观念在西方盛行于19世纪未20世纪初,它是一种最早期的营销管理理念。当时,资本主义国家处于工业化初期,市场需求旺盛,整个社会产品供应能力相对不足。企业只要提高产量、降低成本,便可获得丰厚利润。因此,生产观念是一种"以生产为中心,以产品为出发点"的经营指导思想,生产观念认为:消费者喜欢那些可以随处买得到而且价格低廉的产品,企业应致力于提高生产效率和扩大分销范围,提高产量,降低成本以扩大市场。

生产观念的主要特点是:

其一,企业把主要精力放在产品的生产上。追求高效率、大批量、低成本,产品品种单一。

其二,企业对市场的关心,主要表现在关心市场上产品的有无和产品的多少,而不是市场上消费者的需求特点。

其三,企业管理中以生产部门作为主要部门。

生产观念的典型口号是:我生产什么,消费者就消费什么。企业之间竞争中所看重的是成本领先战略。

### (二)产品观念(Product Concept)

产品观念产生的时间段和生产观念差不多,大约偏后一点,在以前的生产观念指导下,社会上的产品越来越多,这时,人们又开始关注产品质量了,是一种"以质量为中心,以产品为出发点"的经营指导思想。产品观念认为:消费者喜欢高质量、多功能和具有某种特色的产品,企业应致力于生产高质量并不断加以改进的产品,以满足市场需要。

产品观念的主要特点是:

其一,企业把主要精力放在产品的生产和改进上,追求高质量、多功能。

其二,轻视推销,主张以产品本身来吸引顾客,一味排斥其他的促销手段。

其三,企业管理中仍以生产部门为主要部门,加强生产过程中的质量控制。强调技术先进性、强调质量和产品特色。

产品观念的典型口号是"只要产品质量好,就会有人买"。

以上两种观念,从市场发展看,都会导致"营销近视症",也就是不适当地把注意力放在产品上,而不是放在需要上。菲利普·科特勒曾说过,在应当朝窗外看的时候,他们却老是朝镜子里面看。其最终结果是产品在一段时间后将被市场冷落,企业陷入困境。

(三)推销观念(Selling Concept)

推销观念盛行于20世纪三四十年代,这一时期由于科技进步,科学管理和大规模生产的推广,商品产量增加很快,整个社会商品销售竞争日益激烈。它是一种"以推销为中心,以产品为出发点"的经营指导思想。推销观念认为:消费者通常表现出一种购买惰性或抗衡心理,如果听其自然的话,消费者一般不会足量购买某一企业的产品,因此,企业必须大力推销和促销。推销观念仍然是一种"以产定销"的营销观念,其主要特点是:

其一,产品不变。企业仍根据自己的条件决定生产方向及数量,是产品需要市场,而不是市场需要产品。

其二,加强推销。研究和运用推销、促销方法及技巧。

其三,企业开始关注顾客。主要是寻找潜在顾客,并研究吸引顾客的方法与手段。

其四,开始设立销售部门。但销售部门仍处于从属的地位。

推销观念的典型口号是:"我们卖什么,就让人们买什么"。从现在的眼光看,当时的这种理念是经营者幼稚的表现。可以设想,某些推销工作总是需要的,然而营销的目的就是要使推销成为多余。许多营销大师都一致认为,推销要变得有效,必须以其他营销功能作为前提,例如需求评价、营销调研、产品开发、定价和分销等。

## 二、新观念阶段——以消费者为中心的观念和以社会利益为中心的观念

20世纪50年代,随着第三次科学技术革命的兴起,西方各国企业更加重视研究和开发新产品,市场竞争进一步激化。同时人们的收入水平在不断提高,消费者购买选择更为精明,对产品更加挑剔。这种社会背景迫使企业改变了以卖方为中心的思维方式,将重心转向认真研究消费需求,正确选择为之服务的目标市场,想方设法满足目标顾客的需要,整个营销管理理念发生了重大变化,从以企业为中心的观念向以消费者为中心的观念和以社会利益为中心的观念转变。在发展中,这个阶段又分以下两种观念:

(一)市场营销观念

20世纪50年代中期,科技革命进一步兴起,军工转民用,生产效率大大提高,社会

产品供应量剧增。许多企业认识到,必须转变经营观念,才能求得生存和发展。在这种情况下,产生了市场营销观念,它是一种"以消费者需求为中心,以市场为出发点"的经营指导思想。市场营销观念认为,实现组织目标的关键在于正确确定目标市场的需要与欲望,并比竞争对手更有效、更有利地传送目标市场所期望满足的东西。

市场营销观念的主要特点是:

其一,以消费者需求为中心,实行目标市场营销,树立"顾客需要什么,就生产、经营什么"的市场营销观念,要将满足顾客的需求渗透于企业营销的各部门,成为各部门工作的准则。不仅要了解和满足顾客的现实需求,而且要了解和满足顾客的潜在需求。

其二,运用市场营销组合手段,全面满足消费者的需求。

其三,树立整体产品概念,刺激新产品开发。

市场营销观念是从选定的市场出发,通过整体营销活动,实现顾客需求的满足和满意,并以此获取利润、提高利润率。因此,它有四个主要支柱,就是目标市场、顾客需要、协调营销、盈利率。

## 市场回放

### 斯图·伦纳德的顾客情结

斯图·伦纳德经营着一家超级市场。他说,每当他看到一个生气的顾客,他就看到50000美元飞出了他的商店。为什么呢?因为他的顾客在这个地区居住10年,一年购物50次,平均每次来店购物要花100美元。若这个顾客因一次不愉快的购物经历而转向其他超市,那么伦纳德就损失了50000美元的收入。如果这个失望的顾客向其他顾客宣传他的不满并促使他们也倒戈,那么损失就更大了。

(资料来源:吴健安,《市场营销学》,第3版,北京:高等教育出版社,2007。)

### (二)社会营销观念

从20世纪70年代起,随着全球环境破坏、资源短缺、人口爆炸、通货膨胀和忽视社会服务等问题日益严重,要求企业顾及消费者整体与长远利益(即社会利益)的呼声越来越高。人们越来越感到经济发展的步伐是以损坏或破坏自然环境和生态环境为代价的,于是,市场营销观念又自然发展为以保护环境,保护生态平衡为出发点和落脚点。

这时在西方市场营销学界提出了一系列新的观念,如理智消费观念、生态营销观念等,都是认为企业生产者不仅要考虑消费者需要,而且要考虑消费者和整个社会的长远利益。这类观念统称为"社会营销观念",它是一种以社会利益为中心的经营指导思想。社会营销观念认为,企业和组织应该确定目标市场的需要、欲望和利益,然后向顾客提供超值的产品和服务,以维护与增进顾客和社会的福利。

社会营销观念的特点是:理想的企业行为是社会利益、企业利益和消费者利益三者之间的协调统一,营销中要统筹兼顾。社会营销观念的提出是协调市场营销活动与社会可持续发展之间矛盾的产物。我们可以通过一个表格(如表1-1所示)把五种不同的营销思维进行对比分析,有助于我们从不同角度更进一步地深刻理解五种不同的营销思维。

表1-1 五种营销思维的比较

| 营销观念 | 市场特征 | 思维出发点 | 营销手段 | 营销目标 |
|---|---|---|---|---|
| 生产观念 | 供不应求 | 生产 | 提高产量降低成本 | 增加生产取得利润 |
| 产品观念 | 供不应求 | 产品 | 提高质量增加功能 | 提高质量获得利润 |
| 推销观念 | 供过于求 | 销售 | 推销与促销 | 扩大销售获得利润 |
| 市场营销观念 | 供过于求 | 顾客需求 | 整体营销 | 满足需要获取利益 |
| 社会营销观念 | 供过于求 | 顾客需要 社会利益 | 整体营销 | 满足顾客需要增进社会利益获得经济效益 |

从以上西方社会营销思维观念的演变来看,企业的市场营销观念的演变是由外部市场环境变化引起的,每一个新观念的产生都是企业适应外部环境变动的结果。随着我国市场经济的不断发展,人们的生活方式、价值观念正在或将要发生深刻的变化,因此,未来社会的市场营销思维观念还将要不断更新和创新。

**知识链接**

## 权变市场营销观念

权变市场营销是现代管理原理中的权变理论与市场营销理论相结合的产物。通俗地说,它认为在市场营销活动中没有一个适用于所有企业、所有时期的营销观念,因而对于任何一种市场营销观念,都不宜孤立化、绝对化,一律加以倡导或指责。这一营销观念的提出代表了这股潮流的方向,深刻地反映了西方企业经营环境的变化和营销实践的发展,产生了巨大的影响。美国管理学家弗里蒙特·卡斯特于1970年在其著作《组织与管理:系统方法与权变方法》一书中提出了权变观点,权变理论学派是从系统观点来看问题,权变的意思就是权宜应变。他们认为,在企业管理中要根据企业所处的内外条件随机应变,没有什么一成不变、普遍适用、"最好"的管理理论和方法。

在当代社会中,任何企业作为一个生命的有机体都要充分体现其盈利性与发展的本质特征,必须综合考虑影响企业营销效果的环境变数,并把它作为指导企业营销活动的基本依据。权变市场营销观念的提出代表了这股潮流的方向,深刻地反映了西方企业经营环境的变化和营销实践的发展,产生了巨大的影响。其核心就是要在系统考虑影响市场营销因素的基础上,有效地确定不同企业或同一企业在不同阶段的营销导向。它要求企业根据内外环境灵活地加以选用,并且在此基础上大胆地创新。企业为了长久生存与发展,一方面要生产紧跟消费;另一方面也要求生产走在消费的前面。

(资料来源:吴晓云:《市场营销管理教程》,天津大学出版社,2009。)

## 本章小结

人类社会由人的需要为起源,在一定的地点交换所需,进而出现市场的概念,而随着社会和经济的不断发展,市场又产生出许多功能,市场的最基本功能就是交换和集聚功能。后来延伸出引领和自洁功能、调节和再分配的功能等。伴随西方社会产业革命,企业的生产效率大大提高,生产能力大大增强,迫使企业日益关心产品销售,人们开始研究销售技巧;二战后发展更加迅速,但仅限于流通领域。20世纪50年代,随着第三次科技革命的发展,劳动生产率进一步提高,产品数量剧增,营销突破了流通领域,必须通过企业整体协调活动来满足消费者的需求,各种营销流派相继出现。经济社会的发展和市场的不断变化使西方社会的市场营销观念也在不断地演变,新的观念和新的思维推动着市场营销学不断向前发展。

## 本章习题

1. 简述市场的起源。
2. 市场的概念和功能是什么?
3. 谈谈市场营销学的诞生和发展。
4. 什么是低碳营销?
5. 简述西方社会市场营销观念的演变过程。

## 案例研讨

### 从营销观念看铱星公司的失误

1. 关于铱星系统计划

铱星系统是美国于1987年提出的第一代通信星座系统,每颗星质量670千克左右,功率为1200瓦,采取三轴稳定结构,每颗卫星的信道为3480个,服务寿命为5~8年。铱星系统的最大特点是,通过卫星之间的接力来实现全球通信,相当于把地面蜂窝移动电话系统搬到了天上。它与目前使用的静止轨道卫星通信系统相比有两大优势:一是轨道低、传输速度快、信息损耗小、通信质量大大提高;二是铱星系统不需要专门的地面接收站,每部移动电话都可以与卫星联络,这就使地球上人迹罕至的不毛之地、通信落后的边远地区、自然灾害现场都变得畅通无阻。所以说,铱星系统开始了个人卫星通信的新时代。

铱星系统是美国摩托罗拉公司设计的全球移动通信系统。它的天上部分是运行在7条轨道上的卫星,每条轨道上均匀分布着11颗卫星,组成一个完整的星座。它们就像化学元素铱(Ir)原子核外的77个电子围绕其运转一样,因此被称为"铱星"。后来经过计算证实,6条轨道就够了,后来,卫星总数减少到66颗,但仍习惯称为"铱星"。

铱星通过南北极运行在780千米的轨道上,每条轨道上除布星11颗外,还多布1~2颗作为备用,这些卫星可以覆盖全球。用户用手持话机直接接通卫星进行通信,而无需几米直径的抛物面天线就可以进行全球范围内的通话了。

美国的"德尔它2型"火箭,俄罗斯的"质子k型"火箭和我国的"长征2号丙改进型"火箭分别承担了铱星的发射任务。1998年5月,布星任务全部完成,11月1日,正式开通了全球通信业务。

2.铱星系统的四维空间特点

(1)性能维

在性能维中,铱星系统在卫星通信和移动通信两方面的发展中,实现了大跨度的间断,其主要间断点如下:

①采用LEO(低地球轨道)卫星做中继平台,使地面接收终端的体积比GEO(地球静止轨道)卫星通信系统的地面接收终端的体积小,从而使手机通信的实现成为可能。

②采用多波束技术(每颗星48个点波束),实现了极高的频率复用率,因而大大提高了系统的通信容量。而在相同面积的区域内,铱星系统可提供的话音信道是GEO卫星通信系统的2倍。

③采用极地轨道,实现了GEO系统所未能做到的极地地区的通信覆盖。

④采用LEO,使卫星——用户链路的长度较GEO系统大幅度降低(约降低75%),使每一跳的信号传输时间大大降低,提高了话音通信的舒适性;

⑤采用星际链路,实现了单跳全球通,免除了诸如GEO系统多跳通信给用户带来的长时延、大回声烦恼。

(2)经济成本维

在经济成本维中,铱星系统的研发成本和生产成本与传统卫星通信系统相比,大幅度降低,其34亿美元的总投资额与具有相似功能的美军MILSTAR(军事星)卫星通信系统缩减后的160亿美元投资额相比,只是后者的五分之一。因此,铱星系统的研制生产经济性较以往的卫星通信系统有大幅度提高。

而从使用成本看,铱星系统的经济性更具有明显优势,它用手机作为地球终端的个人移动通信,使用户付出的购机成本降至目前卫星通信地球终端的最低限,约为500美元(而INMARSAT-III终端约需3000~5000美元);而它的较大通信容量,又使得其单路运行成本大幅度下降,其租金降至0.65美元/分钟(INMARSAT各类终端线路租用费为3~7美元/分钟)。

(3)时间维

铱星卫星移动通信系统计划是1987年提出的,并于1996年开始试验发射,1998年开始投入业务运营。在铱星系统研制期间,正是世界范围内移动通信市场蓬勃发展之时。而GEO卫星移动通信系统,地面移动通信系统和刚刚问世的同温层平台移动通信系统都不能满足目前大量增加的移动通信需求。因此,移动通信市场正潜藏着大量机会,铱星系统在这时捷足先登,投入运营,可谓正是时候。目前,所有其他LEO多星卫星通信系统的研究发展时间都晚于铱星系统,它们大多要到2000年以后,才能投入使用。因此,在时间维上铱星系统也具有极大的竞争优势。

(4)发展维

铱星系统具有卫星与地面关口站及控制中心进行通信的能力,因此,它理所当然地具备向日益火爆的计算机远程网络市场发展的余地。它可以成为计算机远程网络的通信子网,并与光缆等电话网和数据网相连,提供多媒体通信服务。

铱星计划从现代电信系统的设计来看,是一个符合市场需求的系统。它在总体技术上采用了大量以往的卫星通信系统所未曾采用过的新技术,使得相对传统的卫星系统而言,铱星系统在四维空间都达到和保持良好状态,并取得了非常强的竞争优势。

3. 市场是无情的——铱星变流星

当摩托罗拉公司费尽千辛万苦终于在1998年11月1日正式将铱星系统投入使用时,命运却和摩托罗拉公司开了一个很大的玩笑,传统的手机已经完全占领了市场。由于无法形成稳定的客户群,使铱星公司亏损巨大,连借款利息都偿还不起,摩托罗拉公司不得不将曾一度辉煌的铱星公司申请破产保护,在回天无力的情况下,只好宣布即将终止铱星服务。

摩托罗拉公司正式通知铱星电话用户,到1999年3月15日,如果还没有买家收购铱星公司并追加投资,铱星的服务将于美国东部时间3月17日23点59分终止。3月17日,铱星公司正式宣布破产。从正式宣布投入使用到终止使用不足半年时间。

据美联社报道,在纽约联邦破产法院17日下午举行的听证会上,铱星公司律师表示该公司没有找到"合格的"买主。法官阿瑟·冈萨雷斯于是批准铱星公司将其经营的66颗卫星"退出轨道",使它们在进入地球大气层时焚毁。铱星公司可能在两个星期内开始这一行动。由于卫星脱离轨道后,将在太空中燃烧耗尽,因此该计划需要与美国政府的几个部门协商进行。铱星公司最大的股东摩托罗拉公司表示,它将在未来一段时间把所有的卫星投放至较低的轨道上,估计完全燃烧需要

1~2年的时间,燃烧卫星的费用大约在3000万~5000万美元。

(资料来源:方青云、袁蔚、孙慧:《现代市场营销学》,上海:复旦大学出版社,2005。)

**案例分析题:**

　　1. 为什么铱星变流星?

　　2. 请从市场营销观念的角度分析摩托罗拉公司铱星计划的得失。

### 应用训练

　　1. 实训目标

(1)让学生深刻理解市场营销思维观念演变的真谛。

(2)使学生掌握市场营销理念,培养分析营销问题的能力。

　　2. 实训地点

教室。

　　3. 实训内容

(1)全班同学分5个小组,以"我们是苹果园里的果农"为背景,分组讨论作为果农五种不同营销观念的主要理念。

(2)然后五个小组分别代表五种营销观念派代表发言。

(3)全班总结点评。

# 第二章
## 顾客价值与顾客满意

### 学习目标

- ▶ 了解顾客让渡价值的意义及顾客满意的内涵
- ▶ 理解顾客让渡价值的含义
- ▶ 熟悉提高顾客满意度的途径及顾客忠诚提高策略
- ▶ 掌握客户关系管理(CRM)实施的主要步骤

### 案例导引

#### 联想向IT服务进军

2011年,联想集团继续高歌猛进,其PC主业的全球市场份额一路飙升。截至2011年第三季度,联想在世界PC市场的份额已经达到了13.7%,居全球第二位。PC业务无疑是联想集团的重中之重,然而,PC并不是联想的全部,近两年联想在IT服务方面的一系列布局显得耐人寻味。2011年5月,联想推出乐phone;2011年3月,联想的乐Pad上市。然而,联想真正看中的并不仅仅是这两个终端产品,而是智能手机和平板电脑背后隐藏巨大的内容服务市场。2011年11月,联想与微软在北京签署服务战略合作备忘录,双方将大力加强在服务产品开发、技术支持和服务咨询等方面的合作,借助桌面虚拟化、云计算等先进技术,为中国企业和广大消费者提供软、硬件无缝集成的增值服务及解决方案;同年12月7日,联想与蓝代斯克(LANDESK)宣布双方进行战略合作,后者是全球桌面软件市场的领导型企业,合作使双方有机会在云计算方面为客户提供基于终端虚拟化的IT解决方案和相关的业务咨询服务,联想也希望借助此次合作能成为国内市场有影响力的桌面服务提供商,最终实现"中国桌面运维外包服务市场第一"的战略目标。

(资料来源:史凯:《从PC的联想到服务的联想》,载《销售与市场管理版》,2012年第3期。)

# 第一节　顾客价值

## 一、顾客价值的定义

过去,很多学者都在著作中提到顾客价值的应用对市场营销的重要性,但是在对顾客价值的研究中,不同的学者从不同的角度对顾客价值进行了定义:

其一,从单个情景的角度,一些学者认为,顾客价值是基于感知利得与感知利失的权衡或对产品效用的综合评价。

其二,从关系角度出发,有些学者重点强调关系对顾客价值的影响,将顾客价值定义为:整个过程的价值=(单个情景的利得+关系的利得)/(单个情景的利失+关系的利失),认为利得和利失之间的权衡不能仅仅局限在单个情景上,而应该扩展到对整个关系持续过程的价值衡量上。

其三,部分学者也强调顾客价值的产生来源于购买和使用产品后发现产品的额外价值,从而与供应商之间建立起感情纽带。

其四,大多数学者都比较认同 Woodruff 对顾客价值的定义,并在其定义基础上进行了很多相关研究。Woodruff 通过对顾客如何看待价值的实证研究,提出顾客价值是顾客对特定使用情景下有助于(有碍于)实现自己目标和目的的产品属性,这些属性的实效以及使用的结果所感知的偏好与评价。该定义强调顾客价值来源于顾客通过学习得到的感知、偏好和评价,并将产品、使用情景和潜在的顾客所经历的相关结果相联系。

顾客价值是指顾客对于公司绩效在整个业界的竞争地位的相对性评估。具有以下两种不同的意义:

其一,心中价值:顾客以他们从产品或服务中所获得的核心利益来定义价值,也就是说,顾客以自己从产品或服务那获得的满足感大小,主观地判别其价值高低。

其二,价格价值:用"价格"来认定他们所获得的价值。顾客认为可以用较低的价格买到相同的产品,所获得的价值较高。

## 二、顾客让渡价值

顾客让渡价值是菲利普·科特勒(Philip Kotler)在《营销管理》一书中提出来的,他认为,"顾客让渡价值"是指顾客总价值与顾客总成本之间的差额。

顾客总价值是指顾客购买某一产品与服务所期望获得的一组利益,它包括产品价值、服务价值、人员价值和形象价值等。

顾客总成本是指顾客为购买某一产品所耗费的时间、精神、体力以及所支付的货币资金等,因此,顾客总成本包括体力成本、时间成本、精神成本和货币成本等。

由于顾客在购买产品时,总希望把有关成本(包括货币、时间、精神和体力等)降到最低限度,而同时又希望从中获得更多的实际利益,以使自己的需要得到最大限度的满足,因此,顾客在选购产品时,往往从价值与成本两个方面进行比较分析,从中选择出价值最高、成本最低,也就是"顾客让渡价值"最大的产品作为优先选购的对象。企业为在竞争中战胜对手,吸引更多的潜在顾客,就必须向顾客提供比竞争对手具有更多"顾客让渡价值"的产品,这样,才能使自己的产品为消费者所注意,进而购买本企业的产品。为此,企业可从两个方面改进自己的工作:一是通过改进产品、服务、人员与形象,提高产品的总价值;二是通过降低生产与销售成本,减少顾客购买产品的时间、精神与体力的耗费,从而降低货币与非货币成本。

**市场聚焦**

### 小王选冰箱

小王购买一台冰箱,经过了解在他居住地有两家家电卖场,同样的冰箱,A店的价格是3750元,B店的价格是3900元。经过反复比较,小王选择了购买B店的冰箱。当别人问他为什么愿意多付150元时,小王说,虽然多付了150元,但他认为在B店购买放心,因为B店的售后服务好,能上门维修并能送货上门安装,而且B店离他家很近。从顾客的货币价值来说,小王好像吃亏了,但小王感到B店的服务价值、人员价值、形象价值远远超过了150元的价值,而且B店很近,节省了时间、精力和体力。因此企业在激烈的市场竞争中要战胜对手,就必须向顾客提供比竞争对手更多的顾客让渡价值的产品,也就是要增加顾客购买的总价值。这就一方面要改进产品的质量、服务的质量、人员与企业的形象;另一方面要降低产品的生产与销售成本,减少顾客购买商品时的时间、精力与体力的耗费,从而降低货币与非货币的成本。因此,企业为了争取更多的顾客,战胜竞争对手,提高市场占有率,就必须根据不同顾客的不同需要,努力提供实用价值强的产品,这样才能增加顾客购买的实际利益,减少购买成本,使顾客的需要获得最大限度的满足,也就是说创造顾客满意度。

(资料来源:《销售与市场》,2012年第6期。)

### 三、顾客总价值

使顾客获得更大"让渡价值"的途径之一是改进产品服务、人员与形象从而提高产品或服务的总价值。其中每一项价值因素的变化都对总价值产生影响,进而决定了企业生产经营的绩效。

## （一）产品价值

产品价值是由产品的质量、功能、规格、式样等因素所产生的价值。产品价值是顾客需求的核心内容之一，产品价值的高低也是顾客选择商品或服务所考虑的首要因素。那么如何才能提高产品价值呢？要提高产品价值，就必须把产品创新放在企业经营工作的首位。企业在进行产品创新、创造产品价值的过程中应注意：

其一，产品创新目的是为了更好地满足市场需求，进而使企业获得更多的利润。因此，检验某些产品价值的唯一标准就是市场，也就是要求新产品能深受市场顾客的欢迎，能为企业带来满意的经济效益，这才说明该产品的创新是有价值的。

其二，产品价值的实现是服从于产品整体概念的，现代营销学认为产品包含三个层次的内容：核心产品（主要利益）、形式产品（包装、品牌、花色、式样）和附加产品（保证、安装、送货、维修）。与此相对应，产品的价值也包含三个层次：

一是内在价值，即核心产品的价值；

二是外在价值，即形式产品的价值；

三是附加价值，即附加产品的价值。

现代的产品价值观念要求企业在经营中全面考虑产品的三层价值，既要抓好第一层次的价值，同时也不能忽视第二、三两个层次的价值，做到以核心价值为重点，三层价值一起抓。

但也有一些学者认为产品包含五个层次的内容：核心产品、形式产品、期望产品、延伸产品、潜在产品，具体内容将在第十章详细阐述。

## （二）服务价值

服务价值是指企业向顾客提供满意所产生的价值。服务价值是构成顾客总价值的重要因素之一。从服务竞争的基本形式看，可分为追加服务与核心服务两大类：追加服务是伴随产品实体的购买而发生的服务，其特点表现为服务仅仅是生产经营的追加要素。从追加服务的特点不难看出，虽然服务已被视为价值创造的一个重要内容，但它的出现和作用却是被动的，是技术和产品的附加物，显然在高度发达的市场竞争中，服务价值不能以这种被动的竞争形式为其核心。核心服务要把服务内在的价值作为主要展示对象。

## （三）人员价值

人员价值是指企业员工的经营思想、知识水平、业务能力、工作效率与质量、经营作风以及应变能力等所产生的价值。只有企业所有部门和员工协调一致地成功设计和实施卓越的竞争性的价值让渡系统，营销部门才会变得卓有成效。因此，企业的全体员工是否就经营观念、质量意识、行为取向等方面形成共同信念和准则，是否具有良好的文化素质、市场及专业知识,以及能否在共同的价值观念基础上建立崇高的目标,作为规范企业内部员工一切行为的最终准则,决定着企业为顾客提供的产品与服务的质量,从而决定顾客购买总价值的大小。由此可见,人员价值对企业进而对顾客的影响作用是巨大的。

### (四)形象价值

形象价值是指企业及其产品在社会公众中形成的总体形象所产生的价值。形象价值是企业各种内在要素质量的反映。任何一个内在要素的质量不佳都会使企业的整体形象遭受损害,进而影响社会公众对企业的评价,因而塑造企业形象价值是一项综合性的系统工程,涉及的内容非常广泛。显然,形象价值与产品价值、服务价值、人员价值密切相关,在很大程度上是产品价值、服务价值、人员价值综合作用的反映和结果。所以形象价值是企业知名度的竞争,是产品附加值的部分,是服务高标准的竞争,说到底是企业"含金量"和形象力的竞争,它使企业营销从感性走向理性化的轨道。

### 四、顾客总成本

要实现最大限度的顾客让渡价值,仅仅创造价值还是远远不够的,与此同时,还应该设法降低顾客购买的总成本。顾客总成本不仅包括货币成本,而且还包括时间成本、精力成本等非货币成本。通常情况下,顾客购买商品首先要考虑货币成本的高低,因而货币成本是构成顾客总成本的主要和基本因素。除此之外,顾客在购买商品时所耗费的时间、精神和精力也将成为其购买决策的重要影响因素。因此,企业要想创造最大的让渡价值,使顾客能充分满意,就必须解决如何帮助顾客降低非货币成本的问题。

### (一)货币成本

货币成本是顾客在购买商品时支付的货币数量,是构成顾客总成本大小最基本、最主要的因素。在顾客价值和其他成本一定的情况下,货币成本越低,顾客购买的总成本越小,从而"顾客让渡价值"越大,反之"让渡价值"越小。

### (二)时间成本

时间成本是顾客为想得到所期望的商品或服务而必须处于等待状态所付出的时间和代价。时间成本是顾客满意和价值的减函数,在顾客价值和其他成本一定的情况下,时间成本越低,顾客购买的总成本越小,从而"顾客让渡价值"越大,反之"让渡价值"越小。因此,为降低顾客购买的时间成本,企业经营者必须对提供商品或服务要有强烈的责任感和事前的准备,在经营网点的广泛度和密集度等方面均需做出周密的安排,同时努力提高工作效率,在保证商品服务质量的前提下,尽可能减少顾客为购买商品或服务所花费的时间,从而降低顾客购买成本,为顾客创造最大的"让渡价值",增强企业产品的市场竞争力。

(三) 精力和精神成本

精力和精神成本是指顾客购买商品时,在精力、精神方面的耗费与支出。在顾客总价值与其他成本一定的情况下,精力与精神成本越小,顾客为购买商品所支出的总成本越低,从而"让渡价值"越大。因此,企业如何采取有力的营销措施,从企业经营的各个方面和各个环节为顾客提供便利,使顾客以最小的成本耗费,取得最大的实际价值是每个企业需要深入探究的问题。

(四) 体力成本

体力成本是指顾客在购买商品时所耗费的体力。在顾客总价值与其他成本一定的情况下,体力成本越小,顾客为购买商品所支出的总成本越低,从而"让渡价值"越大。

顾客在购买商品时,考虑最多的是将效用与成本进行比较,当效用大于成本时,也就是顾客让渡价值为正数时,有可能决定购买,实现购买行为;当效用小于成本时,也就是顾客让渡价值为负数时,就会放弃购买,不能实现购买行为。

**五、顾客让渡价值的意义**

顾客让渡价值概念的提出为企业经营方向提供了一种全面的分析思路。

其一,企业要让自己的商品能为顾客接受,必须全方位、全过程、全纵深地改善生产管理和经营,企业经营绩效的提高不是行为的结果,而是多种行为的函数,以往我们强调营销只是侧重于产品、价格、分销、促销等一些具体的经营性的要素,而让渡价值却认为顾客价值的实现不仅包含了物质的因素,还包含了非物质的因素;不仅需要有经营的改善,而且还必须在管理上适应市场的变化。

其二,企业在生产经营中创造良好的整体顾客价值只是企业取得竞争优势、成功经营的前提,一个企业不仅要着力创造价值,还必须关注消费者在购买商品和服务中所倾注的全部成本。由于顾客在购买商品和服务时,总希望把有关成本(包括货币、时间、精力和精神)降到最低限度,而同时又希望从中获得更多实际利益。因此,企业还必须通过降低生产与销售成本,减少顾客购买商品的时间、精力与精神耗费从而降低货币与非货币成本。

显然,充分认识顾客让渡价值的含义,对于指导工商企业如何在市场经营中全面设计与评价自己产品的价值,使顾客获得最大限度的满意,进而提高企业竞争力具有重要意义。

## 第二节 顾客满意

### 一、顾客满意的概念

顾客满意(Customer Satisfaction),指顾客对一件产品满足其需要的绩效(Perceived Performance)与期望(Expectations)进行比较所形成的感觉状态。具体如下:

顾客感受的绩效＜期望的差异,不满意

顾客感受的绩效＝期望的差异,基本满意

顾客感受的绩效＞期望的差异,高度满意

从上面的定义可以看出,满意水平是可感知效果或测量分析后效果和期望值之间的差异函数。如果效果低于期望,顾客就会不满意;如果效果与期望相匹配,顾客就满意;如果效果超过期望,顾客就会高度满意、高兴或欣喜。

一般而言,顾客满意是顾客对企业和员工提供的产品和服务的直接性综合评价,是顾客对企业、产品、服务和员工的认可,在企业内部也可认为是下个过程对上个过程的评价认可。"顾客"根据他们的价值判断来评价产品和服务。因此,菲利普·科特勒认为,"满意是一种人的感觉状态的水平,它来源于对一件产品所设想的绩效或产出与人们的期望所进行的比较"。从企业的角度来说,顾客服务的目标并不仅仅止于使顾客满意,使顾客感到满意只是营销管理的第一步。美国维持化学品公司总裁威廉姆·泰勒认为:"我们的兴趣不仅仅在于让顾客获得满意感,我们要挖掘那些被顾客认为能增进我们之间关系的有价值的东西。"在企业与顾客建立长期的伙伴关系的过程中,企业向顾客提供超过其期望的"顾客价值",使顾客在每一次的购买过程和购后体验中都能获得满意。每一次的满意都会增强顾客对企业的信任,从而使企业能够获得长期的盈利与发展。

### 二、顾客满意的内涵

顾客满意包括产品满意、服务满意和社会满意三个层次。

#### (一)产品满意

产品满意是指企业产品带给顾客的满足状态,包括产品的内在质量、价格、设计、包装、时效等方面的满意。产品的质量满意是构成顾客满意的基础因素。

#### (二)服务满意

服务满意是指产品售前、售中、售后以及产品生命周期的不同阶段采取的服务措施令顾客满意。这主要是在服务过程的每一个环节上都能设身处地地为顾客着想,做到有利于顾客、方便顾客。

(三)社会满意

社会满意是指顾客在对企业产品和服务的消费过程中所体验到的对社会利益的维护,主要指顾客整体社会满意,它要求企业的经营活动要有利于社会文明进步。

**市场聚焦**

### 凡客的圈子有多大?

2011年接近年关,有两件轰动业界的新闻:一是美的突然大规模裁员;二是凡客的运营被质疑。

你知道这两家公司最惊人的共同点是什么吗?

那就是他们都制定了一个"十二五计划",分别宣称自己要在2015年达到2000亿元和1500亿元的销售额。

美的说这话的时候,销售额已接近1000亿元;而凡客说这话的时候,销售额不到30亿元。

凡客说这话,是在给资本市场画大饼,还是公关部门失职?

要完成如此辉煌而沉重的销售目标,无非两条路:一是让更多的人进来买,二是让进来的人买得更多。前者要凡客下沉市场重心,到二、三线市场做物流布局。这是凡客正在做的,只是需要足够的时间,毕竟物流工作不是简单的多做几个网页。后者则是扩张品类,增加SKU。

凡客陈年一直认为,花费大量广告费获得客户后,应该扩充SKU,而不是仅仅卖衬衫、男装,即使这些品类的标准化程度高一些。因此,凡客的品类扩展到男装、女装、鞋、童装、配饰、家居六大产品线。而在放出豪言的2011年,甚至扩展到了箱包、化妆品和电器。

这对一个原先定位非常清晰的服装品牌是很凶险的一招,也意味着原来的定位触及了既有市场的销售极限。这时候凡客面临这样一个选择:是继续坚持原有的圈子,还是走出这个圈子?

凡客选择了改变定位,从"网上卖服装",改为"平价快时尚"。而从凡客的仓库里出现电饭锅、菜刀甚至拖把就可以看出,陈年已经打算把凡客由一个鞋服产品品牌,变成一个渠道品牌(如京东),或者零售制造品牌(如宜家)。如果不这样,就完不成1500亿元的伟业。

可问题是:消费者认为凡客是卖衬衫、T恤和帆布鞋的。凡客在源源不断的品类中找到的畅销品,依然离不开服装鞋帽。

要改变消费者对自己的既有看法,也是相当困难的。顾客不会以为你极力推广《乔布斯传》就认为你是卖书的。

对于退回产品品牌来说,1500亿元的平价快时尚意味着什么?满大街的人,处处可见凡客的身影,那是时尚吗?

这是一个取舍问题,非此即彼。很多企业在这犯晕,总想兼得。可是世上哪里有这么好的事情?随着生活水平的提高,市场总是在不断地细分中,怎能指望一个品牌通杀?

而在互联网上,是孕育个性品牌的绝佳温床,更加容易形成圈子与口碑。且不说凡客做不到1500亿元,就算做到了,终究也会被其他细分品牌所肢解和蚕食。

(资料来源:《销售与市场》,2012年第2期。)

## 三、顾客满意经营系统的要素构成

顾客满意经营系统的要素构成包括服务质量管理体系要素构成和服务质量保证体系要素构成。其中前者是从管理者推动角度看,而后者是从受益者推动角度看。

### (一)服务质量管理体系要素构成

服务质量管理体系要素构成依据ISO9004-2《质量管理和质量体系第2部分:服务指南》,服务质量管理体系的要素一般由关键要素、公共要素和运作要素三个部分组成。

**1. 关键要素**

关键要素是管理职责、人员和物质资源以及文件化的质量体系结构,并且,只有当它们相互配合协调时,才能保证顾客满意。这就是说,在建立服务质量体系时,首先要管理者制定质量方针,确定质量目标,规定质量职责和权限,做好管理评审,也就是对质量体系进行正式的、定期的和独立的评审,以便确定质量体系在实施质量方针和实现质量目标中是否持续稳定和有效。

**2. 公共要素**

公共要素是指对所有服务组织都适用的质量体系要素,包括质量体系的经济性,不合格服务的纠正措施、安全控制和统计方法。

**3. 运作要素**

运作要素一般包括市场开发、服务设计、服务提供和服务业绩的分析与改进。

### (二)服务质量保证体系要素构成

一个组织的质量保证体系是建立在其质量管理体系基础上的,顾客要求的质量保证体系仅仅是质量管理体系中的有关部分。因此,尽管服务质量管理体系与质量保证体系的要素名称与排序有所不同,但两者之间都存在着相互对应的内在联系。

### 四、顾客满意经营的目标、方法和步骤

任何一个服务组织,要不断提高其产品质量、过程质量、组织质量和员工质量,都应该从本组织实际情况出发,精心策划与建立一个实用有效的质量体系,并使其有效运行。国内外服务业实施 ISO9000 族标准的实践经验告诉我们,服务组织质量体系的建立和运行一般应遵循"八步法"或"十六字经"。

（一）总结

任何一个服务组织,在质量管理上都有一定的经验和教训,因此,首先要总结开展质量活动或推行全面质量管理的经验教训,把感性的经验或教训总结提炼成理性的标准、规范或制度。

（二）学习

服务组织应组织员工,尤其是管理人员认真学习国际服务质量管理标准及相关的ISO9000 族标准,并能联系本组织实际,理解和掌握。此外,还可学习同类服务组织全面质量管理工作先进经验。

（三）对照

把本组织的质量工作现状与国际服务、质量管理标准的要求进行逐项对照,以肯定成绩,找出差距,明确今后努力的方向。

（四）策划

策划是对服务组织的质量体系进行设计,它包括:产品定位;服务质量体系要素的选定;服务质量活动过程网络的确定;服务质量体系文件的设计;服务环境设计;编制服务大纲等。

（五）调配

调配质量体系建立所需的各类资源。一是调配人力资源,依据质量体系要求选聘合适的各级各类管理人员,同时对所有员工进行培训,使其适应质量体系的要求;二是调配物质资源,包括安装必要的服务设施,配备必要的服务器具等。

（六）充实

充实质量管理乃至企业管理的各项基础工作。

（七）完善

完善质量体系文件,使服务质量体系文件化。

（八）运行

质量体系文件实施的过程就是质量体系运行的过程，为了不断推进质量体系的有效运行，每个服务组织应采取下列措施：

其一，开展质量培训和教育，建设质量文化。

其二，认真执行以"质量否决权"为核心的质量考核制度，并与经济责任制密切挂钩，以激励员工不断改进服务质量。

其三，核算质量成本，不断提高服务效率与效益。

其四，积极开展质量控制（QC）小组活动，改进质量问题，提高员工队伍素质等等。

实践证明，只要遵循上述过程，服务组织的质量体系就能顺利建立起来，并有效运行，实现服务质量标准化、服务提供程序化、服务行为规范化，取得显著成效。

**五、提高顾客满意度的途径**

服务质量的特性导致必须考虑采用与制造业不同的方式来控制和提高质量。可以考虑的一些方法是建立和实施面向顾客的服务承诺、顾客服务和服务补救。

（一）服务承诺

所谓"服务承诺"，是企业向顾客公开表述的要达到的服务质量。其一，服务承诺一方面可以起到树立企业形象、提高企业知名度的作用；另一方面可以成为顾客选择企业的依据之一，但更重要的是，它还可以成为顾客和公众监督企业的依据，使企业得到持续改善的压力；其二，建立有意义的服务承诺的过程，实际上是深入了解顾客要求、不断提高顾客满意度的过程，这样可以使企业的服务质量标准真正体现顾客的要求，使企业找到努力的方向；其三，根据服务承诺，企业能够确定反应顾客需求的、详细的质量标准，再依据质量标准对服务过程中的质量管理系统进行设计和控制；其四，服务承诺还可以产生积极的反馈，有可能使顾客有动力、有依据对服务质量问题提出申诉，从而使企业明确了解所提供服务的质量和顾客所希望的质量之间的差距。

有效的服务承诺应具备哪些特征呢？一项好的服务承诺应无条件、容易理解与沟通、有意义、简便易行和容易调用。

（二）顾客服务

顾客服务是指除牵涉销售和新产品提供之外的所有能促进组织与顾客间关系的交流和互动。它包括核心和延伸产品的提供方式，但不包括核心产品自身。以一项发型设计服务为例，理发本身不属于顾客服务，但顾客在理发前后或过程中所得到的待遇却属于顾客服务。假如顾客提出一些特别的处理要求，那也构成顾客服务的一项内容。在服务完成之后，假若顾客的惠顾得到感谢和赞扬，这些行径也应归入顾客服务。对制造品而言,除实际销售表现之外的所有与顾客的互动,都应看作顾客服务。

(三)服务补救

所谓"服务补救",是指组织为重新赢得因服务失败而失去已有顾客好感而做的努力。一些服务组织不管发生什么,都不做任何服务补救的尝试与努力。很少有组织为此制定全面的政策,并竭尽全力地为顾客补偿。开展一项重新赢得顾客信任的工作计划,往往不被组织所认识或者是组织缺乏动力。企业可能认为,既然有无穷无尽的顾客流等待其去挖掘,又何必为不满意的顾客而费心。孰知失去一位顾客代价高昂。首先想一下,是不是必须寻找一位新顾客来取代旧顾客,而经常寻找新顾客的成本很高。各种各样的估计表明,补充一位流失顾客位置的成本比保留一位忠实顾客的成本要高3~5倍,这与服务的性质有关。得到新的顾客,需要大量的广告和销售费用。从另一个方面来讲,忠实的顾客产生可观的销售额,他们比第一次来享受服务的顾客花钱多,且经常花高价。他们需要较低的交易成本和沟通成本,无需信誉调查或其他初始成本。忠实顾客对服务享用相当熟悉,不需要太多帮助。另外,他们还经常用他们的正向口头宣传来为组织带来新顾客。相反,那些转向竞争对手的顾客会劝阻其他顾客来光顾本企业。

有研究表明,顾客流失率降低5%,组织利润就会翻一番。因此,积极努力去挽回因为对一次服务体验不满而流失的顾客,是有意义的。服务所包含的一系列环节和大量因素都会对顾客的服务体验产生影响,并最终影响到顾客满意。顾客与服务组织接触的每一个点,都会影响到顾客对服务质量的整体感觉。顾客与组织接触的每一个具体的点就是关键点。顾客用关键点来评价组织的服务。因此对于关键点需要制定服务补救计划。该计划一般包括5个步骤:道歉、紧急复原、移情、象征性赎罪和跟踪。

**1. 道歉**

服务补救开始于向顾客道歉。当组织感觉到顾客的不满时,应有人向顾客道歉。道歉在一定意义上意味着承认失败,一些组织并不愿意这样做。可是服务组织必须认识到自己有时确实无能为力。因为服务是易变的,存在失败的风险是服务组织的固有特征。承认失败,认识到向顾客道歉的必要性,真诚地向顾客道歉,能让顾客深切地感知到他们对组织的价值,并为重新赢得顾客好感的后续工作铺平道路。

**2. 紧急复原**

紧急复原是道歉的自然延伸,也是顾客所期望的。顾客希望知道,组织将做些事情以消除引起不满的根源。

**3. 移情**

当紧急复原的工作完成后,就要对顾客表现一点移情,也就是对顾客表示理解和同情,能设身处地地为顾客着想,这也是成功的服务补救所必需的。服务组织应对愤怒的顾客表示理解,理解因服务未满足顾客需求而对顾客造成的影响。

**4. 象征性赎罪**

移情之后的下一步工作是用有形方式对顾客进行补偿,比如送个礼物表示象征性赎罪。可以用赠券的形式发放礼物,如一份免费点心赠券、一张将来机票赠券、一个高质量客房住宿赠券等。象征性赎罪的目的不是向顾客提供服务替代品,而是告诉顾客,组织愿意对顾客的不满意负责,愿意为服务失败承担一定的损失。

5. 跟踪

组织必须检验其挽回顾客好感的努力是否成功,跟踪是组织获得了一次对补救计划自我评价的机会,以识别哪些环节需要改进。

当然,并非每一次顾客不满都需要上述五个步骤。有时,顾客仅仅是对服务的某一个具体环节有点失望,这时只要采取前两个步骤就可能达到服务补救的目的。一个道歉和一项紧急复原行动就应该足够了。而另外一些情况,顾客被组织的服务失败所激怒,则需要采取服务补救的全部五个步骤。

## 第三节 顾客忠诚

### 一、顾客忠诚和顾客忠诚度

(一)顾客忠诚

在营销实践中,顾客忠诚被定义为顾客购买行为的连续性。它是指客户对企业产品或服务的依赖和认可、坚持长期购买和使用该企业产品或服务所表现出的在思想和情感上的一种高度信任和忠诚,是客户对企业产品在长期竞争中所表现出的优势的综合评价。

(二)顾客忠诚度

顾客忠诚度指顾客忠诚的程度,是一个量化概念。顾客忠诚度是指由于质量、价格、服务等诸多因素的影响,使顾客对某一企业的产品或服务产生感情,形成偏爱并长期重复购买该企业产品或服务的程度。

**知识链接**

#### 管理的真谛

1. 管理缺目标,员工没方向,做起来茫然;2. 管理缺计划,员工无所适从,做起来忙碌;3. 管理缺培训,员工得不到应有的岗位培训,不知道如何做;4. 管理缺流程,多头共管,员工做起来不顺畅;5. 管理缺激励,做好做坏一个样,员工缺乏激情与动力;6. 管理缺方法,员工做起来事倍功半。

(资料来源:《销售与市场》,2012年第2期。)

## 二、顾客忠诚的层次

通常可以将顾客忠诚划分成四个层次：

第一层是顾客对企业没有丝毫忠诚感。他们对企业漠不关心，仅凭价格、方便性等因素购买。

第二层是顾客对企业的产品或服务感到满意或是习惯。他们的购买行为是受到习惯力量的驱使。一方面，他怕没有时间和精力去选择其他企业的产品或服务；另一方面，转换企业可能会使他们付出转移成本。

第三层是顾客对某一企业产生了偏好情绪，这种偏好是建立在与其他竞争企业相比较的基础之上的。这种偏好的产生与企业形象、企业产品和服务体现的高质量以及顾客的消费经验等因素相关，从而使顾客与企业之间有了感情联系。

第四层是顾客忠诚的最高级阶段。顾客对企业的产品或服务忠贞不二，并持有强烈的偏好与情感寄托。顾客对企业的这种高度忠诚，成为企业利润的真正源泉。

**市场聚焦**

### 吉列公司给消费者免费送刀具

吉列公司通过给顾客免费赠送刀具而留住顾客，因为这将促使顾客长年累月地购买吉列刀片。19世纪70年代，当Bic公司在欧洲推出一次性剃须刀并很快占领了市场时，吉列却忘记了留住顾客的方法。它抢先于Bic公司在美国推出一次性剃须刀，同时利用购物优待券、价格刺激、零售打折等手段来推销新产品、开发新顾客。虽保住了市场，却损失了利润。1974～1980年吉列公司的赢利情况令人失望。公司营销人员意识到由于在价格上做文章而使顾客流失，利润下降，决定回到以留住顾客为出发点制定营销战略。当公司投资几千万美元研制出新式剃须刀时，改变营销策略，将以往用在优惠销售上的营销费用花在媒体广告上以树立品牌形象。活动目标是吸引年轻男子花较少的钱试用新产品，同时留住老顾客。实践证明，Scnsor刀片的营销获得了成功，成为其20世纪90年代留住顾客的营销典范之一。

（资料来源：《MARKETING——市场营销学》，广州大学科技贸易学院精品课程。）

## 三、顾客忠诚的战略意义

随着市场竞争的日益加剧，顾客忠诚已成为影响企业长期利润高低的决定性因素。以顾客忠诚为标志的市场份额，比以顾客多少来衡量的市场份额更有意义，企业管理者将营销管理的重点转向提高顾客忠诚度方面来，以使企业在激烈的竞争中获得关键性的竞争优势。

### (一)顾客忠诚使企业获得更高的长期盈利能力

**1. 顾客忠诚有利于企业巩固现有市场**

高顾客忠诚的企业对竞争对手来说意味着较高的进入壁垒,同时要吸引原有顾客,竞争对手必须投入大量的资金,这种努力通常要经历一个延续阶段,并且伴有特殊风险。这往往会使竞争对手望而却步,从而有效地保护了现有市场。

**2. 顾客忠诚有利于降低营销成本**

对待忠诚顾客,企业只需经常关心老顾客的利益与需求,在售后服务等环节上做得更加出色就可留住忠诚顾客,既无须投入巨大的初始成本,又可节约大量的交易成本和沟通成本,同时忠诚顾客的口碑效应也可带来高效的、低成本的营销效果。

### (二)顾客忠诚使企业在竞争中得到更好的保护

**1. 顾客不会立即选择新服务**

顾客之所以忠诚一个企业,不仅因为该企业能提供顾客所需要的产品,更重要的是企业能通过优质服务为顾客提供更多的附加价值。

**2. 顾客不会很快转向低价格产品**

正如忠诚顾客愿意额外付出一样,他们同样不大可能仅仅因为低价格的诱惑而转向新的企业。不过,当价格相差很大时,顾客也不会永远保持对企业的忠诚。

## 四、顾客忠诚提高策略

### (一)建立顾客数据库

为提高顾客忠诚而建立的数据库应具备以下特征:
其一,一个动态的、整合的顾客管理和查询系统;
其二,一个忠诚顾客识别系统;
其三,一个顾客流失显示系统;
其四,一个顾客购买行为参考系统。

企业运用顾客数据库,可以使每一个服务人员在为顾客提供产品和服务的时候,明了顾客的偏好和习惯购买行为,从而提供更具针对性的个性化服务。

### (二)识别企业的核心顾客

建立和管理顾客数据库本身只是一种手段,而不是目的。企业的目的是将顾客资料转变为有效的营销决策支持信息和顾客知识,进而转化为竞争优势。实践证明,企业利润的 80% 来自于其 20% 的顾客。只有与核心顾客建立关系,企业稀缺的营销资源才会得到最有效的配置和利用,从而明显地提高企业的获利能力。

识别核心顾客最实用的方法是回答三个互相交叠的问题。

其一,你的哪一部分顾客最有利可图、最忠诚?注意那些对价格不敏感、付款较迅速、服务要求少、偏好稳定、经常购买的顾客。

其二,哪些顾客将最大购买份额放在你所提供的产品或服务上?

其三,你的哪些顾客对你比你的竞争对手更有价值?

通过对以上三个问题的回答可以得到一个清晰的核心顾客名单,而这些核心顾客就是企业实行顾客忠诚营销的重点管理对象。

(三)超越顾客期望,提高顾客满意度

顾客的期望是指顾客希望企业提供的产品和服务能满足其需要的水平,达到了这一期望,顾客会感到满意,否则,顾客就会不满。所谓"超越顾客期望",是指企业不仅能够达到顾客的期望,而且还能提供更完美、更关心顾客的产品和服务,超过顾客预期的要求,使之得到意想不到的、甚至感到惊喜的服务和好处,获得更高层次上的满足,从而对企业产生一种情感上的满意,发展成稳定的忠诚顾客群。

(四)正确对待顾客投诉

要与顾客建立长期的相互信任的伙伴关系,就要善于处理顾客抱怨。有些企业的员工在顾客投诉时常常表现出不耐烦、不欢迎,甚至流露出一种反感,其实这是一种非常危险的做法,往往会使企业丧失宝贵的顾客资源。

(五)提高顾客转换成本

一般来说,顾客转换品牌或转换卖主会面临一系列有形或无形的转换成本。对单个顾客而言,转换购买对象需要花费时间和精力重新寻找、了解和接触新产品,放弃原产品所能享受的折扣优惠,改变使用习惯,同时还可能面临一些经济、社会或精神上的风险;对组织购买者而言,更换使用另一种产品设备则意味着人员再培训和产品重置成本。提高转换成本就是要研究顾客的转换成本,并采取有效措施人为增加其转换成本,以减少顾客退出,保证顾客对本企业产品或服务的重复购买。

(六)提高内部服务质量,重视员工忠诚的培养

哈佛商学院的教授认为,顾客保持率与员工保持率是相互促进的。这是因为企业为顾客提供的产品和服务都是由内部员工完成的,他们的行为及行为结果是顾客评价服务质量的直接来源。一个忠诚的员工会主动关心顾客,热心为顾客提供服务,并为顾客问题得到解决感到高兴。因此,企业在培养顾客忠诚的过程中,除了做好外部市场营销工作外,还要重视内部员工的管理,努力提高员工的满意度和忠诚度。

### (七) 加强退出管理，减少顾客流失

顾客退出，指顾客不再购买企业的产品或服务，终止与企业的业务关系。正确的做法是：及时做好顾客的退出管理工作，认真分析顾客退出的原因，总结经验教训，利用这些信息改进产品和服务，最终与这些顾客重新建立起正常的业务关系。分析顾客退出的原因，是一项非常复杂的工作。顾客退出可能是单一因素引起的，也可能是多种因素共同作用的结果。

## 第四节 客户关系管理

客户关系管理(Customer Relationship Management, CRM)，最早发展于美国，这个概念最初由 Gartner Group 提出来，在 1980 年初便有所谓的"接触管理"(Contact Management)，也就是专门收集客户与公司联系的所有信息，到 1990 年则演变成包括电话服务中心支持资料分析的客户关怀(Customer care)。最近开始在企业电子商务中流行。

### 一、客户关系管理(CRM)的起源及发展

最早发展客户关系管理的国家是美国，在 1980 年初便有所谓的"接触管理"，也就是专门收集客户与公司联系的所有信息；1985 年，巴巴拉本德·杰克逊提出了关系营销的概念，使人们对市场营销理论的研究又迈上了一个新的台阶；到 1990 年则演变成包括电话服务中心支持资料分析的客户关怀。

1999 年，Gartner Group Inc 公司提出了 CRM 概念。Gartner Group Inc 在早些提出的 ERP 概念中，强调对供应链进行整体管理。而客户作为供应链中的一环，为什么要针对它单独提出一个 CRM 概念呢？

因为，一方面从 ERP 的实际应用中人们发现，由于 ERP 系统本身功能方面的局限性，也由于 IT 技术发展阶段的局限性，ERP 系统并没有很好地实现对供应链下游(客户端)的管理，针对 3C 因素中的客户多样性，ERP 并没有给出良好的解决办法；另一方面，到 90 年代末期，互联网的应用越来越普及，CTI、客户信息处理技术(如数据仓库、商业智能、知识发现等技术)得到了长足的发展。结合新经济的需求和新技术的发展，Gartner Group Inc 提出了 CRM 概念。从 90 年代末期开始，CRM 市场一直处于一种爆炸性增长的状态。

### 二、客户关系管理(CRM)的定义

关于客户关系管理的定义，不同的研究机构有着不同的表述。

最早提出该概念的 Gartner Group 认为：所谓的"客户关系管理"就是为企业提供全方位的管理视角，赋予企业更完善的客户交流能力，使客户的收益率最大化。

Hurwitz Group 认为：CRM 的焦点是改善与销售、市场营销、客户服务和支持等领域的客户关系有关的商业流程。CRM 既是一套原则制度，也是一套软件和技术。它的目标是缩减销售周期和销售成本、增加收入、寻找扩展业务所需的新的市场和渠道以及提高客户的价值、满意度、赢利性和忠实度。CRM 应用软件将最佳的实践具体化并使用了先进的技术来协助各企业实现这些目标。CRM 在整个客户生命期中都以客户为中心，这意味着 CRM 应用软件将客户当作企业运作的核心。CRM 应用软件简化协调了各类业务功能（如销售、市场营销、服务和支持）的过程并将其注意力集中于满足客户的需要上。CRM 应用还将多种与客户交流的渠道，如面对面、电话接洽以及 Web 访问协调为一体，这样，企业就可以按客户的喜好使用适当的渠道与之进行交流。

而 IBM 则认为：客户关系管理包括企业识别、挑选、获取、发展和保持客户的整个商业过程。IBM 把客户关系管理分为三类：关系管理、流程管理和接入管理。

从管理科学的角度来考察，客户关系管理源于市场营销理论。

从解决方案的角度考察，客户关系管理是将市场营销的科学管理理念通过信息技术的手段集成在软件上面，得以在全球大规模的普及和应用。

作为解决方案（Solution）的客户关系管理，它集合了当今最新的信息技术，它们包括 Internet 和电子商务、多媒体技术、数据仓库和数据挖掘、专家系统和人工智能、呼叫中心等等。作为一个应用软件的客户关系管理，凝聚了市场营销的管理理念。市场营销、销售管理、客户关怀、服务和支持构成了 CRM 软件的基石。

综上所述，客户关系管理有三层含义：

其一，体现为新态企业管理的指导思想和理念；

其二，是创新的企业管理模式和运营机制；

其三，是企业管理中信息技术、软硬件系统集成的管理方法和应用解决方案的总和。

其核心思想就是：客户是企业的一项重要资产，客户关怀是 CRM 的中心，客户关怀的目的是与所选客户建立长期和有效的业务关系，在与客户的每一个"接触点"上都更加接近客户、了解客户，最大限度地增加利润和市场占有率。

CRM 的核心是客户价值管理，它将客户价值分为既成价值、潜在价值和模型价值，通过一对一营销原则，满足不同价值客户的个性化需求，提高客户忠诚度和保有率，实现客户价值持续贡献，从而全面提升企业盈利能力。

尽管 CRM 最初的定义为企业商务战略，但随着 IT 技术的参与，CRM 已经成为管理软件、企业管理信息解决方案的一种类型。

因此，另一家著名咨询公司盖洛普（Gallup）将 CRM 定义为：策略＋管理＋IT。强调了 IT 技术在 CRM 管理战略中的地位，同时，也从另一个方面强调了 CRM 的应用不仅仅是 IT 系统的应用，而且和企业战略和管理实践密不可分。

> 知识链接
>
> ### 创业型企业的"八做八不做"
>
> 1.做企业,不做事业;2.做目标,不做战略;3.做事,不琢磨人;4.做销售额,不做消费者;5.做专注,不做多元化;6.做好过程,不做结果;7.做好广告,不做炒作;8.做体系,不做经验。
>
> (资料来源:《销售与市场》,2012年第2期。)

## 三、客户关系管理(CRM)出现的原因

### (一)需求的拉动

一方面,很多企业在信息化方面已经做了大量工作,收到了很好的经济效益;另一方面,一个普遍的现象是,在很多企业,销售、营销和服务部门的信息化程度越来越不能适应业务发展的需要,越来越多的企业要求提高销售、营销和服务的日常业务的自动化和科学化。这是客户关系管理应运而生的需求基础。

### (二)技术的推动

办公自动化程度、员工计算机应用能力、企业信息化水平、企业管理水平的提高都有利于客户关系管理的实现。我们很难想象,在一个管理水平低下、员工意识落后、信息化水平很低的企业从技术上实现客户关系管理。有一种说法很有道理:客户关系管理的作用是锦上添花。现在,信息化、网络化的理念在我国很多企业已经深入人心,很多企业有了相当的信息化基础。

电子商务在全球范围内正开展得如火如荼,正在改变着企业做生意的方式。通过Internet,可开展营销活动,向客户销售产品,提供售后服务,收集客户信息。重要的是,这一切的成本却很低。

客户信息是客户关系管理的基础。数据仓库、商业智能、知识发现等技术的发展,使得收集、整理、加工和利用客户信息的质量大大提高。在这方面,我们可看一个经典的案例:一个美国最大的超市:沃尔玛,在对顾客的购买清单信息的分析表明,啤酒和尿布经常同时出现在顾客的购买清单上。原来,美国很多男士在为自己小孩买尿布的时候,还要为自己带上几瓶啤酒。而在这个超市的货架上,这两种商品离得很远,因此,沃尔玛超市就重新分布货架,也就是把啤酒和尿布放得很近,使得购买尿布的男人很容易地看到啤酒,最终使得啤酒的销量大增。这就是著名的"啤酒与尿布"的数据挖掘案例。

## (三) 管理理念的更新

经过三十多年的发展,市场经济的观念已经深入人心。当前,一些先进企业的重点正在经历着从以产品为中心向以客户为中心的转移。有人提出了客户联盟的概念,也就是与客户建立共同获胜的关系,达到双赢的结果,而不是千方百计地从客户身上谋取自身的利益。

现在是一个变革的时代、创新的时代。比竞争对手领先一步,而且仅仅一步,就可能意味着成功。业务流程的重新设计为企业的管理创新提供了一个工具。在引入客户关系管理的理念和技术时,不可避免地要对企业原来的管理方式进行改变,变革、创新的思想将有利于企业员工接受变革,而业务流程重组则提供了具体的思路和方法。

在互联网时代,仅凭传统的管理思想已经不够了。互联网带来的不仅是一种手段,它触发了企业组织架构、工作流程的重组以及整个社会管理思想的变革。

## 四、客户关系管理(CRM)实施的主要步骤

### (一) 确立业务计划

企业在考虑部署"客户关系管理"方案之前,首先确定利用这一新系统实现的具体的生意目标,例如提高客户满意度、缩短产品销售周期以及增加合同的成交率等。也就是企业应了解这一系统的价值。

### (二) 建立 CRM 员工队伍

为成功地实现 CRM 方案,管理者还须对企业业务进行统筹考虑,并建立一支有效的员工队伍。每一准备使用这一销售系统方案的部门均需选出一名代表加入该员工队伍。

### (三) 评估销售、服务过程

在评估一个 CRM 方案的可行性之前,使用者需多花费一些时间,详细规划和分析自身具体业务流程。为此,需广泛地征求员工意见,了解他们对销售、服务过程的理解和需求,确保企业高层管理人员的参与,以确立最佳方案。

### (四) 明确实际需求

充分了解企业的业务运作情况后,接下来需从销售和服务人员的角度出发,确定其所需功能,并令最终使用者寻找出对其有益的及其所希望使用的功能。就产品的销售而言,企业中存在着两大用户群:销售管理人员和销售人员。其中,销售管理人员感兴趣于市场预测、销售渠道管理以及销售报告的提交;而销售人员则希望迅速生成精确的销

售额和销售建议、产品目录以及客户资料等。

### (五) 选择供应商

确保所选择的供应商对你的企业所要解决的问题有充分的理解。了解其方案可以提供的功能及应如何使用其CRM方案。确保该供应商所提交的每一软、硬设施都具有详尽的文字说明。

### (六) 开发与部署

CRM方案的设计,需要企业与供应商两个方面的共同努力。为使这一方案得以迅速实现,企业应先部署那些当前最为需要的功能,然后再分阶段不断向其中添加新功能。其中,应优先考虑使用这一系统的员工的需求,并针对某一用户群对这一系统进行测试。另外,企业还应针对其CRM方案确立相应的培训计划。

## 本章小结

本章主要介绍了顾客价值、顾客满意、顾客忠诚以及客户关系管理的相关内容。

顾客价值是指顾客对于公司绩效在整个业界的竞争地位的相对性评估。顾客总价值是指顾客购买某一产品与服务所期望获得的一组利益,它包括产品价值、服务价值、人员价值和形象价值等。顾客总成本是指顾客为购买某一产品所耗费的时间、精神、体力以及所支付的货币资金等,因此,顾客总成本包括货币成本、时间成本、精神成本和体力成本等。

顾客满意(Customer Satisfaction),是指顾客对一件产品满足其需要的绩效与期望进行比较所形成的感觉状态。顾客满意包括产品满意、服务满意和社会满意三个层次。提高顾客满意度的途径主要包括服务承诺、顾客服务、服务补救。

顾客忠诚是指客户对企业产品或服务的依赖和认可、坚持长期购买和使用该企业产品或服务所表现出的在思想和情感上的一种高度信任和忠诚的程度,是客户对企业产品在长期竞争中所表现出的优势的综合评价。顾客忠诚度指顾客忠诚的程度,是一个量化概念。顾客忠诚度是指由于质量、价格、服务等诸多因素的影响,使顾客对某一企业的产品或服务产生感情,形成偏爱并长期重复购买该企业产品或服务的程度。顾客忠诚提高策略包括建立顾客数据库、识别企业的核心顾客、超越顾客期望、提高顾客满意度、正确对待顾客投诉、提高顾客转换成本、提高内部服务质量、加强退出管理等七个方面。

客户关系管理有三层含义:其一,体现为新态企业管理的指导思想和理念;其二,是创新的企业管理模式和运营机制;其三,是企业管理中信息技术、软硬件系统集成的管理方法和应用解决方案的总和。客户关系管理出现的原因主要有需求的拉动、技术的推动、管理理念的更新等三个方面。客户关系管理实施的主要步骤包括:确立业务计划、建立CRM员工队伍、评估销售、服务过程、明确实际需求、选择供应商、开发与部署等。

## 本章习题

1. 什么是顾客让渡价值?
2. 顾客让渡价值的意义有哪些?
3. 顾客满意的概念及内涵是什么?
4. 提高顾客满意度的途径有哪些?
5. 如何提高顾客忠诚?
6. 客户关系管理出现的原因有哪些?
7. 简述客户关系管理实施的主要步骤。

## 案例研讨

### 海尔洗衣机"无所不洗"

创立于1984年的海尔集团,经过19年的持续发展,现已成为享誉海内外的大型国际化企业集团。1984年海尔只生产单一的电冰箱,而目前它拥有包括白色家电、黑色家电、米色家电在内的96大门类15100多个规格的产品群。海尔的产品出口到世界160多个国家和地区。2003年,海尔全球营业额实现806亿元。2003年,海尔蝉联中国最有价值品牌第1名。2004年1月31日,世界五大品牌价值评估机构之一的世界品牌实验室编制的《世界最具影响力的100个品牌》报告揭晓,海尔排在第95位,是唯一入选的中国企业。2003年12月,全球著名战略调查公司Euromonitor公布了2002年全球白色家电制造商排序,海尔以3.79%的市场份额跃升至全球第二大白色家电品牌。2004年8月《财富》中文版评出最新"中国最受赞赏的公司",海尔集团紧随IBM中国有限公司之后,排名第2位。

冰箱、空调、洗衣机等产品属于白色家电。作为在白色家电领域最具核心竞争力的企业之一,海尔拥有许多令人感慨和感动的营销故事。

1996年,四川成都的一位农民投诉海尔洗衣机排水管老是被堵,服务人员上门维修时发现,这位农民用洗衣机洗地瓜(南方又称"红薯"),泥土大,当然容易堵塞。服务人员并不推卸自己的责任,而是帮顾客加粗了排水管。顾客感激之余,埋怨自己给海尔人添了麻烦,还说如果能有洗红薯的洗衣机,就不用烦劳海尔人了。农民兄弟的一句话,被海尔人记在了心上。海尔营销人员调查四川农民使用洗衣机的状况时发现,在盛产红薯的成都平原,每当红薯大丰收的时节,许多农民除了卖掉一部分新鲜红薯,还要将大量的红薯洗净后加工成薯条。但红薯上沾带的泥土洗起来费时费力,于是农民就动用了洗衣机。更深一步的调查发现,在四川农村有不少洗衣机用过一段时间后,电机转速减弱、电机壳体发烫。向农民一打听,才知道他们冬天用洗衣机洗红薯,夏天用它来洗衣服。这令张瑞敏萌生一个大胆的想法:发明一种洗红薯的洗衣机。1997年海尔为该洗衣机立项,成立以工程师李崇正为组长的4人课题组,1998年4月投入批量生产。洗衣机型号为XPB40—DS,不仅具有一般双桶洗衣机的全部功能,还可以洗地瓜、水果甚至蛤蜊,价格仅为848元。首次生产了1万台投放农村,立刻被一抢而空。

一般来讲,每年的6~8月是洗衣机销售的淡季。每到这段时间,很多厂家就把促销员从商场里撤回去了。张瑞敏纳闷儿:难道天气越热,出汗越多,老百姓就越不洗衣裳?调查发现,不是老百姓不洗衣裳,而是夏天里5公斤的洗衣机不实用,既浪费水又浪费电。于是,海尔的科研人员很快设计出一种洗衣量只有1.5公斤的洗衣机——小小神童。小小神童投产后先在上海试销,因为张瑞敏认为上海人消费水平高又爱挑剔。结果,上海人马上认可了这种世界上最小的洗衣机。该产品在上海热销之后,很快又风靡全国。在不到两年的时间里,海尔的小小神童在全国卖了100多万台,并出口到日本和韩国。张瑞敏告诫员工说:"只有淡季的思想,没有淡季的市场。"

在西藏,海尔洗衣机甚至可以合格地打酥油。2000年7月,海尔集团研制开发的一种既可洗衣又可打酥油的高原型"小小神童"洗衣机,在西藏市场一上市,便受到消费者欢迎,从而开辟出自己独有的市场。这种洗衣机3个小时打制的酥油,相当于一名藏族妇女三天的工作量。藏族同胞购买这种洗衣机后,从此可以告别手工打酥油的繁重家务劳动。

在2002年举办的第一届合肥"龙虾节"上,海尔推出的一款"洗虾机"引发了难得一见的抢购热潮,上百台"洗虾机"不到一天就被当地消费者抢购一空,更有许多龙虾店经营者纷纷交定金预约购买。这款海尔"洗虾机"因其巨大的市场潜力被安徽卫视评为"市场前景奖"。5月,是安徽当地特产龙虾上市的月份,龙虾是许多消费者喜爱的美味。每到这个时候,各龙虾店大小排挡生意异常火爆,仅合肥大小龙虾店就有上千家,每天要消费龙虾近5万斤。但龙虾好吃清洗难的问题一直困扰着当地龙虾店的经营者。因为龙虾生长在泥湾里,捕捞时浑身是泥,清洗异常麻烦,一般的龙虾店一天要用2~3人专门手工刷洗龙虾,但常常出现一天洗的虾,不及几个小时卖得多的现象,并且,人工洗刷费时又费力,还增加了人工成本。针对这一潜在的市场需求,海尔洗衣机事业部利用自己拥有的"大地瓜洗衣机"技术,迅速推出了一款采用全塑一体桶、宽电压设计的可以洗龙虾的"洗虾机",不但省时省力、洗涤效果非常好,而且价格定位也较合理,极大地满足了当地消费者的需求。过去洗2公斤龙虾一个人需要10~15分钟,现在用"龙虾机"只需3分钟就可以搞定。

"听说你们的洗衣机能为牧民打酥油,还给合肥的饭店洗过龙虾,真是神了!能洗荞麦皮吗?"2003年的一天,一个来自北方某枕头厂的电话打进了海尔总部。海尔洗衣机公司在接到用户需求后,仅用了24小时,就在已有的洗衣机模块技术上,创新地推出了一款可洗荞麦皮枕头的洗衣机,受到用户的极力称赞,更成为继海尔洗地瓜机、打酥油机、洗龙虾机之后,在满足市场个性化需求上的又一经典之作。明代医学家李时珍在《本草纲目》中有一则"明目枕"的记载:"荞麦皮、绿豆皮……菊花同作枕,至老明目。"在我国,人们历来把荞麦皮枕芯视为枕中上品。荞麦皮属生谷类,具有油性,而且硬度较高,如果不常洗或者晒不干又容易滋生细菌,但清洗荞麦皮,使其干燥特别费劲,因为"荞麦皮"自身体积微小、重量极轻、很难晾晒,如果在户外晾晒更容易被风刮走。"荞麦皮"的清洗和晾晒问题就成了"荞麦皮"枕头厂家及消费者的一大难题。海尔开发的这款既可以用来家庭洗衣,又可以用来洗荞麦皮枕头的"爽神童"洗衣机,除了洗涤、脱水等基本功能外,还独有高效的PTC转动烘干、自然风晾干两种干燥技术,同时专门设计了荞麦皮包装洗涤袋,加上海尔独有的"抗菌"技术,非常圆满地解决了荞麦皮枕头的清洗、干燥难题。

专家指出,目前洗衣机市场已进入更新换代、需求快速增长期。始终靠技术创新领先市场的海尔,通过多年以来的技术储备和市场优势的积累,在快速启动的洗衣机市场上占尽先机。世界第四种洗衣机——海尔"双动力"是海尔根据用户需求,为解决用户对波轮式、滚筒式、搅拌式洗衣机的抱怨而创新推出的一款全新洗衣机,由于集合了洗得净、磨损低、不缠绕、15分钟洗好大件衣物,"省水省时各一半"等优点于一身,迎合了人们新的洗衣需求,产品上市一个月就创造了国内高端洗衣机销量、零售额第一名的非常业绩,成为国内市场上升最快的洗衣机新品,在日前刚刚结束的第95届法国列宾国际发明展览会上一举夺得了世界家电行业唯一发明金奖。

赛诺市场研究公司2004年4月份统计数据显示,海尔洗衣机市场份额继续高居全国第一,尤其在我国华北、东北、华东、西北、中南、西南6大地区市场上分别稳居第一,且与竞争对手的距离进一步拉大。在西北地区,海尔洗衣机的市场份额已接近40%,超出第二名近3倍;在其他5大地区,海尔洗衣机的市场份额也都有明显上升,均超出了第二名近2倍。

(资料来源:中经网)

**案例分析题:**
1. 从本案例可以窥视到的海尔营销哲学内涵包括哪些重要内容?
2. 张瑞敏说:"只有淡季的思想,没有淡季的市场。"请谈谈你对这句话的理解。
3. 有人认为海尔是一个"机会主义者",你对此有何评论?

## 应用训练

### 1. 实训目标

通过实训,让学生在实战中了解挖掘顾客价值的方法,掌握提高顾客满意度的技巧,体会如何提高顾客忠诚。

2. 实训内容

为了丰富大学生的业余生活,为了给那些平日忙碌的上班族创造一定的休闲空间,更是为了满足广大漫迷的需要,我们决定在学校附近开设关于漫画的书吧。

请围绕如何提高顾客的满意度,通过市场调研,撰写"漫画"市场的营销调研报告——"书吧"。

3. 实训要求

书吧的主要顾客是校园内的大学生和学校周边的上班族,关于校园周边"漫画"市场的营销调研报告应包括以下内容:

(1)书吧市场状况分析;

(2)书吧消费者分析;

(3)书吧竞争者分析;

(4)提高顾客满意度的对策策划。

# 第三章
# 规划企业营销战略

## 学习目标

▶ 了解企业战略与规划
▶ 掌握规划总体战略
▶ 熟练掌握波士顿矩阵内涵
▶ 深刻领会规划经营战略

## 案例导引

### 西尔斯·罗巴克公司的战略变化

　　美国的西尔斯·罗巴克,是世界上最大的零售商业公司。由于善于寻找商机,及时调整战略计划,公司自1886年创办以来一直生意兴隆。这家公司最早是为广大农场主服务的。公司历经百年不衰,其主要成功经验是:决不墨守成规,而是随着形势变化而变化。农民的需要与城镇消费者又不相同,农民购买力虽不高,总体上却是一个巨大的市场,要开拓这个市场,非采取一套有针对性的经营方式不可,首先是组织生产和提供符合农村需要的商品。其次是要做到价格稳定,产品耐用,还要克服交通不便的困难,准时付货,建立良好的商业信誉。当时横贯美洲大陆的铁路已经建成,交通运输发展了,农村邮政投递畅通,邮政业务也改善了。而一家一户的农场主,仍处于分散、孤立的状态,不能随时进城去商业中心选购商品,而且他们在许多方面还与城市消费者有不同的需要。该公司分析了形势,根据广大农场主的情况,决定开展邮购业务,把适合他们需要的商品寄给他们,并实行"保证满意,否则如数退款"的政策,结果经营情况蒸蒸日上。到第一次世界大战结束,该公司已经成为全国性的大邮购公司。它的邮购目录可在美国每一户农场主家里看到,成为除了《圣经》以外家家都有的印刷品。1921年以后,美国的形势起了变化:公路四通八达,农场主收入和生活水平大大提高,几乎每家都有汽车,可以随时进城采购商品,不再处于分散孤立状态;同时,美国人口从农村大量流入城市,城市人口迅速增加。这时,西尔斯·罗巴克制定了新的战略计划:在城市商业中心开设零售商店,业务转向经营零售商店为主,在继续为广大农场主服务的同时,为日益增多的城市消费者服务。第二次世界大战结束以后,城市郊区和远郊人口迅速增加,而大零售企业都集中在城市商业区。面对新的形势,西尔斯·罗巴克公司又及时调整战略:在人口迅速增加的郊区和远郊开设库存充足、花色品种齐全的大型商店,并设有宽阔的停车场。这样,既远离竞争者,又使郊区和远郊的消费者能够买到一切要买的东西。由于满足了目标顾客的需要,西尔斯·罗巴克再次扩大了它的业务。

(资料来源:方青云、袁蔚、孙慧:《现代市场营销学》,上海:复旦大学出版社,2005。)

# 第一节 企业营销战略与规划

企业在动态的环境中生存和发展,不但要善于创造顾客并满足其欲望,还必须积极、主动地适应不断变化的市场。战略规划是企业面对激烈变化、严峻挑战的环境、市场,为长期生存和发展而进行的谋划和思考,是事关企业大局的科学规划,是市场营销管理的指导方针。

## 一、企业战略的含义

在英语中,战略一词为 strategy,它来源于希腊语的 strategia,是一个与军事有关的词。我国权威辞书《辞海》对战略一词的定义是:"军事名词。对战争全局的筹划和指挥。"毛泽东同志曾指出:"战略问题是研究战争全局规律性的东西。"随着人类社会的发展,战略一词已被人们广泛地应用于军事之外的领域,并被赋予了新的含义。美国经济学家巴纳德在其代表作《经理的职能》(1938)中,为说明企业组织决策机制,从有关企业的各种要素中产生了"战略"因素的构想,首次将"战略"一词引入经济领域和企业管理。

企业战略(Business Strategy),是在第二次世界大战以后发展起来的。1965 年,美国学者安索夫推出《企业战略》一书,初步构建了企业战略研究的理论框架。企业战略来源于企业生产经营活动的实践。不同的管理学家或实际工作者由于其自身的管理经历和对管理的认识不同,对企业战略的认识也各不相同。

广义的定义者主要代表人物是安德鲁斯和魁因。安德鲁斯是美国哈佛大学商学院教授,他认为,战略是一种决策模式,这种模式决定和揭示企业的目的和目标,以及达到这些目标的重大方针的计划。从而界定着企业承包正在从事的或者应该从事的经营业务,以及界定着企业所属的或应该属于的经营类型。

狭义的定义者主要代表人物是安索夫、霍弗和申德尔。其中具有代表性的安索夫认为,企业战略是贯穿于企业经营与产品和市场之间的一条共同经营主线,它决定着企业目前所从事的或者计划要从事的经营业务的基本性质。这条共同经营主线由四个要素构成:其一,产品与市场范围,指企业承包对所生产的产品和竞争所在的市场;其二,增长向量,指企业计划对其产品和市场范围进行变动的方向;其三,竞争优势,指那些可以使企业处于强有力竞争地位的产品和市场的特性;其四,协同作用,指企业内部联合协作可以达到的效果,也就是 2+2≥4 的效果。

另外,加拿大管理学者明茨博格提出了战略"5P"定义,给我们提供了新的思路:

其一,战略是一种计划。它是一种有意识的、有目的的行动计划,用来实现企业的目标;

其二,战略是一种计谋。它是指在特定的环境下,企业将战略作为威胁和战胜竞争对手的一种具体手段、一种计策;

其三,战略是一种模式。战略是企业为了实现战略目标参与竞争而进行的重要决策、采取的途径和行动以及为实现目标对企业主要资源进行分配的一种模式;

其四,战略是一种定位。战略是一个企业在自身环境中所处的位置。这里战略实际上成为企业与环境之间的一种中间力量,使得企业的内部条件与外部的环境更加融洽;

其五,战略是一种观念。它存在于需要战略的人们的头脑之中,体现了战略家们对客观世界固有的认识方式。它同价值观、文化、理想等内容一样为企业成员所共享。

## 二、市场发展战略的特征

企业战略是设立远景目标并对实现目标的轨迹进行的总体性、指导性谋划,属宏观管理范畴,具有指导性、全局性、长远性、竞争性、风险性、可控性六大主要特征。

### (一)指导性

企业战略界定了企业的经营方向、远景目标,明确了企业的经营方针和行动指南,并筹划了实现目标的发展轨迹及指导性的措施和对策,对企业经营活动起着导向性的作用,是企业发展的航标灯。

### (二)全局性

企业战略立足于未来,通过对国际、国家的政治、经济、文化及行业等经营环境的深入分析,结合自身资源,站在系统管理高度,对企业的远景发展轨迹进行了全面的规划。

### (三)长远性

企业战略着眼于长期生存和长远发展的思考,兼顾短期利益,确立了远景目标,并谋划了实现远景目标的发展轨迹及宏观管理的措施、对策。并且围绕远景目标,企业战略必须经历一个持续、长远的奋斗过程,除根据市场变化进行必要的调整外,制定的战略通常不能朝夕令改,具有长效的稳定性。

### (四)竞争性

竞争是市场经济不可回避的现实,也正是因为有了竞争才确立了"战略"在经营管理中的主导地位。面对竞争,企业战略需要进行内外环境分析,明确自身的资源优势,通过设计适体的经营模式,形成特色经营,增强企业的对抗性和战斗力,推动企业长远、健康的发展。

### (五)风险性

企业做出任何一项决策都存在风险,战略决策也不例外。市场研究深入,行业发展趋势预测准确,设立的远景目标客观,各战略阶段人、财、物等资源调配得当,战略形态选择科学,制定的战略就能引导企业健康、快速的发展。反之,仅凭个人主观判断市场,设立目标过于理想或对行业的发展趋势预测偏差,制定的战略就会产生管理误导,甚至给企业带来破产的风险。

### (六)可控性

现实环境中,构成发展战略的因素在不断地发生变化,外部环境也在不断的改变,市场发展战略也在不断的修改中,是可控的,是具有一定弹性的,能够做到在基本方向不变的情况下,对营销战略的局部或非根本性方面可以修改和校正,在变化的诸因素中求得企业内部条件与环境变化的相对平衡。

## 三、企业战略的层次结构

企业在经营过程中,不同层次的管理者负责不同的战略(如图3-1所示),企业战略一般分为三个基本层次(如图3-2所示),有了明晰的战略层次,就能实现企业的经营目标。

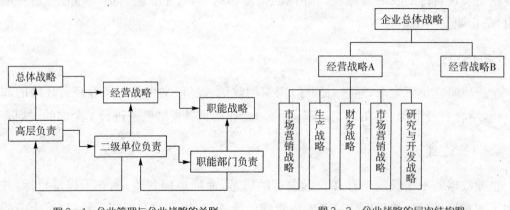

图3-1 企业管理与企业战略的关联　　　　图3-2 企业战略的层次结构图

## (一)总体战略

总体战略是作为企业最高层次的战略。对于多种经营的企业,需要根据企业使命选择企业参与竞争的业务领域,合理配置企业资源,使各项经营相互支持、相互协调。总体战略的任务,主要是回答企业主要在哪些领域进行活动。其中,主要经营范围的选择和资源的合理配置,是总体战略任务的重要内容。它是企业高层负责制定、落实的基本战略。

## (二)经营战略

经营战略又称为"经营单位战略",或者叫"竞争战略"。在大企业,特别是企业集团,往往从组织形态上,把一些具有共同战略因素的二级单位(如事业部、子公司等),或其中的某些部分组合成一个战略经营单位(Strategic Business Units, SBU);在一般的企业中,如果各个二级单位的产品和市场具有特殊性,也可以视作独立的战略经营单位。因此,经营战略是各个战略经营单位或者有关的事业部、子公司的战略。

## (三)职能战略

职能战略也就是职能部门战略,又称"职能层战略",是企业各职能部门的短期性战略。职能战略可以使职能部门有其管理人员更加清楚地认识本部门在实施总体战略、经营战略过程中的任务、责任和要求,有效地运用有关的管理职能,保证企业目标的实现。

通常需要的职能战略,涉及对市场营销、生产(制造与采购)、财务、人力资源、研究与开发等领域的管理。每一职能战略都要服从于所在战略经营单位的经营战略,以及整个企业制定的总体战略。

## 四、企业战略规划过程

在企业经营过程中,公司对所处的总体环境及自身的优势有了明确的认识之后,就可以有效地推进战略规划过程了。企业战略从开始研判问题到最后制定行动方案需要一系列的过程,如图3-3所示:

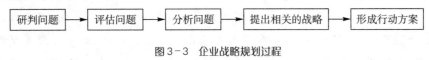

图3-3 企业战略规划过程

## (一)研判问题

判定在企业运行中即将发生的战略问题,通常有三种基本的信息来源:企业外部环境的变化趋势,内部条件的演变趋势,经济效益的发展趋势。企业可从相互依存、彼此影响的环境因素与各职能领域之间的变化上寻找问题,并分析它对整个发展的影响程度。

### (二)评估问题的重要性

评估问题的重要性就是将战略问题整理、分类,依据轻重缓急加以排序。企业最高层详尽分析最重要的战略问题;战略经营单位研究分析比较重要的战略问题;而一般性的问题只需加以注意,不一定详加分析。

### (三)分析问题

排序以后,应对重要问题进行分析。例如从过去、现在和将来等多个方面,分析问题的发展趋势,全面、综合地描述较大的问题;将战略问题逐层分解,针对性更强地收集有助于做出判断的数据,研究各个层次的问题以及它们对企业战略的影响,系统、深入地掌握战略问题;从相关利益群体的角度,对战略问题从正、反两个方面提出种种假设,评定假设的重要性和可靠程度,将注意力集中在最为重要、可靠的假设上,供制定战略时参考。

### (四)提出与问题相关的战略

分析问题以后,必须考虑是否提出和由谁提出战略。如果问题牵涉面较广,应考虑制定总体战略和经营战略;如果仅仅涉及职能部门,则只需制定相应的职能战略。

## 五、发展战略计划和形成行动方案

战略决定以后,主要考虑如何及时、有效地付诸实施,从而增进或避免减少企业的效益,使企业在市场中保持优势地位。

**知识链接**

### 战略规划和市场营销

战略规划与市场营销管理作为一个统一体,相互影响、相互制约并相互联系。战略规划是市场营销活动的行动纲领,市场营销管理又使企业战略规划得以具体实施。一个没有战略的企业,犹如一艘在大海中航行的船,没有方向,只能在水中四处漂泊,无法到达目的地;一个没有战略思想指导的营销计划,就等于没有灵魂。而没有具体的营销管理,则战略发展目标也无法实现。因此,企业只有制定正确的总战略,其营销活动才能有条不紊地组织协调,以最大限度地发展各种营销机会。

(资料来源:吴晓云:《市场营销管理教程》,天津大学出版社,2009。)

## 第二节 规划总体战略

### 一、认识和界定企业使命

企业使命(Mission)反映企业的目的、特征和性质。明确企业使命,就是对本企业是干什么、应该是怎么样的,进行思考和解答,可以向所有者(如股东、上级主管部门)、顾客、经销商以及员工广泛征求意见。认识企业使命的关键,在于如何深入分析构成企业外部环境和内部条件的各种因素,详尽了解它们对企业的要求、期望和约束,从中找出企业目前的以及理想的特征。任何一个企业的存在与发展必然受其使命所制约。

作为一个社会大系统中的企业必须时刻明确以下问题:我们的顾客是谁?顾客追求的价值与利益是什么?我们的业务是什么?我们怎样才能使顾客满意?企业如果不能明确回答上述问题,或者回答得不清晰,便会无法确定适合自己发展的位置和机会。可以说,企业使命从根本上制约了营销战略管理整个过程及其管理绩效。确定企业使命应注意:

其一,企业使命应以市场为导向来界定其市场地位和业务范围(行业范围、产品应用范围、市场细分范围、竞争范围、地理范围),以哪种业务满足哪类基本顾客的需求必须界定清楚;

其二,企业使命的界定避免空泛、不切实际,要明确、具体;

其三,企业使命既要适应外部环境发展的要求,又要与自身资源与能力相匹配,还要反映企业经营特色和竞争优势;

其四,企业使命应具有整体的指导价值和激励导向,使全体员工感受到企业使命对个人、组织、社会发展的内在联系,激励他们为实现企业使命而奉献,从而实现自己的理想。

企业使命是其目标的一般性说明,可以认为是组织存在目的的一种表述。一个好的企业使命,应该强调以下五个方面内容:

其一,它应该是富有想象力的,并且可以持续很长的时期;

其二,它应该分清楚企业的主要目标,弄清楚企业为什么而存在;

其三,它应该清楚地描述企业的主要活动和希望获得的行业地位;

其四,它应该阐明企业的关键价值观;

其五,它应该是企业有愿望也有能力完成的企业崇高任务。

**知识链接**

### 著名公司的企业使命

微软：让每一张桌子上、每一个家庭中都有一台计算机，都使用微软的软件。

松下：我们的使命是制造像自来水一样丰富的价廉物美的产品。我们以此摆脱贫困，给人们的生活带来幸福，使世界变得更加美好。

联想集团：联想将提供信息技术、工具和服务，使人们的生活和工作更加简便、高效、丰富多彩；为员工：创造发展空间，提升员工价值，提高工作生活质量；为股东：回报股东长远利益；为社会：服务社会，文明进步。

长虹电子集团公司：质量第一、用户至上；以市场为导向，一切服从于市场、一切服务于市场，得消费者心者得市场；以人为本，关心人、理解人、尊重人，科学与严格相统一；市场竞争最终是人才的竞争，人力资源是公司的最宝贵财富；激励自己，挑战现实，创一流企业。

格兰仕公司：我们的企业、市场和质量等一切企业实力要素以及每一个环节（部门、工序）都要精益求精、永创第一、永争第一。

万向集团：为顾客创造价值，为股东创造利益，为员工创造前途，为社会创造繁荣。

（资料来源：企业咨询网）

## 二、区分战略经营单位

在实际生活中，很多企业都可能同时准备经营若干项业务。例如，某公司原来从事洗衣机生产，后来又经营房地产，现在又涉足餐饮业。而且每个行业里又有多种类型。每项业务都会有自己的特性，面对的市场环境也未必完全一样。界定企业的活动领域，只是在大范围上说明了企业经营的总体范围。企业为了便于从战略上进行管理，有必要对组成其活动领域的各项业务，从性质上区别开来，划分为若干战略经营单位。

战略经营单位是企业值得为其专门制定经营战略的最小经营管理单位。

有时候，一个战略经营单位会是企业的一个部门，或一个部门中的某类产品，甚至某种产品；有的时候，又可能包括几个部门、几类产品。

区分战略经营单位的主要依据是各项业务之间是否存在共同的经营主线。所谓"共同的经营主线"是指目前的产品、市场与未来的产品、市场之间的一种内在联系。区分战略经营单位是为了将企业使命具体化，并分解为各项业务或某一组业务的战略任务，因此在实践中需要注意以下方面：

## (一)坚持市场导向

依据产品特性或技术区分的战略经营单位,难以具有持久生命力。产品和技术总会有过时、陈旧的时候,只有市场导向,顾客才是永恒的。一个缺乏市场导向的企业会连同它的产品一起被淘汰。只有那些时刻关注市场需求动向,并能及时研制开发出满足顾客需求的新产品的企业才会不断得到发展。

## (二)坚持可行性

企业管理者应不要把任务规定得太死。企业的总任务应当既具有现实性,又展示出发展的远景,才是可行的。否则,就不好区分战略经营单位,比如依据"满足信息交流的需要"区分,就会定义过宽、太泛。其一,这个单位可供选择的经营范围相当广泛,如电话、网络、邮政等;其二,顾客范围相当广泛,如个人、家庭、企业、机关等;其三,产品范围也相当广泛,有各种纸张,还有手机、电话和电脑。这些变量可以形成无数组合,产生出无数条的经营主线。假如一个企业有志于这一活动领域,就要为每个组合、每条经营主线分别确定其经营单位,只有一个经营单位就会无所适从,难以制定经营战略。

### 三、规划投资组合

如何把有限的人力、物力尤其是财力等资源,合理分配给现状、前景不同的各个战略经营单位,是企业最高层和总体战略必须考虑的主要内容之一。

战略规划的一个重要任务是决定发展、维持、收缩和淘汰哪些业务。规划投资组合分析是企业战略规划过程的重要工具,它是指公司高层管理者对经营的各项业务进行分类和评估,然后,根据其经营现状与潜力决定对其业务投资的比例。对赢利及有发展前途的业务追加投资,对亏损或无经营前途的业务维持以至减少投资,从而使企业的资金得到最佳的配置。

企业必须对各个战略经营单位及其业务状况进行评估和分类,确认它们的前景和发展潜力,从而决定投资结构。

在规划投资组合方面,有两种模式广为应用。

## (一)波士顿矩阵

波士顿矩阵法又称"产品系列结构管理法",或称"市场增长率/市场占有率矩阵",是由美国波士顿咨询公司(Boston Consulting)提出的一种规划企业产品组合的方法。波士顿矩阵认为一般决定产品结构的基本因素有两个:市场占有率和市场增长率。市场增长率指企业一定时期销售业绩增长的百分比,市场占有率指企业在市场需求中所占的份额,相对市场占有率则是将企业的市场占有率和最大的竞争对手相比。这些指标反映了企业的经营状况和对市场的控制程度。如图 3-4 所示。

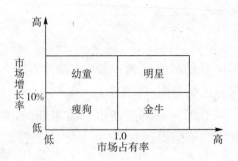

图3-4 波士顿矩阵图

在矩阵中,纵坐标代表市场增长率,可以"年"为单位。增长率高低可依具体情况确定。假设以10%为分界,高于10%为高增长率,低于10%为低增长率。横坐标为相对市场占有率,表示各经营单位与其最大竞争者之间在市场占有率方面的相对差异。某个经营单位的相对市场占有率为0.4,说明它的市场占有率为最大竞争者的40%;相对市场占有率为2.0,说明比最大竞争者的市场占有率多一倍,自己才是市场上的"大头"。相对市场占有率比绝对市场占有率更能说明竞争情况。假定以1.0为分界线,可分为高、低两类市场占有率。

该矩阵有四个象限。一个企业所有的战略经营单位或业务,可以分为四种类型:

1. 幼童

"幼童"指增长率较高、市场占有率较低的经营单位或业务。大多数的经营单位,进入市场最初都处于这种状况。这一类经营单位需要较多资源投入,用以追赶最大竞争者和适应迅速增长的市场,但是它们又往往前程未卜,难以确定远景。企业必须考虑是继续增加投入还是维持现状,或减少投入,甚至精简、淘汰。

2. 明星

"幼童"单位如果经营成功,随着市场占有率的不断提高,会发展成为"明星"业务。一般来说,这种单位仍然需要大量投入资源,以保证它们的发展能够跟上市场的扩大,击退竞争者,因此短期内未必能给企业带来可观的收益,但它们是未来的"财源"。

3. 金牛

随着市场增长的速度减缓,降到企业认为的低增长率,如图3-4所示的10%以下,但仍然据有较高的相对市场占有率,便成为"金牛"业务。市场增长率降低,不再需要大量资源的投入,又由于相对市场占有率较高,这些经营单位可以产生较高收益,用于支援企业的其他经营单位。

4. 瘦狗

"瘦狗"指市场增长率和相对市场占有率都较低的经营单位。它们还能为企业提供一些收益,但盈利甚少或有亏损,一般难以再度成为"财源"。

我们要以一种动态的观点来分析和评价公司的业务组合。因为,上述四类战略业务单位的位置并不是一成不变的,它们会随着时间的推移而发生变化。多数战略业务单位都是从"幼童"类开始,如果经营成功,就会进入"明星"类,然后成为"金牛"类,最后变成"瘦狗"达到发展的终点。由此可见,战略业务单位也有"生命周期"。

同时,各个单位所处境况也会变化。最初的"幼童"可能就是未来的"明星","瘦狗"经营得法,也未必不能转变为"幼童"或"金牛"。企业在进行总体战略规划时,既要看到现状,又要分析前景,善于将目前的矩阵(即战略现状)与未来的矩阵(即战略追求)进行比较,思考需要采取的主要战略措施,并依据资源有效分配的原则,决定各个单位未来应当扮演的角色,从整体角度考虑投入的适当比例和合理数量,形成合适的投资和业务结构。对各个战略经营单位进行分类以后,企业要评估自己的业务组合是否恰当。一般来说,一方面,市场占有率越高,经营单位的盈利能力越强,利润水平一般与市场占有率同向增长;另一方面,市场增长率越高,经营单位所需的资源也越多,因为它们要继续发展和巩固市场。企业可采取的战略措施主要有:

(1)发展战略。目的在于提高经营单位的相对市场占有率,甚至不惜牺牲短期利益。如"幼童"类业务,为使其尽快成为"明星",增加资源的投入。

(2)维持战略。目的在于维持经营单位的相对市场占有率。比如"金牛",尤其是较大的"金牛",以此为目标,使它们提供更多收益。

(3)收割战略。目的在于增加战略业务单位的短期效益,不多考虑长期效益。比如较弱小的"金牛"业务,因其很快要由成熟期进入衰退期,前景暗淡,企业又需要较多的收益。此外,收割战略也可用于"幼童"及"瘦狗"。

(4)放弃战略。目的在于清理、撤销某些经营单位,减轻负担,以便把有限的资源用于效益较高的业务。这种战略尤其适合于没有前途或妨碍企业盈利的经营单位。

### (二)多因素投资组合矩阵

多因素投资组合矩阵较市场增长率(市场占有率)矩阵有所发展。依据这种方法,企业对每个战略经营单位的现状和前景,都从市场吸引力和竞争能力两个方面进行评估。只有进入既有吸引力、企业又拥有相对优势的市场,业务才可能成功。市场吸引力取决于市场大小、年市场增长率、历史的利润率等一系列因素;竞争能力则取决于该单位的市场占有率、产品质量、分销能力等一系列因素。对每个因素分别等级打分(最低分为1分,最高分为5分),并依据权数计算加权值,加权累计得出该单位市场吸引力及竞争能力总分。每个战略经营单位都可以两个分数提供的坐标为圆心,画出与其市场成正比的圆圈,并标出其市场占有率(如表3-1所示)。

表3-1 多因素投资组合矩阵

| 业务行业 | | 竞争能力 | | |
|---|---|---|---|---|
| | | 强 | 中 | 弱 |
| 市场吸引力 | 大 | | | |
| | 中 | | | |
| | 小 | | | |

多因素投资组合矩阵依据市场吸引力的大、中、小,竞争能力的强、中、弱分为9个区域。它们组成了3种战略地带:

### 1. 绿色地带

"绿色地带"由左上角大强、大中、中强三个区域组成。这个地带的市场吸引力和经营单位的竞争能力都最为有利,所以一般要"开绿灯",采取增加资源投入和发展、扩大的战略。

### 2. 黄色地带

"黄色地带"由左下角至右上角的三个区域,也就是小强、中中、大弱组成。这个地带的市场吸引力和经营单位的竞争能力,总的来说是中等水平。一般来说,对这个地带的经营单位"开黄灯",也就是采取维持原投入水平和市场占有率的战略。

### 3. 红色地带

"红色地带"由右下角小弱、小中、中弱三个区域组成。这里市场吸引力偏小,经营单位的竞争能力偏弱,因此企业多是"开红灯",采用收割或放弃战略。

值得注意的是,企业应对各个经营单位在今后几年的趋势进行预测。有的现在看好,以后有可能急剧下降,有的以后或许迅速攀升。掌握这些情况,可为现状和未来各不相同的经营单位最后决定投资政策。

*知识链接*

## 营销战略联盟

营销战略联盟目前已成为许多企业,特别是跨国企业的一种基本战略。具体的营销战略联盟可能是纵向的伙伴关系(如制造商与分销商间的伙伴关系),也可能是横向的伙伴关系(如制造商之间在新产品开发、分销上的合作),还可能是混合的伙伴关系(如跨行业的营销合作)。"合作营销"是一种横向的营销战略联盟,安德森和拉鲁斯(1990)曾将其定义为"……相互承认和了解任何一方的成功都部分地依赖于对方企业……",它是产品具有互补性的企业间缔结的一种合约关系。其目的在于建立或增加用户对这些互补性的利益的认知。它涉及伙伴间在一个或更多的营销领域的协作,并且可能将协作扩展到研究、产品开发甚至生产领域。

(资料来源:王峰、吕彦儒,《市场营销》,上海财经大学出版社,2006。)

### 四、规划成长战略

投资组合战略决定哪些经营单位需要发展、扩大,哪些应当收割、放弃。企业经常需要发展一些新业务(如表3—2所示),以代替被淘汰的过时的旧业务,否则不能实现预定的利润目标。

表 3—2　规划新增业务

| 产品<br>市场 | 现有产品 | 新产品 |
|---|---|---|
| 现有市场 | 市场渗透 | 产品开发 |
| 新市场 | 市场开发 | 多元化 |

一般可以遵循这样一种思路规划新增的业务。其一,在现有业务范围内,寻找进一步发展的机会;其二,分析建立和从事某些与目前业务有关的新业务的可能性;其三,考虑开发与目前业务无关、但是有较强吸引力的业务。这样就形成了如表 3—3 所示的三种成长战略。

表 3—3　规划成长战略

| 密集化成长战略 | 一体化成长战略 | 多角化成长战略 |
|---|---|---|
| 市场渗透 | 后向一体化 | 同心多角化 |
| 市场开发 | 前向一体化 | 水平多角化 |
| 产品开发 | 水平一体化 | 综合多角化 |

## (一)密集化成长战略

密集化成长战略适用于在一个特定市场的全部购买潜力尚未达到极限时所存在的市场机会。这种未达极限的市场机会使公司有可能在原有产品经营范围内求得发展。因此,这一战略实施的最基本条件是现有市场尚有扩大需求和赢利的潜力。密集化成长战略可以通过 3 种途径实现:

### 1. 市场渗透

这种形式一是刺激现有顾客更多地购买本公司现有的产品;二是吸引竞争对手的顾客过来;三是激发潜在顾客的购买动机,扩大市场占有率。

### 2. 市场开发

通过在现有销售区域内寻找新的细分市场来扩大销售量,比如原以企事业单位为主要客户的计算机企业,开始向家庭、个人销售计算机,或进入新的区域市场等。

### 3. 产品开发

通过向现有市场提供新产品或改进的产品,如增加花色品种、增加规格档次、改进包装、增加服务等手段来满足现有市场上的不同需求,从而扩大销售。

## (二)一体化成长战略

一体化成长战略是指重新整合供应链可以提高效益,企业可以考虑把自己的业务

扩展到供、产、销各个环节,以寻求更多的市场发展机会。通过一体化成长增加新业务,它有3种实现形式:

**1. 后向一体化**

后向一体化是公司向后控制自己的供应系统,指收购、兼并上游的供应商。如果供应商盈利高或发展机会好,后向一体化可以为企业争取更多收益,同时还可避免原材料短缺、成本受制于供应商等危险。

**2. 前向一体化**

前向一体化是公司向前控制销售系统,指收购、兼并企业下游的批发商、零售商,自办销售渠道业务,或将产品线向前延伸,从事原来由用户经营的业务,如木材公司生产家具、造纸厂经营印刷业务、批发商开办零售商店等。

**3. 水平一体化**

水平一体化就是争取对同类企业的所有权或控制权,或实行各种形式的联合经营,这样可以扩大经营规模和实力。

(三)多角化成长战略

多角化也叫"多元化",指公司在原来的经营框架内缺乏有利的营销机会,已经无法发展,或在原经营框架之外有更好的商业机会或是有更大的吸引力,也可以考虑多角化成长战略,它有3种实现途经:

**1. 同心多角化**

同心多角化指以现有产品为核心向外扩展业务范围,可以充分利用现有的技术和资源。面对新市场、新顾客,以原有技术、特长和经验为基础,增加新业务。如拖拉机厂生产小货车、电视机厂生产其他家用电器。由于企业是从同一圆心逐渐向外扩展活动领域,没有脱离原来的经营主线,有利于发挥已有优势,风险因而相对较小。

**2. 水平多角化**

水平多角化又叫"横向多角化",是指针对现有市场和现有顾客,采用不同技术增加新业务。这些技术与企业现有能力没有多大关系。如原来生产拖拉机的企业,现在准备生产农药、化肥。企业在技术、生产方面进入了全新的领域。

**3. 综合多角化**

综合多角化指企业以新业务进入新市场,新业务与企业现有的技术、市场及业务没有联系。比如,一家计算机软件公司投资进入保健品行业,并且还从事房地产等业务。这种做法风险最大。多角化成长并不是说企业要利用一切可乘之机大力发展新业务,相反,企业在规划新的发展方向时必须十分慎重,须结合已有的特长和优势加以考虑,方能在市场中稳步发展。

## 第三节　规划经营战略

在企业经营过程中,经营战略是各个战略经营单位根据总体战略的要求,开展业务、进行竞争和建立相对优势的基本安排。规划经营战略的关键是战略分析和战略选择。

企业经营战略的制定过程如图3-5所示。

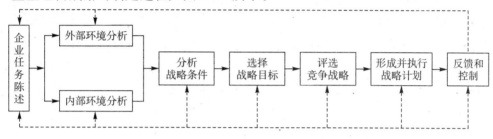

图3-5　企业经营战略制定过程图

### 一、分析经营任务

经营战略的规划始于明确任务。经营任务规定战略经营单位业务和发展方向。总体战略需要各个战略经营单位的共同努力去实现,因此,明确经营任务首先要考虑总体战略的要求。例如,本单位处于"明星地带",经营任务可能就是以有效利用新的资源发展和增大为主题;本单位处于"红色地带",经营任务就有变化,可能就要以保持现有收益为中心。

每个经营单位还要确定自己的业务活动范围。与界定企业整体战略使命的工作相似,业务活动范围可从行业范围、市场范围、纵向范围和地理范围中引申,但是必须重点明确三个问题:其一,需求方面:我们准备满足哪些需求;其二,顾客方面:我们将重点面向哪些顾客;其三,产品或技术方面:我们打算提供什么产品、依靠哪些技术,也就是从事什么业务达到目的。如一个汽车制造单位,可将其业务活动范围定为提供省油、节能、易操纵(技术)的"紧凑型"轿车(产品)给中低收入的家庭(顾客),以满足他们对低成本交通的需求。同理,一个生产空调压缩机(产品和技术)的经营单位,其顾客就是空调机厂,满足的是空调机厂制造空调机以赢利的需求。通过分析经营任务,使企业正确地去实现经营战略。

### 二、分析战略环境

企业及其经营单位的生存和发展,与环境以及环境的变化有密切关系。把握环境的现状和趋势,利用机会,避开威胁,是企业及其经营单位完成经营任务的前提。

构成战略环境的因素很多,一般分为总体环境、任务环境和竞争环境。构成总体环境的因素与市场营销环境中的宏观环境相似,内容包括经济发展、政治法律、社会文化和科学技术等因素,我们将在第四章市场营销环境中详尽述说。任务环境涵盖了市场营销环境中微观环境的诸多因素,由与企业或其经营单位完成经营任务直接相关、存在利益关系的个人、集团,如股东、顾客、金融机构、供应链上的交易关系单位等组成。竞争环境是指与企业自身业务具有竞争关系的各种因素,如同行业现有的竞争者、拟进入行业的新竞争者和替代品;企业或经营单位与其上游的供应商、下游的中间商乃至终端顾客,也存在一定的竞争关系。同时,战略环境还可依据上述环境因素产生的地理范围,区分为国内环境因素和国际环境因素。

当然,在企业经营中,对于一个企业及其经营单位,从时间、费用和必要性看,不可能、也没有必要对其所有的环境做详尽分析,而是可以根据任务的性质和要求确定特定的环境内容,然后集中力量对影响较大的因素进行调查研究。需要注意的是,必须重视预测有关因素将来发生变化、甚至突变的时间和方向,有利于企业战略的适时调整。

在实际生活中,企业战略环境有关因素变化的结果,有的将对企业及其业务形成有利的条件,有的将对企业产生某些不利的影响,前者是环境机会,后者是环境威胁。因此战略环境分析最终必须回答:有关因素何时发生变化,发生的可能性多大,这种变化将成为企业或该项任务的机会还是威胁,会带来多大影响,应当采取何种对策。如果是向新的产品、市场发展业务,还要重点分析有潜在竞争关系的其他企业的反应,以作为调整战略的依据。

### 三、分析战略条件

分析外部环境是为了从中辨认出有吸引力的机会。利用机会要具备一定的内部条件。分析战略条件的重点,是认识自身的优势和弱点,客观评估企业的经营能力,预测现有的能力与机会和将来的环境的相互适应的程度。

能力分析的重点是比较现有能力与利用机会所要求的能力之间的差距,制定提高相应能力的措施。

### 四、选择战略目标

通过分析战略环境和条件,了解机会、威胁和优势、弱点,经营任务应当转化为特定的经营目标。制定和实施经营单位的战略计划,要以目标为依据。大多数的企业、经营单位或业务,可能同时追求几个目标。若干目标项目组成了一个目标体系,从不同角度多侧面反映战略追求及业务活动所要达到的状况。同时,一个较大的目标通常又可分解为若干个较小的、次一级的目标。因此,确定战略目标要考虑两个因素:一是目标体系的层次化。分析各个目标之间的因果关系或主次关系,明确各个目标项目的相对重要性,并分成若干层次顺序排列;二是目标之间的一致性。多个目标之间有时会不尽协调,甚至存在相互消长的关系。比如"以最低的成本获得最大的销量","实现最大的利润,达到最高的销量",在实践中往往是鱼和熊掌不可兼得。

目标要尽可能以数量表达。如提高投资收益率,若加上数量、时间,就会非常明确,"年底以前提高到10%"。目标成为指标,更有利于战略规划和管理。

目标值的确定,要依据外部环境和内部条件,并参照其他标准。通常可以结合社会平均值、同行业优秀企业和国际上相似的优秀企业的标准考虑。一般来说要先进合理。比如高于社会平均值,并尽可能向优秀企业的基准挑战。这样既有利于保持自己的竞争力,又有利于激发员工的积极性。

### 五、选择竞争战略

企业在市场竞争中,必须选择一定的竞争战略,方能在激烈的市场角逐中获胜,或者保持领跑地位。美国学者波特提出,有三种一般性竞争战略可供参考:

#### (一)成本领先战略

成本领先战略是指一个企业以力争使其总成本降到行业最低水平,作为战胜竞争者的基本前提。采用这种战略,核心是争取最大的市场份额,使单位产品成本最低,从而以较低售价赢得竞争优势。实现成本领先的目标,要求企业具有良好、通畅的融资渠道,能够保证资本持续不断投入;产品便于制造,工艺过程精简;拥有低成本的分销渠道;实施紧张、高效的劳动管理体系、加强责任管理、有分量的激励制度等,是这一战略的重要保障。这样,企业依靠成本低廉为其战略特色,并在此基础上争取有利的价格定位,在与对手的抗争中也就能够占据优势,保持领先。

#### (二)差别化经营战略

经营的亮点在于与众不同,差别化经营战略的竞争优势,主要依托于产品及其设计、工艺、品牌、特征、款式和服务等各个方面,与竞争者相比能有显著的独到之处。由于不同的企业产品各有特色,顾客难以直接比较他们的"优劣",故而可以有效抑制市场对价格的敏感程度,企业可以获取可观的效益。一旦消费者对企业或者品牌建立了较高的信任度,还能为竞争者的进入设置较高的障碍。有效地实施这一战略的前提,是企业在市场营销、研究与开发、产品技术和工艺设计等方面具有强大的实力和潜力;在质量、技术和工艺等方面,享有优异、领先的良好声誉;可以得到来自销售渠道各个环节的大力支持和合作等。因此,一个企业必须能够对它的基础研究、新产品开发和市场营销等职能进行有效的协调和控制,具有可以吸引高技能的员工、专家和其他创造性人才,以及有助于创新的激励机制和企业文化。在差别化方面制造出一道风景,保持企业在市场的优势。

### (三) 目标集聚战略

一般的成本领先和差别化战略多着眼于整个市场、整个行业，从大范围谋求竞争优势。目标集聚战略则把目标放在某个特定的、相对狭小的领域内，在局部市场争取成本领先或差别化，建立竞争优势。一般来说，它是中小企业采用的一种战略。虽然在整个市场上，企业没有低成本和差别化的绝对优势，但在一个较狭小的领域中却能取得这些方面的相对优势。这种战略的风险在于，一旦局部市场的需求变化，或强大的竞争者执意进入、一决雌雄，现有的企业就可能面临重大灾难。

在同一市场上采用同一战略的企业之间，事实上形成了一个所谓的"战略群落"。由于彼此采用相同的"武器"，一般来说只有战略运用最佳的企业才能够收效最好。企业要尽量避免采用模糊战略，否则市场后果不堪设想。

### 六、形成战略计划

规划经营战略的最后一步，是依据实现目标的战略，形成执行战略的具体计划，保证和支持经营战略的贯彻、落实。比如，一个经营单位拟用差别化战略指导经营，就要根据这一战略的特殊要求，考虑和采取相应措施。战略很完美，执行更重要，企业要采取措施确保战略计划落实到位，使企业长期保持竞争优势。

## 第四节　市场营销管理

### 一、中国营销管理概况

我国企业营销管理模式经历了从集中到分散再到集中的螺旋上升发展过程。营销管理模式完成了从集中——分散——虚拟化集中的循环。

### (一) 集中化管理

20 世纪 30 年代世界性的经济危机之后，市场竞争激烈。此时，企业的重心也由产品的生产转向产品的推销，需要进行经常性的营销调研、广告宣传以及其他促销活动，销售职能日益专业化。企业营销决策权集中于企业总部，企业高层管理者采用人对人、点对点的方式直接管理营销团队的日常业务，企业营销资源集中，对市场变化反应迅速，营销团队执行力较强。当企业规模较小，市场区域比较集中时，企业采用这种高度集权的集中式营销管理模式具有一定的优势。

### (二) 分散式管理模式

20 世纪 80 年代末以来，经济全球化和信息技术的发展促使企业的规模逐步扩大，跨行业、跨区域市场运作逐步成为企业运营的常态。随着市场区域的扩张、管理层级的增加,管理幅度的加宽使企业高层离一线市场时空距离越来越大,信息传递严重受阻,严重影响营销高层管理人员分析决策能力;再加上管理技术的限制,传统的集中式营销管理模式已经不适应企业发展的需要了。企业对日渐扩散到全国各区域的营销团队实行分权、授权,采用在企业总部的领导下各区域营销团队自主经营、各自为政的远程分散化营销管理模式。

分散式管理,分权、授权的管理方式有利于营销团队成员创造性和积极性的发挥,但是也产生很多问题。

其一,管理分散导致管理不细致,致使营销团队管理执行力下降。营销总部对全国各地的营销人员监控十分困难,各地分支机构和业务人员执行力下降,总部无法及时获得反馈信息,也难以及时检查和纠正;

其二,组织机构分散不利于组织运作效率的提高,随着企业生产规模的不断发展壮大,企业的机构变得越来越臃肿,而在这些机构都设置了专业的市场营销人员、策划人员甚至财务人员等,造成人员过多,实际执行力不强;

其三,人员分散限制了营销团队专业能力的提升,不利于群体智慧的发挥。企业区域办事处或分公司接过区域市场的经营管理权后,会直接面对渠道冲突、价格体系混乱、窜货和经销商日益增加的管理服务要求等问题。

这些问题显而易见是分布式管理造成的决策者和执行者之间的中间环节过多,不能形成有效的团队专业化运作、垂直化管理所引起的,问题解决的关键在于分散的治理,分散不等于分权,分散的资源和人员更需要集中的强有力的管理。

(三)虚拟化集中管理模式

互联网的出现,实现了虚拟集中管理。采用虚拟集中管理,既可以整合整个企业的营销资源,加强对下属机构的监控指导,又可以降低整个企业的营销成本,提高管理效率,克服分散式营销管理的不足。虚拟集中管理真正实现扁平化管理,借助信息化工具,企业实现营销数据集中管理、集中使用。总部的管理人员可以随时了解到销售现场的每个细节。通过 ERP、CRM 等信息平台,结合一些常用的移动设备来强化远程管理,使信息平台的价值获得更大的发挥。虚拟集中管理是未来营销管理模式的必然趋势。

## 二、中国市场营销管理模式新趋势

目前我国企业正面临新的战略转型期,企业的市场营销管理正处于营销模式创新与变革的阶段。主要呈现为以下七大趋势:

(一)从营销的业务管理向营销的战略管理转变

企业从过去的短期营销行为提升到长期营销行为,建立具有战略意义的营销组织,科学的营销战略决策机制与决策程序。企业从追求短期市场扩张转向注重市场培育、市场生态关系、市场的整体规划与运作，致力于建立企业整体的营销核心竞争力。

### (二)从营销局部创新向营销系统创新转变

在全球一体化的市场竞争环境中，企业需要从营销战略、营销机制到整个营销模式都要进行全面系统的规划。只有营销系统的变革与创新，才能提高整个企业的营销竞争力。所谓从营销局部创新到营销系统创新，主要包括以下三个方面：

其一，进行营销理念的系统创新；

其二，进行营销体系的系统创新；

其三，进行整个营销运行要素的创新，包括营销模式、营销组织与流程、营销运行机制等方面的创新。

### (三)从价值链各个利益相关者的非均衡性向价值链动态平衡转变

未来市场竞争的关键，要求从价值链各个利益相关者的非均衡性发展向价值链动态平衡转变，只有均衡才能提高企业营销整体的素质，才能提高整体的效率与整体的竞争实力。价值链动态平衡要求如下：

其一，价值链参与者角色要明晰；

其二，从整个价值链资源的配置到产业链价值参与者的理念、行为要保持动态一致；

其三，从企业内部来看，其行业市场的发展与管理能力、市场的扩张与营销人员的素质与能力的提升要均衡，企业的研发、产品、营销各个环节、各个流程之间要形成有效的均衡与协同；

其四，对终端资源管理要做到精细化、标准化、动态化管理，实现终端各种资源有效整合与结构优化。

### (四)从劳动密集型向资源集约型转变

新的竞争环境要求企业"精兵简政"，要致力于提高员工的素质、加强员工的能力建设、提高员工的效率。同时要基于市场与客户进行管理，简化组织与流程，使营销人员致力于提高营销团队的整体作战能力与整体业绩。

### (五)从供应链的抢位向供应链的整合转变

未来的企业竞争关键在于速度的竞争，而企业的速度决定于供应链的整体运行速度，这就需要企业从供应链的抢位转向供应链的整合。一是要建立企业的供应链系统；二是要通过机制创新，调整供应链各相关者的利益关系，建立目标责任系统，实现供应链的有效协同。

### (六) 从营销组织的扁平化向营销组织的一体化运作转变

扁平化组织的核心是提高组织速度与组织效应。企业要通过组织运行机制的创新,减少企业损耗;通过培育高端职业管理能力,强化组织对市场的有效规划与控制。使各层管理者与企业员工一起承担起营销责任,提高营销执行力。

### (七) 从营销人才招聘向营销团队打造转变

企业营销管理的核心在于营销人才队伍建设,这就需要企业从单一的使用营销人才过渡到系统的营销团队建设。它主要包括以下几个方面:

其一,加强营销人力资源的机制创新;

其二,建立营销人员的能力模型。根据营销人员的素质特点,规划营销人员的职业生涯,同时开放多种职业通道,建立营销人员任职资格标准,呈现营销人员广阔的职业前景;

其三,强化营销人员对组织文化的认同,加大对营销人员的培训投入;

其四,建立科学的价值评价、价值分配体系,提高营销人员的内部与外部公平感。

## 本章小结

现代市场营销管理中运用战略管理思想,研究企业如何有计划地组织整体营销活动,其核心内容就是对市场营销活动进行全面有效的计划与控制。这必然要求企业制定正确的总体战略,来提示和确定企业市场营销活动的核心、发展模式以及资源的最佳配置,从而提高对不断变化的环境的适应能力和应变能力。本章详细内容可以用(图3-6)这样一个知识结构图来系统地表述。

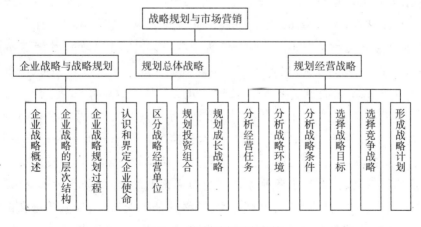

图3-6 战略规划与市场营销

## 本章习题

1. 企业战略的含义是什么？
2. 市场发展战略的特征有哪些？
3. 什么是总体战略？
4. 什么是经营战略？
5. 什么是职能战略？
6. 谈谈波士顿矩阵四个象限的特点。
7. 请谈谈规划成长战略的内容。

## 案例研讨

### 格兰仕的战略演变

格兰仕集团从1978年成立至今，已发展成为一家与全球200多家跨国公司建立全方位合作联盟的全球化家电专业生产企业，它也是中国家电业最优秀的企业集团之一。2003年，格兰仕集团的年销售额突破100亿元，出口创汇5亿美元，顺利实现年度销售目标。纵观集团的发展历程，可以划分为创业、转型和国际化三个发展阶段。随着公司的发展，它的战略类型也发生了不同的变化。

一、创业阶段(1978～1992年)

这一时期，公司主要经营羽绒和服装等产品。1978年，梁庆德带领10余人筹办羽绒制品厂。1979年，广东顺德桂洲羽绒厂(格兰仕公司的前身)成立，以手工操作洗涤鹅、鸭羽毛供外贸单位出口，年产值46.81万元。1983年，桂洲羽绒厂与港商、广东省畜产进出口公司合资兴建的华南毛纺厂建成并投产，引进日本最新型号的粗梳毛纺生产线，年产量300吨，年创汇400多万美元。1984年，桂洲羽绒厂扩建，水洗羽绒生产能力达600吨，年产值达300多万元。1985年，桂洲羽绒厂更名为"桂洲畜产品工业公司"。到1987年，与港商合资成立华丽服装公司、与美国公司合资成立华美实业公司，生产羽绒服装和羽绒被直接出口。1988年，桂洲畜产品企业(集团)公司成立，其成员企业包括"桂洲畜产品工业公司"以及该公司与外商合资的3家工厂，年产值超过1亿元。1989年，与港商合资的桂洲毛纺有限公司投产；1990年，公司全面实行现代企业制度改革；1991年，中外合资的华诚染整厂有限公司建成投产。至此，公司的经营业务包括原白色兔毛纱出口、染色纱出口、纱线染色加工、羽绒被、服装等制品生产、出口。同时，格兰仕牌羽绒被、服装开始在国内市场销售，仅羽绒被年销售额就达1500万元。1992年6月，公司更名为广东格兰仕企业(集团)公司，格兰仕牌羽绒系列制品全国总销售额达3000万元，集团公司总产值达几百亿元人民币，年出口达2300万美元。

## 二、转型阶段(1992~1997年)

这一时期,公司经营重点由羽绒和服装产品转向微波炉产品。1991年,格兰仕最高决策层普遍认为,羽绒服装及其他制品的出口前景不佳,并达成共识:从现行业转移到一个成长性更好的行业。经过市场调查,公司初步选定家电业为新的经营领域,并进一步地选定小家电为主攻方向,最后确定以微波炉为进入小家电行业的主导产品(当时,国内微波炉市场刚开始起步,生产企业只有4家,其市场几乎被外国产品垄断)。公司领导层做出决策后,首先聘请上海微波炉专家组建了一支优秀的技术人员队伍,同时从日本东芝集团引进具有20世纪90年代先进水平的自动化生产线,并与其进行技术合作。1992年9月,中外合资的格兰仕电器有限公司开始试产,第一台以"格兰仕"为品牌的微波炉正式诞生。1993年,格兰仕试产微波炉1万台,开始从纺织业为主转向家电制造业为主。1994年,格兰仕集团推行股份制改革,集团骨干人员贷款购买公司股份并成为公司的主要股东,依照现代企业制度重组公司的治理结构;初步建立了一个遍布全国的销售网络。1995年,格兰仕微波炉销售量达25万台,市场占有率为25%。1996年8月,格兰仕集团在全国范围内打响微波炉的价格战,降价幅度平均达40%,带动中国微波炉市场从1995年的不过百万台增至200多万台。格兰仕集团以全年产销量65万台的规模,占据中国市场的34.7%,部分地区和月份的市场占有率超过50%。1997年2月,国家统计局授予格兰仕"中国微波炉第一品牌"称号;同年10月,格兰仕集团第二次大幅降价,降价幅度为29%~40%;全年微波炉产销售量达198万台,市场占有率达47.6%以上,稳居第1位。

## 三、第三阶段(1998年至今)

这一时期,公司采取相关多元化战略,经营产品从微波炉拓展到电饭煲等小家电领域。1995年以来,格兰仕微波炉国内市场占有率一直位居第1位,达到60%以上。在此基础上,格兰仕集团于1998年开始实施新的战略:通过国际化与多元化,实现全球市场小家电多项冠军的宏伟目标。1998年,格兰仕微波炉年产销量达450万台,成为全球最大规模化、专业化制造商。同时,格兰仕集团投资1亿元进行自主技术开发,并在美国建立研发机构;下半年利用欧盟对韩国微波炉产品进行反倾销制裁的机会,格兰仕微波炉大举进入欧洲共同体市场;从单项微波炉走向产品多元化,全年豪华电饭煲产销规模达到250万只,成为全球最大的制造商。1999年1月,格兰仕结束最后一项轻纺产业毛纺厂,全面转型为家电集团;同年3月,格兰仕北美分公司成立,同时在美国成立微波炉研究所;向市场推出新开发的品种达百余种,其产品融入了新开发出的专有技术;聘请安达信公司为集团财务顾问;全年销售额达29.6亿元,微波炉销售量达600万台,其中内销与出口各占50%,国内市场占有率为67.1%,稳居第1位,欧洲市场占有率达25%;在关键元器件供应领域,开始采取垄断战略;电饭煲国内市场占有率达12.2%,居第3位。2000年9月,公司宣布进军空调产业,通过在全球产业链中的强强合作,迅速建立起国际一流的高度自动化生产线;2001年度内销实现40万台,2002年产能扩张至300万台。到2003年,格兰仕已打造出"全球微波炉制造中心"、"全球空调制造中心"、"全球小家电制造中心"、"全球物资管理中心"四大基地,微波炉制造、光波炉制造世界第一。至此,格兰仕集团的多元化和国际化经营步伐仍在加快。

(资料来源:王方华、吕巍:《战略管理》,机械工业出版社,2004。)

**案例分析题:**

1. 格兰仕不同时期战略演变的依据是什么?
2. 格兰仕的多元化和国际化经营为什么没有失败?

## 应用训练

蓝海战略(Blue Ocean Strategy)最早是由 W·钱·金(W. Chan Kim)和勒妮·莫博涅(Renée Mauborgne)于2005年2月在二人合著的《蓝海战略》一书中提出的。蓝海战略认为,聚焦于红海等于接受了商战的限制性因素,也就是在有限的土地上求胜,却否认了商业世界开创新市场的可能。运用蓝海战略,视线将超越竞争对手移向买方需求,跨越现有竞争边界,将不同市场的买方价值元素筛选并重新排序,从给定结构下的定位选择向改变市场结构本身转变。

1. 实训目标

让学生掌握"蓝海战略"的理论精髓。学会比较"红海战略"和"蓝海战略"的不同点。

2. 实训地点

教室。

3. 实训内容

(1)全班分组,课后阅读"蓝海战略"的相关文献资料。

(2)课堂上各小组讨论"红海战略"和"蓝海战略"的区别体现在哪些方面?结合实例,各小组派代表发言。

(3)请以小组为单位,讨论"蓝海战略"是战略创新思维?还是战略投机思维?各小组派代表阐述观点。

# 第四章
# 市场营销环境

**学习目标**

▶ 了解市场营销环境的含义
▶ 了解市场营销环境的构成
▶ 了解微观营销环境与宏观营销环境对营销活动的影响
▶ 认识市场营销环境与营销活动的动态适应关系
▶ 掌握企业如何制定营销组合去适应营销环境
▶ 掌握市场机会和环境威胁分析的思路与方法

**案例导引**

## 星巴克成功之道

只用了短短几年时间,星巴克在中国就成了一个时尚的代名词。它所标志的已经不只是一杯咖啡,而是一个品牌和一种文化。

1971年4月,位于美国西雅图的星巴克创始店开业。

1987年3月,星巴克的主人鲍德温和波克决定卖掉星巴克咖啡公司在西雅图的店面及烘焙厂,霍华·舒兹则决定买下星巴克,同自己创立于1985年的每日咖啡公司合并改造为"星巴克企业"。

现在,星巴克已经在北美、欧洲和南太平洋等地开出了6000多家店,近几年的增长速度每年超过500家,平均每周超过10000万人在店内消费。预计2005年,星巴克在全球将有10000家店。目前,星巴克是唯一一个把店面开遍四大洲的世界性咖啡品牌。

1998年3月,星巴克进入台湾,1999年1月进入北京,2000年5月进入上海,目前星巴克已成为了国内咖啡行业的第一品牌。

2003年7月,美国著名的咖啡连锁企业星巴克集团对外宣布:集团大幅提高其在台湾与上海合资公司中的股份,持股比例从原来的5%增至50%。由此,星巴克集团的子公司"星巴克国际"和台湾的统一(星巴克)集团,将从授权关系转为事业合作伙伴。上海统一星巴克咖啡有限公司总经理徐光宇表示,美方增持 10 倍股份的主要原因是看好台湾和上海的市场前景,愿意进一步投资未来。

　　台湾、上海星巴克股权之变使得"星巴克王国"再次引起人们的注意。作为一个市场跟进者,进入的又是一个充满竞争的完全成熟的市场,星巴克靠什么从一间小咖啡屋发展成为国际最著名的咖啡连锁店品牌?

(资料来源:中文 Word 文档库)

---

　　企业的市场营销活动是在一定的外界条件下进行的,为了实现营销目标,企业必须了解、分析和研究市场营销环境,并努力谋求企业外部环境与内部条件与营销策略间的动态平衡。

## 第一节　市场营销环境

### 一、市场营销环境的概念

（一）市场营销环境

市场营销环境指的是影响企业营销活动和营销目标实现的各种因素及条件。市场环境包括宏观环境和微观环境。

（二）市场营销宏观环境

市场营销宏观环境指一个国家或地区的自然、政治、人口、经济、社会文化、科学技术等影响企业营销活动的宏观因素。

（三）市场营销微观环境

市场营销微观环境指企业内部条件、企业顾客、竞争者、营销渠道和有关公众等对企业营销活动有直接影响的诸多因素。宏观与微观环境属于市场环境系统中的不同层次,所有微观环境都受宏观环境的制约,而微观环境也对宏观环境产生影响。企业的营销活动就是在这种外界环境相互联系和作用的基础上进行的,如图 4-1 所示。

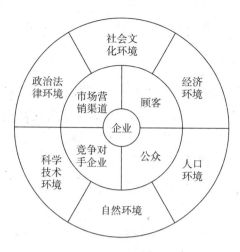

图4-1 市场营销环境

微观环境与宏观环境之间也不是并列的关系,微观环境受制于宏观环境,微观环境中所有的因素都要受宏观环境中各种力量的影响。

## 二、市场营销环境的特点

市场营销环境是企业生存和发展的条件。市场营销环境的变化,既可以给企业带来市场机会,也可以给企业造成严重威胁。由于生产力水平的不断提高和科学技术的进步,当代企业的外部环境变化远远超过了企业内部因素变化的速度,企业的生存和发展愈来愈决定于其适应外界环境变化的能力。企业要在复杂多变的环境下驾驭市场,就必须认真研究市场环境的特征。

市场营销环境是一个多因素、多层次而且不断变化的综合体,对市场环境的研究是一项复杂的工作,要搞好市场研究,首先必须了解它的特点。一般来说,企业市场环境有以下特点:

### (一)客观性

客观性指的是环境作为营销部门外在的不以营销者意志为转移的因素,对企业营销活动的影响具有强制性和不可控制性的特点。一般来说,营销部门无法摆脱和控制营销环境,特别是宏观环境,企业难以按自身的要求和意愿随意改变。企业研究环境,目的就是为了适应不同的环境,从而求得生存和发展。对于所有影响企业营销活动的环境因素,企业不但要主动地去适应,还要不断地创造和开拓出对自己有利的环境来。

### (二)差异性

不同的国家与地区之间,宏观环境存在着广泛的差异。不同的企业,其微观环境也千差万别。市场营销环境的差异性不仅表现在不同企业受不同环境的影响,还表现为同一环境因素的变化对不同企业的影响。正是由于外界环境因素对企业作用的差异性,各个企业为应付环境变化而采取的营销策略也各不相同。

(三)多变性

构成企业市场营销环境的因素是多方面的,而每一个因素都会受到诸多因素的影响,都会随着社会经济的发展而不断变化。因此,市场营销环境是一个动态的系统。营销环境的变化,既给企业提供机会,也为企业带来威胁,这要求企业必须追踪变化的环境因素和条件,不断调整其营销策略。

(四)相关性

营销环境诸因素间相互影响、相互制约,某一因素的变化会带动其他因素的相互变化,形成新的营销环境。另外,市场营销环境各因素相互影响的程度是不一样的,有些因素可以通过调查、分析进行评估,而有些就难以估计和预测。

### 三、市场营销环境的研究方法

(一)环境威胁与市场机会

营销环境的变化不仅会给企业带来威胁,同时也给企业带来了市场机会。企业分析市场营销环境,意义在于使企业能了解所处的环境状况及预见环境的发展趋势,辨清所处环境给企业带来的各种威胁或机会,从而采取有针对性的营销策略。

1. 环境威胁

环境威胁指营销环境中出现的不利于企业营销的发展趋势及因素。如:能源危机对汽车行业形成的威胁;限制性法律对烟酒业造成的威胁等。企业若不能及时对此采取相应的策略,不利趋势将影响企业的市场地位。

2. 市场机会

市场机会指营销环境变化中出现的有利于企业发展的趋势或对企业经营赋予吸引力的领域。如:全民健身运动创造的体育用品销售机会;我国法定长假的实施为商业、旅游业、汽车行业等创造的商机。有些机会犹如"昙花一现",可谓机不可失,时不再来。企业营销人员对商机的把握极为重要。美国商业奇才亚默尔就是一个善于发现和把握机会的人。

**市场回放**

### 商业奇才亚默尔

美国具传奇色彩的商业人物——罐头大王亚默尔,1875年的某一天,偶然从报纸上看到一则新闻,说是墨西哥畜群中发现了病畜,有专家怀疑是某种传染性较强的瘟疫。亚默尔立刻想到,毗邻墨西哥的美国加州、德州是全国肉类供应基地,如有瘟疫，政府将必然禁止该地区的牲畜进入市场，将造成全国肉类供应紧张，价格必然上涨。于是，在派专业人员进行调查核实消息后，果断决策，倾其所有，迅速从加、德两州大量采购活畜及猪、牛肉，运往美国东部地区，结果净赚900万美元。

(资料来源:百度网站)

### 四、环境威胁与市场机会的分析与评价

在分析环境威胁与市场机会时，通常运用"环境威胁矩阵图"和"市场机会矩阵图"。

#### (一)环境威胁矩阵图

营销者对环境威胁的分析主要结合两方面来考虑：一是环境威胁对企业的影响程度；二是环境威胁出现的概率大小，如图4-2所示。

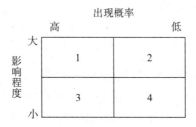

图4-2 环境威胁分析矩阵图

在图4-2的4个象限中，象限1是企业必须高度重视的，因为其危害程度高，出现的概率大，是企业必须严密监视和预测其变化发展趋势，并及时制定措施应对的环境因素；象限2和象限3也是企业应当密切关注其发展趋势的环境因素，因为象限2上的因素虽然出现概率低，一旦出现却会给企业营销带来极大的危害，象限3上的因素虽然对企业影响不大，但出现的概率却很大，因此也应当给予关注，随时准备应有的应对措施；象限4上的因素影响程度及出现概率均低，对其只需进行必要的追踪观察以监测其是否有向其他象限因素变化发展的可能。

#### (二)市场机会矩阵图

有效地捕捉和利用市场机会，是企业营销成功和发展的前提。只要企业能够密切关注营销环境变化带来的市场机会，适时地做出恰当的评价，并结合企业自身的资源和能力，及时将市场机会转化为企业机会，就能够开拓市场、扩大销售、提高企业的市场占有率。分析评价市场机会主要考虑两个方面：一是市场机会的潜在吸引力大小；二是市场机会带来的成功可能性大小，如图4-3所示。

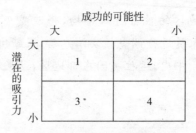

图 4-3 市场机会分析矩阵图

在图 4-3 中的 4 个象限中,第 1 象限是企业特别应当重视的市场条件,因为其潜在吸引力与成功可能性都较大,是企业应当把握并全力发展的机会;第 2、第 3 象限同样也是企业不可忽视的市场条件,第 2 象限上的机会虽然成功可能性较低,一旦把握住却可以为企业带来巨大的潜在利益,第 3 象限上的机会虽然潜在利益不大,但出现的概率却很大,因此需要企业的充分关注,并制定相应的营销措施与对策;第 4 象限上的市场条件,潜在吸引力与成功可能性都较低,对企业来说,主要是密切观察其发展变化,积极改善自身条件,审慎地开展营销活动。

(三)综合环境分析

在企业实际面临的客观环境中,单纯的威胁环境与机会环境是极少见的。一般情况下,营销环境都是机会与威胁并存,利益与风险并存的综合环境。

综合上述两个分析矩阵,不同水平的环境威胁、市场机会与企业共同作用,又可产生 4 种情况,形成图 4-4 所示的综合环境分析评价图。如图中所示,企业面临着 4 种综合环境:

**1. 理想环境**

理想环境也就是高机会低威胁环境。这个环境是企业难得的好环境。企业应当及时抓住机遇,开拓市场。

图 4-4 综合环境分析评价图

**2. 冒险环境**

冒险环境也就是高机会、高威胁环境。这种环境既存在较大利益的同时还面临着较大的风险,企业必须加强调查研究,进行全面的环境分析,审慎决策、降低风险、争取利益。

### 3. 成熟环境

成熟环境也就是低机会、低威胁环境。这是一种较为平稳的环境。企业一方面要按常规经营、规范管理、正常运营以取得平均利润；另一方面要积蓄力量，为进入理想环境或冒险环境做准备。

### 4. 困难环境

困难环境也就是低机会、高威胁环境。困难环境里风险大于机会，企业处境困难，必须设法扭转局面，果断决策，改变环境或转移目标市场，重新定位以求发展。面临不同的威胁及机会环境，企业营销部门要制定恰当的营销对策，慎重行事。因为，有需要未必有市场，有市场未必有顾客，或者虽然有顾客，但目前又未必是一个好市场，种种机会也许是个陷阱，而看上去是陷阱的也许是个好机会。

缺乏科学预测及经验的营销者，对某些领域表面上的机会可能会做出错误的判断，造成不可挽回的损失。所以，对市场机会，还必须进行深入分析市场机会的性质，以便寻找对自身发展最有利的市场机会。市场机会从性质上看，可分为4种：

(1) 环境市场机会与企业市场机会。市场机会实质上看是"未满足的需求"。伴随着需求的变化与产品生命周期的演变，会有新的市场机会不断涌现。但市场机会对不同企业而言并非都是最佳机会。一般来说，理想环境和成熟环境才是企业的最好机会。

(2) 行业市场机会与边缘市场机会。企业通常都有其特定的经营领域，出现在企业经营领域内的市场机会，称之为"行业市场机会"；出现在不同行业之间的交叉及结合部的市场机会则称之为"边缘市场机会"。一般讲，边缘市场机会环境的进入难度大于行业市场机会环境，但行业与行业间的边缘地带通常会存在市场空隙，企业可以在这些市场空隙里发挥自己的优势以求得发展。

(3) 目前市场机会与未来市场机会。从环境变化的动态性分析，企业既要注意目前环境变化中的市场机会，也要关注未来、预测未来可能出现的需求及消费倾向，以及时把握未来的市场机会。

(4) 全面市场机会与局部市场机会。市场从其范围来看，有全面的、大范围的市场和局部的、小范围的市场之分。全面的市场机会是在大范围市场上出现的机会（如国际市场、全国性市场等）；局部的市场机会则是指在局部市场上出现的尚未满足的需求。全面市场机会对各个企业都有普遍意义，因其反映了环境变化的一种普遍趋势；局部市场机会则对有意进入某个特定市场的企业有意义，因为这意味着该市场的变化有区别于其他市场的趋势。

## 第二节 宏观市场环境

宏观市场环境是企业外在的不可控因素,是对企业营销活动造成市场机会和环境威胁的主要社会力量。企业一般只能通过调整企业内部人、财、物及产品定价促销渠道等可以控制的因素来适应其变化和发展。

宏观市场环境主要包括:自然环境、政治法律环境、人口环境、经济环境、社会文化环境、科学技术环境等环境因素。

### 一、自然环境

自然环境主要指营销者所需要或受营销活动所影响的自然资源因素。在生态环境不断遭到破坏、自然资源日益枯竭、环境污染问题日趋严重的今天,自然环境已成为涉及各个国家、各个领域的重大问题,环保呼声越来越高。从营销学的角度看,自然环境的发展变化,给企业带来了一定的威胁,同时也给企业创造了机会。目前看,自然环境有以下四个方面的发展趋势:

#### (一)原料的短缺或即将短缺

各种资源,特别是不可再生类资源已经出现供不应求的状况(如石油、矿藏等)对许多企业形成了较大威胁,但对致力于开发和勘探新资源、研究新材料及如何节约资源的企业又带来了巨大的市场机会。

#### (二)能源短缺导致的成本增加

能源的短缺给汽车及其他许多行业的发展造成了巨大困难,但无疑为开发研究如何利用风能、太阳能、原子能等新能源及研究如何节能的企业提供了有利的营销机会。

#### (三)污染日益严重

空气、海河水源污染、土壤及植物中有害物质的增加,随处可见的塑料等包装废物以及污染层面日益升级的趋势,使那些制造了污染的行业、企业成为众矢之的面临着环境威胁,而那些致力于控制污染,研究开发不会造成污染的产品及其包装物的企业,能够最大限度降低环境污染程度的行业及企业,则有着大好的市场机会。

#### (四)政府对自然资源加大管理及干预力度

各国政府从长远利益及整体利益出发,对自然资源的管理逐步加强。许多限制性的法律法规的出台,对企业造成了巨大的威胁及压力,同时也给许多企业创造了发展良机。

作为营销者的营销活动,既受自然环境的制约与影响,也要对自然环境的变化负起责任。既要保证企业可获利发展,又要保护环境与资源,企业只有实施可持续发展战略,才能做到与社会、自然的协调。

当前社会上流行的绿色产业,绿色消费乃至绿色营销以及生态营销的蓬勃发展,应当说就是顺应了时代要求而产生的。

### 市场回放

#### 麦当劳的绿色营销

麦当劳通过使用可回收利用材料制成的包装物,使其产生的污染物每年因此减少60%。所有麦当劳快餐店中使用的餐巾及杯子、盘子的衬垫均是纸制品,甚至包括其总部使用的所有文具也是纸制品。据报道,通过与制造商合作研究,使其饮料管减少塑料用量,减轻了其重量的20%,仅此一项,麦当劳每年便少制造几百万磅的塑料废弃物。目前,除了在其产品上运用绿色营销外,它还开始利用可回收利用材料改造和新建的餐厅,并敦促它的供应商们使用可回收利用的成品及材料。成功地运用绿色营销,使麦当劳公司的关心人类共同环境的形象不仅得到了消费者的认同,也使其获得了额外的销售量。

(资料来源:中文 Word 文档库)

### 二、政治法律环境

从国内来说,政治法律环境主要指国家的方针、政策、法令、法规及其调整变化对企业营销活动的影响。企业的营销活动作为社会生活组成部分,总是要受到政治法律环境的影响和制约的。国家的方针政策,不仅规定了国民经济的发展方向和速度,也直接关系到社会购买力的提高与市场消费需求的增长状况。国家的法令法规,特别是与经济相关的立法,不仅规范着企业的行为,也会使消费需求的数量、质量和结构发生变化,将直接鼓励或限制某些产品的生产与销售。

从国际上说,政治法律环境主要涉及政治权利和政治冲突问题。特别是在经济全球化的趋势下,认真了解、追踪这两者对企业营销活动的影响,随时准备应对相关国际政治法律环境的变化,及时调整自己的营销策略显得更为重要。

### 三、人口环境

人口是构成市场的基本因素。在收入一定的情况下,一个国家总人口的多少,决定了市场容量的大小。众所周知,任何一个企业的产品都不可能面向所有的人口,所以,除了分析考察一国或地区的总人口之外,还要深入分析研究人口的地理分布、年龄结构、性别、家庭单位及人数等。

### (一)人口总量

一个国家或地区总人数的多少是衡量市场容量的重要指标。通过统计分析一个国家的总人口及国民收入,调查一个地区总人口及居民的货币收入,都可以概括地了解该市场容量的大小及购买力水平的高低。2005年1月6日是中国的13亿人口日,巨大的人口总量加上社会主义市场经济的发展,人民收入水平的不断提高,使中国成为21世纪最具潜力的市场。

### (二)人口地理分布

人口在地理上的分布与市场消费需求有着密切关系。居住在不同地区的人群,受地理环境、气候条件、自然资源、风俗习惯的影响,消费需求的种类及数量、购买习惯及行为都会有较大区别。最明显的是,不同地区的居民,在服装、饮食上的爱好不尽相同。

### (三)年龄结构

消费者的年龄差别,使其对商品及服务产生不同的需要,形成各具特色的市场。随着社会经济的发展,生活条件与医疗条件的改善,人口死亡率普遍降低,人口寿命延长,人口老龄化趋势明显。

据联合国人口司2010年发布的《世界人口老龄化(2009)》报告(World Population Aging 2009)显示,从1950年到2009年,全球范围内60岁以上和65岁以上人口所占比例已经分别从8%和5%上升至11%和近8%。到2050年,老人数量将增加到占世界总人口的21%。其中,世界经济发达地区的老人总数将由目前的2.36亿人增加到3.95亿人,占该地区总人口的比例将由目前的20%增加到33%;经济欠发达地区将从目前的8%增加到19%。按洲区分,亚洲老人将由目前的3.38亿人增加到12.27亿人,从目前的9%增加到23%;欧洲则由目前的20%增加到37%;拉丁美洲由8%增加到22%;非洲由目前的5%增加到10%;大洋洲由14%增加到23%。

据联合国提供的数字,目前,中国60岁以上的老人占中国人口总数的14%。2050年,中国老人总数将达到3亿人。联合国的相关材料指出,中国成功地实施计划生育政策的同时也带来了一个人口老龄化问题。这意味着银色市场在日渐形成并逐渐扩大,工商企业应充分认识到这一点,关注银色市场的开发。

### (四)人口性别

人口性别也是带来市场消费需求显著差异的一大因素。性别差异,不仅需要不同,购买习惯及行为也会有极大差别。

## （五）家庭单位及人数

家庭是社会的细胞,也是商品采购的基本单位。一个市场拥有多少家庭单位及家庭的平均成员有多少,对市场营销活动有很大影响。当家庭单位数增加时,厨房用具、家具和家用电器需求量也将会增加;家庭人数减少,相应地要求商品的功能及设计能够适应小家庭的需要。

## 四、经济环境

经济环境包括的因素很多,一般指的是影响企业市场营销方式及规模的经济因素。主要有经济发展状况、经济收入水平、储蓄与信贷状况等。

### （一）经济发展状况

企业的市场营销活动受到一个国家或地区的整体经济发展状况的制约。经济发展阶段的高低将会直接或间接影响企业的市场营销。

对于消费品市场而言,经济发展阶段较高的国家,在商品推销方面,重视产品基本功能的同时,更强调产品款式、性能及特色,会进行大量的广告宣传和销售推广活动,非价格竞争比价格竞争更占优势;而在经济发展阶段低的国家,则比较侧重产品的基本功能及实用性,价格竞争占一定优势。

在生产资料市场方面,经济发展阶段较高的国家重视投资大而能节约劳动力的生产设备,对劳动力的教育及技术水平要求也较高;而在经济发展阶段低的国家,生产设备多偏重于使用劳动力而节约资金,以符合国家劳动力与资金的合理比例。

美国学者罗斯顿（W. W. Rostow）的经济成长阶段理论把世界各国的经济发展阶段归纳为五种类型:其一,传统经济社会;其二,经济起飞前的准备阶段;其三,经济起飞阶段;其四,迈向经济成熟阶段;其五,大量消费阶段。处于前三个阶段的国家是发展中国家,而处于后两个阶段的国家是发达国家。

Rostow 理论最主要的是关于经济起飞的理论,所谓"经济起飞"指的是一国经济已克服了种种经济发展的障碍,创造了使经济得以持续发展的力量。按其理论,经济起飞的条件有三个:其一,投资率或资本形成率（净国民生产总值中的投资百分率）在 10% 以上;其二,某些工业部门呈快速发展;其三,有良好的政治社会结构来配合经济发展。不同发展阶段上的国家在市场营销上采取的策略也不一样。以分销渠道为例,国外学者曾就对不同经济发展阶段与分销渠道间的关系进行过研究,得出以下结论:随着经济发展阶段的提高,分销途径就会越复杂和广泛;制造商、批发商与零售商的职能逐渐独立;连锁网点数目及平均规模增加等等。并指出,随经济发展阶段的上升,分销路线的控制权是逐渐从传统权势人物转移至中间商手中,再至制造商,最后将大型零售商崛起,控制分销路线。

用罗斯顿的理论来衡量,我国现在尚处于经济起飞前的准备。在这个阶段上,国家经济肩负着既要推进传统产业的变革,又要迎头赶上世界新技术革命的双重任务,营销者应当从我国国情出发,制定与之相适应的市场营销目标及策略。

(二)经济收入

经济收入在市场上表现为实际购买力。同人口一样,经济收入也是构成市场的基本因素。因为市场容量的大小,不仅取决于人口的多少,而且取决于购买力的大小。消费者的需求能否得到满足及怎样满足,也取决于其经济收入的多少。经济收入的含义,从不同角度有不同理解。

其一,经济收入可分为国民收入与消费者个人收入。国民收入指一个国家物质生产部门的劳动者在一定时期内所创造的价值的总和(由此还可以进一步得到人均国民收入,这大体上反映了一个国家的经济发展水平)。消费者个人收入指城乡居民来源于各种形式的收入,包括工资、退休金、红利、租金、赠与等各种收入。由于消费者购买力来自消费者收入,因此,消费者收入是影响社会购买力、市场规模大小、消费者支出能力和支出方式的重要因素。

其二,从市场营销学角度考察消费者收入,还必须区分名义收入和实际收入。名义收入指消费者各种形式的收入总和。实际收入指名义收入扣除失业、通胀、税收、社会福利等影响实际购买力因素后的收入水平。名义收入的增减并不一定意味着实际收入的增减,但通常企业能够获得的收入统计资料,却都是按名义收入表示的。因此,对统计资料进行名义收入和实际收入的区分,意义极为重要。在现代经济生活中,名义收入会因社会政治法律及道德舆论力量的制约而保持不变或上升,但实际收入却有可能受国家或地区经济状况及其他因素的影响而减少。经济学上,往往会按名义收入的增减幅度是否高于通胀率或物价指数的上升率来判断实际收入是否增加。

其三,还需要注意的是,消费者的实际收入,也无法全部用于消费,还可以进一步分为个人可支配收入和个人可任意支配收入。个人可支配收入指从个人收入中支付税款及非税性负担后剩下的收入(即个人可以用于消费及储蓄的部分)。个人可任意支配收入指个人可支配收入中再减去维持生活所必需的支出(如食物、房租、水电费等固定费用)后的余额。个人可任意支配收入才是影响消费者需求变化的最活跃的因素,也是消费者市场所要重点研究的收入。

(三)储蓄与信贷状况

消费者的储蓄与信贷规模大小,直接影响着消费者不同时期的货币持有量,也就直接影响了消费者某个时期内的现实购买力的大小。

1. 储蓄

储蓄指人们将一部分可支配收入存储待用。消费者的储蓄形式一般有银行存款、债券、股票、保险、不动产等等。较高的储蓄率会推迟现实的消费支出。在其他条件不变的情况下,如储蓄增加,则当期支出减少,未来支出就有可能增加。对于日常用品及服务,购买力会因此下降;但对耐用品及高档昂贵商品来说,却能够形成有现实意义的购买能力(尤其在我国消费信贷不发达的情况下,高档耐用品的购买力仍然主要源于储蓄,企业应当对此给予充分的关注)。

影响储蓄的原因多种多样,主要有消费者收入水平、储蓄利率、消费者对物价的预期(物价信心指数)及消费心理和观念等。

### 2. 信贷

这里主要指消费信贷,通常理解为金融或其他商业机构向有一定支付能力的消费者融通资金的行为。消费信贷使消费者可以先凭信用取得商品使用权,然后再按约定期限分期归还贷款。消费信贷可以增加当期购买力,在西方国家被广泛应用。最常用的是三种形式:短期赊销(日常用品)、分期付款(住宅、汽车及其他昂贵耐用品)、消费贷款(信用卡)等。消费信贷受借贷利率、预期收入、信贷方便性、对物价上涨的估计以及生活消费观念、社会文化风俗习惯等的影响。

### 3. 支出方式

消费者支出方式又称为"消费者支出模式"与"消费结构",指的是消费者收入变化与需求结构间的对应关系。随着消费者收入的变化,其支出模式及消费结构也会随之发生相应变化。研究消费者支出方式的一个重要理论是由著名的德国统计学家恩斯特·恩格尔(Ernst Engel 1821~1896)提出的"恩格尔法则"。恩格尔法则指出,随着家庭收入的增加,用于购买食品的支出占家庭收入的比重越来越小;用于住房及家庭日常支出的比重保持不变;而用于服装、娱乐、保健、教育、储蓄等方面的支出将会上升。其中,食物费用占总支出的比例称为"恩格尔系数"。一般来说,恩格尔系数越大,生活水平越低;反之,生活水平越高。

还有研究表明,影响消费者支出方式的因素,除了消费者收入水平外,主要还有:家庭所处的生命周期阶段,比如,家庭中有无孩子或孩子处在不同的年龄段上,就会带来家庭支出结构上的差异。家庭所在地及消费品生产供应状况,居住在农村与城市或居住在城市的不同地段内,在住宅、交通及食品上的支出情况也会有较大差异。

另外,城市化水平、商品化水平、劳务社会化水平、食物价格指数与消费品价格指数变动是否一致等,也都是影响消费者支出模式和消费结构的重要因素。

## 五、社会文化环境

市场营销学中所说的生活和文化因素,一般泛指在一种社会形态下已经形成的信念、价值观念、宗教信仰、道德规范、审美观念以及世代相传的风俗习惯等被社会所公认的各种行为规范。社会文化作为人们一种适合本民族、本地区、本阶层的是非观念,会强烈影响消费者的购买行为,使生活在同一社会文化范围的成员的个性具有相同的方面,

它是购买行为的习惯性、相对稳定性的重要成因。所以,营销人员应当注意分析、研究和了解社会文化环境。社会文化环境具体包括:

### (一)教育水平

受教育程度,不仅影响消费者收入水平,还直接影响消费者对商品的鉴赏能力、购买的理性程度和其他方面。

### (二)宗教信仰

纵观历史上各民族消费习惯的产生和发展,可以发现宗教是影响人们消费行为的重要因素。人们最早源于对幸福、安全的追求与向往而又受低下的生产力限制所形成的盲目崇拜的宗教行为,被后人沿袭下来,就逐渐形成了一种影响人们消费行为的模式。

据有关资料介绍,我国阿佤族人每年用于宗教信仰方面的费用,约占其年收入的1/3以上,其中,用于这方面的劳动力消耗也十分惊人,平均每人每年超过60天。由此可见,宗教活动对人们消费行为的重要影响。宗教对人们的信仰及行为有极其复杂的影响,但营销人员也可以利用宗教为其服务。

### (三)价值观念

在不同社会文化环境下生活的人们,有不同的价值观念,极大地影响着消费需求及购买行为。比如,崇尚节俭是我国传统民风及民族意识的一个方面,人们一向以节俭为荣,以挥霍奢华为耻。这种朴素的民风和节俭心理,表现在消费行为上就是精打细算,在购买商品时就是谨慎花钱、注重质量、讲究经久耐用。即使是收入水平较高的家庭,也会将其收入的相当部分用于储蓄,以备不时之需。这也是近年来我国银行储蓄存款余额一直不断攀升,除去人们的预期心理及制度性因素外的一个重要原因。

### (四)消费习俗

消费习俗是人们世代相袭固化而成的消费风尚,是风俗习惯的重要内容。往往在饮食、服饰、居住、婚丧、节日及人情往来等方面表现出独特的心理特征和行为方式。此外,道德规范、审美观念、流行等等也都是影响支配消费者购买行为的重要社会文化因素。

## 六、科学技术环境

科学技术是企业将自然资源转化为符合人们需要的产品的基本手段,是第一生产力,因而是相当重要并具有长远影响的环境因素。人类社会的文明与进步是科学技术发展的历史,是科技革命的直接结果。科学技术对企业市场营销的影响是多方面的。从人类历史来看,每一种新技术的出现,都会直接或间接地带来国民经济各部门的变化与发展,带来产业部门间的演变与交替,随之而来的是新产业的出现,传统产业的改造,落后产业的淘汰,并使消费对象的品种不断增加,范围不断扩大,最终必然使消费结构发生变化。比如:在电子工业出现之前,消费结构中就没有收音机、电视机、录音机之类的产品;正是由于合成化学技术的出现,合成纤维、合成橡胶、合成染料、合成药物工业形成,才使新产品源源不断地涌现,推动了消费结构的变化;而新技术革命(第四次产业革命),则出现了以电子、生物工程等新兴科学为代表的工业技术的迅速发展,同样带来了社会生产方式、人们思维方式及消费习惯、生活方式的历史性变化,最终必将对市场带来极其深刻的影响。

从目前来看,IT 技术的介入,已经使零售商业业态结构及消费者购物习惯发生了改变(比如网络营销及网上购物的出现,将从根本上改变市场营销的方式方法),同时也对经营管理者提出了新的要求。

因此,企业在研究科学技术环境时,要特别注意新技术革命对市场营销的影响,密切关注新技术革命的发展变化,及时地跟上新技术革命的大趋势,才能求得生存与发展。

## 第三节　微观市场环境

微观的市场环境,是市场营销学一个重要的研究领域。通常的研究把市场营销环境分为可控和不可控因素。不可控因素指政治、法律、人口、经济、科学技术、社会文化等宏观因素;可控因素指的是影响企业营销的全部内部因素,其主要内容是产品、定价、渠道、促销。其实,介于这两者之间还有一个微观环境的问题。微观环境指的是企业内部环境、企业的市场营销渠道、竞争者、顾客和各种公众等因素。

虽然微观环境与宏观环境都是影响企业的外部因素的集合,但两者是有区别的:其一,微观环境对企业市场营销活动的影响比宏观环境更为直接;其二,微观环境中的一些因素在企业的努力下可以不同程度地得到控制。把市场营销环境分为宏观环境与微观环境,有利于区别和掌握两类不同环境对市场营销活动的作用程度。

### 一、企业内部环境

企业的经营观念、管理体制与方法、企业的目标宗旨、企业精神与文化等因素都会影响企业的营销活动。但分析市场环境,我们重点考虑的是营销部门与企业其他各个部门间的协调及相互关系问题。

企业开展营销活动,必须设立一定形式的营销部门,而营销部门不是孤立存在的,它还面对着各种不同的职能部门以及高层管理部门。营销部门与其他职能部门间既有相当程度的合作,又在争取资源方面存在着矛盾。因此,与其他职能部门的相互关系是否协调,对营销决策的制定与实施影响极大。

可以说，所有的部门共同构成实现营销职能的企业内部微观环境，而这些企业与营销部门在实际工作中，产生的或大或小的矛盾与冲突，需要企业内部各部门在决策层的统一领导与指挥下，进行必要的协调，才能使各职能部门相互配合，使企业的营销活动高效进行。

## 二、企业的市场营销渠道

任何一家企业都不可能自己承担所有有关产品和服务的全部市场及营销活动，而必须与营销渠道中的其他企业合作，才能完成生产和营销任务。一个企业的市场营销渠道包括：

### （一）供应商（Suppliers）

供应商指向企业及其竞争者提供生产经营所需原料、能源、资金等生产资源的企业及个人。供应商对企业营销活动有实质性的影响，其提供的原材料数量及质量将直接影响产品的数量和质量，而所提供的资源价格则直接影响企业的产品成本、价格和利润。

### （二）中间商

中间商指协助企业进行产品经销或销售，将产品最终销售给购买者的机构。包括商人中间商和代理中间商（Merchant Middlemen & Agent Middlemen）。前者是转售商品的企业，对其经营的商品拥有所有权。如批发商、零售商。后者又称"经纪商"，替生产企业寻找买主，推销产品，对其经营的产品无所有权。

### （三）实体分销商（或称物流公司）

实体分销商指商品的实体分销者。如运输公司、仓储业企业等。其基本功能是调解生产与消费矛盾，解决产销时空背离矛盾，提供商品时间效用和空间效用，以适时、适地、适量地帮助完成商品由生产者到消费者的流转过程。

### （四）营销服务机构

营销服务机构指为厂商提供各种营销服务，协助生产企业开拓产品市场及销售推广的机构或企业。如营销调研公司、广告代理商、市场营销咨询企业等。

### （五）金融中介机构

金融中介机构指协助生产企业融资和保障货物购销储运风险的各种机构。如银行、保险公司等。金融中介服务机构不直接从事商业活动，但对工商企业的经营发展至关重要。随着市场经济的发展，企业与金融机构的关系越来越密切，企业的信贷资金来源、企业间的业务往来、企业财产和货物的风险保障等等都会直接影响企业的生产经营活动状况。

### 三、竞争者

竞争是市场经济的普遍规律,现代企业都处于不同的竞争环境中。从营销学角度分析,企业在市场上面临着四类竞争者:

（一）愿望竞争者(Desired Competitors)

愿望竞争者指提供不同产品以满足消费者不同需求的竞争者。例如,消费者要选择一种万元消费品,他所面临的选择就可能有电脑、电视机、摄像机、出国旅游等,这时电脑、电视机、摄像机以及出国旅游之间就存在着竞争关系,成为愿望竞争者。

（二）属类竞争者（一般竞争者）(Generic Competitors)

属类竞争者指提供不同产品以满足消费者同一种需求的竞争者。

（三）产品形式竞争者(Product Competitors)

产品形式竞争者指提供能满足消费者同一需要的产品的各种形式间的竞争。如：因同类产品在质量、规格、性能、款式及价格上的不同而产生的竞争。

（四）品牌竞争者(Brand Competitors)

品牌竞争者指满足同一需要的同种产品形式不同品牌间的竞争。其中,产品形式竞争者和品牌竞争者是同行业竞争者。在同行业竞争中,企业应当关注卖方密度、产品差异、进入难度等问题。卖方密度指的是同一行业或同类产品生产经营者的数目。它直接影响企业市场份额的大小及竞争的激烈程度；产品差异指不同企业生产同类产品的差异程度,这种差异使产品各具特色而互相区别；进入难度则指企业希望进入某行业时的困难程度,不同行业,所要求的技术资金及规模都有差异,直接影响了对该行业企业的进入。

另外,除了本行业现有的竞争者外,市场上还存在着代用品生产者、潜在加入者、原材料供应者及购买者等多种竞争力量。如：原材料供应者可以通过提高或降低产品价格及劳务质量,对企业形成威胁；潜在的加入者随时准备跻入现有的竞争行列,从企业手中夺走一部分顾客或市场；购买者作为一个集团在同企业讨价还价,从而加剧了生产者之间的竞争。

因此,企业应当加强对竞争者的研究,只有寻求增大本企业产品吸引力的方法,才能在竞争中处于不败之地。

### 四、顾客

顾客是企业服务的对象,是企业市场营销活动的出发点和归宿。因此,顾客是企业最重要的环境因素。企业必须坚持顾客第一的观念,加强对顾客的研究。顾客从不同角度有不同的分类标准。按购买动机和类别可以将其分为消费者市场、生产者市场、中间商市场、政府(非营利组织)市场、国际市场等五类。上述市场均具有自己独有的特点,将在本书的其他章节中进行分析和介绍。分析顾客群的类别、需求特点、购买动机、购买习惯和规律以及从事购买的人员和组织、购买方式等,以使企业的营销活动能够针对顾客的需要,符合顾客的愿望。

### 五、公众

公众是指对企业实现营销目标及其经营活动有实际或潜在的影响的团体或个人。企业与广大公众间的关系将协助或妨碍企业营销活动的正常进行。企业面临的公众主要有以下七种:

#### (一)金融公众(融资公众)(Financial Publics)

金融公众指所有影响企业融资能力的组织及机构。如银行、投资公司、保险公司等。企业要加强与金融公众的沟通,并密切与他们的联系,及时了解金融机构的贷款类别和贷款利率,为企业及时输入必要的运作资金。

#### (二)政府公众(Government Publics)

政府公众是与企业业务经营活动有关的各类政府机构。如行业主管部门、财政、工商管理部门、税务、物价、商品检验等。企业要密切关注政府的各项政策,把握行业主管部门的有关政策导向,及时掌握财政税收政策,以及各种优惠政策。

#### (三)媒介公众(Media Publics)

媒介公众指报纸、杂志、电视、广播等大众传播媒体。在信息时代,企业要密切保持与媒介公众的联系,并维护好这种关系,善于有效处理各种问题。媒体的报道波及面较大,如果处理不好,就会直接涉及企业的形象。

#### (四)社区公众——地方利益公众(Local Publics)

社区公众指企业所在地附近的居民及社区组织。社区公众也是企业不可忽视的一个重要因素,它是企业正常经营中的外部环境,这个环境的好坏影响到企业的经济效益和社会效益。

#### (五)社团公众——市民行动公众(Citizen Action Publics)

社团公众包括所有保护消费者权益的组织、环保组织及其他群众团体。在提倡企业社会责任的今天,企业在经营中要处理好与社团公众的关系。

## （六）一般公众

一般公众指除上述公众之外的社会公众。此类公众虽然不会有组织地对企业采取行动,但企业形象会影响他们对企业产品的购买情况。

## （七）内部公众

内部公众指企业在经营中的内部员工。内部员工的责任感及满意度必然会传播并影响外部公众,从而对企业的整体形象产生直接影响。

企业的营销活动不仅要针对目标市场的顾客,还应当考虑到有关各类公众,采取适当的措施,与周围的各类公众保持良好的公众关系,争取社会公众对企业的信赖和支持。

## 本章小结

市场营销环境,是指影响企业市场营销活动和市场营销目标实现的各种因素及条件,具有客观性、多变性、差异性和相关性。分析市场营销环境通常是利用"环境威胁矩阵图"和"市场机会矩阵图"。企业对其所面临的市场机会及主要威胁,必须认真评价其质量或特点,制定恰当的营销对策,慎重行事。宏观市场营销环境包括自然环境、政治法律环境、人口环境、经济环境、社会文化环境及科学技术环境。企业的微观环境主要涉及企业内部环境、企业的市场营销渠道、竞争者、顾客及公众等方面的内容。

## 本章习题

1. 简述企业分析市场营销环境的意义及市场环境的特征。
2. 有人说:"营销机会有时恰恰是营销的陷阱",而"环境威胁有时却可以采取有力措施加以规避"。请你从实际营销活动中摘取1~2个例子说明。
3. 环保问题已逐渐成为举世瞩目的焦点问题,自然环境对企业的影响不容忽视。请结合实际,对目前自然环境发展趋势下企业的市场机会做出分析。
4. 结合中国市场的实际情况,选择一个方面对目前国内市场营销环境特点进行分析,谈谈你的看法。

## 案例研讨

### "都是PPA惹的祸"

几年前,"早一粒,晚一粒"的康泰克广告曾是国人耳熟能详的医药广告,而康泰克也因为服用频率低、治疗效果好而成为许多人感冒时的首选药物。可自从2000年11月17日,国家药监局下发"关于立即停止使用和销售所有含有PPA的药品制剂的紧急通知",并将在11月30日前全面清查生产含PPA药品的厂家后,一些消费者平时较常用的感冒药"康泰克"、"康得"、"感冒灵"等因为含PPA成为禁药。

2000年中国国家药品不良反应检测中心花了几个月的时间对国内含PPA药品的临床试用情况进行统计，在结合一些药品生产厂家提交的用药安全纪录，发现服用含PPA的药品制剂（主要是感冒药）后已出现严重的不良反应，如过敏、心律失调、高血压、急性肾衰、失眠等症状；在一些急于减轻体重的肥胖者（一般是年轻女性）中，由于盲目加大含PPA的减肥药的剂量，还出现了胸痛、恶心、呕吐和剧烈头痛等症状。这表明这类药品制剂确定存在不安全的问题，要紧急停药。虽然停药涉及一些常用的感冒药，会对生产厂家不利，但市面上可供选择的感冒药还有很多，对患者不会造成任何影响。

11月17日，天津中美史克制药有限公司的电话几乎被打爆了，总机小姐一遍遍跟打电话的媒体记者解释：公司没人，都在紧急开会。仍有不甘心的，电话打进公司办公室，还真有人接听——一位河南的个体运输司机证实：确实没人。这是国家药品监督管理局发布暂停使用和销售含PPA的药品制剂通知的第二天。

这次名列"暂停使用"名单的有15种药，但大家只记住了康泰克，原因是"早一粒，晚一粒"的广告非常有名。作为向媒体广泛询问的一种回应，中美史克公司11月20日在北京召开了记者恳谈会，总经理杨伟强先生宣读了该公司的声明，并请消费者暂停服用这两种药品。至于能否退货，还要依据国家药监局为此事件作的最后论断再定。他们的这两种产品已经进入了停产程序，但他们并没有收到有关康泰克能引起脑中风的副反应报告。对于自己公司两种感冒药——康泰克和康得被禁，杨伟强的回答是：中美史克在中国的土地上生活，一切听中国政府的安排。为了方便回答消费者的各种疑问，他们为此专设了一条服务热线。另据分析，康泰克与康得退下的市场份额每年高达6亿元。不过，杨伟强豪言："我可以丢了一个产品，但不能丢了一个企业。"这句豪言多少显得悲怆：6亿元的市场，没了！紧接着，中美史克未来会不会裁员，也是难题。

6亿元的市场，康泰克差不多占了中国感冒药市场的一半。生产不含PPA感冒药的药厂，同时面临了天降的机会和诱惑。他们的兴奋形成了新的潮流。由于含PPA的感冒药被撤下货架，中药感冒药出现热销景象，感冒药品牌从"三国鼎立"又回到了"春秋战国"时代。

中美史克"失意"，三九"得意"，三九医药集团的老总赵新先想借此机会做一个得意明星。赵总在接受央视采访时称：三九有意在感冒药市场大展拳脚。赵新先的概念是："化学药物的毒害性和对人体的副作用已越来越引起人们的重视。无论在国内还是国外，中药市场前景非常被看好。"三九生产的正是中药感冒药。三九结合中药优势论舆论，不失时机地推出广告用语："关键时刻，表现出色"，颇为引人注目。

同时也想抓住这次机会的还有一家中美合资企业——上海施贵宝，该企业想借此机会大量推出广告，宣称自己的药物不含PPA。

在这些大牌药厂匆匆推出自己的最新市场营销策略时,一种并不特别引人注意的中药感冒药——板蓝根,销量大增、供不应求。

在2000年11月发生的PPA事件后,谁能引领感冒药市场主流曾被众多业内人士所关注。经过一年多的角逐,感冒药市场重新洗牌,新的主流品牌格局已经形成。调查显示,"白加黑"、"感康"、"新康泰克"、"泰诺"、"百服宁"等品牌在消费者中的知名度位居前列。

(资料来源:豆丁网)

**案例分析题:**

1. 在这个案例中,中美史克公司遇到了什么危机?公司的经营环境发生了哪些变化?
2. 本案例中美史克公司遇到哪些宏观环境因素变化?公司是否采取了相应的对策?
3. 如果你是中美史克的总经理,在自己的产品被禁而竞争对手大举进犯的情况下,你下一步将采取何种措施?

---

## 应用训练

### SWOT 分析能力训练

1. 实训目标

(1)培养学生认识企业 SWOT 环境的能力。

(2)培养学生运用 SWOT 分析方法评价企业的能力。

2. 实训内容与要求

(1)调查本地产品、企业、市场,搜集资料,研究企业的 SWOT 环境。

(2)针对一家产品或企业进行 SWOT 分析评价。

(3)在班级中组织一次现场交流演练。

# 第五章
# 市场行为分析

## 学习目标

▶ 了解消费者市场的特点
▶ 熟悉影响消费者的购买行为的内外在因素及消费者市场购买行为的类型
▶ 掌握消费者购买决策的过程
▶ 理解生产者市场及中间商市场购买行为的分析
▶ 了解政府采购市场的购买特点

## 案例导引

### 丑陋商品的市场奇效

目前市面上销售的礼品,一般都是形象优美的。然而海外却有一家专卖古怪礼品的商店,这里出售的尽是些丑陋面具、僵尸蜡烛、异型手杖之类的东西,招徕了不少顾客。

利用消费者的逆反心理开拓业务,成绩显著的也许首推美国的艾士隆公司了。在一次闲暇中,该公司的董事长布希耐走出郊外散步,看到几个小孩在玩一只脏脏和异常丑陋的昆虫,简直到了爱不释手的地步。这种情况使布希耐认识到,一些丑陋的玩具在部分儿童的心理占有位置,于是他机敏的头脑产生了一种灵感,促使他布置自己的公司,研制一套"丑陋玩具",迅速向市场推出。这一炮果然一打就响,而且导致美国掀起行销"丑陋玩具"之风。从此,艾士隆公司开发的这类新产品极尽丑陋之能事,然而却卖得很好的价钱。例如"疯球"就是在一串小球上面绘出许多丑陋不堪的面孔,还写上令人讨厌的名字,售价每个要3.99美元。又如以橡皮做的"粗鲁陋夫",长着枯黄的头发和绿色的皮肤,瞪着一双鼓胀而带有血丝的眼睛,眨眼时会发出非常难听的噪音,售价却高达9.95美元。出乎人们预料的是:这类玩具问世后一直畅销不衰。"丑陋玩具"给艾士隆公司带来的收益,使同行们羡慕不已。

(资料来源:中经网)

# 第一节 消费者购买行为分析

消费者的购买行为,是指消费者在一定购买欲望(动机)的支配下,为了满足某种需求而购买商品的行动。消费者的需求,严格地说应包括生产性消费需求和生活性消费需求两个方面,是指人们为了进行生产性消费和生活性消费而对商品所产生的需求。由于一切生产消费最终都是为满足生活性消费需求服务的,因此,在本节所讲的消费者是指最终的生活消费者。在商品经济社会里,所谓"消费者的需求",实际是指人们在市场上获得所需要商品的具有购买能力的欲望。这种特定的购买欲望,具体表现为各种各样的购买消费资料的行动。由于消费者的需求是通过市场得到满足的。所以,分析消费者购买行为必须首先分析消费者市场。

## 一、消费者市场

### (一)消费者市场的含义

消费者市场又称"最终消费者市场"、"消费品市场"或"生活资料市场",是指个人或家庭为满足生活需求而购买或租用商品的市场,它是市场体系的基础,是起决定作用的市场。消费者市场,是由那些为满足生活消费需要而购买商品的所有个人和家庭所组成的。消费者的购买行为,指的是消费者在整个购买过程中所进行的一系列有意识的活动。这一购买过程从引起需要开始,经过形成购买动机、评价选择、决定购买到购买后的评价行为等。

### (二)消费者市场的特点

企业要在市场竞争中能够适应市场、驾驭市场必须掌握消费者市场的基本特征。与生产者市场相比,消费者市场具有以下特征:

**1. 价格需求弹性较大**

从交易的商品看,由于它是供人们最终消费的产品,而购买者是个人或家庭,因而它更多地受到消费者个人因素(诸如文化修养、欣赏习惯、收入水平等方面)的影响;产品的花色多样、品种复杂,产品的生命周期短;商品的专业技术性不强,替代品较多,因而商品的价格需求弹性较大,也就是价格变动对需求量的影响较大。

**2. 购买次数频繁**

从交易的规模和方式看,消费品市场购买者众多、市场分散、成交次数频繁,但交易数量零星。因此,绝大部分商品都是通过中间商销售产品,以方便消费者购买。

**3. 购买行为的可诱导性**

从购买行为看,消费者的购买行为具有很大程度的可诱导性。消费者在决定采取购买行为时,具有自发性、感情冲动性;消费品市场的购买者大多缺乏相应的商品知识和市场知识,其购买行为属非专业性购买,他们对产品的选择受广告、宣传的影响较大。由于消费者购买行为的可诱导性,生产和经营部门应注意做好商品的宣传广告,指导消费,一方面当好消费者的参谋;另一方面也能有效地引导消费者的购买行为。

**4. 购买行为的随机性**

消费者在购买什么商品以及何时、何地、如何购买等方面具有较大的选择性和灵活性,容易受企业营销活动及其他外部环境因素的影响。造成这种状况的原因有,一方面消费品花色、品种、品牌繁多,质量、性能各异,消费者一般很难掌握各种商品知识和充分的市场信息,购买容易冲动;另一方面,不少消费品替代性强、需求弹性大,消费者对商品的规格、品质等方面的要求也不如其他种类市场的购买者那样严格。

**5. 购买的非盈利性**

消费者购买商品是为了获得某种使用价值,满足自身的生活消费的需要,而不是为了盈利去转手销售。从市场动态看,由于消费者的需求复杂,供求矛盾频繁,加之随着城乡交往、地区间往来的日益频繁,旅游事业的发展,国际交往的增多,人口的流动性越来越大,购买力的流动性也随之加强。因此,企业要密切观注市场动态,提供适销对路的产品,同时要注意增设购物网点和在交通枢纽地区创设规模较大的购物中心,以适应流动购买力的需求。

### (三)消费者购买行为基本框架

市场营销学家把消费者涉及的相关问题概括为 6W 和 6O,从而形成消费者购买行为研究的基本框架。

**1. 市场需要什么(What)——有关产品(Objects)是什么**

通过分析消费者希望购买什么,为什么需要这种商品而不是需要其他商品,研究企业应如何提供适销对路的产品去满足消费者的需求。

**2. 为何购买(Why)——购买目的(Objectives)是什么**

通过分析购买动机的形成(生理的、自然的、经济的、社会的、心理因素的共同作用),了解消费者的购买目的,采取相应的市场策略。

**3. 购买者是谁(Who)——购买组织或购买者(Organizations or Occupants)是什么**

分析购买者是个人、家庭还是集团,购买的产品供谁使用,谁是购买的决策者、执行者、影响者。根据分析,进行相应的产品、渠道、定价和促销组合。

**4. 如何购买(How)——购买组织的作业行为(Operations)是什么**

分析购买者对购买方式的不同要求,有针对性地提供不同的营销服务。在消费者市场,分析不同类型消费者的特点,如经济型购买者对性能和廉价的追求,冲动性购买者对情趣和外观的喜好,手头拮据的购买者要求分期付款,工作繁忙的购买者重视购买方便和送货上门等。

### 5. 何时购买(When)——购买时机(Occasions)是什么

分析购买者对特定产品的购买时间的要求,把握时机,适时推出产品,如分析自然季节和传统节假日对市场购买的影响程度等。

### 6. 何处购买(Where)——购买场合(Outlets)是什么

分析购买者对不同产品的购买地点的要求,如消费品种的方便品,顾客一般要求就近购买;而选购品则要求在商业区(地区中心或商业中心)购买,以便挑选对比;特殊品往往会要求直接到企业或专业商店购买等。

## 市场聚焦

### BestShine 的消费者购买行为分析

BestShine 曾是一家专门定位于窗用的专业清洁剂,有 1 亿美元的销售额,市场上的大多数产品属于多功能清洁剂。尽管 BestShine 利润很高,但销量有限。因此,公司领导人面临一个重大问题:BestShine 是应该采取进取的发展战略,使产品同多功能清洁剂竞争,还是采取较为保守的目标,继续将重点放在它的忠实顾客上?

BestShine 的营销部门进行了一次市场调查,他们认为对人口的统计分析不起作用,因为该品牌的消费者群体并没有表现出与其他清洁品的不同。因而将调查重点放在顾客的购买模式上。

调研表明:约有 20% 的顾客只要用清洁剂就必用 BestShine,而不光用于擦窗子;40% 的人对质量好的产品同样喜欢;余下 40% 的人是有限忠诚者,他们用 BestShine 擦窗子或厨房工作台,认为 BestShine 的包装太土且味道太浓,他们擦洗其他地方时会选其他品牌。

(资料来源:《销售与市场》,2012 年第 2 期。)

### (四)消费者的主要购买行为

#### 1. 冲动购买

冲动购买常常与无计划的和突然的购买有关,伴随着强大的催促力和愉快兴奋的感觉(Rook 1987)。它包括 2 个核心因素:

(1)认知方面缺乏对所购产品的计划、了解和详尽考虑。

(2)感情方面有情感反应,这种情感反应可能在一个无计划购买的同时或之后被引出(Wood 1998),如愉快、兴奋和内疚等;Rook and Gardner(1993)认为某种情绪状态(如愉快、兴奋和力量的混合)也会引发冲动购买行为,消费者可能以冲动购买作为释放紧张和沮丧情绪的手段。

因素(1)是对产品低度涉入和对品牌特性或差异没有辨别察觉的表现,而因素(2)中这种购买行为所带来的情感激发和释放则是显著的享乐主义者表现,属于享乐主义消费。

### 2. 习惯性购买行为

当产品被重复购买或者产品相对不重要时,消费者就不会被激发在大脑里从事大量的决策活动(Hoyer,1984)。

习惯性的购买行为来自于消费者履行习惯行为以减少思考成本的需要(Shuang,1980)。习惯性购买不会有强烈的、积极的品牌评价和比较,重复购买不是因为对品牌的强烈偏好,它代表减少认知付出的一种便利的方式(Jacoby and Kyner 1973)。所以习惯购买的"惰性"及所购买商品低廉的价格注定消费者不会深度涉入(低涉入度);在无明显缺陷的情况下也不会反复广泛比较"品牌差异"(低知觉差异);同时现实生活的经验告诉我们,只有在购买价格低廉的日常实用品(如盐、大米)时才会有习惯性购买。

### 3. 寻求多样化购买

寻求多样化的购买行为在现象上表现为频繁的品牌转换,而制约品牌转换的最重要因素是"转换成本",所以消费者只有在购买成本较低的产品(如饮料、饼干、小饰品)时才会有频繁的品牌转换。而对于这种不重要、低成本的产品,消费者在购买时不会有复杂的认知和信息搜索过程,也就是涉入程度较低。追究寻求多样化购买的原因,其一是察觉了同类产品中其他品牌的优点(差异性),对另一个品牌的属性满意(Abel P. Jeuland,1978);其二是希望通过尝试不熟悉的品牌或多种品牌,体验一种新鲜、刺激的感觉,享受情感激发的享乐主义价值。

### 4. 忠诚购买

品牌忠诚的消费者可能愿意为品牌支付更高的价格,因为他们察觉了该品牌中蕴含的而其他品牌不能提供的独特价值(Reichheld 1996)。这种独特来源于对品牌可靠性的极大信任或消费者使用这个品牌时的赞赏的感情(Chaudhuri and Holbrook,2001)。忠诚购买者会长期、持续、重复选择众多替代品中的一个品牌,过往的消费经历使消费者对该品牌"独特的价值"非常了解(高知觉品牌差异)。Jacoby(1971)认为消费者越是察觉出各种品牌间的质量差异,就越觉得区别这些品牌的重要性,个人就越可能忠诚购买。Muncy(1990)的研究也有同样的发现,于是我们可以说知觉品牌差异可能是品牌忠诚度最重要的预测因素之一。

同时对品牌的极端信任和有特殊的感情,使忠诚消费者对该品牌所具有的独特品质深信不疑,在购买时不会过多思考、付出认知,也不会再反复评价和比较品牌(低度涉入)。通常情况下消费者持续、重复购买的产品都是实用型的产品。

### 5. 促销反应购买

促销反应购买行为是促销倾向和价值意识两方面的表现,消费者履行促销行为是因为促销形式降低的价格和价值增加双重原因。在价值意识的作用下,消费者不仅关心低价,还要关心产品质量、关心是否物有所值。购买促销产品时消费者更倾向于搜索产品质量和价值信息,了解更多的产品知识和价格知识(Donald and Richard 1990),所以可以预测是持久高度涉入和高知觉品牌差异的表现。另外,促销倾向的消费者最有可能发现"不可拒绝的购买"(Hackleman and Duker,1980),可能他们购买的东西从来不用,因此可以设想消费者购买的促销品不是为了实用,而是从购买促销品的过程中得到一种心理的享受,也就是享乐价值。例如,促销活动降低购买价格从而增加交易效用,使消费者感觉自己得了便宜,或者觉得自己很精明。

### 6. 复杂购买

复杂购买表现为较长的、较为复杂的认知过程,有广泛且深入的信息搜集行为,有品牌比较的行为,对商品的种种属性进行深入的理解与比较,这些是高度涉入和高知觉品牌差异的表现。

同时消费者一般对花钱多的产品、偶尔购买的产品、风险大的产品和引人注目的产品等的购买都非常专心仔细(Philip Kotler2000),这些产品多是功能型的实用产品。

### 7. 减少失调购买

失调来源于情感与行为知识元素间的不一致,也就是认知错位。决策过程中,如判断难度越大或决策越重大,这种失调效应就越强烈(Harmon-Jones,2002)。在消费者购买产品前,往往把一些产品的许多替代品牌看成是基本相似的(如地毯),即使由于产品贵重的原因使消费者会深度介入了解产品的各种特性,但由于品牌差异性确实很小和一般消费者专业水平的限制,这种相似的概念不会改变。但实际上所有的品牌都不可能完全相同,即使非常相似的品牌也都有各自的优缺点。

这种认知上的错位使消费者无论购买哪个品牌,事后都会发现该品牌的缺点或其他品牌的优点,从而产生失调感。失调的购买者会产生后悔的感觉,事后设法自圆其说来平衡其实有缺点的消费。

### 8. 影响型购买

在影响型的购买行为中,消费者的购买行为之所以要受外界因素的影响,多是因为消费者对产品缺乏了解,凭眼看手摸难以对商品品质及品牌间差别做出判断(低知觉差异),此时亲朋好友的使用口碑及专家、权威人士的推荐或广告代言人的宣传被视为非常有力的证据,弥补了消费者关于这个品牌的信息知识的不足,导致认可和接受某一产品或品牌。通常咨询权威人士而购买产品多是功能性、实用性的。我们还可以预测,消费者受到外界因素的影响产生购买欲望后,会继续深度涉入,了解品牌的功能特性。

## 二、影响消费者购买行为的外在因素

### (一)相关群体

相关群体是指那些影响人们的看法、意见、兴趣和观念的个人或集体。研究消费者行为可以把相关群体分为两类:参与群体与非所属群体。

参与群体是指消费者置身于其中的群体，主要有2类：

### 1. 主要群体
主要群体是指个人经常性受其影响的非正式群体，如家庭、亲密朋友、同事、邻居等。

### 2. 次要群体
次要群体是指个人并不经常受到其影响的正式群体，如工会、职业协会等。

非所属群体是指消费者置身事外，但对购买有影响作用的群体。有两种情况，一种是期望群体，另一种是游离群体。期望群体是个人希望成为其中一员或与其交往的群体，游离群体是遭到个人拒绝或抵制，极力划清界限的群体。

企业营销应该重视相关群体对消费者购买行为的影响作用；利用相关群体的影响开展营销活动；还要注意不同的商品受相关群体影响的程度不同。商品能见度越强，受相关群体影响就越大。商品越特殊、购买频率越低，受相关群体影响就越大。对商品越缺乏知识，受相关群体影响就越大。

## （二）社会阶层

社会阶层是指一个社会按照其社会准则将其成员划分为相对稳定的不同层次。不同社会阶层的人，他们的经济状况、价值观念、兴趣爱好、生活方式、消费特点、闲暇活动、接受大众传播媒体等各不相同。

企业营销要关注本国的社会阶层划分情况，针对不同的社会阶层爱好要求，通过适当的信息传播方式，在适当的地点，运用适当的销售方式，提供适当的产品和服务。

## （三）家庭状况

一家一户组成了购买单位，我国现有24400万户左右的家庭，在企业营销中应关注家庭对购买行为的重要影响。研究家庭中不同购买角色的作用，可以利用有效营销策略，使企业的促销措施引起购买发起者的注意，诱发主要营销者的兴趣，使决策者了解商品，解除顾虑，建立购买信心，使购买者购置方便。企业营销可以根据不同的家庭生命周期阶段的实践需要，研究家庭生命周期对消费购买的影响，开发产品和提供服务。

## （四）社会文化状况

每个消费者都是社会的一员，其购买行为必然受到社会文化因素的影响，文化因素有时对消费者购买行为起着决定性的作用。企业营销必须予以充分的关注。在第四章第二节的"社会文化环境"中已作分析。

## 三、影响消费者购买行为的内在因素

影响消费者购买行为的内在因素很多，主要有消费者的个体因素与心理因素。购买者的年龄、性别、经济收入、教育程度等因素会在很大程度上影响着消费者的购买行为。这部分内容已在第四章第三节中的"人口环境分析"和"经济环境分析"进行过分析。在此主要分析影响消费者购买的心理因素。

消费者心理是消费者在满足需要活动中的思想意识,它支配着消费者的购买行为。影响消费者购买的心理因素有动机、感受、态度、学习。

(一)动机

1. 需要引起动机

需要是人们对于某种事物的要求或欲望。就消费者而言,需要表现为获取各种物质需要和精神需要。马斯洛的"需要五层次"理论,即生理需要、安全需要、社会需要、尊重需要和自我实现的需要。需要产生动机,消费者购买动机是由消费者内在需要与外界刺激相结合使主体产生一种动力而形成的。

2. 购买动机的类型

动机是为了使个人需要满足的一种驱动和冲动。消费者购买动机是指消费者为了满足某种需要,产生购买商品的欲望和意念。购买动机可分为如下两类:

(1)生理性购买动机。生理性购买动机指由人们因生理需要而产生的购买动机,如饥思食、渴思饮、寒思衣,又称"本能动机"。包括:①维持生命动机。②保护生命动机。③延续和发展生命的动机。

生理动机具有经常性、习惯性和稳定性的特点。

(2)心理性购买动机。心理性购买动机是指人们由于心理需要而产生的购买动机。根据对人们心理活动的认识,以及对情感、意志等心理活动过程的研究,可将心理动机归纳为以下三类:①感情动机。指由于个人的情绪和情感心理方面的因素而引起的购买动机。根据感情不同的侧重点,可以区分为三种消费心理倾向:求新、求美、求荣。②理智动机。指建立在对商品的客观认识的基础上,经过充分的分析比较后产生的购买动机。理智动机具有客观性、周密性的特点。在购买中表现为求实、求廉、求安全的心理。③惠顾动机。指对特定的商品或特定的商店产生特殊的信任和偏好而形成的习惯重复光顾的购买动机。这种动机具有经常性和习惯性特点,表现为嗜好心理。

由于人们的购买动机不同,购买行为必然是多样的、多变的。要求企业营销深入细致地分析消费者的各种需求和动机,针对不同的需求层次和购买动机,设计不同的产品和服务,制定有效的营销策略,获得营销成功。

(二)感知

消费者购买如何行动,还要看他对外界刺激物或情境的反映,这就是感知对消费者购买行为的影响。感知指的是人们的感觉和知觉。

所谓"感觉",就是人们通过感官对外界的刺激物或情境的反应或印象。随着感觉的深入,各种感觉到的信息在头脑中被联系起来进行初步的分析综合,形成对刺激物或情境的整体反映,就是知觉。知觉对消费者的购买决策、购买行为影响较大。在刺激物或情境相同的情况下,消费者有不同的知觉,他们的购买决策、购买行为就截然不同。因为消费者知觉是一个有选择性的心理过程,也就是有选择的注意、有选择的曲解、有选择的记忆。

分析感知对消费者购买影响目的是要求企业营销掌握这一规律,充分利用企业营销策略,引起消费者的注意,加深消费者的记忆,正确理解广告,影响其购买。

### (三)态度

态度通常指个人对事物所持有的喜欢与否的评价、情感上的感受和行动倾向。作为消费者态度对消费者的购买行为有着很大的影响。企业营销人员应该注重对消费者态度的研究。

消费者态度来源于:

其一,与商品的直接接触;

其二,受他人直接、间接的影响;

其三,家庭教育与本人经历。

消费者态度包含信念、情感和意向,它们对购买行为都有各自的影响作用。

信念,指人们认为确定和真实的事物。在实际生活中,消费者不是根据知识,而常常是根据见解和信任作为他们购买的依据。

情感,指商品和服务在消费者情绪上的反应,如对商品或广告喜欢还是厌恶。情感往往受消费者本人的心理特征与社会规范影响。

意向,指消费者采取某种方式行动的倾向,是倾向于采取购买行动,还是倾向于拒绝购买。消费者态度最终落实在购买的意向上。

研究消费者态度的目的在于企业充分利用营销策略,让消费者了解企业的商品,帮助消费者建立对本企业的正确信念,培养对企业商品和服务的情感,让本企业产品和服务尽可能适应消费者的意向,使消费者的态度向着企业的方面转变。

### (四)学习

学习是指由于经验引起的个人行为的改变。也就是消费者在购买和使用商品的实践中,逐步获得和积累经验,并根据经验调整自己购买行为的过程。学习是通过驱使力、刺激物、提示物、反应和强化的相互影响、相互作用而进行的。

"驱使力"是诱发人们行动的内在刺激力量。例如,某消费者重视身份地位,尊重需要就是一种驱使力。这种驱使力被引向某种刺激物——如购买高级名牌西服,驱使力就变为动机。在动机支配下,消费者需要作出购买名牌西服的反应。但购买行为发生往往取决于周围"提示物"的刺激,如看了有关电视广告、商品陈列,他就会完成购买。如果穿着很满意的话,他对这一商品的反应就会加强,以后如果再遇到相同诱因时,就会产生相同的反应,也就是采取购买行为。如反应被反复强化,久之,就成为购买习惯了。这就是消费者的学习过程。

企业营销要注重消费者购买行为中"学习"这一因素的作用,通过各种途径给消费者提供信息,如重复广告,目的是达到加强诱因、激发驱策力,将人们的驱策力激发到马上行动的地步。同时,企业商品和提供服务要始终保持优质,消费者才有可能通过学习建立起对企业品牌的偏爱,形成其购买本企业商品的习惯。

**知识链接**

### 中国企业 CEO 普遍存在的短板和软肋

数据显示,中国企业 CEO 普遍存在如下短板和软肋:1. 重于进攻疏于防守。花大量精力在收购兼并,市场扩张等外向性、进攻性活动上,却不在人才培养和组织能力建设上下工夫。2. 高层团队管理不善。企业高层间缺乏合作与信任,在企业中形成不同的派别和势力,在很大程度上削弱了企业高层战略执行的权威、速度和效率。3. 针对本土市场的创新不足。CEO 们善于通过创新为社会中高层提供服务,却忽略了广大的农村市场。4. 凭直觉而非重思考。他们缺乏深入而周密的战略思考,"凭直觉、拍脑袋"的决策方式影响了企业的健康发展。

(资料来源:《销售与市场》,2012 年第 2 期。)

### 四、消费者购买决策过程

消费者购买是较复杂的决策过程,其购买决策过程一般可分为以下五个阶段,并制定相应的营销策略。

#### (一)确认需要

当消费者意识到对某种商品有需要时,购买过程就开始了。消费者需要可以由内在因素引起,也可以由外在因素引起。此阶段企业必须通过市场调研,认定促使消费者认识到需要的具体因素,营销活动应致力于做好两项工作:一是发掘消费驱策力;二是规划刺激、强化需要。

#### (二)寻求信息

在多数情况下,消费者还要考虑买什么牌号的商品,花多少钱到哪里去买等问题,需要寻求信息、了解商品信息。寻求的信息一般有产品质量、功能、价格、牌号、已经购买者的评价等。消费者的信息来源通常有商业来源、个人来源、大众来源、经验来源。企业营销任务是设计适当的市场营销组合,尤其是产品品牌广告策略,宣传产品的质量、功能、价格等,以便使消费者最终选择本企业的品牌。

### (三)比较评价

消费者进行比较评价的目的是能够识别哪一种牌号、类型的商品最适合自己的需要。消费者对商品的比较评价,是根据收集的资料,对商品属性做出的价值判断。消费者对商品属性的评价因人、因时、因地而异,有的评价注重价格,有的注重质量,有的注重牌号或式样等。企业营销首先要注意了解并努力提高本企业产品的知名度,使其列入消费者比较评价的范围之内,这样,本企业产品才可能被选为购买目标。同时,还要调查研究人们比较评价某类商品时所考虑的主要方面,并突出进行这些方面的宣传,从而对消费者的购买选择产生最大影响。

### (四)决定购买

消费者通过对可供选择的商品进行评价,并作出选择后,就形成购买意图。在正常情况下,消费者通常会购买他们最喜欢的品牌。但有时也会受两个因素的影响而改变他们的购买决定。

一是他人态度影响购买决定,特别是同事、朋友对商品的评价,影响力会很大。二是意外事件影响购买决定,消费者取消某个购买决定往往是受已察觉风险的影响。"察觉风险"的大小,由购买金额大小、产品性能优劣程度,以及购买者的自信心强弱决定。企业营销应尽可能设法减少这种风险,以刺激消费者发生购买行为。

### (五)购后评价

消费者购买商品后,购买的决策过程还在继续,他要评价已购买的商品。企业营销须对消费者的建议给予充分的重视,因为它关系到产品今后的市场和企业的信誉。判断消费者购后行为有两种理论:一是预期满意理论。消费者购买使用后,对商品是否满意,直接影响他的满意度和重复购买率。二是认识差距理论。消费者购买前和购买后对产品的认识差距的大小,也影响到他对产品的评价。企业营销应密切注意消费者购后感受,并采取适当措施,消除不满,提高满意度。如经常征求顾客意见,加强售后服务和保证,改进市场营销工作,力求使消费者的不满降到最低。

## 第二节 生产者购买行为分析

生产者购买行为是指一切购买产品或服务,并将之用于生产其他产品或服务,以供销售、出租或供应给他人消费的一种决策过程。

生产者购买行为分析是提供生产资料产品企业营销的研究重点。只有了解生产者购买行为的特点,掌握生产者购买行为的规律性,才能制定与之相适应的市场营销组合策略,在满足生产者需求的同时,实现企业自身的营销目标。

## 一、生产者购买的特征

生产者购买目的是为了进行再生产并取得利润。因此,生产者购买与消费者购买有很大的差别。生产者购买具有以下特征。

### (一)购买者数量少且购买规模大

在生产者市场上,购买者是企业单位,购买者的数量必然比消费者市场小得多,但每个购买者的购买量都较大。在现代经济条件下,许多行业的生产集中在少数大公司,所需原料、设备的采购也就相对集中。买者有限,但购买数量相当大。

### (二)购买者区域相对集中

购买者区域相对集中是由产业布局的区域结构决定的。由于历史和地域资源的原因,产业布局结构各不相同。在我国,东北是重工业所在地,华东是纺织、电子、机械加工业发达地区。产业布局的不同形成了生产者购买较为集中的目标市场。

### (三)需求受消费品市场的影响

企业对生产资料的需求,常常取决于消费品市场对其产品的需求,被称为"衍生需求",也就是说,生产者购买需求归根结底是从消费者对消费品的需求中衍生出来的。

### (四)需求缺乏弹性

在生产者市场上,购买者对产品的需求受价格变化的影响不大。在工艺、设备、产品结构相对稳定的情况下,市场资料的需求在短期内尤其缺乏弹性。例如,皮鞋制造商既不会因皮革价格上涨而减少对皮革的需求量,也不会因为价格下降而增加需求量。

### (五)需求波动太大

生产者对于生产资料的需求比消费者对消费品的需求更容易发生波动。消费者需求的少量增加能导致生产者购买的大大增加,这种现象被称为"加速原理"。生产者购买变化很大,企业营销往往实行多元化经营,以减少风险,增强应变能力。

### (六)购买人员较为专业

生产者购买必须符合企业再生产的需要。对产品的质量、规格、型号、性能等方面都要有系统的计划和严格的要求,通常需由专业知识丰富、训练有素的专业采购人员负责采购。要求企业营销部门向采购员提供技术资料和特殊的培训服务。

### （七）购买多为直接购买

购买者多数希望直接与供应者打交道。一方面，供应商能够保证按照自己的要求提供产品；另一方面，又能与供应商密切联系，保证在交货期和技术规格上符合自己的需求。

### （八）特殊购买方式——租赁

许多生产者是以租赁的方式取得设备的。这种方式一般适用于价值较高的机器设备、交通工具等。租赁已成为近年来生产者获得生产资料，特别是生产设备的一种重要形式。租赁的形式主要有服务性租赁、金融租赁、综合租赁、杠杆租赁、供货者租赁、卖主租赁等。

## 二、生产者购买的类型

### （一）直接重购

直接重购是指企业采购部门为了满足生产活动的需要，按惯例进行订货的购买行为。

企业采购部门根据过去和供应商打交道的经验，从供应商名单中选择供货企业，并连续订购采购过的同类产品。这是最简单的采购，生产者购买行为是惯例化的。

企业营销要保证稳定的产品质量，努力维护与客户的良好关系，以保持现有客户量。

### （二）修正重购

修正重购是指企业的采购人员为了更好地完成采购任务，适当改变采购产品的规格、价格和供应商的购买行为。

这类购买情况较复杂，参与购买决策过程的人数较多。企业营销必须做好市场调查和预测工作，努力开发新的品种规格，并努力提高生产效率，降低成本，以满足修正重购的需要，设法保护自己的既得市场。

### （三）全新采购

全新采购是指企业为了增加新的生产项目或更新设备而第一次采购某一产品或服务的购买行为。

新购买产品的成本越高、风险越大，决策参与者的数目就越多，需收集的信息也就越多，完成决策所需时间也就越长。

这种采购类型对企业营销来说是一种最大的挑战，同时也是最好的机会。全新采购的生产者对供应商尚无明确选择，是企业营销应该大力争取的市场。

## 三、生产者购买决策过程

### (一)生产者购买的参与者

生产者购买要比消费者购买复杂得多。通常涉及以下成员:

**1. 使用者**

实际使用某种欲购买的产品的人员。使用者往往首先提出购买某种所需产品的建议,并提出购买产品的品种、规格和数量。

**2. 影响者**

企业内部和外部直接或间接影响购买决策的人员。他们通常协助决策者决定购买产品的品牌、品种和规格。企业技术人员是最主要的影响者。

**3. 采购者**

在企业中组织采购工作的专业人员。在较为复杂的采购工作中,采购者还包括那些参与谈判的公司人员。

**4. 决定者**

企业中拥有购买决定权的人。在标准品的例行采购中,采购者常常是决定者,而在较复杂的采购中,企业领导人常常是决定者。

**5. 信息控制者**

在企业外部和内部能控制市场信息流到决定者和使用者那里的人员,如企业的采购代理商、技术人员和秘书等。

企业营销必须了解生产者购买的具体参与者,尤其谁是主要的决策者,以便采取适当措施,影响有影响力的重要人物。

### (二)影响生产者购买决策的主要因素

**1. 环境因素**

企业外部环境因素,包括政治、法律、文化、技术、经济和自然环境等。

**2. 组织因素**

企业本身的因素。如企业的目标、政策、业务程序、组织结构、制度等,都会影响生产者购买决策。

**3. 人际因素**

人际因素主要指企业内部人际关系。生产者购买决策过程比较复杂,参与决策的人员较多,这些参与者在企业中的地位、职权、说服力以及他们之间的关系都会影响他们的购买决策。

**4. 个人因素**

各个参与购买决策的人,在决策过程中都会掺入个人感情,从而影响参与者对要采购的产品和供应商的看法,进而影响购买决策。

### 市场聚焦

#### "鱼和熊掌"的抉择之战

在产品定位上,"鱼和熊掌"的法则同样适用:产品要么聚焦高便利性,要么聚焦高体验度,但要想在这两个向度上达致"两全其美",只能是一个美丽的幻想。

孟子曾经说过"鱼,我所欲也,熊掌,亦我所欲也;二者不可得兼",而凯文·梅尼归纳出的产品成功模式可以说是孟子这句话在商业世界的最佳诠释。

凯文·梅尼认为,一项产品要想取得极大的市场成功,要么在体验度上远胜同行,要么在便利性上独领风骚。所谓"体验度"就是指对某个产品或服务的总体感受,而便利性则是指获得某种产品或服务的容易程度。

体验度高的产品通常占领高端利基市场。相对而言,这类产品价格高,其目标消费群体相对较小。与此相反,便利性高的产品往往满足大众市场的需求。这类产品的价格相对较低,几乎覆盖所有大众消费者。

比如,摩托罗拉曾经的明星产品——刀锋手机,外形酷炫,售价超过400美元,就是一个高体验度的产品,而同期的其他手机,只需与电信运营商签一份服务合同就可以免费得到,显然属于高便利性的产品。再比如,太阳马戏团现场演出的票价超过100美元,这是一种高体验度的服务。麦当劳提供的是高便利性产品,而满汉全席提供的则是高体验度产品……

梅尼告诫我们,一旦某项产品既想追求体验度,又想攫取便利性,那么这样的产品即便曾经辉煌,也必将归于衰落。

如果将便利性比作鱼,那么体验度就是熊掌,两者不可兼得。正反两方面的例子比比皆是。

21世纪初,奢侈品牌蔻驰手包在市场上大受追捧。这家公司从20世纪70年代开始在高端市场上攻城略地,其知名度与美誉度堪与顶级品牌路易威登及爱马仕相媲美。可是到了2008年,蔻驰的销量就如自由落体般骤然急降。原因在于,蔻驰决定开创一个让大众"消费得起的奢侈品"的新品类。

2004~2008年,蔻驰开设了94家新店和数十家折扣代销店。一个普通的蔻驰手提包的价格降到了300美元左右,这一价格只是其竞争对手路易威登最便宜产品的一半。这一策略刚开始似乎大获成功,股价甚至上涨了20倍,但好景不长。消费者原本将蔻驰视为高体验度的奢侈品牌,但当它开始追求便利性(低价)后,人们就将其排除在顶级品牌之外,同时,人们也没有将其当做真正的大众品牌。

星巴克同样如此,在建立了高体验度的品牌并赢得大量"不是在星巴克,就是在去星巴克路上"的忠诚顾客后,星巴克也开始大肆建店扩张。最后导致其股价一路下滑,直到创始人霍华德·舒尔茨复出,重回核心价值后,才扭转困局。

如果说蔻驰和星巴克在对"鱼和熊掌"的贪求上悬崖勒马,才重回巅峰,那么摩托罗拉的"刀锋"手机却一错再错,直坠深渊。

2G时代的"刀锋"手机曾经大创辉煌,但在通信从2G迈入3G时代后,摩托罗拉置若罔闻,没有及时推出新的高体验度产品来延续"刀锋"品牌的辉煌,却采取了大幅降价(追求便利性)的办法。这固然让"刀锋"的销量一时疯涨(总销量1000万部,是迄今为止销量最大的手机),但"刀锋"最终还是沦为一个毫无价值的"大路货"。

看来,鱼与熊掌之间存在一条不可逾越的鸿沟。到底是选择便利性的鱼,还是选择体验度的熊掌,这确实是一个必须要权衡博弈的问题。

也许对决策者们而言,停止幻想,持之以恒才是最佳选择。

(资料来源:《销售与市场》,2012年第2期。)

### (三)生产者购买决策的主要阶段

由于生产者购买类型不同,购买的决策过程也有所不同。直接重购的决策阶段最少;修正采购的决策阶段多些;全新采购的决策阶段最长,要经过8个阶段。

**1. 认识需要**

认识需要是由两种刺激引起的:一是内部需要;二是外部刺激。

**2. 确定需要**

对标准品按要求采购;对复杂品,采购人员要和使用者、工程师共同研究确定。

**3. 说明需要**

专家小组对所需品种进行价值分析,做出详细的技术说明。目的是以最少的资源耗费,生产出最多的产品或取得最大功能,以取得最大的经济效益。价值分析公式为:

$$V=F/C$$

V——价值;F——功能(指产品的用途、效用、作用);C——成本。

通过价值分析在生产性能、质量、价格之间进行综合评价,有利于选择最佳采购方案。

**4. 物色供应商**

全新采购需要花较多时间物色供应商。采购人员通常利用工商名录或其他资料查询供应商,也可向其他企业了解供应商的信誉。

**5. 征求建议**

邀请供应商提出建议或提出报价单。如果采购复杂的、价值高的产品,要求每个潜在的供应商都提交详细的书面建议或报价单。

**6. 选择供应商**

对供应商提出评价和选择建议,选择最具吸引力的供应商。通常从主要供应者处采购所需要物料总量的60%，另外40%则分散给其他供应商。

### 7. 正式订货

通过商务谈判达成协议，给选定的供应商发出最后采购订单，写明所需产品的规格、数量、交货时间、退款政策、担保条款、保修条件等。在商务活动中，对信誉可靠的保修产品，企业往往愿意订立"一揽子合同"（又叫"无库存采购计划"）和该供应商建立长期供货关系。

### 8. 检查合同履行情况

向使用者征求意见，了解他们对购进产品是否满意，检查和评价各个供应商履行合同的情况，然后根据检查和评价，决定以后是否继续向某个供应商进行采购。

## 第三节　中间商购买行为分析

中间商购买行为是指中间商在寻找、购买、转卖或租赁商品过程中所表现的行为。由于中间商处于流通环节，是制造商与消费者之间的桥梁。因此，企业应把其视为顾客采购代理人，全心全意帮助他们为顾客提供优质服务。

### 一、中间商市场及其特征

#### （一）中间商市场的概念

中间商是指处在生产者和消费者（或使用者）之间，参与产品交换，促进买卖行为发生和实现的，具有法人资格的经济组织或个人。中间商处于生产者和消费者之间专门媒介商品流通，供应商应当把中间商视为顾客的采购代理人而不是自己的销售代理人，帮助他们为顾客做好服务。中间商通常包括批发商、零售商、代理商以及物流公司和营销服务机构等。中间商采购的目的是为了通过转售商品或服务，从中获取差价利润。中间商市场更接近消费者市场，对消费者市场需求的变化反应更加敏感。在市场分布上比生产者市场相对分散，但比消费者市场较为集中，分散程度介于二者之间。

中间商市场，亦称"转卖者市场"，是指由所有获得商品旨在转售或出租给他人，以获得利润的个人和组织组成的市场。它由以盈利为目的、从事转卖或租赁业务的所有个体和组织构成，包括批发商和零售商两部分。其实质是顾客的采购代理。在较发达的商品经济条件下，市场上大多数商品都是由中间商经营的，只有少数商品是生产者直接销售的。中间商市场与产业市场一样，都属于赢利性企业市场。因此，二者的购买行为有许多相似之处。但由于二者在社会再生产过程中所处位置不同，职能不同，二者的购买行为又有若干不同之处。

批发商与零售商在市场中既是商品购买者，又是商品出卖者。批发商购买商品不是转卖给最终消费者,而是转卖给其他商人。买主主要是零售商和另外的批发商、代理商以及制造商,其次是公共事业单位、服务行业等。而零售商购买商品则主要是直接卖给最终消费者,批发商购买商品主要是用于转卖,只有数量极微小的商品用于本身的经营管理。因此,中间商市场的特点是转手买卖,贱买贵卖,据此可以把它与其他各类市场区别开来。

中间商具有生产者和最终消费者所不能代替的特殊作用。在现代市场中,生产者生产的产品的确还有一部分是自产自销,直接卖给最终消费者和用户的,如一些笨重复杂的机器,用户订购及预约加工的产品,邮购商品、上门推销商品等,但绝大部分产品还得通过或多或少的批发商或零售商转卖给最终消费者和用户,转卖者由此在市场中发挥了沟通产销的媒介作用。

中间商在整体市场中的分布状态居中,较生产者分散,但比最终消费者集中,中间商市场也是一个相当大的不容忽视的市场。

(二)中间商市场的特征

中间商市场的特征主要有以下几个方面:

其一,中间商市场的需求也是派生的,受最终消费者购买的影响而使销路不定。不过,由于离最终消费者更近,这种派生需求反映较直接。

其二,中间商的职能主要是买进卖出,基本上不对产品再加工,故它对购买价格更敏感,购进价的变化往往直接影响到最终消费者的购买量。

其三,中间商只赚取销售利润,由于单位产品增值率低,故必须大量买进和大量销出。

其四,交货期对中间商特别重要,他们一旦提出订单,就要求尽快到货,以抓住市场机会,满足消费者购买,而对需求没有把握的订货则往往推迟到最后一刻,以避免库存过多的风险。

其五,中间商由于财务有限及不专销一家企业产品,故往往需要生产厂协助做产品广告,扩大影响。

其六,中间商一般不擅长技术,所以需要供货方提供退货服务、技术服务或返修商品服务。

## 二、中间商市场的购买行为类型

中间商市场的购买类型与生产者购买类型大同小异,就其购买行为过程而言,有四种较为特殊的购买类型。

(一)购买全新品种

购买全新品种也就是中间商第一次购买某种从未采购过的新品种。一般要根据市场前景的好坏、买主的需求强度和产品的获利可能性等多方面因素决定是否购买。购买决策过程的主要步骤与生产者大致相同,是由认识需求、确定需求、详述产品规格、物色供应商、征求供货信息、选择供应商、签订合同和履行合同评估等8个阶段构成。

### (二)选择最佳供应商

选择最佳供应商也就是中间商对将要购买的品种已经确定,但需考虑从哪家卖主进货,从众多的供应商中选择最优者。这种购买类型的发生往往与以下情况有关:

其一,各种品牌货源充裕,但是中间商缺乏足够的经营场地,只能选择经营某些品牌。

其二,中间商打算用自创的品牌销售产品,选择愿意为自己制造贴牌产品的生产企业。如国外很多大型零售商场都有自己的品牌。

### (三)寻求更佳条件

寻求更佳条件也就是中间商不仅试图从原有供应商那里获得更为有利的供货条件,同时也在寻求符合自己利益的新的供应商,以提高盈利水平。通常情况下,如果同类产品的供应增加或其他供应商提出了更有诱惑力的价格和供货条件,中间商就会要求现有供应商加大折扣、增加服务、给予信贷优惠等。有时,他们并不想更换供应商,但会借以作为一种施加压力的手段。

### (四)直接重购

直接重购是指中间商并不想更换供应商,但试图从原有供应商那里获得更为有利的供应条件。

**市场聚焦**

## 面对中间客户的营销

IBM、GE、西门子、浦项钢铁的企业价值广告,有一些共同特征:一是以有意思的前台事物来反映后台:那些非常棒的消费品中其实都使用了它们的技术或产品;二是用比较细小微妙的自然或人文场景,来比拟或喻示自己的价值观(比如环境、公益关怀等);三是用一系列的应用性或者关联性的场景,表示自己是所有这些场景中一以贯之的核心,正如串起糖葫芦的签子一样。

但是除了广告以外,针对中间客户的营销有更多的复杂考虑:1.你要建立起针对客户、潜在客户、员工、政府、媒体的影响力,这挺复杂。因为向公众与媒体传达的专业价值不能过于艰深,又要传达出某些非常专业的特殊价值。2.在非常实用的营销活动外,需要更多基于影响力的活动,以引发更大的社会关注。比如利用网络视频来表现产品的奇特的生产过程或者效用,用动漫效果来进行产品科普。这类方法会产生你意想不到的影响——比如你影响到了用户企业老总的孩子,而孩子说了你的好话,那么你就很可能在老总那里另外得分。3.你要努力成为新的管理理念、模式与行业解决方案的积极话语者。你提出了改变人们观念的理念,人们才有与你合作的内在动力。

(资料来源:《销售与市场》,2012年第3期。)

### 三、中间商的购买行为决策

中间商购买行为的一个重要方面是:到底应该进行哪些购买决策?这是每个中间商都必将面临的问题,研究中间商的购买决策,可以掌握他们的购买行为的特殊性和规律性。一般来说,中间商会做出以下几项购买决策:

(一)选择购买的时间和数量

中间商本身的"转手买卖"的特点,决定了他们对选择购买时间的苛刻程度,这与最终消费者是无法比较的;他们常常把提出订货单的时间延迟到最后一刻,这样就可以较有把握地知道最终消费者和其他买主的需要,使商品适销对路,从而避免承担库存过多的风险。一旦提出订货单,中间商又要求能尽快提到货,转手卖给买主,以免占用资金。由于中间商赚取的单位产品利润极其微小,因此他们的购买数量都比较大,通过多购和薄利多销来获得较大的利润。但多购的程度还要依据中间商现有的存货水平和预期的需求水平来加以选择。这种选择往往会受两种不同的影响:一是偶然的大量订购。这样可以降低订购成本,并且从供应商手中获得可观的折扣;二是经常性的较少量订购。这样可以减少商品库存成本。中间商会据此进行成本比较,然后做出有利于自己的购买决策。供应商必须确知中间商的订购意图,以便采取相应的推销策略。

(二)选择供应商

中间商的市场购买活动,都是以盈利为目的的,且购头的数量比较多。因此,他们与最终消费者有很大的区别。最终消费者多属即兴购买、冲动性购买,对供应者的选择比较随意。而中间商的购买行为却相反,他们多属理性购买,对供应商及其产品的选择比较慎重。面对众多上门推销产品的供应商,他们总是要根据交易的优惠条件、合作的诚意以及当时所处的市场营销环境、产品的销路、经营的能力、本身的经营风格等各方面加以甄选。谁能投中间商之所好,谁能够满足中间商不断变化的特殊需求,谁就能幸运地成为中间商的卖主。

(三)选择购买的货色

货色也就是商品的花色品种。菲利普·科特勒指出:"货色是中间商拟供应市场的产品和劳务的组合,它决定了中间商在市场中的位置。"从既能体现本身的经营特色又能吸引众多买主的角度出发,中间商可以从以下4种货色形式中加以选择:

**1. 独家货色**

独家货色指中间商只代理一家制造厂的产品。这类产品多属于专利商品、具有技术诀窍的商品、特殊商品、工商联营(合作)企业的产品以及中间商所处地区市场从未有过的新产品等。

**2. 专深货色**

专深货色指中间商经销多家制造商生产的一个种类而又同一质量的产品。

**3. 广泛货色**

广泛货色指中间商经销多家制造商的多种种类的产品,但这些种类的产品并没有超出中间商的经销范围,也不影响其原有的企业经营方向和经营特色。

**4. 杂乱货色**

杂乱货色指中间商不加选择、不受限制地经销不同的制造商生产的许多互不相干的产品。

为了弄清以上4种货色形式的实际含义,下面借用一个假设的例子加以说明。某一零售商只是经营万宝牌电冰箱,就属于"独家货色";若同时经营万宝牌、雪花牌、容声牌电冰箱,则属于"专深货色";如再经营各种牌子的电视机、洗衣机、照相机、录音机(均属家用电器)等,便属于"广泛货色";而在此基础上还经营服装、鞋帽、玩具等,这时谓之"杂乱货色"。这些货色形式的不同,必然会对中间商的供应商、买主及其本身的营销策略产生不同的影响。

**(四)选择购买条件**

购买条件的优劣直接影响中间商的经营效益。因为中间商和制造商一样都是致力于盈利的事业者,巨大的经营风险迫使他们力争在制造商那里得到尽量多的优厚购买条件。他们会向制造商寻求价格协商、价格折扣和广告津贴;要求交货及时迅速;要求卖方有充分的信用保证,以应付商品不受欢迎、有缺陷破损而需要进行处理的情况;在顾客购买了商品后又提出抗议、投诉或需要修理时,要求制造商能无条件地承担责任等等。其中,价格是一个极其重要的条件。这是因为,中间商的需求与工业用品购买者的需求一样,都属于派生需求,都会受最后消费者需求的影响,而且中间商在价格问题上更为敏感。中间商与最后消费者的关系更为直接,最终消费者对商品价格的要求能迅速地为中间商所觉察,中间商就会据此向制造商提出合理的价格条件。

**四、中间商市场的"采购中心"**

采购中心是指从事或影响采购决策的人和组织。

在中间商市场中,沟通制造商与中间商的桥梁是批零企业中决定购买和实际购买的人和组织,这些人和组织在很大程度上直接左右了制造商的命运。那么,在批零企业中,究竟由谁来决定购买和实际购买呢?在西方商场,不同批零企业的采购人员多寡不一,专职程度也各异。小批发和小零售企业,一般不配备专职的采购人员,商品的选择与采购,可能由店主(经理)自己负责,也可能由熟悉业务的雇员负责,但这些雇员还必须兼做其他工作。而大批发零售企业则不同,采购已是专业化的职能,采购员是一项专职工作。然而,不同的大批零企业(如百货商店、超级市场、药品批发商等),甚至同一行业的不同批零企业(如经营百货的各个公司、商店),他们组织采购工作的方式却有所不同。为了简便起见,下面仅以美国连锁超级市场为例,来了解中间商采购业务的基本状况。美国连锁超级市场参与购买决策的人和组织主要有:

(一)商品经理

商品经理是连锁超级市场公司总部的专职采购人员,分别负责各类商品的采购工作。他们的责任是听取供应商推销员对新品牌、新产品的介绍,并从中选择适合的品牌和产品。某些连锁店的商品经理在采购工作中具有很大的权力,可以自由决定接受或拒绝某一新产品。但在多数连锁店里,商品经理无权马上作出决定,只是负责审查和甄别哪些产品应该拒绝或接受,然后向公司采购委员会提出建议。

(二)采购委员会

采购委员会由公司总部的部门正副经理、商品经理等人组成。采购委员会每周召开一次会议,逐一审查各商品经理提出的关于采购新产品的建议。商品经理向采购委员会介绍货源情况、提供市场信息,然后由采购委员会最终决定采购哪些新产品。但是,这种做法与其说采购委员会具有决策的功能,倒不如说它只是在发挥平衡各方面意见的作用,真正起决策和控制作用的还是商品经理。因为商品情报是由商品经理提供的,商品经理的偏好和推荐都带有很大的倾向性,对采购委员会的决策具有显著的影响。由此可见,采购委员会实际上只是在评估新产品和购买决策方面产生一些重要的间接影响,并代替商品经理向制造商的推销人员提出拒绝购买的理由,充当商品经理与推销人员之间的调解员。了解连锁商店实际采购业务的某些"内幕",对制造商的推销员来说是必不可少的。

(三)分店经理

分店经理是连锁店属下各零售店的负责人,分店实际采购什么商品是由他们决定的。据调查,在全美国连锁超级市场和独立的超级市场中,各个分店的货源有2/3是由分店经理自行决定采购的,只有1/3是由公司从上而下强行分配下来的。这样,即使某种新产品被连锁店的采购委员会接受了,这种商品也不一定能被大多数分店所接受,最终的采购权还是掌握在分店经理的手上。因此,在美国市场里推销新产品的难度很大,尽管制造商每周能推出150~250种新产品交由超级市场推销，但商店店容只允许其中10%的新产品被送上货架。那么，分店经理是根据什么来采纳这10%的新产品呢？据美国尼尔逊公司的研究，这主要决定于以下三个因素：一是消费者是否愿意购买这种新产品，也就是说这种新产品是否适销对路；二是供应商的广告宣传和促销手段能否足以打动分店经理的心；三是供应商将给各分店怎样的折扣等优惠交易条件。供应商的推销员可以从上述各点寻求自己最好的推销机会。

### 五、中间商的购买过程

西方市场学认为，中间商的购买决策和具体采购业务会随着其购买情况的类型的变化而变化，中间商的购买情况可分为三种类型：

#### （一）新产品情况

新产品情况指中间商面临是否接受新产品的决策问题。这一决策过程与工业用品购买者大体相同，其主要步骤也是认识需要、确定需要、说明需要、物色供应者、征求建议、选择供应商、选择订货程序和检查履行合同情况等。在此顺便提及，假设中间商采购的是正常情况下的商品，那么其购买过程就简单得多。只要这种商品存量降到一定水平，中间商就会向原有的供应商发出订货单。而当遇到经营费用提高、毛利偏低的情况时，中间商则会要求与供应商一起重新议定进货价格。

#### （二）最佳卖主情况

最佳卖主情况指中间商已明确自己需要购买的是什么商品，但仍需选择最合适的供应商。这种购买情况的发生大致有以下两个原因：

一是各种品牌的货源充裕，然而转卖者的仓容、资金有限，只能选购其中一部分品牌的商品，这时中间商自然会选择对他们最有利的供应商。

二是中间商打算挂自己的牌子（即销售者品牌）来推销商品以扩大自己的影响力，为此而寻求愿意给予配合的制造厂商，如美国的西尔斯(Sears)等较大的中间商就有许多商品是用自己的牌子来营销的，他们的采购业务必然要考虑这个因素，从而对供应商加以选择。

#### （三）较佳交易条件情况

较佳交易条件情况指中间商希望从现有的供应商身上得到较好的交易条件。也就是说，中间商的意愿并不是企图更换供应商，只是想"得寸进尺"，要求原有的供应商给予更好的服务、更优越的信用条件和更大的价格折扣。

在西方国家，上述三种情况下的采购过程会因采购人员素质的提高、更多的市场情报和使用更多的分析方法而逐渐变得更为复杂。电脑和电讯技术的进步，也大大改进了批零企业的采购业务。尤其是电脑已日益广泛应用于库存控制、计算经济的订货量、要求供应商报价、填写订货单和加速处理订货单等方面,使购买过程更简易、更迅速、更科学。批发和零售企业可通过电传打字机,将预先写明所需要的产品品种、数量等情况的资料卡片,经发报机直接输入供应商的接收机;供应商的接收机则运用事先预备好的卡片和磁带,使它直接成为送货单、发票以及其他文件的输入资料。因此,目前西方国家的许多批发企业和零售企业对某些产品已经实行"无库存采购",也就是说,由供应商来负责储存适当数量的商品,他们一接到转卖者的通知就立即送货。

## 第四节 非营利组织市场购买行为分析

非营利组织市场购买行为是指国家机关、事业单位和团体组织,使用财政性资金采购依法制定的集中采购目录以内的或者采购限额标准以上的货物、工程和服务的行为。

所谓"非营利组织"泛指一切不从事营利性活动的组织,也就是不以创造利润为根本目的的机构团体。不同的非营利组织,有其不同的工作目标和任务。在我国,习惯以"机关团体事业单位"称谓各种非营利组织。

所谓"非营利组织市场"是指为了维持正常运作和履行相关职能而购买产品和服务的各类非营利组织所构成的市场。

### 一、非营利组织市场的类型

(一)公益性组织

这类组织通常以国家或社会整体利益为目标,服务于全社会。这类非营利组织,有各级政府有关部门,还有军队、警察等。

(二)互益性组织

互益性组织较重视内部成员的利益和共同目的,看重对成员的吸引力。如职业或业余团体、宗教组织、学会和协会、同业公会等。

(三)服务性组织

服务性组织以满足某些公众的特定需要为目标或使命。常见的有学校、医院、新闻机构、图书馆、博物馆及文艺团体、红十字会、福利和慈善机构等。

## 二、非营利组织市场的购买方式

### (一)公开招标选购

通过广告或信函,说明拟购商品及品种、规格、数量等,邀请供应商投标。有意争取业务的企业,在规定期限内填写标书(格式通常由招标人规定),密封送交招标人。有关部门在规定日期开标,选择报价低且符合要求的供应商成交。

参与公开招标必须注意:产品能否达到招标要求,合约条件对己是否有利;对于报价高低的抉择,既要有利可图,又要保证夺标;能否满足买方的一些特殊需求。

### (二)议价合约选购

选购者先和几个企业接触,最后和其中一个符合条件的企业签订合同。该方法用于复杂的工程项目,涉及重大的研究开发费用和风险。

### (三)日常性采购

日常性采购是为了维持日常运转进行的采购。其金额小,交款和交货方式常为即期交付。类似于生产者市场的"直接重购";有时像中间商市场的"最佳卖主选择"或"谋求更好的交易条件"等类型。

## 三、非营利组织的购买特点

### (一)限定总额

非营利组织的采购经费总额是既定的,不能随意突破。比如,政府采购经费的来源主要是财政拨款,拨款不增加,采购经费就不可能增加。

### (二)价格低廉

非营利组织大多没有宽裕的经费,在采购中要求商品价格低廉。政府采购用的是纳税人的钱,更要仔细计算,用较少的钱办较多的事。

### (三)保证质量

非营利组织购买商品不是为了转售,也不是为了使成本最小化,而是要维持组织运行和履行组织职能,所购商品的质量和性能必须保证实现这一目的。比如,医院以劣质食品提供给病人不仅会损害病人的健康,也会损害其声誉,采购人员必须购买质量符合要求的食品。

### （四）受到控制

为了使有限的资金发挥更大的效用，非营利组织采购人员会受到较多的控制，只能按照规定的条件购买，缺乏自主性。

### （五）程序复杂

非营利组织购买过程的参与者较多，程序也较为复杂。比如，政府采购要经过许多部门签字盖章，受到许多规章制度的约束，要准备大量的文件，填写大量的表格，遇有官僚气息严重的人则更加难办。

## 四、政府市场及购买行为

政府市场是非营利组织市场的重要构成部分，且关于非营利组织购买行为的阐述同样适用于政府市场。此外，政府市场还有自身的特点与购买行为。

### （一）政府市场的购买目的

政府采购的范围极其广泛，按照用途可分为军事装备、通信设备、交通运输工具、办公用品、日用消耗品、劳保福利用品和其他劳务需求等。政府采购的目的不像工商企业那样是为了营利，也不像消费者那样是为了满足生活需要，而是为了维护国家安全和社会公众的利益。政府采购的具体目的有：加强国防与军事力量；维持政府的正常运转；稳定市场，政府有调控经济、调节供求、稳定物价的职能，常常需要支付大量的财政补贴以合理价格购买和储存商品；对外国进行商业性、政治性或人道性的援助等。

### （二）政府市场购买过程的参与者

各个国家、各级政府都设有采购组织，一般分为两大类：

其一，行政部门的购买组织。如国务院各部、委、局；省、直辖市、自治区所属各厅、局；市、县所属的各局、科等。这些机构的采购经费主要由财政部门拨款，由各级政府机构的采购办公室具体经办。

其二，军事部门的购买组织。军事部门采购的军需品包括军事装备（武器）和一般军需品（生活消费品）。各国军队组织都设有国防部和国防后勤部，国防部主要采购军事装备，国防后勤部主要采购一般军需品。在我国，国防部负责重要军事装备的采购和分配，解放军总后勤部负责采购和分配一般军需品。此外，各大军区、各兵种也设立后勤部负责采购军需品。

### （三）影响政府购买行为的主要因素

政府市场与生产者市场和中间商市场一样，也会受到环境因素、组织因素、人际因

素和个人因素的影响,但是在以下几个方面有所不同:

1. **受到社会公众的监督**

虽然各国的政治、经济制度不同,但是政府采购工作都要受到各方面的监督,主要的监督者有:

(1)国家权力机关和政治协商会议。也就是国会、议会或人民代表大会、政治协商会议。政府的重要预算项目必须提交国家权力机关审议通过,经费使用情况也要受到监督。

(2)行政管理和预算办公室。有的国家成立专门的行政管理和预算办公室,审核政府的各项支出并试图提高其使用的效率。

(3)传播媒体。报刊、杂志、广播、电视等传播媒体会密切关注政府经费的使用情况,对于不合理之处会予以披露,从而起到了有效的舆论监督作用。

(4)公民和民间团体。国家公民和各种民间团体对于自己缴纳的赋税是否切实地用之于民也非常关注,他们通过多种途径表达自己的意见。

2. **受到国内外政治形势的影响**

比如,在国家安全受到威胁或出于某种原因发动对外战争时,军备开支和军需品需求就大;和平时期用于建设和社会福利的支出就大。

3. **受到国内外经济形势的影响**

经济疲软时期,政府会缩减支出,经济高涨时期则增加支出。国家经济形势不同,政府用于调控经济的支出也会随之增减。我国出现"卖粮难"现象时,政府按照最低保护价收购粮食,增加了政府采购支出。美国前总统罗斯福在经济衰退时期实行"新政",由国家投资大搞基础设施建设,刺激了经济增长。

4. **受到自然因素的影响**

各类自然灾害会使政府用于救灾的资金和物资大量增加。

**(四)政府购买方式**

与其他非营利组织一样,政府购买方式有公开招标选购、议价合约选购和日常性采购三种,其中以公开招标选购为最主要方式。采用公开招标选购方式时,政府要制定文件说明对所需产品的要求和对供应商能力与信誉的要求。议价合约的采购方式通常发生在复杂的购买项目中,往往涉及巨大的研究开发费用与风险,有时也发生在缺乏有效竞争的市场情况下。

由于政府支出受到公众的关注,为确保采购的正确性,政府采购组织会要求供应商准备大量的说明产品质量与性能的书面文件,决策过程可能涉及繁多的规章制度、复杂的决策程序、较长的时间及采购人员的更换,这些受到了一些供应商的抱怨。政府机构也会经常地采取改革措施简化采购过程,并把采购系统、采购程序和注意事项提供给各供应商。供应商必须了解这个系统并投入相当的时间、资金和其他资源来制定有竞争力的标书。政府采购比较重视价格,供应商应当尽量通过降低成本来降低价格。有实力的供应商常常会预测政府需求,从而设计适当的产品和服务,以争取中标。

## 本章小结

本章主要阐述了消费者的购买行为、生产者购买行为、中间商购买行为以及非营利组织市场购买行为的相关内容。

消费者市场又称"最终消费者市场"、"消费品市场"或"生活资料市场",是指个人或家庭为满足生活需求而购买或租用商品的市场。消费者的主要购买行为包括冲动购买、习惯性购买行为、寻求多样化购买、忠诚购买、促销反应购买、复杂购买、减少失调购买和影响型购买。相关群体、社会阶层、家庭状况及社会文化状况构成了影响消费者购买行为的外在因素。影响消费者购买行为的内在因素主要有动机、感知、态度、学习。消费者购买决策过程包括确认需要、寻求信息、比较评价、决定购买和购后评价五个环节。

生产者购买行为是指一切购买产品或服务,并将之用于生产其他产品或服务,以供销售、出租或供应给他人消费的一种决策过程。生产者购买主要有直接重购、修正重购、全新采购。环境因素、组织因素、人际因素和个人因素对生产者的购买决策产生影响。生产者购买决策的主要阶段包括认识需要、确定需要、说明需要、物色供应商、征求建议、选择供应商、正式订货和检查合同履行情况。

中间商是指处在生产者和消费者(或使用者)之间,参与产品交换,促进买卖行为发生和实现的,具有法人资格的经济组织或个人。中间商市场的购买行为类型有购买全新品种、选择最佳供应商、寻求更佳条件和直接重购。

非营利组织市场购买行为是指国家机关、事业单位和团体组织,使用财政性资金采购依法制定的集中采购目录以内的或者采购限额标准以上的货物、工程和服务的行为。所谓"非营利组织市场"是指为了维持正常运作和履行相关职能而购买产品和服务的各类非营利组织所构成的市场。非营利组织市场的类型有公益性组织、互益性组织和服务性组织。非营利组织的购买特点有限定总额、价格低廉、保证质量、受到控制和程序复杂。

政府采购的具体购买目的有:加强国防与军事力量;维持政府的正常运转;稳定市场,政府有调控经济、调节供求、稳定物价的职能,常常需要支付大量的财政补贴以合理价格购买和储存商品;对外国进行商业性、政治性或人道性的援助等。政府市场购买过程的参与者分为行政部门的购买组织和军事部门的购买组织两大类。政府购买行为要受到社会公众的监督,受到国内外政治形势的影响,受到国内外经济形势的影响,并受到自然因素的影响。

与其他非营利组织一样,政府购买方式有公开招标选购、议价合约选购和日常性采购三种,其中以公开招标选购为最主要方式。

## 本章习题

1. 什么是消费者市场？它有哪些特点？
2. 消费者的主要购买行为有哪些？
3. 分析影响消费者购买行为的内、外在因素。
4. 简述消费者的购买决策过程。
5. 简述生产者购买的特征及类型。
6. 简述中间商市场的含义及其特征。
7. 非营利组织的购买特点有哪些？

## 案例研讨

### 老大爷买衣趣事

一天，在某厂设立的老年服装店里来了四五位消费者，从他们亲密无间的关系上可以推测出这是一家子，并可能是专为老爷子来买衣服的。老爷子手拉一位十来岁的孩子，面色红润、气定神闲、怡然自得，走在前面，后面是一对中年夫妇。中年妇女转了一圈，很快就选中了一件较高档的上装，要老爷子试穿；可老爷子不愿意，理由是价格太高、款式太新，中年男子说反正是我们出钱，你管价钱高不高呢。可老爷子并不领情，脸色也有点难看。营业员见状，连忙说，老爷子你可真是好福气，儿孙如此孝顺，你就别难为他们了。小男孩也摇着老人的手说，好的好的，就买这件好了。老爷子虽说小孩子懂什么好坏，但脸上已露出了笑容。营业员见此情景，很快将衣服包扎好，交给了中年妇女，一家人高高兴兴地走出了店门。

（资料来源：中经网）

**案例思考题：**

老年人的购买行为特点及其在营销中的应用。

## 应用训练

1. 实训目标

通过实训，提高学生对消费者消费行为的分析能力，掌握研究消费者的具体方法，进一步强化对书本上理论知识的理解，增强营销实战能力。

2. 实训内容

实地问卷调查。

3. 实训要求

(1)要求学生走出课堂、走向市场,以小组为单位开展实地问卷调查,获取消费者的第一手资料。根据小组设计的调查问卷,组织一次街头拦截(或入户访问)的问卷调查,调查对象为问卷所涉及的消费者。

(2)要求每个学生做好问卷调查的准备工作,掌握好走访调查的方法与技巧,在一堂课内完成10~15道问卷调查题的设计。

(3)要求通过"实地问卷调查"实践操作,更好地理解实地问卷调查对收集第一手资料的重要作用,深刻领悟消费者的消费行为。

# 第六章
# 市场调研与预测

## 学习目标

- ▶ 了解市场营销信息系统的构成与构建
- ▶ 理解市场调研的步骤、方法与技术
- ▶ 掌握市场预测与需求预测的方法

## 案例导引

### "非典"与"非典"预测

2003年1月2日,广州医学院第一附属医院接收了一名来自河源市的奇怪的肺炎病人。在河源当地医院救治过该病人的8名医务人员,全部被感染发病,症状与该病人相同。专家们给这名患者临床诊断为"非典型肺炎",简称"非典"。当时前来会诊的专家中,有人忆起曾于2002年11月16日在佛山市为同样症状的患者会诊。患者是村委会干部,他是有据可查的广东第一位感染"非典"的病人。2003年2月21日,广州中山大学附属第二医院内科一位64岁的老教授,前往香港朋友家吃喜酒住进京华国际大酒店。老教授所在的医院曾收治过几名"非典"病人,自己身感不适,但自以为得的是普通感冒。当老教授登上酒店电梯时,电梯里还有几个人,一名美国人、一名加拿大人、一名新加坡人和几名香港居民。电梯的面积很小,7人挤在一起,身子挨着身子,仅仅只有十几秒的时间,却成了后来世界关注的所谓"一部电梯将'非典'传到全球"的"电梯事件"。

自那以后,我国内地、香港、台湾及北美、亚洲其他部分国家和地区,先后发生"非典"疫情。我国内地"非典"疫情自2003年2月11日由省级官方公布,4月21日起,由国家卫生部新闻办公室每日发布一次疫情通报。世界卫生组织也同步发布全球"非典"最新统计数字。世界卫生组织(WHO)称"非典"为严重急性呼吸道综合症(SARS)。"非典"来势很猛,截至2003年6月30日,全球累计"非典"患者8449人,累计811名"非典"患者死亡,共有30多个国家和地区存在"非典"和疑似"非典"患者。

到目前为止,经过我国和各国科学家的共同努力,虽已将"非典"病原锁定为冠状病毒,但对于这种病毒从何种渠道传染给人类,人们还不得而知。我们面对"非典"这种新型传染疾病,尚有许多未解之谜。在这种情况下,我们能否利用新闻媒体提供的一些数据,用合适的数学模型对"非典"的未来走势进行一些简单预测呢?这些预测数据显然对市场上某些特定药品的需求、生产、流通有着重要意义。

有人当年逐日从报纸上收集了从2003年4月26日起连续36天,我国内地"非典"临床诊断病例人数及累计死亡人数的二手资料,利用这些统计数据,通过龚帕兹模型,对2003年6月1日我国内地"非典"发病人数进行预测,竟与当时实际报告数5335人完全吻合。2003年6月初,世界卫生组织估计全球"非典"病死率最终将高达15%,而中国工程院院士、广州呼吸疾病研究所所长钟南山,去年6月初在东盟和中日韩"非典"防治高级国际研讨会上指出,世界卫生组织关于"非典"病死率估计高于实际情况,"非典"患者最多的中国内地,其"非典"病死率不会超过6%。根据世界卫生组织的计算口径,用皮尔模型的极限值(死亡极限÷发病极限)计算最终病死率,全球为9.91%,我国内地为6.55%,而全球"非典"实际病死率为9.6%,我国内地"非典"实际病死率为6.4%,上述预测结果显然比世界卫生组织、钟南山院士的预测,都更加符合实际情况。

(资料来源:汪建刚、蔡文芬、张乃书:《生长曲线"非典"预测的有益启示》,载《扬州大学学报》,自然科学版,理论与实践研究,2010。)

# 第一节 市场营销信息系统

现代企业把市场看作生产经营活动的起点,一切工作都围绕市场这个中心展开。因此,有效的市场营销活动必须建立在对市场充分了解的基础上。企业营销管理的方方面面都依赖于信息的获得和利用,特别是任何营销决策都需要信息支持。企业在对顾客、竞争者、市场商品的供求动态及企业自身状况缺乏了解时,就不可能成功地进行市场营销的分析、决策、实施和控制。市场营销信息对企业营销目标的实现将逐渐起到至关重要的作用,要想在迅速变化的环境中生存,企业必须具有及时准确把握营销环境信息的能力,踏踏实实地做好营销调研工作。

然而,正是由于企业面临的营销环境的复杂性也使得信息来源多样化、复杂化,企业必须从庞杂的信息来源中提炼出适合自身发展的营销信息,这样才能做出正确的经营决策。为此,企业需要建立一个有效的营销信息系统以便及时收集、加工与运用有关的信息,使营销信息准确可靠,并且具有系统性。

建立营销信息系统的目的是收集、分析、评价和运用适当的、准确的信息,帮助营销人员和决策者实现营销决策、营销规划,执行营销活动,提高其理解、适应乃至控制营销环境的能力。

### 一、营销信息系统的概念

根据菲利普·科特勒的定义,我们可以这样来理解市场营销信息系统:它是一个由人、设备和程序构成的系统,它及时地搜集、分析和评价市场信息,并提供准确的市场信息作为市场营销决策、制定市场营销计划、执行和控制市场营销方案的依据。其过程是先通过与营销管理者沟通来获取、评价他们实际的信息需求,然后利用企业内部资料、外部竞争情报,并通过对具体项目的市场调查和信息分析形成市场营销分析报告,最终将信息报告有效地传递给营销管理者,以便其做出正确的营销决策。

市场营销信息系统处于环境与市场营销管理人员(即信息使用者)之间。各种市场营销数据由企业经营所处环境流向企业市场营销信息系统。市场营销信息系统则将数据加以转换,并通过市场营销信息流程传给管理人员。管理人员依据这些数据制定各种计划、方案,由此形成的各种数据又通过市场营销沟通流程流回到环境。

**知识链接**

#### 菲利普·科特勒简介

菲利普·科特勒(Philip Kotler)博士生于1931年,是现代营销的集大成者,被誉为"现代营销学之父",现为美国西北大学凯洛格管理学院终身教授,是西北大学凯洛格管理学院国际市场学S·C·强生荣誉教授,具有麻省理工大学博士、哈佛大学博士后及苏黎世大学等8所大学的荣誉博士学位。现任美国管理科学联合市场营销学会主席,美国市场营销协会理事,营销科学学会托管人,管理分析中心主任,杨克罗维奇咨询委员会成员,哥白尼咨询委员会成员。除此以外,他还是美国和外国许多大公司在营销战略和计划、营销组织、整合营销上的顾问。他多次获得美国国家级勋章和褒奖。同时他还是将近20本著作的作者,为《哈佛商业评论》、《加州管理杂志》、《管理科学》等一流杂志撰写了100多篇论文。他的许多著作被翻译为20多种语言,被58个国家的营销人士视为"营销宝典"。其中,《营销管理》一书更是被奉为营销学的圣经。他创造的一些概念,如"反向营销"和"社会营销"等等,被人们广泛应用和实践。

科特勒晚年的事业重点是在中国,他每年来华六七次,为平安保险、TCL、创维、云南药业集团、中国网通等公司作咨询。1999年底,有着近30年历史的科特勒咨询集团(KMG)在中国设立了分部,为中国企业提供企业战略、营销战略和业绩提升咨询服务。

2009年5月,由菲利普·科特勒博士与约翰·卡斯林博士联手推出的新作《混沌时代的管理和营销》在中国市场正式面世。在这本书中，菲利普·科特勒与他的合作者对管理和营销进行了耐人寻味的论述：这些混乱的时期并非失常，而是常态的新面孔。这个世界灾难总是降临给无准备者，机遇却总是青睐有准备者——那些强有力的、有能力迅速预见并有效应对潜在威胁的企业。通过众多具有启发性的活力四射的企业成功驾驭动荡的实例，以及诸多对降临给它们的混乱束手无策而濒临破产企业的惨痛事例，《混沌时代的管理和营销》提出了深度的见解和切实可行的战略，不仅为了渡过目前的经济不景气，也为了在未来的跌宕起伏中取胜。

(资料来源：百度百科)

## 二、市场营销信息系统的构成

市场营销信息系统由四个子系统构成，如图6-1所示。

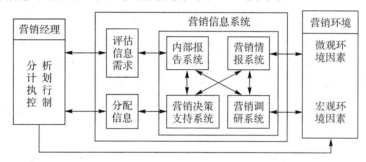

图6-1 市场营销信息系统

### (一)内部报告系统

内部报告系统的主要工作任务是向管理人员提供有关销售、成本、存货、现金流程、应收账款等各种反映企业经营现状的信息。市场营销管理人员必须以产品、地区、推销员为基础对信息进行分类，并深入分析有关目前与过去的销售及成本的信息。

内部报告系统的核心是订单—收款循环，同时辅以销售报告系统。订单—收款循环涉及企业的销售、财务等不同部门和环节的业务流程：订货部门接到销售代理、经销商和顾客发来的订货单后，根据订单内容开具多联发票并送交有关部门。储运部门首先查询该种货物的库存，存货不足则回复销售部门缺货；如果仓库有货，则向仓库和运输单位发出发货和入账指令。财务部门得到付款通知后，做出收款账务，定期向主管部门递交报告。从竞争需要出发，所有企业都希望能迅速而准确地完成这一循环的各个环节。

大多数内部报告系统的数据都是按照年、季、月、日进行排序的，作为营销信息系统的子系统，应使有关信息资源能按营销分析的要求予以重新聚类，这样才能发挥其应有的作用。这需要借助计算机和统计分析工具的帮助。所以,在将会计数据、统计工具、计算机应用进行整合的会计电算化系统中,应该突显为营销决策服务的设计理念,应该具备能按营销决策的需要对有关信息进行查询、修改、排序、检索等功能,只有这样,才能为营销管理人员提供正在发生或可能发生的数据,并且在对这些数据进行分析、整理后,提出可行的营销调整策略和方案。

（二）市场营销情报系统

所谓"市场营销情报系统",是指系统地搜集并处理各种宏观和微观营销环境的状态信息、预期变动信息,使营销管理人员借以获得日常的关于营销环境发展变化恰当信息的一整套程序和来源。借助该系统,可以将环境发展的最新信息传递给有关的管理人员。

内部报告系统为决策者提供的大多是结果数据,而外部市场情报系统则为管理者提供正在发生的动态数据。随时洞察来自市场的各种讯息,判断并分析对手的变化,具备敏锐的洞察力和分析能力是营销决策者的必备素质。

企业市场外部情报的收集渠道有：竞争企业的网站、在线数据库（如专利库）、上市公司的年报和中报；熟人、同乡、同学等人际关系网；有关商业或技术刊物、公开的市场调研报告、产业或商业性的著作；各种交易会、博览会、展览会；各地政府机构及其驻外办事机构、银行、金融团体、高校、行业协会、消费者组织、市场其他中介组织等提供或发布的统计资料等。

（三）市场营销调研系统

市场营销信息系统中的内部报告系统和营销情报系统主要致力于对公司内部及外部日常营销信息的收集和处理,而市场调研系统则是在营销决策过程中需要某些特定信息时发挥作用的子系统,例如当公司的广告策略执行之后,管理层想对广告效果进行评估,就需要通过市场调研系统对广告的目标受众进行调查以获得所需信息；当公司将要开发一项新产品时,市场调研系统可以采取小组访谈或问卷调查等方式收集信息,以帮助决策人员了解目标消费者对产品的需求偏好。

市场营销调研系统的任务是收集、评估、传递管理人员所必需的各种信息,其工作任务主要是针对某一特定问题收集原始数据,并对其加以分析、研究,写成报告以供管理层参考。

（四）市场营销决策支持系统

市场营销决策支持系统的任务是从改善经营或取得最佳经营效益的目的出发,通过分析各种模型,帮助市场营销管理人员分析复杂的市场营销问题。该系统包括一些先进的统计程序和模型,借助这些程序和模型,可以从信息中发掘出更精确、更有深度的信息。

营销分析的前提是具备有效的数据库,具有良好的数据更新、查询、调用功能。分析的着力点则在于对数据进行价值转换,例如将已有营销数据和已有模型库相比照,寻找出拟合程度最佳的模型,作出初步的营销信息判断,以定量分析方法帮助企业做出营销决策。例如,美国一家专门向企业用户提供财产保险服务的邮购公司,建立了自己的营销分析模型。在保险业务中凡是遇到有咨询需求的厂商,都首先要求对方填写并邮寄一份基本情况说明表。公司随后将表格数据作为分析模型的输入数据,在正式与客户进行任何形式的业务联系之前,先利用分析模型定量评估对方成为目标顾客的可能性大小,再决定后续的营销行为,从而节省了大量营销成本。

营销分析系统主要由统计工具库和模型库两部分构成,模型库通常由经济学家或管理学者建立的一系列复杂的数学模型组成,运筹学、计量经济学在其中得到大量运用。

**三、企业营销信息系统的构建**

好的企业营销信息系统的标准是:其一,以集约化和综合化为特征;其二,信息的针对性、连续性、预见性、计划性、及时性和可靠性均有所保证;其三,营销信息系统是按企业在未来市场上的支配力,以及对供应链各方的影响力要求来构建的。

具体做法上,营销信息系统要体现出现场性和全员性。这是因为真正有价值的企业营销情报源通常发生在交换过程、流通过程等经营现场中,因此,有必要在企业链和营销队伍各层面建立情报网络,把情报收集、处理和传递,尽可能地置于"流通"或"交换"的现场。另外,信息收集、处理、贮存和传递,不只是高层管理者或情报专职人员的工作,更重要的是要赋予企业的全体员工,尤其是要赋予流通领域的职工以一种"责任",以此来积极展开情报活动。要通过全体员工在其本身工作中产生信息、收集信息、处理信息、使用信息和传递信息,使得员工既是"信息员",又是"信息源"和"信息流"。不过,在现实中由于竞争企业往往注意情报的保密,使得企业获取营销信息并不容易。

(一)企业营销信息的构成内容

用来把握总体市场信息的内容应该包括:其一,市场动态监控。例如监控经济环境、社会和法律环境、技术变化、产业部门中的结构变化和终端需求的动态变化。其二,客户动态变化监控和评价。例如经济、技术和财务的变化,购买中心和购买政策变化,客户满意度评价等。其三,竞争对手的监控。例如竞争者的财务和组织结构、增长、技术变化,信息应能提供对手的市场份额以及他们的竞争优势和劣势。其四,市场结构评估。主要是行业市场的信息和分析。其五,公司竞争地位的评价。例如市场接受度分析、盈利能力分析、损益分析、业绩评估报告、所提供产品质量和服务等方面的优、劣势分析。

用来了解营销行为的信息内容应该包括:其一,销售监视。例如客户类型、客户的销售额、销售区域、供货方式、市场细分、销售代理、应收账报告、长期固定客户报告等等。

其二,主要产品详细信息。例如产品测试报告、认证结果、退货报告、产品和服务质量报告、价格和付款条件报告等。其三,广告和促销。例如广告主题和手段的选择、广告宣传计划报告、促销预算报告、广告效果的衡量结果。其四,供应链监视。例如中间商的经营模式、分销商的演变、分销商的销售区域、价格和销售条件等。其五,营销审计。例如营业日报、综合日报、法定文书提出报告、契约签订报告、诉讼报告、销售与存货核查报告、月度决算书、季度业绩分析报告、仓储提货报告等报表。其六,营销决策可行性研究。

利用上述信息资料,企业营销情报系统应该能够起到以下作用:其一,区分最大的客户和客户群;其二,估计客户的需求;其三,判断客户和竞争者市场的优、劣势;其四,判断客户的可能利润区间;其五,测算每个产品市场的规模和增长率。否则,系统内容就需要加以调整。这是因为只有能够分析最大客户的基本概况(例如规模、配置和销售历史),才可能分析他们的需求、技术上可能的变化。通过比较,才能决定和分析竞争者存在的优、劣势及本企业应该采取的策略。最后,才能对最好和最坏产品进行分析,测算出产品生产的规模、成本和收益,顺利完成营销管理的任务。

(二)企业营销信息系统的提升

在整个营销信息系统中,一定要充分运用先进的数据库和计算机通讯技术,这样才能使信息共享成为可能,企业信息资源才能得到充分利用,营销组合模型才能得到优化。例如,在美国的米德纸业公司里,销售代表在计算机联网的任何业务场合,都能通过公司的 MIS 系统在几秒钟内远程获得本企业纸张供应的所有数据,并解答其他企业的问题。再比如,利用计算机化的会计系统对单证、票据进行完整跟踪,就是非常有效的营销跟踪系统。

计算机网络的实用化以及商流、物流、信息流、产权流等各项技术的发展变化,既向企业情报收集能力提出了挑战,也同步强化了信息处理的工具。例如,卫星通讯网络、并行处理器和神经网络软件等一系列高新技术在情报系统中的广泛应用,就大大提升了数据传输速度、数据运算速度和检索能力。

# 第二节 市场调研方法

营销决策是企业营销活动中的一项最关键工作。决策需要对企业的内部条件、外部环境和经营目标进行综合分析和平衡。一般来讲,企业内部环境是已知的,企业经营目标一旦确定一般不会轻易变动,故这两个因素是企业可以控制和调整的;企业外部环境是经常变化的,是企业本身无法控制的。企业的内部条件必须不断服从和适应外部环境的变化,才能取得动态平衡和协调。因此,正确的营销决策首先取决于周密细致的市场调研、全面周到的市场分析和准确可靠的市场预测。市场调研是企业进行正确决策的前提,没有正确的信息情报和科学的分析预测为基础,其决策将是盲目的、不可靠的。

## 市场聚焦

### 百年柯达破产启示录:自己不改,就会被市场改掉

世界最大影像产品商美国柯达公司2012年1月19日上午在纽约向法院提出破产保护申请,这是柯达在前不久受到纽约证交所退市警告后的自保行动。柯达称,破产保护有助于公司专注于最大价值的业务,度过多年销售下滑所导致的流动性危机。柯达表示,它已经获得花旗集团提供的9.5亿美元18个月期信贷支持,以进行业务重组。这表明,柯达虽然已直面破产威胁,但如果重组能够达到预期目的,那么它还存在一线生机。

柯达素有"百年老店"之美称,已经拥有131年历史,它所提供的优质胶卷曾经独居全球胶卷市场的鳌头,并且也在上世纪80年代刚刚改革开放的中国市场上受到消费者的欢迎。柯达当年的成功,是因为掌握了世界上最为先进的摄像胶卷生产技术。但是,从数码成像技术出现的那一刻开始,传统的依靠胶卷摄像的冲印技术就清楚地显示了它的落后性,从而逐渐被消费者所冷淡,直至抛弃。如今在国际市场上,柯达的严重衰退也早已不是新闻,自2005年起,柯达没有一年不出现亏损,2008年以来,柯达已经连续4年严重亏损,股票市值从1997年2月最高时的310亿美元下降至目前的21亿美元。只可惜的是,尽管世界上第一台数码相机是柯达自己于1975年研发成功的,但它却未能将其及时地转化为生产力,当全球市场迅速为数码摄像技术而激动的时候,柯达仍然固守着它在传统模拟相机胶卷上的地盘,没能及时地跟上市场业态的快速变化。就这样,柯达所掌握的拳头技术终于蜕变为它难以摆脱的包袱,成为它的一种负资产,从而只能吞下今日的苦果。

柯达走过的道路,为包括中国企业在内的企业经营"教科书"增添了极富殷鉴意义的一章。做"百年老店",让基业长青,是所有企业梦寐以求的目标,但是,今天的企业面临的已经是一个快速变化的市场,在技术革命高度发达以后,全球性的技术创新已经呈现出爆炸式的发展,传统企业那种以"一招鲜"来"吃遍天"的经营模式不可能保证企业永远立于市场的高位,一个一成不变的基业再也不可能"常青",只有不断地追逐具有领先水平的科技生产技术,并且不断向消费者提供高新技术产品,企业才有可能在残酷的市场竞争中立于不败之地。今天,很多中国企业面临着与柯达同样的问题。由于缺少技术创新方面强大的后援支持,企业产品只能拾人牙慧,缺乏核心竞争力。在今天大多数消费品已处饱和的背景下,这种经营模式已经无法应对市场竞争,只能维持在低水平的状态,而中国消费者也只能享受到低水平的物质生活。但是,在一个越来越开放的市场里,世界上以最先进技术支撑的高科技产品很容易进入中国市场,从而对中国消费者产生强烈的吸引力。因此,中国

企业不妨将柯达此次面临的危机当作一面镜子,以此来审视自身的不足。特别是那些以"百年老店"自居的企业,必须勇于抛弃虽然有悠久传统却已经不适应当下日新月异的市场业态的传统产业,开拓并且掌握高新技术,才能不断地占领市场制高点。

(资料来源:星岛环球网)

### 一、市场调研的概念和内容

市场调研就是运用科学的方法,有目的、系统地对市场信息资料进行收集、整理、分析,从而掌握市场的的现状和发展变化的趋势,为企业决策者制定和实施有效的市场营销战略提供科学依据的活动。市场调研具有这样的功能:它通过提供信息可以发现和确定营销机会和问题;开展、改善、评估和监督营销活动,并加深对市场营销过程的认识。市场调研是企业营销活动的起点,并贯穿于整个营销活动的始终。

市场调研的具体内容可以结合营销管理的过程来分析。营销人员在不同的阶段有不同的管理任务,需要做出不同的决策。营销调研的具体范围或内容就是根据营销人员在不同营销管理阶段的信息需要确定的。

#### (一)营销机会的分析阶段

营销人员在该阶段的任务是发掘营销机会或问题,因此,该阶段的营销调研活动主要是消费者调研、营销环境调研、市场特点调研和竞争地位调研。

#### (二)营销活动的规划阶段

营销人员在该阶段的主要任务是确定营销目标,选择目标市场和拟定营销组合。为此,该阶段的营销调研活动主要是营销目标调研、目标市场调研和营销组合调研。

#### (三)营销活动的实施阶段

营销人员在该阶段的主要任务是将营销计划转化为营销行动,以实现营销计划所确定的目标。为此,该阶段的营销调研活动主要是组织结构调研、资源配置调研和监控系统调研。

#### (四)营销活动的控制阶段

营销活动的控制是指定期(月、季、年等)将营销结果与营销目标加以比较,以衡量营销绩效、查究责任、改进不足、奖功惩过的营销管理活动。营销活动的控制具体可以分成三类:年度计划控制、获利能力控制和战略控制。该阶段营销调研的任务是根据控制要求提供信息。具体地说，在年度计划控制方面，要做好销售分析、市场占有率分析、顾客态度跟踪分析等；在获利能力控制方面，要利用财务部门提供的报表和数据，按产品、地区、渠道、顾客和订单等来分析每一因素对整体利润的贡献度，找出妨害获利的因素；在战略控制方面，要做好营销绩效等级评核和环境定期分析，以确保企业的目标、资源、战略和措施与市场环境相适应。

## 二、市场调研的类型

根据调研的性质和调研的目的不同，市场调研的形式可分为：

### (一)探测性研究

探测性研究是指企业对发生的问题缺少认识和了解，为弄清问题的性质、范围、原因而进行的初始调研。这种研究，往往是通过查阅和依据现有的历史资料和类似案例，或是通过向熟悉调研对象的有关业务人员、专家请教，或是召开有关消费者代表座谈会的形式进行。探测性研究的主要目的是为了发现问题，犹如医生查明病因一样，它可以为调研工作的开展指明方向。至于问题应如何解决，则有赖于进一步的研究。

### (二)描述性研究

描述性研究是在市场调研中用来如实反映、收集和记录有关市场资料的一种调研方式，如调研企业产品的市场占有率、竞争对手的市场营销策略等。描述性研究是市场研究的重要组成部分，是为了了解和掌握市场中的诸多因素关系，从中找出"关联因素"，也就是找出各因素之间的关系。比如说，企业要了解目标市场的购买者是哪些人，年龄大的还是年轻的，收入高的还是收入低的，各喜欢什么样的产品等，这些都是描述性研究。描述性研究的主要任务是说明市场状况"是什么"，而不要求说明"为什么"，"为什么"属于因果关系研究的任务。描述性研究所取得的市场信息资料十分重要，它是进行市场预测与市场分析的依据。由于描述性研究的目的是对某一专门问题提出答案，因此，调查研究的计划要比较周密，更强调资料的可靠性。

### (三)因果性研究

因果性研究也就是因果关系研究，是企业为了弄清楚市场经营活动中出现的有关现象之间存在的因果关系而进行的一种研究活动，是要找出问题的原因和结果，也就是专门研究"为什么"的问题。描述性调研提出各因素的关联现象，如某产品的销售量增长与广告费、技术服务费增加、消费者收入有所增长等有关。因果性调研则要找出在这些关联中，何者为"因"，何者为"果"，哪一个"因"是主要的，哪一个"因"是次要的，各个"因"的影响程度是多少等等。因果性研究是在描述性研究的基础上进行的。

因果性研究有定性调研和定量调研之分。定性调研就是研究问题的性质，如研究结果证明:广告费用增加是产品销量增加的原因,销售量增加是广告费增加的结果,这就是定性调研。定量调研则是研究因果之间的作用程度和数量关系,也就是"因"对"果"到底在多大程度上起作用。如,广告费用增长1%会引起销售量变动多大,变动的比率如何。这就要求通过定量调研得到的具体数字来说明。

进行因果性研究,必须明确有关变量之间的关系,也就是要找出因变量和自变量。通常,市场销售量、市场占有率、成本、利润等属于因变量,企业内部可控制的价格、广告支出、管理费用、产品质量等变量和企业外部不可控的有关政府法令、消费者收入、消费者偏好、竞争者价格与广告支出等变量属自变量。因果性研究就是围绕这些可控和不可控的自变量对因变量产生的影响来进行的。在市场研究的诸多方法中,实验法是因果关系研究的重要方法。

### (四)预测性研究

预测性研究是指企业通过收集、分析、研究过去和现在的各种市场情报资料,运用科学的方法和手段,估计未来一段时期内市场变化趋势的一种调研活动。预测性调研是在因果调研的基础上进行的。其目的在于掌握市场机会,制定有效的营销计划。

### 三、市场调研的程序

市场调研的基本程序一般应该包括以下几个步骤:

#### (一)调研主题的确定

确定调研主题通常要做好两项工作:

**1. 识别营销问题**

任何一个营销调研项目都是以认识现存营销问题或营销机会为开端的。营销问题或营销机会的形成主要是由不断变化的市场需要、企业目标和企业资源之间的关系决定的。当三者关系不平衡,或虽然平衡,但企业缺乏竞争优势时就是营销问题;当三者关系平衡,且企业具有竞争优势时就是营销机会。营销问题和营销机会是一种现象的两个方面,营销问题可以转化成营销机会。例如,上海有关部门规定燃油助动车在2000年后不能再在市区道路行驶。这个规定对所有助动车生产厂家来说毫无疑问是一个营销问题,但同时又是一个营销机会,关键看谁能率先成功开发无碍环境的绿色助动车。

**2. 将营销问题转化成调研任务**

如果通过背景分析所获得的信息尚不足以解决营销问题,则有必要进行更深入的调研,并必须将营销问题转化成调研任务。调研任务的确定一般应分三个层次:

(1)确定调研主题。调研主题也称"调研课题",它是对调研范围和信息要求的概述。如某公司需要信息,帮助其作出是否进行某项广告的决策,那么他们就可以将这项调研的主题确定为"关于是否进行××广告的调研"。

(2)列出调研问题。列出调研问题就是用问题的形式将调研主题中的信息要求予以具体化。任何一个调研主题都可以分解成若干个调研问题。假如某项调研的主题为"关于是否进行××广告的调研",那么根据广告评价标准至少可以列出如下几个调研问题:该广告是否能引起受众注意?该广告是否能被受众正确理解?该广告是否能影响受众的态度?

(3)提出调研假设。调研假设就是推测调研问题的可能答案,每个调研问题都可以有几个假设。如对"该广告是否能引起受众注意"的问题,我们可以提出三种假设:一是该广告能引起受众注意;二是该广告不能引起受众注意;三是该广告能引起××受众的注意。营销调研的内在逻辑就是通过收集、分析资料来检验或证实最可能的假设。

(二)调研方案的设计

调研方案是实施和控制某项调研的书面计划,它主要有三个方面的内容:

**1. 调研背景**

调研方案应先概述能引起某项调研的营销问题,以及以此为出发点拟定的调研主题、调研问题和调研假设。在调研方案中列入这些内容,主要是为了使决策者和调研者在应调研的问题和拟收集的资料方面达成共识。

**2. 调研方法**

在调研方案中应明确调研方法。调研方法可以分成战略性和战术性两个层次。

(1)战略性调研方法。战略性调研方法可以根据不同的决策用途分成探索性调研、描述性调研和因果性调研,调研人员应该为每一个调研项目或者为某一调研项目的每一个阶段选择一种战略性调研方法。

(2)战术性调研方法。战术性调研方法是指一系列具体的调研方法。调研人员在确定战术性调研方法时面临三个方面的决策:其一,收集什么资料?这就要求调研人员要确定拟收集资料的类型(描述性资料和因果性资料)、来源(二手资料或原始资料)、性质(时点资料或时期资料)和形式(公开资料或非公开资料);其二,如何收集资料?这要求调研人员要确定收集资料的方法(询问法、实验法或观察法等)、工具(问卷、量表等)、沟通方式(人员访问、邮寄访问或电话访问等)和抽样方案(调研总体、抽样方法和样本容量等);其三,如何分析资料?这要求调研人员要确定整理资料的要求和方法,以及分析资料的技术和方法。

**3. 调研日程和预算**

调研项目的实施受时间、财力和人力等资源的制约。在调研方案中必须对这些资源的配置进行决策,以保证企业的资源得到最充分的利用。调研人员在作调研日程安排时要围绕一个核心问题考虑:何人在何时负责何事。这就是说,调研日程的安排有三个要素:人员、时间和活动。调研日程一般是以流程图为基础来安排的。调研人员可以利用流程图把从事某项调研的有关活动、所需时间和人员分工有机结合起来。常用于调研日程安排的流程图主要有甘特图、要径法和项目评审技术等。

调研预算的编制有两大作用：一是提供一个评估信息价值的尺度；二是提供一种控制调研活动的措施。在编制调研预算时通常要先列一个核对表，也就是把某项调研的所有活动或事件都一一列明，然后估算每项活动的费用，最后再汇总；或者先估计完成每项活动所需的时间，再乘以标准小时工资或日工资，最后再汇总。预算仅仅是一种估计，所以应有一定的灵活性，也就是预算金额要有一个上下差异幅度范围。如某调研项目的预算为 58000 元，上下浮动 10%。

### (三)营销资料的收集

营销资料可以分为原始资料和二手资料两类。原始资料，又称"一手资料"或"直接资料"，它是由调研人员为了解决现有问题而去专门收集的资料。二手资料，又称"现成资料"或"间接资料"，它是由其他人为了解决其他问题而收集的资料。一般而言，调研人员在收集原始资料前，应先研究一下是否有现成的二手资料可以利用，并尽可能地优先利用二手资料。只有在二手资料难以提供决策所需信息的情况下才有必要去收集原始资料。这里主要讨论二手资料的收集。

收集二手资料应该遵循以下规则进行：其一，应该确定需要什么资料。二手资料浩如烟海，调研人员千万不能抱多多益善之心，否则很可能使自己泥足深陷、难以自拔。其二，应该按照"先里后外、由近及远"的原则行事。也就是先从企业内部收集，后从企业外部收集；先收集时间相隔较近的，后收集时间相隔较远的。其三，应该对拟收集或已收集的二手资料从资料的可获性、相关性、准确性和充分性等方面进行评估。

二手资料的企业内部来源可以分为本人卷宗、企业档案和企业内部知情人。大多数决策者或调研者会把自己的日常工作资料积累起来，形成自备的业务卷宗。这是一个宝贵的资料库，调研者在开展一个新的调研项目时，应该先查阅一下自己的卷宗，以减少不必要的劳动。企业档案包括会计记录、推销员报告和其他各种报告。二手资料的外部来源可以分成组织机构、文献资料、电脑数据库、企业外部知情人和专业营销调研公司。在企业外部有许多能向企业提供营销资料的机构，如图书馆、外国驻本国使团、本国驻外使团、国际组织、各级商会、贸易促进机构、同业公会、研究所、银行、消费者协会和其他企业等，上述各类组织机构提供的资料大多来自他们的各种出版物。

### (四)营销资料的分析

这一阶段的工作是整理和分析收集到的各种资料。营销资料的整理是指把各种调研所得的数据归纳为能反映总体特征的资料的过程。要反映总体的特征，就必须对大量分散、零星和显得片面的资料进行编校、分类、编码和归类制表，使之系统化、合理化，从而能作为进一步分析的依据。在整理营销资料时对资料的处理方法有手工、机械和计算机三种，由于在营销调研中需要处理的数据量很大，所以用计算机来处理是目前最主要的一种方式。编制计算机程序是数据处理的关键,计算机程序既可以根据企业需要自行设计,也可以向软件开发商购买已经设计好的通用软件包。目前,使用较多的通用计算机统计软件包有 SAS(统计分析系统)和 SPSS(社会科学统计软件包)。

营销资料的分析是指运用各种定量方法对调查所得的资料进行处理、加工,使之成为能满足营销决策需要的信息。营销调研人员一般应该先利用各种单变量检验方法进行统计检验,然后再利用各种双变量或多变量分析技术作更深入的分析。

### (五)调研报告的撰写

营销调研最后阶段的工作是根据营销调研的结果,撰写调研报告,以供决策者参考。调研报告必须提出解决有关营销问题的建议或结论。报告的撰写要考虑到报告阅读者的需要和方便,力求简明扼要、富有说服力。调研报告大致可以分成两种:一是通俗性报告,二是技术性报告。通俗性报告是给企业主管看的,有关文字生动并配以直观的图表,应尽可能避免使用抽象、晦涩、难懂的技术语言。技术报告的阅读对象主要是专业人员,因此可以使用技术语言撰写,但随附的参考资料或证据要充分可靠。

### 四、市场调研的方法和技术

在市场调研中要想最终得到及时可靠的市场信息,调研者必须掌握科学的方法和技术。它要求市场调研人员从调查设计、抽样设计到资料采集、数据的分析和统计处理等整个过程中都必须严格遵循科学规律。

市场调研的资料采集方法有很多,不同的方法其特点、适用条件、所需的费用以及所得的资料也不尽相同。在市场调研决策时,要根据调研项目的特征来选择最合适的资料采集方法。由于二手资料收集前面已有讨论,下面将重点介绍原始资料的采集方法,并依据获得资料的量化特性将其分为定量研究方法和定性研究方法。

#### (一)定量调研的原始资料采集方法

**1. 询问调查法**

询问调查法简称"询问法"。它是以询问的方法作为调查的手段,将所要调查的内容以面谈、电话、书面等形式向访问者提出,以获取需要的资料。这是市场调查方法中最常用的一种方法,其特点是调查人员以信息交流的形式直接向被调查人员询问相关信息,根据具体情况可以灵活采用调查询问的口气和方式,获取的资料较为可靠,质量可以得到一定的保证,但需要耗费较多的人力和时间。

根据调查双方接触方式的不同,询问法可分为:

(1)人员访问。指调查人员直接同被访者进行面谈,调查人员面对面地向被访者提出各种问题,然后做现场记录。根据访问作业地点的不同,人员访问可以分为入户访问和拦截访问。

(2)电话调查。指以电话用户名单(电话簿)为基础进行抽样,根据抽样结果用电话向调查对象询问的一种方式。其特点是费用低、方便、迅速、及时。

(3)邮寄调查。开展邮寄调查时,调查人员将设计好的调查问卷邮寄给被调查人员,请他们填好答案后在规定的时间内寄回。有时还可以利用定期杂志、报纸的部分版面发放调查问卷,让读者填好邮回。

(4)网上调查。调查人员可通过因特网进行市场调查。现在网上调查的应用越来越广泛。其特点是:速度快、费用低、范围广、统计方便,可进行互动沟通。

### 2. 观察法

观察法是调查人员直接到调查现场进行观察或用仪器进行记录的一种调查方法。这种方法不直接向被调查人员提出问题,而是从侧面观察或用仪器记录现场发生的事实,从而使被调查人员不感到自己是在被调查,因而能够获得更加客观的第一手资料。

用来观察的仪器设备种类很多,除了常用的照相机、摄影机、录音机外,还有交通记录器,可记录来往车辆的数目,为商店店址的选择提供依据;测瞳仪,可根据顾客瞳孔的大小,判断他们对产品、包装、广告的兴趣,等等。

观察法一般分为:直接观察、痕迹观察和行为记录法等。

### 3. 实验法

实验法是通过实验对比来取得市场调查资料的一种方法。一般是从影响调查问题的许多因素中选出一至若干个,并将其置于一定条件下进行小规模的实验,然后对实验结果进行分析比较,研究其发展趋势。实验调查法应用的范围较广,一般而言,改变商品品质、包装、价格、广告和商品陈列等,都可应用实验调查法来测试,先调查用户的反应和销售情况,然后决定是否可以推广。

实验法的特点是:方法较科学,能够获得比较正确的资料、数据和有关信息。

## (二)定性调研的原始资料采集方法

### 1. 焦点小组法

焦点小组法是由训练有素的主持人以非结构化,也就是事先不拟定问卷、访问提纲或访问的标准程序,而以自然方式引导一小群调查对象进行的访谈。焦点小组法是最重要的定性研究方法,主持人必须与参与者和睦相处,从而推动会议的进程,并深层次地挖掘他们的信念、感受、想法、态度以及观点。

### 2. 深度访谈法

深度访谈法也是一种非结构访问方式,由调研人员与受访者就某些问题自由交谈,从中获得信息的资料采集方法。

### 3. 投影法

投影法亦称"投射法",它是通过间接的测试来探究隐藏在表面背后的真实心理,以获取真实情感、动机和意图的资料采集方法。

### (三)市场调研的抽样技术

市场调研的抽样方法通常有普查和抽样调查两种方式。普查是对全体调研对象的每一个个体——进行调研。这种方法从理论上讲,调研结果更为准确、更为全面。然而,这种调研方式需要大量的调研人员,花费的时间较长,费用较高,一般企业很难承受。因而,在市场调研中,往往采用抽样调研。

抽样调研,就是从需要调研对象的总体中,按照一定的规则和方法,抽取若干个个体进行调研,然后以这些个体的特性来推断、估计总体特性的一种调研方式。通常情况下,如果样本容量越大,则样本的特性就越接近总体的特性,抽样检查的误差就会较小;但是,如果选择的调研对象增多,调研的时间和费用也会随之增加。所以,在抽样调研的过程中,要恰当地确定样本的个数。

抽样调研的抽样方法主要有两大类:

**1. 随机抽样**

随机抽样就是按随机的原则抽取样本,在调研对象中,每一个个体被抽取的机会都是均等的。由于随机抽样能够排除人们有意识的选择,所以,抽出来的样本具有很好的代表性。

随机抽样的方式很多,常用的有:简单随机抽样、系统随机抽样、分层随机抽样和分群随机抽样。简单随机抽样又分为抽签法和乱数表法,有时甚至可借助于函数型计算器。

**2. 非随机抽样**

非随机抽样是根据调研目的与要求,按照一定的标准来选取样本。因而,在整体中不是每一个个体都有机会被选做样本。非随机抽样常用的方法有:任意抽样、判断抽样和配额抽样。

### 知识链接

## 用快灵通函数计算器产生随机数

快灵通计算器上有产生随机数的按键[Ran♯],且为第二功能,按下[SHIFT][Ran♯],可产生 0.001~0.999 这种随机数。

例如工商系市场调研模拟小组抽样调查大学生手机购买习惯,计划在 A 班 43 名同学中随机抽取 7 位进行调查,问:怎样确定被调查的人选?

可当众按学号挑选这 7 名同学:

[MODE](3)[1 Fix]0

43.5[SHIFT][Ran♯]

[=]=>(7)

这里,圆括号里的数字表示之前的按键或符号重复的次数。[MODE]是状态选择键，连按 3 次再按 1 和 0，说明在第 3 页菜单里选择了小数点输出 0 位。第 2 行是算式，这里用 43.5 而不是 43，目的是使 1~43 每个学号出现的概率都相同。第 3 行 [＝] 是运算执行键，＝＞表示显示，此处可从计算器显示器上读出被选中调查的学生学号，但如果学号输出为 0，或已产生过某一学号，应予删去，再加按一次 [＝] 键即可。

### （四）问卷设计技术

调查法是获取第一手资料的基本方法，无论哪种形式都要依赖于问卷的使用。在调查中能否取得全面、准确和适用的信息，在很大程度上和调查问卷相关，问卷设计的质量直接关系到信息资料的收集，从而影响市场调研效果的好坏。

#### 1. 问卷的基本结构

一份调查问卷应包括以下基本要素：一是问卷编号；二是调查者的情况；三是问卷说明；四是调查的问题；五是被调查者的基本信息资料。

#### 2. 问题的类型

在调查问卷中，提问的方式主要有两种：一种是封闭式；另一种是开放式。封闭式问题是调查人员事先备好所有可能的答案，被调查者只需从中选择即可。开放式问题是用被调查者自己的话来回答问题，这种方式常能提供更多的信息，其在探测研究阶段十分有用，但统计分析却比较费时、费力。

#### 3. 问卷设计的步骤

问卷设计的步骤主要有：其一，把握调研的目的和内容；其二，确定资料采集方法；其三，确定问题的类型；其四，设计问题；其五，问卷编排；其六，问卷检查；其七，对设计的调查问卷进行预先测试和修订；其八，问卷印刷。

## 第三节　市场需求的测量与预测

人们从事某种活动，不仅要着眼当前，也要密切注意未来。预测就是联系今日和未来的桥梁。市场预测是企业制定营销决策的重要依据，对于企业市场经营的成败具有重要意义。通过市场预测，可以了解消费者、用户对商品具体需求的趋向。除了一些需求绝对水平或发展趋势相对稳定的企业，或不存在竞争关系（如公用事业）和处于完全垄断的市场预测其产品的未来需求较容易外，在大多数产品市场上，总需求和企业销售量都相当不稳定。因此，对未来需求的预测是否准确就成为企业经营成败的一个关键因素。

## 一、市场预测

### (一)市场预测的定义

市场预测是依据与市场有关的各种信息和资料,运用一定的方法或数学模型,对市场的未来状况作出估计和判断的活动。

### (二)市场预测的内容

市场预测的内容主要有:市场供应预测、市场需求预测、市场商品价格预测、市场竞争形势预测等,其中最重要的是市场需求预测。

在现代企业里,一般采用三段式程序进行市场需求预测。首先是宏观经济形势预测。根据经济周期、通货膨胀率、失业率、利率、消费者支出与储蓄比例、工商业投资、政府开支等情况的变动,得出对国内生产总值的预测。其次是在此基础上做出行业市场预测,也就是在已知的环境和既定的营销支出的情况下,预测该行业的销售量。最后是根据本企业的市场占有率,做出企业的销售预测。

### (三)开展市场预测应遵循的原则

开展市场预测应遵循以下原则:

**1. 市场预测必须遵循连续性原则**

所谓"连续性"就是进行市场预测时必须将以前年度的相关资料与当年进行预测的资料联系起来,这样一方面可以运用过去资料分析现有资料的发展变化趋势;另一方面通过比较资料之间的差异,可以分析出现的问题。市场是不断变化的,未来的市场是在现有市场基础上发展起来的,运用现有资料推断未来变化,也是市场预测的一个非常重要的职能。

**2. 市场预测内容必须遵循相关性原则**

市场预测的内容相当广泛,在进行这项工作时,必须将相关的资料结合起来进行,这样既能提高预测的效率,还能增加预测的信息量。如预测市场需求量,除了要对总的市场潜量、区域市场潜量、实际销售额和市场占用率进行预测外,还要对与市场需求相关的国民收入水平、市场价格变动指数、消费趋势和结构等因素进行预测。

**3. 市场预测事件要遵循类推性原则**

利用已知结果或发展模式,通过各种事物之间的相关性和联系,推知未来事物的发展结果和发展模式的方法叫"类推法"。在市场预测方法中,抽样推断用样本推知总体的方法就是类推法的运用。俗话讲"未雨绸缪",在实际管理工作中是必需的,但前提是建立在对企业未来发展预测尽量准确的基础上,而不是漫无目的、毫无头绪的随机行为。决策者在作出一项对企业影响深远的重大决策前,必须有足够的、基于对过去的总结和对未来的展望得出的证据来支持自己。

**4. 市场预测项目分析要遵循前瞻性原则**

市场营销人员在进行市场预测时,必须要具有前瞻性的观念,要有预测能力,并能对所掌握的资料进行趋势分析和前景判断。

(四)市场预测的步骤

市场预测是一项比较复杂的"系统工程",需要遵从科学的程序加以完成。通常市场预测按照以下步骤进行:

**1. 确定预测目标**

确定预测目的是进行市场预测的首要问题,只有确定了预测目的,才能进一步落实预测的对象和内容。选择适当的预测方法,调查或搜集必要的资料,决定了预测的水平和所能达到的目标。

**2. 收集和分析相关资料**

市场预测必须以充分的历史和现实资料为依据。预测过程能否顺利完成,预测结果准确程度的高低,在很大程度上取决于预测者是否占有充分的、可靠的历史和现实的市场资料。

**3. 选择适当的预测方法**

只有对资料进行周密的分析并选择了适当的预测方法,才能正确地描述市场现象的客观发展规律,才能发挥各种预测方法的特点和优势,对市场现象的未来表现做出可靠的预测。

**4. 分析和评价预测结果**

通过运用预测模型或具体的分析方法,得出预测结果,并对结果进行分析和评价,是市场预测的一项重要工作。

## 二、市场需求与测量

企业在市场营销过程中,有时面临着许多营销机会,这就需要做出选择,确定自己的目标市场。在选择目标市场时要对市场机会进行认真分析与比较,从中选出最有吸引力的细分市场。评价市场吸引力有两个最主要的标准:市场规模和市场成长。营销管理需要知道如何来估计市场规模及其未来的成长。如整个市场的规模有多大?不同地区市场的规模有多大?目标市场的规模有多大?未来市场将增大到什么程度?企业未来的销售潜力如何?掌握当前市场需求状况以及本企业的销售情况,是企业制定营销计划和开展营销活动不可缺少的前提。

(一)市场需求的相关概念

产品的市场需求是指一定的顾客,在一定的地理区域、一定的时间、一定的市场营销环境和一定的市场营销方案下购买产品的总量。我们不妨从以下 8 个方面来理解这一概念：

**1. 产品**

市场需求测量首先必须确定要测量的产品种类，这个产品种类的范围主要取决于制造商如何看待它所能渗透相邻市场的机会。如一个制罐商需确定它的产品市场是全部金属罐用户，还是全部容器用户，确定后才能着手估计市场需求。

**2. 总量**

市场需求大小有多种表述方法。我们可以用绝对值，如产品实体数量以及金额来表述市场需求，例如全国布鞋市场可用年需求量 2 亿双或 10 亿元来表示；也可用相对数值表示市场需求大小，如某地区的电风扇市场需求量可用占全国需求总量的 5% 来表示。

**3. 购买**

测量市场需求还需要明确购买的含义，也就是这种购买是指订购规模、送达规模、付款规模，还是消费规模。例如，对明年新住房的需求预测是指预测将要订购的住房单元数量，而不是完工的住房数量。购买的含义不同，最后预测的结果也可能不同。

**4. 顾客群**

不仅要测量整个市场的需求量，而且市场需求的各个部分或分市场的需求也必须确定。例如，服装企业不仅要确定市场总需求，还要细分市场，确定各个市场部分的需求，如确定低收入、中等收入及高收入家庭的需求。

**5. 地理区域**

区域的限定范围不同，产品销售额的测量结果也不同。企业应根据具体情况合理划分区域，确定各自的市场需求。

**6. 时期**

测量市场需求必须规定测量时期，如估计明年、今后第 5 年或第 10 年的市场需求。由于每个预测都是以对企业经营环境和市场营销条件的推测和判断为依据的，所以预测时期越长，对这些环境和条件的推测和判断就越不准确。

**7. 市场营销环境**

许多不可控制的因素影响着市场需求，因此，开展市场需求估计，必须切实掌握这些不可控制因素的变化及其对市场需求的影响。

**8. 市场营销方案**

市场需求变化还受销售者制定的市场营销方案的影响，这是因为，市场需求对产品价格、产品改进、促销和分销等一般都表现出某种程度的弹性。因此，预测市场需求就必须掌握产品价格、产品特征以及市场营销预算等假设条件。

（二）市场需求的测量

对营销管理者来说，通常需要测量的是总市场潜量、区域市场潜量和行业实际销售额与市场占有率。

### 1. 总市场潜量

总市场潜量就是指在特定时期内,在既定行业市场营销努力水平与既定环境条件下,行业的所有公司所能获得的最大销售量。用公式表示为:

总市场需求潜量(Q)＝既定条件下购买者人数(n)×购买者平均购买量(q)×产品平均价格(p)

总市场潜量还可用连续比率法测定,它是上面公式的变换形式。

### 2. 区域市场潜量

企业不仅要计算总的市场潜量,还要选择欲进入的最佳区域,并在这些区域内最佳地分配其市场营销费用。为此,企业就要估计各个不同区域的市场潜量。目前较为普遍使用的两种估计方法是市场累加法和购买力指数法。产业用品的生产企业一般使用前者,而后者则多为消费品生产企业所采用。

所谓"市场累加法",是指先确认某产品在每一市场的可能购买者,之后将每一个购买者的估计购买量加总合计。当企业掌握所有潜在买主的名单以及每个人可能购买产品的估计量时,则可直接应用市场累加法。

消费品制造商对地区市场需求潜量进行判断时,要先找出影响市场需求潜量的多个因素,并按每个因素影响力的不同分配不同的权数,这就是购买力指数。但制造商有时也采用简单指数法,也就是只凭借影响市场需求的某一个重要因素来判断市场需求潜量。如某药品生产商认为,药品的市场需求潜量直接取决于人口规模,某地区人口数量占全国人口的 10%,则该地区市场销售额应占全国市场的 10%。简单指数法虽然简便易行,但对市场需求的判断往往不够精确。

### 3. 行业实际销售额与市场占有率

除了测量总的和地区市场需求及潜量外,企业还需了解行业实际销售额及其自身的实际销售潜力和市场占有率。这一指标反映企业对市场的控制程度。在市场竞争中,市场占有率是极为重要的指标,它不仅是企业营销水平的重要标志,也说明了企业的市场地位的强弱,因此,市场占有率的增减,往往比销售额的增减更为重要。在一定时期内,企业的销售额尽管有较大的增长,但如果市场占有率下降了,则表明企业在市场竞争中的阵地范围也就缩小了,这是一个危险的信号,应该警惕被竞争者挤出市场。

企业要估算实际销售额和市场占有率,这就意味着必须了解竞争者,掌握竞争者的销售情况。根据国家统计部门公布的统计数字,企业可以了解到本行业总的销售状况,并用本企业销售状况与整个行业发展相比较,评价企业发展状况。例如,如果企业的销售额年增长率为 6%,而整个行业的增长率为 10%,这就意味着企业的市场占有率在下降,企业在行业中的地位已被削弱,而竞争者却发展迅速。

## 三、市场需求预测的方法

开展市场预测,必须有科学的方法。市场预测最主要的是需求预测,其方法很多,主要可分为两类：一类是定性预测方法；另一类是定量预测方法。

(一)定性预测方法

定性预测方法是指预测者通过调查研究，了解实际情况，凭自己的实践经验和理论、业务水平，对各种资料进行综合分析，来预测市场未来的变化趋势的方法，该方法也称为"判断预测"。这种方法简便易行，因为不需要太多的技术设备和数学基础作支持，一般易推广和普及。定性预测由于主要取决于预测者的经验、理论、业务水平以及掌握的情况和分析判断能力，因此，带有一定的主观片面性。定性预测方法主要有以下三种：

1. 购买者意向调查法

在营销环境和条件既定的情况下，通过向购买者调查其购买意图，预测顾客可能采取什么购买行为。它是一种对潜在消费量的调查，因为市场总是由潜在购买者构成的，只有购买者才能明确自己将来需要什么和会购买什么。当然，如果能满足以下三个条件，这种方法则更为有效：

(1)购买者有清晰的意图。

(2)这种意图可能转化为购买行为。

(3)购买者愿意将其意图告诉调查者。这种方法，通常通过定期抽样调查来实现。此外，要对顾客目前和将来的个人财务状况以及他对未来经济发展的看法进行调查，以便企业可以利用所获得的预测信息组织生产。采用这种方法，调查人员可以在访问时取得更多的信息资料，可以树立企业关心购买者的形象，可以在进行总市场需求预测的过程中，掌握各行业和各地区的市场需求估计量，因此，购买者意向调查法准确性较高。

2. 销售人员意见综合法

当调查者不能与顾客直接见面时，企业可以通过听取销售人员的意见来估计市场需求。这种方法是利用销售人员接近购买者，同其他人相比，销售人员对购买者能有较全面、较深刻的了解，有更敏锐的洞察力，可以更好地把握未来市场销售的发展趋势。采用此法仍存在一些不足：如销售人员的判断因各种因素的影响会有某些偏差，尽管这样，销售人员所作的需求预测经过修正后的结果依然是可信的。

3. 专家意见法

专家意见法是通过征询专家意见取得预测结果的方法。所谓"专家"主要是指经销商、供应商、营销顾问及其他一些销售方面的专门人才。运用这种方法进行预测的准确性完全取决于专家的专业知识和与此相关的科学知识基础，以及专家对市场变化情况的把握。因此，运用此法要求企业所选择的专家必须具备较高的专业水平。

专家意见法目前主要有以下几种形式：

(1)专家会议法。通过召开专家会议集体讨论，得出预测结果。

(2)单独预测集中法。也就是由每位专家给出预测值，然后由专项负责人对其进行综合分析，得出预测结果。

(3)德尔菲法。德尔菲是古希腊地名,相传城中的阿波罗神殿可预卜未来。德尔菲法是20世纪60年代初美国兰德公司的专家们为避免集体讨论存在的屈从于权威或盲目服从多数的缺陷提出的一种定性预测方法。为消除成员间的相互影响,参加讨论的专家可以互不了解,它运用匿名方式反复多次征询专家意见和进行背靠背的交流,以充分发挥专家们的智慧、知识和经验,最后汇总得出一个能反映群体意志的预测结果。

德尔菲法的一般工作程序是:①确定调查目的,拟定调查提纲,向专家提供有关背景材料;②选择一批熟悉本问题的专家,包括理论和实践等各方面专家;③以通信方式向各位选定专家发出调查表,征询意见;④对反馈的意见进行归纳综合、定量统计分析后再寄给有关专家,如此往复,经过三四轮意见比较集中后进行数据处理与综合,得出最终结果。

德尔菲法是人们常用的一种定性预测方法,其优点是简便易行,具有一定的科学性、实用性和客观性。但缺点是由于专家的时间紧,回答往往比较草率,同时由于预测主要依靠专家,因此归根到底仍属专家们的集体主观判断。

## (二)定量预测方法

定量预测方法是依据市场调查所获得的比较完备的统计资料,运用数学,特别是数理统计的方法,建立数学模型,用以预测经济现象未来数量表现的方法的总称。运用定量预测法,必须有大量的统计资料和统计手段及相关的统计学及数学知识作基础。一般适用于历史统计资料准确、详尽,预测对象变化发展的客观趋势比较稳定的对象的预测。常用的方法主要有时间序列分析预测法和因果关系分析预测法。

### 1. 时间序列分析预测法

时间序列是指将市场现象的数量表现按照发生时间的先后顺序排列起来的序列。时间序列预测法,就是通过历史资料的外推、延伸,求取变量预测值的一种方法。这种方法的特点包括:一是考虑事物发展的连续性,也就是通过对过去事物的分析,能够对未来事物的发展做出判断和估计。正是这种延续性,使时间序列预测方法的应用成为可能。二是考虑了事物发展的不规则性和偶然性。采用数学平均或加权平均就是为了消除事物发展的偶然性和不规则性。

在企业的营销预测中,产品销售预测是最主要的预测内容。下面以产品销售预测为例,说明在产品销售预测时通常要考虑的影响因素。

(1)销售趋势。销售趋势是过去企业销售情况受人口、资本积累和企业技术发展所形成的结果。通过这部分资料的收集和汇总,利用数学模型,绘制销售曲线图,也就可以分析企业的销售趋势。

(2)销售周期。企业销售活动会受到许多因素的影响,其销售额会呈一定的规律变化和运动,这便是销售周期在起作用。因此营销人员预测销售时既要考虑销售周期,也要考虑影响因素的周期。

(3)销售的季节性。一般生活消费品大都有季节性消费的特点。这种季节性的影响会因气候、假日、生活习惯不同而产生差异。这也是营销人员在预测时必须考虑的重要因素。我国假日经济已浮出水面,黄金周旅游消费日趋高涨,这已经说明了季节性消费所带来的明显效果。

(4)不确定事件。不确定事件主要是指自然灾害、战乱或其他一些干扰因素。这些因素均属不正常因素,虽无法预测,但也不经常发生,故预测中应予以排除,按正常销售进行估算。

**2. 因果关系分析预测法**

因果关系分析预测法是以事物之间的相互联系、相互依存关系为根据的预测方法。它是在定性研究的基础上,确定出影响预测对象(因变量)的主要因素(自变量),从而根据这些数量的观测值建立回归方程,并由自变量的变化来预测因变量的变化。因果分析法的主要工具是回归分析技术。

因果分析法运用的基础在于:客观事物、各种现象之间都存在一定的因果关系,人们可从已知的原因推测出未知的结果。如商品销售额与商品价格、商品数量之间,居民迁入新居数量与家具销售之间均存在一定的相关关系。

采用因果分析方法进行预测时,必须首先确定各个因素之间的相关性,并根据相关性的强弱来决定是否有必要进行具体的分析。经济变量或市场因素之间的相关关系,主要存在正相关、负相关等相关类型。

正相关是指一个因素的变化或增减会引起另外一个因素发生相同方向的变化。它通常反映事物之间存在互补的关系。如产品成本提高,价格就会变高。

负相关也称"逆相关",它是指一个因素的变化会导致另一个因素呈相反方向的变化。如家庭影院的兴起影响电影院的上座率;DVD 对于 VCD 的冲击;电动剃须刀销量的增加直接导致普通刀片及刀架的销量下降,这种关系说明事物之间存在着相互替代的关系。

在运用相关性分析时应注意以下问题:其一,相关性越强则预测准确率越高;反之,则越低。其二,还要分析各个因素之间的相互依存关系是否稳定,关系越稳定越有预测价值,即使各个因素之间虽然有一定的相关性,但因果关系不稳定,仅仅是偶然发生,这样的预测结果必然很不理想。

# 本章小结

企业营销管理的方方面面都依赖于信息的获得和利用,特别是任何营销决策都需要信息。营销信息系统是由人、计算机和程序组成的复合体,它为营销决策者收集、整理、分析、评价并传递所需的、及时和准确的信息。市场调研运用科学的方法,有目的、系统地对市场信息资料进行计划、收集、整理、分析,从而掌握市场的发展变化现状和趋势,为企业决策者制定和实施有效的市场营销战略提供科学的依据。市场预测的内容主要有：市场供应预测、市场需求预测、市场商品价格预测、市场竞争形势预测等，但其中最重要的还是市场需求预测。市场需求的测量与预测不仅包括市场需求、企业需求和市场潜量的测定，还包括在营销调研的基础上，对未来的市场需求量及影响需求的因素进行分析研究和预测。

## 本章习题

1. 什么是营销信息系统？营销信息系统由哪些子系统构成？
2. 什么是市场调研？市场调研的程序是什么？
3. 市场调研的资料采集方法有哪些？
4. 问卷的基本结构是什么？
5. 什么是市场需求？市场需求测量的内容有哪些？
6. 市场需求预测的方法有哪些？

## 案例研讨

### "非典"发病人数和病死率预测

表6—1是2003年4月26日至5月31日我国内地"非典"累计发病人数、死亡人数统计数据。把它们分为3个组，每组n=12。分别计算 $\sum_i \lg y$，i=1,2,3。

表6—1 我国内地"非典"累计发病人数、死亡人数部分统计数据　　　　单位：人

| t | 日期 | 发病 | 死亡 | t | 日期 | 发病 | 死亡 | t | 日期 | 发病 | 死亡 |
|---|---|---|---|---|---|---|---|---|---|---|---|
| 0 | 4.26 | 2753 | 122 | 12 | 5.8 | 4698 | 224 | 24 | 5.20 | 5248 | 294 |
| 1 | 4.27 | 2914 | 131 | 13 | 5.9 | 4805 | 230 | 25 | 5.21 | 5249 | 296 |
| 2 | 4.28 | 3106 | 139 | 14 | 5.10 | 4884 | 235 | 26 | 5.22 | 5271 | 300 |
| 3 | 4.29 | 3303 | 148 | 15 | 5.11 | 4948 | 240 | 27 | 5.23 | 5285 | 303 |
| 4 | 4.30 | 3460 | 159 | 16 | 5.12 | 5013 | 252 | 28 | 5.24 | 5309 | 308 |
| 5 | 5.1 | 3638 | 170 | 17 | 5.13 | 5069 | 262 | 29 | 5.25 | 5316 | 315 |
| 6 | 5.2 | 3799 | 181 | 18 | 5.14 | 5124 | 267 | 30 | 5.26 | 5316 | 317 |
| 7 | 5.3 | 3971 | 190 | 19 | 5.15 | 5163 | 271 | 31 | 5.27 | 5322 | 321 |
| 8 | 5.4 | 4125 | 197 | 20 | 5.16 | 5191 | 275 | 32 | 5.28 | 5323 | 325 |
| 9 | 5.5 | 4280 | 206 | 21 | 5.17 | 5209 | 282 | 33 | 5.29 | 5323 | 327 |
| 10 | 5.6 | 4401 | 214 | 22 | 5.18 | 5233 | 284 | 34 | 5.30 | 5332 | 328 |
| 11 | 5.7 | 4560 | 219 | 23 | 5.19 | 5236 | 289 | 35 | 5.31 | 5333 | 328 |
| $\sum_1 \lg Y = 42.7433$ | | | | $\sum_2 \lg Y = 44.4341$ | | | | $\sum_3 \lg Y = 44.6934$ | | | |

龚帕兹数学模型是：$\hat{y} = K a^{b^t}$，经对数处理，其参数 b，K，a 可用三和值法按下

式求得(其中:t=0,1,2,…3n-1):

$$\begin{cases} b = \left( \dfrac{\sum_3 \lg y - \sum_2 \lg y}{\sum_2 \lg y - \sum_1 \lg y} \right)^{\frac{1}{n}} \\ \lg K = \dfrac{1}{n} \left[ \dfrac{\sum_1 \lg y \sum_3 \lg y - \sum_2^2 \lg y}{\sum_1 \lg y + \sum_3 \lg y - 2\sum_2 \lg y} \right] \\ \lg a = \left( \sum_2 \lg y - \sum_1 \lg y \right) \cdot \dfrac{b-1}{(b^n-1)^2} \end{cases}$$

将所求得的数据代入上述模型,得到:

$$\hat{y} = Ka^{b^t} = 5350.1858 \times 0.4558^{0.8554^t}$$

若预测 2003 年 6 月 1 日(t=36)我国内地"非典"发病人数,则有:

$$\hat{y} = 5350.1858 \times 0.4558^{0.8554^{36}} = 5335 (人)$$

皮尔数学模型是: $\hat{y} = \dfrac{1}{K + ab^t}$,经取倒数处理,其参数 $b, a, K$ 类似龚帕兹模型,也可用三和值法按下式求得:

$$\begin{cases} b = \left( \dfrac{\sum_3 \dfrac{1}{y} - \sum_2 \dfrac{1}{y}}{\sum_2 \dfrac{1}{y} - \sum_1 \dfrac{1}{y}} \right)^{\frac{1}{n}} \\ a = \left( \sum_2 \dfrac{1}{y} - \sum_1 \dfrac{1}{y} \right) \cdot \dfrac{b-1}{(b^n-1)^2} \\ K = \dfrac{1}{n} \left[ \dfrac{\sum_1 \dfrac{1}{y} \sum_3 \dfrac{1}{y} - \sum_2^2 \dfrac{1}{y}}{\sum_1 \dfrac{1}{y} + \sum_3 \dfrac{1}{y} - 2\sum_2 \dfrac{1}{y}} \right] \end{cases}$$

这样,我国内地"非典"发病人数皮尔预测模型是:

$$\hat{y} = \dfrac{1}{K + ab^t} = \dfrac{1}{0.00018724 + 0.00019852 \times 0.93959^t}$$

我国内地"非典"死亡人数皮尔预测模型是:

$$\hat{y} = \dfrac{1}{0.0028588 + 0.0049675 \times 0.91115^t}$$

在皮尔模型中,K 的倒数是极限值,从而得知我国内地累计发病人数极限为 5341 人,累计死亡人数极限为 350 人。

"非典"病死率 $= \dfrac{死亡极限人数}{发病极限人数} = \dfrac{350}{5341} = 6.55\%$

**案例分析题:**

1. 请你利用表 6-1 中的数据,计算龚帕兹发病人数模型中的各参数,$a$、$b$、$K$ 取小数点后第 4 位,并预测 2003 年 6 月 1 日我国内地"非典"发病人数,结果应取整。手工计算可以借助计算器,或在计算机上借用 Excel、SPSS 等软件来完成。

2. 请你根据上述皮尔模型,计算我国内地"非典"病人最终病死率,要求写出计算器操作程序。

### 应用训练

## 市场调查项目训练

1. 实训目标

了解大学生的手机购买习惯。

2. 实训对象

本校在校大学生。

3. 实训内容

根据以上要求,确定市场调查的内容、资料采集方法、抽样方法,并设计一份市场调查问卷。

# 第七章
# 目标市场营销战略

## 学习目标

- ▶ 掌握市场细分的原理、方法,知道如何对实际市场进行细分
- ▶ 领会市场细分、目标市场对企业营销活动的意义
- ▶ 明确有哪些目标市场战略可供采用,如何选择相应的目标市场战略
- ▶ 明确市场定位的概念,了解市场定位的步骤与方式
- ▶ 掌握市场定位战略的具体思路

## 案例导引

### 海尔的营销战略

海尔洗衣机厂依靠雄厚的技术力量,有针对性地研制开发了多品种、多规格的洗衣机产品,以满足不同的需求,这使得海尔洗衣机成为中国洗衣机行业跨度最大、规格最全、品种最多的企业。海尔能同时规模生产亚洲波轮式、欧洲滚筒式、美洲搅拌式洗衣机,使中国消费者可以得到不同风格的洗衣机享受。海尔的洗衣机,大到一家人一周所有的衣服,小到孩子的一双袜子,每隔0.2千克海尔就有一款洗衣机能满足消费者的洗衣需要。海尔的洗衣机,从双桶半自动、全自动洗衣机到洗衣、脱水、烘干三合一洗衣机,应有尽有。

——海尔根据目前国内许多家庭居住面积小,没有足够的洗衣机空间的情况,设计了中国第一台"极限设计,全塑外壳"的"小神童"系列洗衣机。

——海尔了解到一部分用户在使用全自动洗衣机时,往往不是一次性将洗衣、脱水、程序完成,而是希望将不同的衣服分开洗涤,然后一起脱水的愿望,第一台电脑后置、仿生设计的"小神童"全自动洗衣机问世。

——海尔在市场调研、分析中发现:消费者在使用洗衣机时,最烦恼的是同一台洗衣机只有一个洗涤速度(约150转/分钟)、一个甩干速度(约800转/分钟),从而使有的衣物因洗涤、甩干转速过高容易磨损而且费电;有些衣物则因转速过低,洗不净、甩不干。因此,海尔开发出拥有最少耗电、最低磨损、最佳洗涤效果的变速

洗衣机。

——海尔洗衣机推广到农村市场后,发现洗衣机在农村不是用来洗衣服,而是用来洗蔬菜、洗红薯的,日子一长,排水管内自然淤积了大量的油污和泥沙。为此,海尔开发出名为"大地瓜"的功率更为强劲的洗衣机,专门用于洗涤各种蔬菜。

(资料来源:孙健.《海尔的营销策略》,北京:企业管理出版社,2002。)

在营销环境分析的基础上,企业通过市场调研进一步掌握了市场需求和消费者的购买心理,接着是市场细分和目标市场的选择。在买方市场的情况下,除了极个别的产品外,大多数产品对顾客而言,都有多种选择。同时,任何企业也不可能满足一种产品的所有市场需求,而只能满足其中一部分消费者的需要。企业怎样把"这一部分顾客"筛选出来,从而确定为自己的主攻市场也就是目标市场,并充分利用企业的资源、发挥企业优势、树立企业的特色形象、制定出有针对性的市场营销策略是一项富有挑战性的工作。

目标市场营销(STP营销)是现代战略营销的核心,包括市场细分(Segmentation)、选择目标市场(Targeting)和定位(Positioning)三个环节。如图7-1所示。

图7-1 目标市场营销(SPT)

## 第一节 市场细分

### 一、市场细分的概念与理论依据

"市场"一词对不同的人有不同的含义。如人们对超级市场、股票市场、劳动力市场、鱼类市场、跳蚤市场这些词语都很熟悉。所有这些类型的市场都有一些共同之处:第一,它们由人(消费者市场)或组织(产业市场)构成。第二,这些人或组织具有可以由特定的产品范畴来满足其需要或需求的特性。第三,他们有能力购买他们想要的产品。第四,他们愿意用他们的资源(通常是货币或信用)来交换他们想要的产品。

在市场内,细分市场是由具有一个或多个相同特征并由此产生类似产品需求的人或组织组成的亚群体。从一个极端层面来讲,如果世界上的每个人或每个组织对某种产品的需求与欲望是完全一致的,也就是存在无差异需求时,我们可以把整个消费者市场定义为一个大的细分市场,把产业市场定义为另一个大的细分市场。从另一个极端层面来讲,如果世界上的每个人或每个组织的需求具有不同特点时,则每个人或每个组织都可以定义为一个细分市场(定制营销)。企业应制定有针对性的营销来满足消费者或组织所具有不同特色的需求。但这种情况在现阶段对企业营销来说是极其困难的。因为这需要受到许多营销因素(如企业预期利润目标)的制约和影响。在现实生活中,当顾客的某些影响因素比较接近的时候,顾客的需求与欲望也会有相似之处(如图7-2所示),营销管理人员会按照"求大同,存小异"的原则,进一步归纳这些不同需求。这在后面结合市场细分的标准会进一步说明。

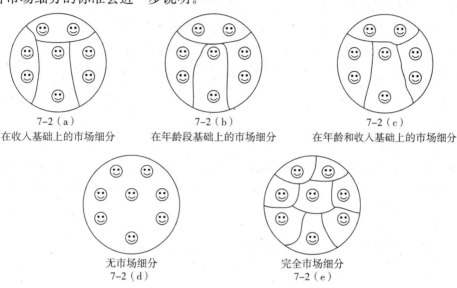

图7-2 市场细分概念

市场细分(Marketing Segmentation)是指营销者利用一定的需求差别因素(细分因素),把某一产品的整体消费者市场划分为若干个具有不同需求差别的群体的过程或行为。应该注意的是:

其一,市场细分不是对自己的产品进行分类。

其二,市场细分不是按企业的性质进行分类。

其三,市场细分是按照顾客的需要和欲望差异进行分类。

## 二、市场细分的作用

随着人们生活水平的不断提高,消费者需求日益多样化,对消费品的品位要求也在提高,需求的个性化日益突出。加上生活水平的提高并不人人同步,从而使市场需求的构成更为复杂。如大米市场,十几年前人们的需求是:只要是"米",能吃就行,而现在许多人要求米要香、要粘,而且要好吃。

竞争是市场经济中避免不了的,企业必须勇敢面对。"避其锋芒,攻其不备"是亘古不变的竞争战术。需求市场的分解和小型化可为企业实践这一战术创造大量的机会。

不论企业规模有多大、实力有多强,相对于整体市场的消费者来说,企业绝不可能生产出能够完全满足消费者所有需求的产品。如何有效地把企业有限的资源集中到一小群一小群的购买者身上,更好地为这群顾客服务,从而开展有效的竞争,以便更有效地实现企业的利润目标,其基础就是市场细分。具体来说,市场细分的意义有以下三点:

(一)市场细分有利于发现市场机会

通过市场细分,企业可以有效地分析和了解整体市场中存在哪些需求相似的消费群,各部分消费群的消费需求是什么,发现哪些消费需求已经满足,哪些消费需求不够满足,哪些消费需求尚需通过生产适销对路的产品去满足等。尚未满足的需求便是企业所面临的市场机会。只有通过细分,企业才能发现这些市场机会。例如:广东洗衣机市场有多个厂家,如广州洗衣机厂、航海洗衣机厂、中山洗衣机厂和江门洗衣机厂等。这些厂家都沿着单缸半自动、双缸半自动、全自动的方向进行产品的更新换代,而且几乎都是同步发展。但随着产品产量的增加、市场的饱和,竞争变得非常激烈。为此,江门洗衣机厂通过市场调查,细分洗衣机市场的需求,发现原来购买单缸半自动洗衣机的家庭,有相当一部分家庭从节俭出发,不愿遗弃仍然可用的单缸洗衣机,但他们又希望该类型洗衣机有脱水的功能。这是个市场机会,该厂抓住了这一机会,开发了脱水机这一产品,从而独占了市场。

(二)市场细分有利于企业制定营销组合策略

通过市场细分,企业可以更清楚地了解市场结构,了解市场上消费者的需求特点,从而制定有针对性的营销策略。如A商店是以脖子上挂着钥匙的小学生为主要服务对象,应树立的是"薄利多销,诚挚服务"的形象;B大酒店是以来华经商的富豪、商家为主要服务对象,应树立的是"豪华排场,一流享受"的形象。其产品、价格、渠道及促销都必须围绕不同的形象来制定。

(三)市场细分有利于提高企业的竞争力

通过市场细分,企业可以更好地了解每一个细分市场上竞争者的优势和劣势,环境因素给行业带来的机会能否成为本企业的机会,企业在这个细分市场上能否有效开发和利用本企业的资源优势。把自己有效的资源优势集中到与自己优势相适应的某个市场上,企业才能形成优势,提高企业的竞争力。

### 三、市场细分的要求

一般来说,企业在进行市场细分时,应把握以下四个要求:

(一)要有明显特征

市场细分应使企业营销人员能够识别有相似需求的顾客群体,这些顾客群体应具有企业能分析的明显特征和行为。

(二)企业可以接受

要根据企业的实力,量力而行。在进行市场细分时,企业应考虑划分出来的细分市场必须是企业有足够的能力去占领的子市场,在这个子市场上能充分发挥企业的资源优势。

(三)企业有适当的盈利

在市场细分中,被企业选中的子市场还必须有一定的规模,也就是有充足的需求量,能够使企业有利可图,并实现预期的利润目标。如果细分市场的规模过大,企业"吃不了,无法消化",在竞争中企业会处于弱势;如果规模过小,企业又"吃不饱",现有的资源得不到最佳利用,那么企业利润都难以确保。因此,细分出的市场规模必须恰当,才能使企业获得合理的利润。

(四)市场要有发展潜力

市场细分应有相对的稳定性,因为,如果细分市场一旦被企业选定为目标市场,它给企业所带来的利益不仅是目前的,还必须能够给企业带来较长远的利益。所以,企业在进行市场细分时必须考虑市场未来发展是否有潜力。

### 四、市场细分的标准

企业进行市场细分,首先要确定按照什么样的标准来进行细分。一般来说,凡是影响消费者需求的一切因素,都可以作为市场细分的依据。市场细分的标准必须能区分不同的需求。企业可以根据行业和自己的情况选择适当的因素作为细分标准(或变数)来对市场进行细分。

(一)消费者市场细分的标准

消费者市场细分可以按照地理环境因素、人口因素、心理因素、行为因素等进行细分。

**1. 地理环境因素**

不同地理环境下的顾客,由于气候、生活习惯、经济水平等不同,对同一类产品往往会有不同的需求和偏好,以至于对企业的产品、价格、销售渠道及广告等营销措施的反应也常常存在差别。

(1)消费者居住的地区。如我国的茶叶市场,南方消费者喜欢红茶和绿茶,华北、华东地区消费者喜欢花茶,而少数民族地区的消费者喜欢砖茶。如食品,不同地区有不同的口味,所谓"东甜南辣西酸北咸";南方以米饭为主食,北方以面粉为主食。

(2)地形气候。就地形而言,可分为山区、平原、丘陵;就气温而言,可分为热带、温带、寒带;就干湿度而言,可分为干旱地区、多雨地区。如风扇市场,热带地区一室多扇,而寒带地区则可以常年不需风扇。洗衣机市场,多雨地区湿度大,顾客喜欢洗衣机有脱水、烘干的功能。

### 2. 人口因素

不同的年龄、性别、收入、职业、教育、宗教、种族或国籍的顾客,会有不同的价值观念、生活情趣、审美观念和消费方式,因而对同一类产品,必定会产生不同的消费需求。

(1)年龄。人们在不同的年龄阶段,由于生理、心理等因素的不同,对商品的需求和欲望有着很大的区别。如玩具市场,因年龄的不同,应有启蒙、智力、科技、消遣、装饰等功能不同的玩具。

(2)性别。男性和女性,在不少商品的使用上存在很大的区别。如服装市场、化妆品市场,一般可以按照性别的不同,分为女性市场和男性市场。

(3)收入。收入水平不同的顾客,在购买商品时对商品的要求也不同。高收入的顾客,对产品比较注重"质"的需求,购物场所习惯选在百货公司和专卖店;低收入的顾客,则侧重"量"的需求,通常喜欢到廉价的货仓商场、超市及普通商店。但若以收入作为市场细分标准,不应忽视低收入群,由于其"补偿"心理或自身水平有限,也会购买高质量、高价格的产品。

(4)文化程度和职业。不同文化程度的人,他们的价值观、信念、习惯等存在较大的差异;不同职业的特点,也会使人们有很多购买上的差异。如工人、农民、教师、艺术家、干部、学生,对报纸、书刊的消费有明显的不同。

(5)民族。我国有56个民族,绝大多数民族都有自己特殊的消费习惯和爱好。

### 3. 心理因素

以上地理因素、人口因素相同或相近的顾客,对同一产品的爱好和态度也会截然不同,这主要是心理因素的影响。

(1)生活方式。生活方式是人们生活的格局和格调,表现在人们对活动、兴趣和思想的见解上,人们形成的生活方式不同,消费倾向也就不一样。如深圳的高级白领很少去东门一带购物,这和他们的生活格调相关;妇女服装可根据顾客的不同生活方式,分别设计出"朴素型"、"时髦型"、"新潮型"、"保守型"、"有男子气型"等款式。

(2)购买动机。购买动机是指顾客产生购买行为的直接原因。有些人为实用而购买,有些人为价格便宜而购买,有些人为追赶时髦而购买。

(3)性格。内向与外向;追求独特与愿意依赖;乐观与悲观。不同性格的顾客对产品的要求不同。如对产品的色彩,内向的人比较喜欢冷色调,外向的人却喜欢暖色调;对产品的款式,追求独特的人喜欢标新立异,依赖的人却爱跟随众人。

### 4. 行为因素

行为因素是按照顾客购买过程中对产品的认知、态度、使用来进行细分的。

(1)购买时机。按顾客对产品的需要、购买、使用的时机的认知并作为市场细分的标准。如旅行社可为每年的几个公众长假提供专门的旅游线路和品种,为中小学生每年的寒暑假提供专门的旅游服务。公共汽车公司根据上下班高峰期和非高峰期这一标准,把乘客市场一分为二,分别采取不同的营销策略。

(2)追求利益。根据顾客对产品的购买所追求的不同利益来细分市场的一种有效的依据。如钟表市场,购买手表的消费者追求的利益大致可以分为三类:一是追求价格低廉;二是侧重耐用性和产品的质量;三是注重产品品牌的声望。因此,生产钟表的企业,如果用追求的利益来细分市场,就必须了解消费者在购买某种产品时所寻求的主要利益是什么;了解寻求某种利益的消费者主要是哪些人;还要了解市场上满足这种利益的有哪些品牌;哪种利益还没有得到满足。然后确定自己的产品应突出哪种特性,最大限度吸引某一个消费者群体。美国学者 Haley 曾运用追求利益对牙膏市场进行细分而获得成功。他把牙膏需求者寻求的利益分为经济实惠、防治牙病、洁齿美容、口味清爽等四种。

表 7—1  牙膏市场的利益细分

| 利益细分 | 人口统计特征 | 行为特征 | 心理特征 | 符合利益的品牌 |
|---|---|---|---|---|
| 经济实惠 | 男性 | 大量使用者 | 自主性强者 | 大减价的品牌 |
| 防治牙病 | 大家庭 | 大量使用者 | 忧虑保守者 | 品牌 A、E |
| 洁齿美容 | 青年 | 吸烟者 | 社交活动多者 | 品牌 B |
| 口味清爽 | 儿童 | 薄荷爱好者 | 喜好享乐者 | 品牌 C |

(3)使用情况。许多产品可以按照消费者对产品的使用情况进行分类。使用情况可以分为:从未使用过、曾经使用过、准备使用、初次使用、经常使用等五种类型。对于不同的使用情况,企业所施用的策略是不相同的。一般而言,资力雄厚、市场占有率高的企业,特别注重吸引潜在购买者,通过有效的营销策略,把潜在使用者变为实际使用者。一些中、小型的企业,主要是吸引现有的使用者,提高他们对产品的使用率和对品牌的信赖和忠诚;或让使用者从竞争者的品牌转向本企业的品牌。

(二)产业市场细分的标准

产业市场的细分标准,有些与消费者市场的细分标准相同。如追求利益、使用者情况、地理因素等,但还有一些不同的标准。美国的波罗玛(Bouoma)和夏皮罗(Shapiro)两位学者,提出了一个产业市场细分变量表,较系统地列举了产业市场细分的主要变量。并提出了企业在选择目标市场时应考虑的主要问题。如表 7—2 所示。

表 7—2  产业市场主要细分标准

人口变量
  □ 行业:我们应把重点放在购买这种产品的哪些行业?
  □ 公司规模:我们应把重点放在多大规模的公司?
  □ 地理位置:我们应把重点放在哪些地区?

经营变量
  □ 技术:我们应把重点放在顾客所重视的哪些技术上?
  □ 使用者或非使用者情况:我们应把重点放在经常使用者、较少使用者、首次使用者或从未使用者身上?
  □ 顾客能力:我们应把重点放在需要很多服务的顾客上,还是只需少量服务的顾客上?

采购方法
  □ 采购职能组织:我们应将重点放在采购组织高度集中的公司上,还是采购组织相对分散的公司上?
  □ 权利结构:我们应选择工程技术人员占主导地位的公司,还是财务人员占主导地位的公司?
  □ 与用户的关系:我们应选择现在与我们有牢固关系的公司,还是追求最理想的公司?
  □ 总的采购政策:我们应把重点放在乐于采用租赁、服务合同、系统采购的公司,还是采用密封投标等贸易方式的公司上?
  □ 购买标准:我们是选择追求质量的公司、重视服务的公司,还是注重价格的公司?

情况因素
  □ 紧急:我们是否应把重点放在要求迅速和突击交货或提供服务的公司?
  □ 特别用途:我们应将力量集中于本公司产品的某些用途上,还是将力量平均花在各种用途上?
  □ 订货量:我们应侧重于大宗订货的用户,还是少量订货者?

个人特性
  □ 购销双方的相似性:我们是否应把重点放在人员及价值观念与本公司相似的公司上?
  □ 对待风险的态度:我们应把重点放在敢于冒风险的用户还是不愿冒风险的用户上?
  □ 忠诚度:我们是否应该选择对本公司产品非常忠诚的用户?

(资料来源:菲利普·科特勒:《市场营销管理》,郭国庆等译,北京:中国人民大学出版社,1997。)

## 五、市场细分的具体方法

按照选择市场细分标准的多少,市场细分可以有以下三种方法:

### (一)单一变数法

单一变数法是指只选择一个细分标准进行细分市场的方法。例如:玩具市场,不同年龄的消费者对玩具的需求不同,可按年龄标准把市场细分为:1~3岁玩具市场,4~5岁玩具市场,6~7岁玩具市场,8~12岁玩具市场,12岁以上玩具市场等几个细分市场。1~3岁的玩具应该具有启蒙功能,而12岁以上的玩具应具有智力开发或科技教育功能。

## （二）综合变数法

综合变数法是指只选择两个以上（少数几个）的细分标准进行细分市场的方法。例如：某公司对家具市场的细分采用了三个标准，见表7-3所示。

表7-3　某公司对家具市场的细分

| 户主年龄 | 65岁以上、50～64岁、35～49岁、18～34岁 |
|---|---|
| 家庭人口 | 1～2人、3～4人、5人以上 |
| 月收入水平 | 1000元以下、1000～3000元、3000元以上 |

这样市场细分的结果，可分为36个细分市场。

## （三）系列变数法（完全细分法）

系列变数法是指根据企业经营的需要，选择多个细分标准，由大到小、由粗到细进行一系列市场细分的方法。例如：某服装公司选择多标准对服装市场进行细分。如图7-3所示。

| 公司产品 | 地理 | 性别 | 年龄段 | 收入 | 婚姻 | 价格 | 动机 |
|---|---|---|---|---|---|---|---|
| | 城市 | 女 | 老 | 低 | 单身 | 低 | 求新 |
| | | 男 | 中 | 中 | 已婚 | 中 | 求美 |
| | 农村 | 女 | 青 | 高 | 离异 | 高 | 求名 |
| | | 男 | 少 | 无 | 未婚 | 低 | 求廉 |

图7-3　某服装公司对服装的市场细分

# 第二节　目标市场选择

市场经过细分之后，摆在企业面前的是若干个细分市场，究竟哪个细分市场对本企业来说存在着市场机会，也就是哪个市场可以作为本企业的目标市场，企业可以集中自己有限的资源并发挥自己的优势为目标市场的消费者服务，同时也取得相应的经济回报。为此，我们必须对细分市场进行分析和评价，确定本企业的目标市场。

目标市场（Target Market）是指企业准备用产品或服务以及相应的一套营销组合为之服务或从事经营活动的特定市场。

## 一、确定目标市场的步骤

确定目标市场的步骤,如图7-4所示。

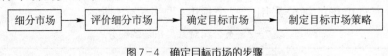

图7-4 确定目标市场的步骤

## 二、评价细分市场

评价细分市场,必须确定一套具体的评价标准,评价标准主要可从细分市场本身的特性、细分市场结构的吸引力、企业的目标及资源优势这些方面来考虑。

### (一)细分市场本身的特性

**1. 市场有没有"适当"的规模**

"适当"的规模是个相对的概念,大企业一般重视销售量大的细分市场,小企业却经常会选择一些销售量小的细分市场。但总的来说,根据企业自身的条件,衡量细分市场的规模是否值得去开发,也就是开发这样的市场是否会由于规模过小而不能给企业带来所期望的销售额和利润。

**2. 市场有没有预期的发展前景**

一个细分市场是否值得开发,除了应具备相应的规模这一因素外,我们还要考察市场有没有相应的发展前景。发展前景通常是一种期望值,因为企业总是希望市场销售额和利润能不断上升。但要注意,竞争对手是否会迅速地抢占正在发展的细分市场,从而抑制本企业的盈利水平。

### (二)细分市场结构的吸引力

有些细分市场虽然具备了企业所期望的规模和发展前景,但可能缺乏盈利能力。迈克尔·波特提出决定某一细分市场长期利润吸引力的五种因素。如表7-4所示。

表7-4 决定某一细分市场长期利润吸引力的五种因素

| |
| --- |
| ◆ 该市场同行竞争者的数量和实力 |
| ◆ 该市场进入的难易程度及潜在竞争者的实力 |
| ◆ 该市场有无现实或潜在的替代产品 |
| ◆ 该市场购买者的议价能力高低,如购买者有无组织支持 |
| ◆ 该市场供应商的议价能力的高低,如该市场的产品生产是否要严重依赖某种由供应商提供的零部件或原材料 |

### (三)企业的目标和资源优势

某个细分市场具有适合企业的规模、良好的发展前景和富有吸引力的结构,对于其能否作为企业的目标市场,企业仍需结合自己的目标和资源优势进行考虑。

企业有时会放弃一些有吸引力的细分市场,因为它们不符合企业的长远目标。当细分市场符合企业的目标时,企业还必须考虑自己是否拥有足够的资源,从而能保证在细分市场上取得成功。即使具备了必要的能力,公司还需要发展自己的独特优势。只有当企业能够提供具有高价值的产品和服务时,才可以进入这个目标市场。

### 三、确定目标市场的范围

市场经过细分、评价后,可能得出若干个可供进军的细分市场,企业是向某一个市场进军还是向多个市场进军呢?这就需要确定目标市场的范围。企业可以在五种目标市场类型中进行选择。如图7-5所示。

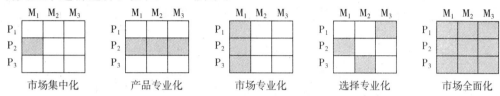

图7-5 五种目标市场选择

#### (一)市场集中化

企业选择一个细分市场作为目标市场,企业只生产一种产品来满足这一市场消费者的需求。这种策略的优点主要是能集中企业的有限资源,通过生产、销售和促销等专业化分工提高经济效益。一般适用于实力较弱的小企业,与其在大(多)市场里平庸无奇,倒不如在小(少)市场里有一席之地。但存在着较大的潜在风险,如消费者的爱好突然发生变化,或有强大的竞争对手进入这个细分市场,企业很容易受到损害。

#### (二)产品专业化

企业选择几个细分市场作为目标市场,企业只生产一种产品来分别满足不同目标市场消费者的需求。这种策略可使企业在某个产品上树立起很高的声誉,扩大产品的销售,但如果这种产品被全新技术产品所取代,其销量就会大幅下降。

#### (三)市场专业化

企业选择一个细分市场作为目标市场,并生产多种产品来满足这一市场消费者的需求。企业提供一系列产品专门为这个目标市场服务,容易获得这些消费者的信赖,产生良好的声誉,打开产品的销路。但如果这个消费群体的购买力下降,就会减少购买产品的数量,企业销量就会产生滑坡的危险。

#### (四)选择专业化

企业选择若干个互不相关的细分市场作为目标市场,并根据每个目标市场消费者的需求,向其提供相应的产品。实施这种策略的前提就是每个市场必须是最有前景、最具经济效益的市场。

### (五)市场全面化

企业把所有的细分市场都作为目标市场,并生产不同的产品满足各种不同的目标市场消费者的需求。只有大企业才能选用这种策略。

## 四、确定目标市场策略

企业通过对市场进行细分,发现一些潜在需求或未被满足的需求,并结合企业自身的目标和资源,分析竞争情况,寻找到理想的市场机会,这就是目标市场的选择。企业决定选择哪些细分市场作为目标市场,有三种目标策略可供选择。如图7-6所示。

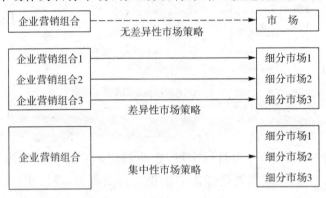

图7-6 三种不同的目标市场策略

### (一)无差异性市场策略

企业经过市场细分之后,虽然认识到同一类产品有不同的细分市场,但权衡利弊得失,不去考虑细分市场的特性,而注重细分市场的共性,决定只推出一种产品,或只用一套市场营销策略来满足市场所有顾客的需求,以求在一定程度上适合尽可能多的顾客需求。如改革开放之前,广州啤酒厂仅生产一种口味、一种规格、一种包装、一种价格的玻璃瓶装"双喜"啤酒供应广东市场。

**1. 无差异性市场策略的优点**

由于只有一种产品,企业容易做到机械化、自动化、标准化生产,容易做到大批量生产,容易做到生产成本低、产品质量好;又由于仅采用一种营销策略,销售成本也达到最低水平。这样企业能以物美价廉的产品迎合消费者的需要。

**2. 无差异性市场策略的缺点**

这种策略也有其不足之处。其一,不能满足消费者的多种需求。因为市场上的消费者需求是千差万别的,企业只有一种产品难以满足所有消费者的需求和欲望。其二,容易引起过度竞争。一旦企业的这种产品销路好,能获得丰厚的利润时,必然招徕许多竞争者。其三，不能长期使用。因为一种产品能长期为消费者所接受是罕见的，现代社会产品更新换代速度飞快，老产品很容易被淘汰。

这一策略适用于产品刚上市的情况，或产品获得专利权的，因为这样的场合没有竞争者或竞争者少，适合于生产规模大、实力雄厚的大企业。

### (二) 差异性市场策略

企业经过市场细分之后，认识到不同细分市场消费者存在不同的需求，企业决定推出多种产品，采用多种市场策略，分别去满足多个目标市场消费者的需求。如广州花城汽水厂生产各种不同的高档饮料，用不同的口味、不同的功能、不同的包装、不同的广告宣传，分别吸引多个目标市场的消费者。他们用"高橙"饮料去适应北方市场和部队市场消费者的需要，用"高能"饮料去满足运动员、飞行员、强体力劳动者、强脑力劳动者迅速补能的需要，以"人参花饮露"去适应老年人滋补身体的需要，以"乐声宝"去满足演员、教师等消费者护嗓的需要等等。

由于构成整体市场的消费者的需求是千差万别的，即使对同一种产品的需求，在型号、规格、款式、颜色等方面的需求也有明显的差异。企业选择多个目标市场并根据每个细分市场消费者的需要，用不同的产品、不同的市场策略去满足各个目标市场消费者的需要。

#### 1. 差异性市场策略的优点

差异性市场策略的优点一是销售量大。目标市场越多，消费者的需求就越多，产品的销售量就越大；二是风险小。因为企业有多个市场，从而可以避免因为一个目标市场出现问题时，威胁到整个企业的生存和发展。

#### 2. 差异性市场策略的缺点

差异性市场策略最大的不足是成本高。由于企业生产的产品多，需要投入多项研究费用、多套生产设备、多种熟练生产工艺的技术人员和生产工人、多种产品包装，加上产品需求批量小，生产成本必然高；且用多套分销渠道网络，多种促销措施，以致分销费用、储存费用、广告宣传费用、人员推销费用都大幅度增加，销售成本也相当高。

这一策略适应于产品生命周期的成长期后期和成熟期。因为这一时期竞争者多，企业采取这一策略可以获取市场竞争优势，增强企业的竞争力。

### (三) 密集性市场策略

密集性市场策略也称"集中性市场策略"。是指企业集中力量去满足一两个目标市场的消费者需要。由于企业认为自己的资源有限，企业应集中所有的力量在这一两个目标市场上，争取在这一两个目标市场上获取较高的市场占有率，不断取得竞争优势，逐渐扩充自己的实力。如广东省中山市小霸王电子工业公司，专门生产小学生用的电子学习机，使小霸王产品称雄于国内学习机市场。

#### 1. 密集性市场策略的优点

密集性市场策略的优点是投资少，见效快。因为企业只有一两个市场，资金的需要较少,同时由于这一两个市场是企业的命根,企业必然会竭尽全力对目标市场作深入的调查研究,及时收集顾客意见、及时反馈信息、及时按消费者的需求和欲望去改进产品,提供最佳服务,从而能迅速产生销售效果。

### 2. 密集性市场策略的缺点

由于企业只有这一两个市场,万一市场发生变化,就会导致企业经营失利,使企业难以翻身。也可以说风险大是这种策略的不足。

这一策略适应于资源薄弱的小型企业,或是处于产品生命周期衰退期的企业。

### 五、确定目标市场策略应考虑的因素

前面所述的三种目标市场策略各有其长处和不足,企业应根据具体的情况加以选择。企业在确定采用何种目标市场策略时应考虑如下因素:

#### (一)企业资源

企业的资源包括企业的人力、物力、财力、信息、技术等各方面。当企业资源多,实力雄厚时,可运用无差异性或差异性市场策略;当企业资源少,实力不足时,最好采用密集性市场策略。

#### (二)产品的同质性

企业生产同质性高的产品,如大米、食盐等,由于其差异较少,企业可用无差异性市场策略;生产同质性低的产品,如衣服、照相机、化妆品、汽车等,对于这类产品,消费者认为产品各个方面的差别较大,在购买时需要进行挑选比较,企业适宜采用差异性市场策略去满足不同消费者的需求。

#### (三)产品所处的生命周期阶段

产品处于生命周期不同的阶段,由于市场的环境发生变化,企业应采用不同的市场策略。在产品的投入期和成长期前期,由于竞争对手没有或很少,一般应采用无差异性市场策略;在成长期后期、成熟期,由于竞争对手多,企业应采取差异性市场策略,开拓新的市场;在衰退期,则可用密集性的市场策略,集中企业有限的资源进行生产与销售。

#### (四)市场的同质性

如果各个细分市场的消费者对某种产品的需求和偏好基本一致,对市场营销刺激的反应也相似,则说明这些市场是同质或相似的,这一产品的目标市场策略最好采用无差异性市场策略。如我国的电力,无论是北方市场或南方市场、城市市场或农村市场、沿海地区市场或是内陆地区市场,其需求是一致的,都需要220V、50Hz的照明电,电力生产与销售应采用无差异市场策略。如果各个细分市场的消费者对同种产品需求的差异

性大,则这种产品的市场同质性低,应采用差异性市场策略。

(五)竞争状况

其一,应考虑竞争对手的数量。如果竞争对手的数目多,应采用差异性市场策略,发挥自己的比较优势,提高竞争力,如果竞争对手少,则采用无差异性市场策略,去占领整体市场,增加产品的销售量;其二,应考虑竞争对手采取的策略。如果竞争对手已积极进行市场细分,并已选用差异性市场策略时,企业应采用更有效的市场细分手段,并采用差异性市场策略或密集性市场策略,寻找新的市场机会。如果竞争对手采用无差异性市场策略,企业可用差异性市场策略或密集性市场策略与之抗衡,如果竞争对手较弱,企业也可以实行无差异性市场策略。

## 第三节 市场定位

企业进行市场细分,确定目标市场之后,紧接着应考虑目标市场各个方位的竞争情况。因为在企业准备进入的目标市场中往往存在一些捷足先登的竞争者,有些竞争者在市场中已占有一席之地,并树立了独特的形象。新进入的企业如何使自己的产品与现存的竞争者产品在市场形象上相区别,这就是市场定位的问题。

### 一、市场定位的概念和作用

曾经有一张获奖的照片:在这张照片上布满了挤得密密的牛,这上百只牛体形态极其相似,唯有一头却异常引人注目,在其他的牛都低头觅食的时候,它却抬头回眸,瞪着大眼好奇地望着摄像机的镜头,神情极其可爱。每个看到这张照片的人无不被那头牛吸引住目光,并对其留下难以磨灭的印象,而对其他牛则难以留下记忆。这说明一个道理:有差异的、与众不同的事物才容易吸引人的注意力。

(一)市场定位的概念

市场定位(Market Positioning)是为了适应消费者心目中某一特定的看法而设计企业产品、服务及营销组合的行为。

市场定位根据不同定位的对象而不同,一般有企业(公司)定位、品牌定位、产品定位三个层面。产品定位就是将某个具体的产品定位于消费者心中,让消费者一产生类似需求就会联想起这种产品。产品定位是其他定位的基础,因为企业最终向消费者提供的是产品,没有产品这一载体,品牌及企业在消费者心中的形象就难以维持。品牌原本是产品的一种特殊标志、标识。但品牌定位不同于产品定位,当一种知名品牌代表某一特定产品时,产品定位与品牌定位无大区别。如当消费者一看到"飘柔",就自然而然把它与洗发水联系起来。当一种知名品牌代表多产品时,产品定位就区别于品牌定位,所以,品牌定位比产品定位内涵更宽、活动空间更广、应用价值更大;企业定位是企业组织形象的整体或其代表性的局部在公众心目中的形象定位,企业定位是最高层的定位,必须先定位他们的产品和品牌,但它的内容和范围要广得多。

(二)市场定位的作用

**1. 定位能创造差异,有利于塑造企业特有的形象**

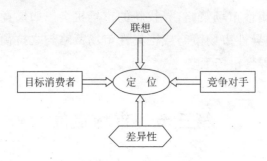

图7-7 定位概念图

通过定位向消费者传达定位的信息,使差异性清楚的凸现于消费者面前,从而引起消费者注意你的品牌,并使其产生联想。若定位与消费者的需求吻合,你的品牌就可以留驻消费者心中。如品牌星罗棋布的洗发水市场上,"海飞丝"洗发水定位为去头屑的洗发水,这在当时是独树一帜的,因而海飞丝一推出就立即引起消费者的注意,并认定它不是普通的洗发水,而是具有去头屑功能的洗发水,当消费者需要解决头屑烦恼时,便自然第一个想到它。

### 市场聚焦

#### "力士"香皂的市场定位

"力士"是国际上风行的老品牌。它70多年来在世界79个国家用统一策略进行广告宣传,并始终维护其定位的一致性、持续性,因而确定了它国际知名品牌的形象。"力士"香皂的定位不是清洁、杀菌,而是美容。相比较清洁和杀菌,美容是更高层次需求和心理满足,这一定位巧妙抓住人们的爱美之心。如何表现这一定位,与消费者进行沟通?"力士"打的是明星牌。通过国际影星推荐,"力士"很快获得全球的认知。同时,用影星来说"美容",把握了人们偶像崇拜以及希望像心中偶像那样被人喜爱的微妙心理。

(资料来源:http://jpkc.gdut.edu.cn)

**2. 定位能适应细分市场消费者或顾客的特定要求,更好地满足消费者的需求**

每一种产品不可能满足所有消费者的要求,每一个企业只有以市场上的部分特定顾客为其服务对象,才能发挥其优势,提供更有效的服务。因而明智的企业会根据消费者需求的差别将市场细分化,并从中选出有一定规模和发展前景并符合企业的目标和资源的细分市场作为目标市场。但只是确定了目标消费者是远远不够的,因为这时企业还是处于"一厢情愿"的阶段,令目标消费者也同样以你的产品作为他们的购买目标才更为关键。为此企业需要将产品定位在目标市场消费者所偏爱的位置上,并通过一系列的营销活动向目标消费者传达这一定位信息,让消费者注意到这一品牌并感觉到它就是他们所需的,这样才能真正占据消费者的心,使你所选定的目标市场真正成为你的市场。如果说市场细分和目标市场抉择是寻找"靶子",那么市场定位就是将"箭"射向靶子。

**3. 定位能形成竞争优势,增强企业竞争力**

当今信息爆炸的社会中,消费者大都被过量的产品或服务的信息所困惑,他们不可能在做每项购买决策时都对产品做重新的评价,为了简化购买决策,消费者往往会对产品进行归类,也就是将某个企业和产品与竞争对手和竞争产品相比较后得出的感觉、印象和感想,并使企业和产品在他们心目中"定个位置"。定位一旦得到消费者的认可,能使企业形成巨大的竞争优势,且这一优势往往非产品质量和价格所带来的优势可比。如"可口可乐才是真正的可乐",这一广告在消费者心目中确立了"可口可乐是唯一真正的可乐"这一独特的地位,于是,其他可乐在消费者心目中只是可口可乐的模仿品而已,尽管在品质或价格等方面几乎不存在差异。

## 二、市场定位策略

### (一)产品定位策略

市场营销中的产品是一个整体产品,产品定位的目的是让有形、无形的产品在顾客心目中留下深刻的印象,因此产品定位必须由产品三个层次的各种特征,如从功能、价格、技术、质量、安装、应用、维护、包装、销售渠道、售后服务等方面入手,使这之中的一个或几个能与其他同类产品区分开来,且区别越大越好,特色越明显越好,看上去就好像是市场上"唯一"的。归纳起来,产品定位策略有下面几种:

**1. 根据属性定位**

产品与属性、特色或顾客利益相联系。如酒可按照含酒精的浓度高低分类,"XO"定位为男士之酒,广东的"客家娘酒"定位为女人自己的酒。又如汽车市场上,德国的大众汽车具有"货币的价值"的美誉,日本的丰田汽车侧重于"经济可靠",瑞典的沃尔沃汽车则具有"耐用"的特点。

产品的外形(形状、颜色、大小等)是产品给顾客的第一印象,独特的外形往往能吸引顾客第一眼的注意。如果在顾客对某些产品的外形已形成习惯、想当然的时候,在外形上加以改造,往往会产生令人惊喜的效果。所谓"狗咬人不是新闻,人咬狗才是新闻"。如果在灰黑的电器中,突然看到一台红色的电冰箱,会格外引人注目。

**市场回放**

### 可乐的颜色

可口可乐与百事可乐在日本的遭遇大不相同,原因就在于二者的颜色。

日本人喜爱的是红色,如国旗上的红太阳。可口可乐的包装主色正是红色。而百事可乐包装的主色调是黄色,还有青色、白色和红色的搭配,不但与日本人的色彩喜好不一致,而且给人的印象也很杂乱。二者在日本的竞争被称为"红黄之战"。结果,只有可口可乐在日本感到"可乐",百事则"不可乐",销售欠佳。

(资料来源:道客巴巴网站)

2. 根据价格与质量定位

价格是产品最明显、最能反映其质量、档次特征的信息。如一家大酒楼,推出上万元一桌的"黄金宴",通过这种看似噱头的高价,除了造成了新闻的轰动效应外,关键给顾客留下了深刻的印象,使顾客把这家酒楼与豪华高贵联系起来,从而使酒楼在顾客心目中形成了独特的地位。

(1)高质、高价定位。高价格是一种高贵质量的象征。只要企业或产品属于"高质"的类别,且高质量、高水平服务、高档次能使顾客实实在在地感受到,就可以用这种定位。

**市场聚焦**

### 劳斯莱斯的高质高价定位

劳斯莱斯汽车是富豪生活的象征。其昂贵的车价近40万美元。据说该车的许多部件都是手工制作,精益求精。出厂前要经过上万公里无故障测试。拥有这种车的顾客都具有以下特征:2/3的人拥有自己的公司,或者是公司的合伙人;几乎每个人都有几处房产;每个人都拥有一辆以上的高级轿车;50%的人有艺术收藏,40%的人拥有游艇;平均年龄在50岁以上。可见,这些人买车并不是在买一种交通工具,而是在买一种豪华的标志。

(资料来源:王彦长、王亮:《市场营销学》,合肥:中国科学技术大学出版社,2011。)

(2)高质、低价定位。一些企业将高质、低价作为一种竞争手段,目的在于渗透市场,提高市场占有率。如广东格兰仕集团就是采用这种定位,通过重视优于价格水平的产品质量的宣传,向顾客传递"物超所值"的信息。使格兰仕微波炉迅速占领我国微波炉市场并一直保持超过65%的极高市场占有率。

**3. 根据产品的功能和利益定位**

产品能帮助顾客解决问题,带来方便,获得心理上的满足,这就是产品的功能。顾客一般很注重产品的功能,企业可以通过对自己产品各种功能的突破、强调给顾客带来比竞争对手更多的利益和满足,可以用它进行定位。

(1)多功能定位。提供多种功能,期望顾客买一件产品,可获得多种用途,达到多方面的满足,建立起"功能齐全"的市场形象。如长城电脑公司,将电视、电脑、电讯结合起来,用一台电脑较好地满足顾客收看电视节目、电脑操作、通讯三方面的要求。

(2)重点功能定位。将产品关键的、重要的功能作为突破点,使顾客在产品主要功能方面获得最大的满足,形成产品独特的形象。

**市场回放**

### 深圳太太药业集团的功能定位

深圳的太太药业集团是保健品市场的后来者,该公司推出的太太口服液的功能定位,曾有过几次的调整。

起初该公司的产品以治黄褐斑为重点,诉求点"三个女人,三个黄",随着产品知名度的提高,这个定位对女性保健需要而言,明显过窄了,使市场扩大受到限制。

90年代中期,公司决定用"除斑、养颜、活血、滋阴"等功能定位,但又与其他众多的保健品没有多大区别,产品失去特色。

1996年以后,该公司主要强调产品含有F.L.A,能够调理内分泌,令肌肤重现真正天然美的纯中药制品等,诉求点"发自内在的魅力……挡也挡不住",成功地实现重点功能定位。

(资料来源:王彦长、王亮:《市场营销学》,合肥:中国科学技术大学出版社,2011。)

(3)单一功能定位。将产品的某一功能设计得特别突出,使一件产品能够完全满足一种功能需要从而突出产品差异。如柯达的傻瓜相机的操作非常简单,比一般照相机更受欢迎。夏普公司曾经开发出一种彩电和录像机二合一产品,无论怎样努力,就是无法取代一般彩电、录像机,原因就在于单功能产品也有无法比拟的优势。

**4. 根据使用者定位**

使用者就是目标顾客。所以,依靠使用者的定位,实际上就是选定一个独特的目标市场,并使产品在此目标市场上获得难以取代的优势地位。如婴儿助长奶粉、老年人高钙铁质奶粉。

## (二)品牌定位策略

品牌是商业化的现实生活中最常见的东西。消费者在购物的时候大多数人就认牌子。据说在国际上,有一半的产品是靠牌子成交的。如瑞士的手表、法国的化妆品、日本的电子产品和小汽车、德国的照相机、美国的可口可乐及中国的丝绸等,这些产品几乎不需要任何介绍,成交率都会非常高。

### 1. 档次定位

依据品牌在消费者心目中的价值高低区分出不同的档次。如酒店、宾馆按星级划分为1~5个等级就是档次定位的一个例子。广州五星级白天鹅宾馆其高档的品牌形象不仅涵盖了幽雅的环境、优质的服务、完善的设施,还包括进出其中的都是商界名流及有一定社会地位的人士。定位于中低档次的品牌,则针对其他的细分市场,如满足追求实惠和廉价的低收入者。

因为档次定位反映品牌的价值,不同品质、价位的产品不适宜使用同一品牌。如果企业要推出不同价位、品质的系列产品,应采取品牌多元化策略,以免使整体品牌形象受低质产品影响而遭到破坏。如台湾顶新集团在中档方便面市场成功推出"康师傅"。在进攻低档方便面市场时,不是简单地沿用影响力已经很大的"康师傅"品牌,而是推出新的品牌"福满多"。

### 2. 类别定位

依据产品的类别建立起品牌联想。类别定位力图在顾客心目中造成该品牌等同于某类产品的印象,以成为某类产品的代名词或领导品牌,在消费者有了某类特定需求时就会联想到该品牌。在饮料市场,"可口可乐"和"百事可乐"是市场的领导品牌,市场占有率极高,在消费者心目中的地位不可动摇。"七喜"汽水"非可乐"定位就是借助类别定位的一个经典例子。"非可乐"的定位使"七喜"处于与"可口可乐"和"百事"对立的类别,成为可乐饮料之外的另一种选择。不仅避免了与两巨头的正面竞争,还巧妙地与两品牌挂钩,使自身处于和它们并列的地位。成功的类别定位使"七喜"在龙争虎斗的饮料市场中占据老三的位置。

### 3. 比附定位

比附定位就是攀附名牌、比拟名牌来给自己品牌定位。其目的是借名牌之光来提升自己品牌的价值和知名度。

(1)甘居"第二"策略。明确承认同类产品中另有最负盛名的品牌,自己只不过是第二而已。这种策略会使人们对该产品产生一种谦虚诚恳的印象,相信其所说的是真实可靠的,因而记住了通常不易为人重视和熟记的序号

(2)奉行高级俱乐部策略。强调自己是某个具有良好声誉的小团体的成员之一。如美国克莱斯勒公司就宣称自己是美国"三大汽车公司之一";其推出这个俱乐部的概念,一下子便使自己和"巨头"们坐在了一起,很容易在顾客心目中留下不灭的印象。

### 4. 情景定位

将品牌与一定环境、场合下产品的使用情况联系起来,以唤起顾客在特定情景下对该品牌的联想。如"八点以后"巧克力薄饼定位"适合八点以后吃的甜点","米开威"(Milky Way)则自称为"可在两餐之间吃的甜点"。它们在时段上建立了区分。八点钟以后,想吃甜点的顾客自然而然想到"八点以后"这个品牌,而在两餐之间,首先会想到"米开威"。

### (三)企业定位策略

顾客在购买一种物品的时候,常常会面临着品牌太多,而自己又对品牌弄不清楚的情形。这时顾客往往会倾向于看生产经营的企业是哪一家,再做决定。企业作为一个整体,在顾客的心目中是有一定位置的。如一提到胶卷,大多数人脑子里立刻会排出柯达、富士、乐凯等一系列的名称。所以一个企业,必须设法让自己作为一个整体,在顾客的心灵中占据一个明显而又突出的位置。企业作为整体的定位,有四种可以选择的策略:

#### 1. 市场领导者的策略

在同行中,往往有一家这样的大企业,它的经济实力雄厚,产品拥有最大的市场占有率,被公认处于市场领导者的地位。这类企业为了维护其领导者的地位,通常把自己的整体形象定位在消费者偏爱范围的中心位置,这样的定位最能适合广大顾客的需要,市场占有率也最大。

#### 2. 市场挑战者的策略

在同行业中,一些大企业处于第二、第三的市场地位,它们不甘心被领导,立意开展市场竞争,抢占市场领导者的位置,以提高市场占有率、增加盈利。这类企业的市场定位是把自己的整体形象定位在尽量靠近市场领导者的位置,缩小与领导者的差别,便于争夺市场领导者地位。

#### 3. 市场追随者的策略

在同一行业中,一些处于市场第四、第五位的企业,或处于第二、第三位的企业,它们从利润出发,不愿意冒风险与市场领导者争夺市场领导地位,而宁居次要地位追随、模仿市场领导者。这类企业一般选择的定位策略有三:一是紧随其后;二是有距离追随;三是有选择追随。

#### 4. 市场补缺者的策略

在同一行业中,一些小型企业因为资源有限,无法与大企业相争,只能经营一些被大企业忽视的小市场。这类企业把自己的整体形象定位在远离领导者的位置上,以避免市场竞争,发展自己的事业。

## 三、市场定位的技术

### (一)市场定位的工具

定位不仅是一种思考,在实践中还需要专业性的工具使之操作具体化。定位图就是进行定位时最常使用的一种工具。

定位图是一种直观的、简洁的定位分析工具,一般利用平面二维坐标图的品牌识别、品牌认知等状况作直观比较,以解决有关定位问题。其坐标轴代表顾客评价品牌的特征变量,图上各点则对应市场上的主要品牌,它们在图上的位置代表顾客对其在关键特征的评价。如图7-8所示。

通过定位图,可以显示各产品、各品牌在顾客心目中的印象及相互之间的差异,在此基础上做出定位决策。

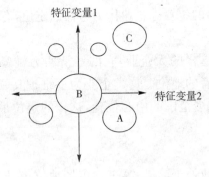

图7-8 品牌定位图

如果需要作更复杂的分析(二个以上的特征变量),可用其他的定位工具,如排比图和多元分析的统计软件。

排比图就是将特征变量排列出来,在每一变量上分别比较各竞争品牌的各自表现,最后在此基础上确定定位(如图7-9所示)。排比图最大的特点是适应多因素分析,有助于在纷繁的变量中寻找定位。

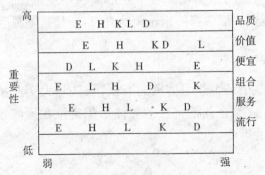

图7-9 排比图

图 7-9 纵向排列的要素是产品的特征变量,其重要程度由上而下逐渐递减,排在最上面的重要程度最高。图上的各点代表各竞争品牌(D、E、H、L、K)在相应每一特征变量的横线上依各自在该方面表现的相对强弱而排列,强弱程度从左至右逐渐递增。如在"品质"这一变量上,D品牌表现最佳,被公认为最优质,L、K、H三种品牌则品质相近且都为一般,而E则最差,排在最左边。

(二)市场定位的方式

1. 避强定位

企业力图避免与实力最强或较强的其他企业直接发生竞争,将自己的产品定位于与竞争对手不同的市场区域内,使自己的产品在某些特征或属性方面与最强或较强的对手有显著的差异。这种方式的优点是:能够迅速地在市场上站稳脚跟,并能在消费者或用户心目中迅速树立起一种形象。由于这种定位方法市场风险较少,成功率较高,故常常为多数企业所采用。

2. 对抗性定位

企业根据自身的实力,为占据较佳的市场位置,不惜与市场上占支配地位的、实力最强或较强的竞争者发生正面竞争,从而使自己的产品进入与对手相同的市场位置。这种定位的方式有时会产生激烈的市场竞争,有较大的市场风险,但不少企业认为由于竞争者强大,能够激励自己奋发上进,一旦成功就会取得巨大的市场优势,且在竞争过程中往往能产生轰动效应,可以让消费者很快了解企业及其产品,企业易于树立市场形象。如"可口可乐"与"百事可乐"、"肯德基"与"麦当劳"等等。实行对抗性定位,必须知己知彼,应清楚估计自己的实力,不一定要压垮对方,只要能够平分秋色就是巨大的成功。

### 市场聚焦

## "洋"快餐为何能长驱直入广州城

广州素有"食在广州"之美誉,因而很多人并没料到洋快餐竟能在此大行其道。但只要分析洋快餐进攻广州之前餐饮市场定位图(如图7-10所示),就可知洋快餐的成功并非偶然。

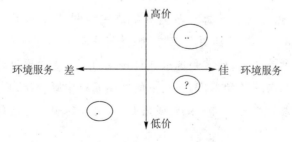

图7-10 广州餐饮市场定位图

图上的点主要集结在两个区域:环境、服务俱佳但价格不菲的部分是星罗棋布的高档酒楼;另一部分低档价廉,这是遍布大街小巷的小食肆。由此反映出广州餐饮业主要分为两个类型:(1)高档酒楼和低档的大排档;(2)这两类型从业者之间的竞争相当的激烈,市场空隙甚少。虽然市场上众多饮食业竞争得不可开交,但从图上可以看出,环境、服务优良但价格适中的区域却尚是一片空白。而若我们了解广州近年经济发展状况及市民对餐饮消费需求的变化,就很容易明白这片空白是大好机会所在。随着经济的发展,人们的收入有了很大的增长,对进餐的卫生条件、环境、服务、质量等方面的要求也提高了,因而低档小食肆已不能满足越来越多人的要求,特别是日益壮大的白领阶层,更是把在此类食肆进餐看作有失身份的事,高档酒楼进餐只能偶然而为之,将其作为解决日常进餐问题的场所是不现实的。生活水准的提高,生活节奏的加快,都令中档快餐有着不可估量的市场潜力。洋快餐正是瞄准这一机会而进攻广州市场的。

(资料来源:http://www.duoduoji.com)

### 3. 重新定位

企业实施某种定位方案一段时间以后,有可能发现原有的定位效果并不理想,不能达到营销目标;或者没有足够的资源实施这一方案;或者为发展新市场的需要;或者竞争的需要。此时应该对产品进行重新定位。

**经典回味**

### 万宝路的重新定位

万宝路刚进入市场时,是以女性作为目标市场的,它的口味也特意为女性消费者而设计:淡而柔和。它推出的口号是:"像五月的天气一样温和。"从产品的包装设计到广告宣传,万宝路都致力于目标消费者——女性烟民。然而,尽管当时美国吸烟人数年年都在上升,万宝路的销路却始终平平。40年代初,莫里斯公司被迫停止生产万宝路香烟。后来,广告大师李奥贝纳为其做广告策划时,做出一个重大的决定,万宝路的命运也发生了转折。李奥贝纳决定沿用万宝路品牌名对其进行重新定位。他将万宝路重新定位为男子汉香烟,并将它与最具男子汉气概的西部牛仔形象联系起来,吸引所有喜爱、欣赏和追求这种气概的消费者。通过这一重新定位,万宝路树立了自由、野性与冒险的形象,在众多的香烟品牌中脱颖而出。从80年代中期到现在,万宝路一直居世界各品牌香烟销量首位,成为全球香烟市场的领导品牌。

表 7-5　新旧万宝路的定位比较

| 旧万宝路定位 | 新万宝路定位 |
| --- | --- |
| 针对女性 | 针对男性 |
| 淡烟 | 重口味香烟 |
| 香料少 | 香料多 |
| 没有过滤嘴 | 有过滤嘴 |
| 白色包装 | 红白色包装 |
| 老旧形象 | 现代化形象 |

（资料来源：http://www.duoduoji.com）

重新定位有时需要承担很大的风险，企业在做出重新定位决策时，一定要慎重。必须仔细分析原有定位需要改变的原因，重新认识市场，明确企业的优势，选择最具优势的定位，并通过传播不断强化新的定位。

定位时，企业可以只推出一种差异，也就是单一差异定位；也可以推出两种差异，这称为"双重差异定位"；还可以推出几种差异，实行多重差异定位。但值得引起重视的是：企业推出的差异不宜过多，否则会降低可信度，也影响了定位的明确性。定位时应注意的问题有以下四点：

1. 定位混乱

企业推出的差异过多、推出的主题太多、定位变化太频繁，会使消费者对其产品或品牌只有一个混乱的印象，令人难以弄清其主要的功能及好处是什么。

2. 定位过度

企业过度鼓吹产品的功效或提供的利益，会使消费者难于相信企业在产品特色、价格、功效和利益等方面的宣传，从而对定位的真实性产生怀疑。

3. 定位过宽

有些产品定位过宽，不能突出产品的差异性，使消费者难于真正了解产品，难以使该产品在消费者心目中树立鲜明的、独特的市场形象。

4. 定位过窄

有些产品或品牌本来可以适应更多的消费者需要，但由于定位过窄，使消费者对其形象的认识过于狭窄，因而不能成为企业产品的购买者。如中国的丝绸，在西方顾客心目中是一种上流社会消费的高价商品，但由于国内企业争相出口、不断压价，使其在国外市场上成为一种便宜货，许多人反而不买了。

## 本章小结

目标市场选择的前提和基础是必须对整体市场进行细分。市场细分是指营销者利用一定需求差别因素（细分因素），把某一产品整体市场消费者划分为若干具有不同需求差别的群体的过程或行为。划分出了多个细分市场之后，必须对每个细分市场进行评估。评估细分市场时，应该考虑该细分市场的目前状况，预测未来发展潜力，考虑能否发挥本企业的资源优势和该细分市场的竞争状况。具体确定是选择一个单独的细分市场、几个细分市场还是所有的细分市场，可以成为企业的目标市场。确定目标市场后，根据企业的实力、产品的实际状况、消费者选择产品的方式、竞争和环境等因素，选择目标市场的策略。可供选择的策略有：无差异性市场策略、差异性的市场策略、集中性的市场策略。

## 本章习题

1. 细分市场能否成为目标市场？应从哪几个方面进行评价？
2. 企业定位不理想时应做何种处理？
3. 在作出对抗性定位时，企业应把握的问题是什么？
4. 怎样进行市场细分？
5. 有人说："当企业为其产品推出较多的优越性（利益点）时，可能会变得令人难于相信，并失去一个明确的定位。"你是否同意这一说法？请找出一些现实生活中观察到的实例来说明。

## 案例研讨

### 广东移动全线出击拼服务

一、全球通：业务与服务双领先

"全球通"作为移动历史最悠久也是最具含金量的业务品牌，目前广东移动的用户总共有 2600 万人，其中中高端的"全球通"用户就有 900 多万人。这部分用户的人数虽然不占有绝对的优势，但熟悉市场营销的人都知道，市场中一个知名的 20/80 原则。意为企业 80% 的利润是 20% 的顾客所创造的，如何留住这 20% 的高端客户，是任何一家企业在制定营销战略时首先要考虑的。而移动的"全球通"用户显然就属于这个 20% 的群体。对于这部分用户来说，资费显然并不是最重要的考虑因素，相反服务是否优质、是否到位、是否具有增值效应才是他们考虑的重点。广东移动在 2003 年 4 月在广州、深圳等地针对不同的客户需求推出四种不同的资费套餐，以回馈"全球通"的用户。不过和竞争对手纯粹打"资费牌"的做法有所不同的是，移动对于不同的用户提供专门为其量身定做的方案，并以优越的网络质量和良好的品牌美誉度作为最大的卖点。这不仅是移动针对目前移动通信市场个性化需求的不断增强的发展状况做出的策略调整,也是为用户带来实实在在的通信成本的降低,可谓"一举两得"。除了资费套餐外,广东移动今年还将在数据增值服务方面投入更多的力气。目前基于MMS技术的"彩信"业务推出不到一年就在用户中得到不错的反响,今年将在"彩信"的基础上推出一项基于K—Java技术的"百宝箱"业务,为用户提供更多的移动通信乐趣。

二、动感地带:玩转年轻人

"动感地带"主要是处于目前客户市场不断细分的客观需求,专门针对年轻人的特殊需求而推出的品牌,这些喜欢追求时尚的年轻人群体不仅在语音服务方面有较强的消费力,而且对于各种新的数据业务也勇于尝试,尤其是对短信类服务情有独钟。对于这个群体,广东移动不断推出一些特别的政策。如"五一"期间,就对"动感地带"现行的资费标准做出调整其中网外通话由0.60元/分钟降为0.40元/分钟,网内通话也由0.40元/分钟降为0.20元/分钟,品牌内通话需要0.15元/分钟,如此大幅度的优惠不仅有利于移动"动感地带"用户的增长,同时也为用户本身带来相当大的实惠。资费优惠的同时,个性化的应用是移动发展"动感地带"用户的主要策略之一。如今年"5.17"期间就针对"动感地带"用户偏爱数据业务和强调个性的特点推出了一项个性化服务——"彩铃"业务,为用户提供了充满个性的回铃声定制服务。

三、神州行:围剿中低端

作为移动主攻低端市场的品牌,"神州行"在近来的市场竞争中的确受到一定的影响,尤其是电信"小灵通"的出台,完全单向收费的价格优势使其在中低端市场具有相当的吸引力。而联通随后出台的一些准单向收费或是IP长途优惠政策也对"神州行"用户形成了一定的威胁。今年"五一"前后,移动对"神州行"的资费做出了一定的调整,推出了预先充值一定金额就赠送相应话费的优惠措施,并对此前颇受欢迎的亲情号码服务进行了升级(可以设定十个之多)。到今年6月30日,用17951拨打长途电话都能够享受到IP费3折的优惠。除了在"神州行"本身做出优惠外,"神州行大众卡"进入城区也是针对中低端市场的重要策略。根据移动相关的政策,在限定区域内使用,可以享受到网内单向收费的优惠,而且网内的主叫以及网间通话的资费比一般的"神州行"便宜,为用户提供更多运营商服务选择。

**案例分析题:**

1. "全球通"、"动感地带"和"神州行"这三个品牌是依据什么标准来进行市场细分?
2. 广东移动在确定目标市场时,采用的是什么策略?
3. 结合本案例谈谈市场细分的作用。

## 应用训练

1. 实训目标

（1）训练学生如何选择目标市场。

（2）训练学生如何实施市场定位策略。

（设定自己是某产品的市场营销经理，针对你所经营的产品，分析研究"谁是你的客户"，找准你的目标市场，实施市场定位策略。）

2. 实训组织

以实地调查为主，与在图书馆、互联网查找资料相结合得出相关资料，集体讨论、分析，最终以报告形式得出结果。

3. 实训要求

在市场调研与分析的基础上，确定并描绘你的客户。

（1）描述你的当前客户（年龄段、性别、收入、文化水平、职业、家庭大小、民族、社会阶层、生活方式）。

（2）他们来自何处（本地、国内、国外、其他地方）？

（3）他们买什么（产品、服务、附加利益）？

（4）他们每隔多长时间购买一次（每天、每周、每月、随时、其他）？

（5）他们买多少（按数量、金额）？

（6）他们怎样买（赊购、现金、签合同）？

（7）他们怎样了解你的企业（网络、广告、报纸、广播、电视、口头、其他）？

（8）他们对你的公司、产品、服务怎么看（客户的感受）？

（9）他们想要你提供什么（他们期待你能够或应该提供的好处是什么）？

（10）你的市场有多大（按地区、人口，潜在客户分）？

（11）在各个市场上，你的市场份额是多少？

（12）你想让市场对你的公司产生怎样的感受？

根据以上资料，确定这一产品的市场定位，并拟出市场定位建议书。

# 第八章
# 竞争性市场营销战略

## 学习目标

▶ 熟悉竞争者的类型
▶ 掌握市场竞争者的优劣势分析
▶ 掌握"五力模型"及三种基本竞争战略
▶ 具备依据企业的行业地位制定企业战略的技能

## 案例导引

### 大厦将倾

2002年1月23日,美国历史上最大的破产案主角、安然公司董事长兼CEO肯尼斯·莱正式辞职。曾几何时,在美国金融和能源市场中呼风唤雨的安然,是美国最大的天然气采购商及出售商。2000年2月,安然股票交易价在每股60至70美元之间,而到了2001年11月30日则跌至每股26美分。一位曾叱咤美国政坛,被视为企业经营管理理念的先驱者,以制造商业神话称奇的重量级人物肯尼斯·莱,因为疏于最基本的风险管理,导致安然的瞬间凋零。伴随着安然的黯然陨落,肯尼斯·莱顷刻间沦为万夫所指的对象。

(案例来源:《当代中外公司治理典型案例剖析》,李帆主讲,孙晓波整理。)

## 第一节 竞争者分析

企业之间竞争的加剧使得企业的忧患意识空前地强烈起来,企业在努力提高绩效、改善管理、优化资源配置、强化产品质量和技术水平的同时,也对自己的竞争对手更加关注。从之前的闭门造车,到企业从上到下开始对竞争对手有所关注、观念有所转变,再到现在的全面推行竞争情报工作,纷纷构建企业的竞争情报系统,可以看出企业在逐渐重视对竞争对手的分析与研究,逐渐把竞争对手的研究工作当成一项对企业发展至关重要的事业来对待。甚至企业所有决策的依据、所有行动的准则都是根据竞争对手的情况而制定的。这种决策与行动不再是盲目的,而是有针对性的、有可靠依据的决策与行动。这样就降低了决策的风险,减少了行动失败的可能,使企业始终处于一个合理的、有利的竞争环境之中。

## 一、竞争者分析的含义

竞争者分析是指企业通过某种分析方法识别出竞争对手,并对它们的目标、资源、市场力量和当前战略等要素进行评价。其目的是为了准确判断竞争对手的战略定位和发展方向,并在此基础上预测竞争对手未来的战略,准确评价竞争对手对本组织战略行为的反应,估计竞争对手在实现可持续竞争优势方面的能力。对竞争对手进行分析是确定组织在行业中所处战略地位的重要方法。

竞争者分析一般包括以下五项内容和步骤:

其一,识别企业的竞争者。

其二,识别竞争者的策略。

其三,判断竞争者目标。

其四,评估竞争者的优势和劣势。

其五,判断竞争者的反应模式。

## 二、竞争者的类型

企业参与市场竞争,不仅要了解谁是自己的顾客,而且还要弄清谁是自己的竞争对手。从表面上看,识别竞争者是一项非常简单的工作,但是,由于需求的复杂性、层次性、易变性,技术的快速发展和演进、产业的发展,使得参与市场竞争中的企业面临复杂的竞争形势,一个企业可能会被新出现的竞争对手打败,或者由于新技术的出现和需求的变化而被淘汰。企业必须密切关注竞争环境的变化,了解自己的竞争地位及彼此的优劣势,只有知己知彼,方能百战不殆。

可以从不同的角度来划分企业竞争者的类型:

(一)行业角度

**1. 现有厂商**

现有厂商指本行业内现有的与企业生产同样产品的其他厂家,这些厂家是企业的直接竞争者。

**2. 潜在加入者**

当某一行业前景乐观、有利可图时,会引来新的竞争企业加入,使该行业增加新的生产能力,并要求重新瓜分市场份额和主要资源。另外,某些多元化经营的大型企业还经常利用其资源优势从一个行业侵入另一个行业。新企业的加入,将可能导致产品价格下降、利润减少。

### 3. 替代品厂商

与某一产品具有相同功能、能满足同一需求的不同性质的其他产品,属于替代品。随着科学技术的发展,替代品将越来越多,某一行业的所有企业都将面临与生产替代品的其他行业的企业进行竞争。

## (二) 市场方面

### 1. 品牌竞争者

我们把同一行业中以相似的价格向相同的顾客提供类似产品或服务的其他企业称为"品牌竞争者"。如家用空调市场中,生产格力空调、海尔空调、三菱空调等厂家之间的关系。品牌竞争者之间的产品相互替代性较高,因而竞争非常激烈,各企业均以培养顾客品牌忠诚度作为争夺顾客的重要手段。

### 2. 行业竞争者

我们把提供同种或同类产品,但规格、型号、款式不同的企业称为"行业竞争者"。所有同行业的企业之间存在彼此争夺市场的竞争关系。如家用空调与中央空调的厂家、生产高档汽车与生产中档汽车的厂家之间的关系。

### 3. 需要竞争者

我们把提供不同种类的产品,但满足和实现消费者同种需要的企业称为"需要竞争者"。如航空公司、铁路客运、长途客运汽车公司都可以满足消费者外出旅行的需要,当火车票价上涨时,乘飞机、坐汽车的旅客就可能增加,相互之间争夺满足消费者的同一需要。

### 4. 消费竞争者

我们把提供不同产品,满足消费者的不同愿望,但目标消费者相同的企业称为"消费竞争者"。如很多消费者的收入水平提高后,可以把钱用于旅游,也可用于购买汽车,或购置房产,因而这些企业间存在相互争夺消费者购买力的竞争关系,消费支出结构的变化,对企业的竞争有很大影响。

## (三) 企业所处的竞争地位

### 1. 市场领导者(Leader)

市场领导者指在某一行业的产品市场上占有最大市场份额的企业。如宝洁公司是日化用品市场的领导者,可口可乐公司是软饮料市场的领导者等。市场领导者通常在产品开发、价格变动、分销渠道、促销力量等方面处于主宰地位。市场领导者的地位是在竞争中形成的,但不是固定不变的。

### 2. 市场挑战者(Challenger)

市场挑战者指在行业中处于次要地位(第二、三甚至更低地位)的企业。如富士是摄影市场的挑战者,高露洁是日化用品市场的挑战者,百事可乐是软饮料市场的挑战者等。市场挑战者往往试图通过主动竞争扩大市场份额,提高其市场地位。

### 3. 市场追随者(Follower)

市场追随者指在行业中居于次要地位,并安于次要地位,在战略上追随市场领导者的企业。在现实市场中存在大量的追随者。市场追随者的最主要特点是跟随。在技术方面,它们不做新技术的开拓者和率先使用者,而是做学习者和改进者。在营销方面,它们不做市场培育的开路者,而是搭便车,以减少风险和降低成本。市场追随者通过观察、学习、借鉴、模仿市场领导者的行为,不断提高自身技能,不断发展壮大。

### 4. 市场补缺者(Nichers)

市场补缺者是行业中相对弱小的一些中、小企业,它们专注于市场上被大企业忽略的某些细小部分,在这些细小市场上通过专业化经营来获取最大限度的收益,在大企业的夹缝中求得生存和发展。市场补缺者通过生产和提供某种具有特色的产品和服务,赢得发展的空间,甚至可能发展成为"细小市场中的巨人"。

## 三、确认竞争者的目标

不同的企业对长期利益与短期利益各有侧重。有些竞争者更趋向于获得"满意"的利润而不是"最大利润"。尽管有时通过一些其他的战略可能使它们取得更多利润,但它们有自己的利润目标,只要达到既定目标就满足了。也就是说,竞争者虽然无一例外关心其企业的利润,但它们往往并不把利润作为唯一的或首要的目标。在利润目标的背后,竞争者的目标是一系列目标的组合,对这些目标竞争者各有侧重。所以,我们应该了解竞争者对目前盈利的可能性、市场占有率的增长、资金流动、技术领先、服务领先和其他目标所给予的重要性权数。了解了竞争者的这种加权目标组合,我们就可以了解竞争者对目前的财力状况是否满意,它们对各种类型的竞争性攻击会做出什么样的反应等等。如一个追求低成本领先的竞争者对于它的竞争对手因技术性突破而使成本降低所做出的反应,比对同一位竞争对手增加广告宣传所做出的反应要强烈得多。企业必须跟踪了解竞争者进入新的产品细分市场的目标。若发现竞争者开拓了一个新的细分市场,这对企业来说可能是一个发展机遇;若企业发现竞争者开始进入本公司经营的细分市场,这意味着企业将面临新的竞争与挑战。对于这些市场竞争动态,企业若能了如指掌,就可以争取主动,从而做到有备无患。

## 四、市场竞争者优、劣势分析

在市场竞争中,企业需要分析竞争者的优势与劣势,做到知己知彼,才能有针对性地制定正确的市场竞争战略,以避其锋芒、攻其弱点、出其不意,利用竞争者的劣势来争取市场竞争的优势,实现企业的营销目标。

竞争者优、劣势分析的内容有以下几个方面:

其一,从产品来看,主要分析竞争企业的产品在市场上的地位,产品的适销性,以及产品系列的宽度与深度。

其二,从销售渠道来看,主要分析竞争企业销售渠道的广度与深度,销售渠道的效率与实力,销售渠道的服务能力。

其三,从市场营销来看,主要分析竞争企业市场营销组合的水平,市场调研与新产品开发的能力,销售队伍的培训与技能。

其四,从生产与经营来看,主要分析竞争企业的生产规模与生产成本水平,设施与设备的技术先进性与灵活性,专利与专有技术,生产能力的扩展,质量控制与成本控制,区位优势,员工状况,原材料的来源与成本,纵向整合程度。

其五,从研发能力来看,主要分析竞争企业内部在产品、工艺、基础研究、仿制等方面所具有的研究与开发能力;研究与开发人员的创造性、可靠性、简化能力等方面的素质与技能。

其六,从资金实力来看,主要分析竞争企业的资金结构、筹资能力、现金流量、资信度、财务比率、财务管理能力。

其七,从组织来看,主要分析竞争企业组织成员价值观的一致性与目标的明确性,组织结构与企业策略的一致性,组织结构与信息传递的有效性,组织对环境因素变化的适应性与反应程度,组织成员的素质。

其八,从管理能力来看,主要分析竞争企业管理者的领导素质与激励能力、协调能力,管理者的专业知识,管理决策的灵活性、适应性、前瞻性。

### 五、竞争者的市场反应行为

(一)迟钝型竞争者

某些竞争企业对市场竞争措施的反应不强烈,行动迟缓。这可能是因为竞争者受到自身在资金、规模、技术等方面的能力的限制,无法做出适当的反应;也可能是因为竞争者对自己的竞争力过于自信,不屑于采取反应行为;还可能是因为竞争者对市场竞争措施重视不够,未能及时捕捉到市场竞争变化的信息。

(二)选择型竞争者

某些竞争企业对不同的市场竞争措施的反应是有区别的。例如:大多数竞争企业对降低价格这样的竞争措施总是反应敏锐,倾向于做出强烈的反应,力求在第一时间采取报复措施进行反击,而对改善服务、增加广告、改进产品、强化促销等非价格竞争措施则不大在意,认为其不构成对自己的直接威胁。

## (三)强烈反应型竞争者

竞争企业对市场竞争因素的变化十分敏感,一旦受到来自竞争对手的挑战就会迅速地做出强烈的市场反应,进行激烈的报复和反击,势必将挑战自己的竞争者置于死地而后快。这种报复措施往往是全面的、致命的、甚至是不计后果的,不达目的绝不罢休。这些强烈反应型竞争者通常都是市场上的领先者,具有某些竞争优势。一般企业轻易不敢或不愿挑战其在市场上的权威,尽量避免与其作直接的正面交锋。

## (四)不规则型竞争者

这类竞争企业对市场竞争所做出的反应通常是随机的,往往不按规则出牌,使人感到不可捉摸。不规则型竞争者在某些时候可能会对市场竞争的变化作出反应,也可能不作出反应;他们既可能迅速作出反应,也可能反应迟缓;其反应既可能是剧烈的,也可能是柔和的。

### 营销大师

**竞争理论大师:迈克尔·波特**

迈克尔·波特是当今享誉世界的、公认的研究竞争战略和竞争力问题的权威学者,哈佛商学院终身教授,许多一流美国企业和跨国公司的战略顾问。1947年出生于美国密歇根州安阿伯,于普林斯顿大学获得航天和机械工程学位,哈佛大学获得MBA(1971年)和博士学位(1973年)。迄今已经出版了17部著作,发表了70多篇文章。他的《竞争战略》、《竞争优势》和《国家竞争优势》等书,所提出的"三种一般性竞争战略"、"五种竞争力量模型"等理论观点,使他在学术界、企业界获得了极其崇高的地位。

(资料来源:吴健安、郭国庆、钟育赣,《市场营销学》,北京:高等教育出版社,2007。)

# 第二节 基本竞争战略

20世纪60年代,战略思想开始运用于商业领域,并与达尔文的"物竞天择"的生物进化思想共同成为战略管理学科的两大思想源流。战略管理理论和思想都是面对和解决现实中各种商业和管理问题而产生的,各种理论都有着独到的理论和思想根源。早期的战略思想代表人物钱德勒(Chandler, A. D. 1962)以及安索夫(Ansoff, H. I. 1965)认为,企业战略应该是同企业的组织结构相互匹配的,因此战略研究就是在企业资源框架下发现企业的内部优势与劣势。20世纪80年代,波特在产业组织经济下的竞争优势与竞争战略研究为战略思想的研究作出了重大贡献,产业组织理论也成为当时战略理论研究的重要方向。随着企业更加关心核心价值的发掘和利用,近些年的战略思想和理论研究主要围绕着资源基础论展开,这些理论思想和研究更加强调企业核心竞争力的保持与核心竞争优势的发展。

## 一、产业结构与五种竞争力量

20世纪70年代以后,美国的传统支柱产业和部分新兴产业受到了来自日本、西欧国家的强大竞争压力。如何提高国际竞争力,成为当时美国学术界、产业界、政府部门面临的紧迫课题。在这种背景下,哈佛大学商学院教授迈克尔·波特(Michael Porter)提出了竞争优势理论。他先后于1980、1985和1990年出版了《竞争战略》、《竞争优势》和《国家竞争优势》三部著作,从企业、产业和国家三个层次,系统地论述了国家竞争优势的培育和竞争战略的运作技巧,深受国际学术界的赞誉和实业界的青睐。

1980年,波特在其《竞争战略》一书中提出五种竞争力量模型。如图8—1所示。

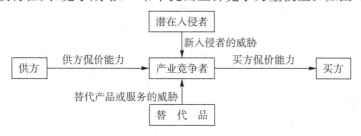

图8-1 决定产业盈利能力的五种竞争力量

任何产业中的竞争强度普遍受到新企业加入竞争行列的威胁力、具有类似功能商品的取代压力、买家的讨价还价力量、供应商的讨价还价的力量、现有竞争对手的角逐对抗力量的影响。这五种结构性因素所产生的互动力量的影响如下:

其一,新企业能否加入某一产业,对已存在于该产业中的企业构成威胁,当然这要视进入该产业的障碍有多大来判定。障碍可源于政府的保护政策、投资数额的要求、技术难度以及产品分销途径设立的难度等等。

其二,除非企业能生产独一无二的产品,否则替代品取而代之的可能性不容抹杀,特别是价格便宜、性能良好的替代品更具威胁,而用户讨价还价能力与替代品的存在有着密不可分的关联关系。当然,用户对产品的认同程度,也会影响到其买与不买的倾向性。

其三,如果买家的购买量很大,对企业经营额的高低举足轻重,其讨价还价能力也会相应提高。买家对产品定价的敏感程度也是一个企业需要仔细衡量的影响竞争力强度的因素。定价敏感度高的产品会增加买家的讨价还价能力。

其四,原料的供应由少数公司所垄断,是构成供应商讨价还价力量膨胀的重要原因之一。所用原料是否属于必须投入品也能左右供应商的讨价还价能力。当然,如果企业是供应商的大用户,供应商也不敢轻视,彼此之间讨价还价的力量对比就会有所调整。

其五,与产业中其他现存企业争夺顾客,是企业主管人员感受到的最直接竞争压力。成本构成的差别、竞争对手的多少、甚至退出竞争的障碍都会对竞争强度的变化产生作用。

在与五种竞争力量的抗争中,蕴涵着三类成功型战略思想,这三种战略思想为:一是总成本领先战略;二是差异化战略;三是集聚化战略。这些战略类型的目标是使企业的经营在产业竞争中高人一筹。有时企业追逐的基本目标可能不止一个,但波特认为这种情况实现的可能性是很小的。因为企业贯彻任何一种战略,通常都需要全力以赴,并且要有一个支持这一战略的组织安排。

### 市场聚焦

#### 基于资源和核心竞争力的战略研究范式

20世纪80年代,许多企业感到无法在众多领域里成为世界级竞争者,纷纷清理非核心业务,出现"归核化"(Refocusing)趋势。进入90年代以后,经济全球化、世界经济一体化使地域边界模糊化;信息化浪潮又使行业界限模糊化;创新成为新经济竞争的主要手段。这一切都促使战略学者寻找新的战略范式以不变应万变。《战略管理杂志》上发表了《基于资源的企业观》一文,奠定了以企业资源为基础的战略理论研究的基石。1990年,哈默(Hamel)和普拉哈拉德(Parahalad)在《哈佛商业评论》发表《企业的核心能力》一文,资源基础论(RBV,Resource Based View)受到了学术界和企业界的广泛关注。资源基础论(RBV)认为:其一,企业具有不同的有形与无形的资源,这些资源可能转变为独特的能力;其二,资源在企业间是不可流动的且难以复制的,这些独特的资源与能力是企业获得持久竞争优势的源泉;其三,当一个企业具有独特、不易复制、难以替代的资源时,它就能比其他企业更具有竞争优势;其四,企业是一系列独特资源的组合而不是同质的"黑箱"。核心竞争力(Core Competence)理论认为:成功的企业依赖能产生经济租的资源——李嘉图租(稀缺性资源租金)和熊彼特租(创新性租金),但当今社会没有任何一种资源永远处于稀缺或新颖状态,所以企业必须运用企业资源的独特能力不断持续地创新。资源基础理论为企业的长远发展指明了方向,也就是培育、获取能给企业带来竞争优势的特殊资源。

(资料来源:[美]迈克尔·波特:《竞争战略》,上海:生活·读书·新知三联书店,1988。)

## 二、企业竞争战略选择

波特最基本的理论假设是企业必须在某一产业中或市场上为其本身定位,定位的意义是指企业可依据现时的产业竞争强度分析结果,考虑一种可成为努力目标的竞争优势,也就是成本或差异化,再斟酌企业的竞争范围是大市场或小市场,然后在成本领先战略、成本集聚战略、广义差异化战略以及集聚差异化战略四种战略取向中选择最适合企业条件的一种。如图8-2所示。

| | | 市场范围 | |
|---|---|---|---|
| | | 大市场 | 小市场 |
| 战略目标 | 低成本 | 成本领先战略 | 成本集聚战略 |
| | 差异化 | 广义差异化战略 | 集聚差异化战略 |

图8-2 可供企业选择的竞争战略

### (一)总成本领先战略

总成本领先地位非常吸引人,一旦公司赢得了这样的地位,所获得的较高的边际利润又可以重新对新设备、现代设施进行投资以维护成本上的领先地位,而这种再投资往往是保持低成本状态的先决条件。

**案例透析**

### 沃尔玛公司成本领先战略

沃尔玛百货有限公司由美国零售业的传奇人物山姆·沃尔顿于1962年在阿肯色州成立,经过40余年的发展,沃尔玛已成为美国最大的私人雇主和世界上最大的连锁零售商。至2007年,沃尔玛在全球有分店6796家,在《财富》2003年、2004年评选的美国最受尊敬的企业中,沃尔玛连续两年排名第一,沃尔玛在全球多个国家被评为"最受赞赏的企业"和"最适合工作的企业"之一。沃尔玛何以从一家小型零售店,发展成为全球第一零售品牌?山姆·沃尔顿一语道破——我们为每一位顾客降低生活开支。我们要给世界一个机会,来看一看通过节约的方式改善所有人的生活是个什么样子。也就是说,始终如一地坚持成本领先战略,是沃尔玛取胜的法宝。

沃尔玛贯彻节约开支的经营理念,在采购、存货、销售和运输等各个商品流通环节想尽一切办法降低成本,并能够在包含高科技的计算机网络方面和信息化管理方面不惜代价,投入重金打造其有助于降低整体物流成本的高科技信息处理系统。在节约开支的经营理念的指导之下,沃尔玛最终将流通成本降至行业最低,把商品价格保持在最低价格线上,成为零售行业的成本管理专家和成本领先战略的经营典范。

(资料来源:李晓丽:《沃尔玛成本领先战略的实施对中国零售业的启示》,载《商场现代化》,2007。)

### (二)差异化战略

差异化战略有时会与争取占有更大的市场份额的活动相矛盾。推行差异化战略往往要求公司对于这一战略的排他性有思想准备。这一战略与提高市场份额两者不可兼顾。在建立公司差别化战略的活动中总是伴随着很高的成本代价,有时即便全产业范围的顾客都了解公司的独特优点,也并不是所有顾客都将愿意或有能力支付公司要求的高价格。

### (三)目标集聚战略

目标集聚战略是主攻某个特殊的顾客群、某产品线的一个细分区段或某一地区市场。这一战略依靠的前提思想是:公司业务的专一化能够以更高的效率、更好的效果为某一狭窄的战略对象服务,这样做的结果是公司或者通过满足特殊对象的需要而实现了差异化,或者在为这一对象服务时实现了低成本,或者二者兼有。这样的公司可以使其赢利的潜力超过产业的普遍水平。这些优势可以保护公司抵御各种竞争力量的威胁。但专一化战略常常意味着限制了公司可以获取的整体市场份额。专一化战略必然包含着利润率与销售额之间互以对方为代价的关系。

以上三种战略是每一个公司必须明确的,因为徘徊其间的公司将处于极其糟糕的战略地位。这样的公司缺少市场占有率,缺少资本投资,从而削弱了"打低成本牌"的资本。而采用目标集聚战略,在更加有限的范围内建立起差别化或低成本优势,更会有同样的问题。徘徊其间的公司几乎注定是低利润的,所以它必须做出一种根本性战略决策,向三种通用战略靠拢。而同时采用这三个战略,也注定会失败,因为它们要求的条件是不一致的。

企业在进行远景和使命陈述以及战略分析的基础上,开始进行战略选择。企业可供选择的战略类型有许多,包括一体化战略、加强型战略、多元化战略、防御型战略等,每种战略又分成若干子战略,并存在许多方式。如表8—1所示。

表 8-1 主要战略类型

| 战略 | 定义 | 举例 |
|---|---|---|
| 前向一体化 | 获得分销商或零售商的所有权或对其加强控制 | 制药企业收购药品销售公司 |
| 后向一体化 | 获得供方公司的所有权或对其加强控制 | 红塔集团收购和投资辅料生产企业 |
| 横向一体化 | 获得竞争者的所有权或对其加强控制 | 青岛啤酒兼并几十家啤酒厂 |
| 市场渗透 | 通过更大的营销努力提高现有产品或服务的市场份额 | 哈药六厂加大广告投入 |
| 市场开发 | 将现有产品或服务打入新的地区市场 | 海尔冰箱进军海外市场 |
| 产品开发 | 通过改造现有产品或服务,或开发新产品或服务而增加销售 | 苹果公司开发出了运行速度为500M的G4芯片 |
| 集中多元化经营 | 增加新的但与原业务相关的产品或服务 | 电信企业新增宽带业务 |
| 混合多元经营 | 增加新的与原业务不相关的产品或服务 | 联想宣布进入办公房地产 |
| 横向多元经营 | 为现有用户增加新的不相关的产品或服务 | 纽约扬基棒球队与新泽西网队篮球队合并 |
| 合资经营 | 两家或更多的发起公司为合作目的组成独立的企业 | 肯德基最初进入北京时与北京畜牧局和旅游局合资 |
| 收缩 | 通过减少成本与资产对企业进行重组,以扭转销售额和盈利的下降 | |
| 剥离 | 将分公司或组织的一部分售出 | 国内许多企业将非主营的三产卖掉,专注于主营业务 |
| 清算 | 为实现有形资产价值而将公司资产全部分块售出 | |

## 第三节 企业的市场竞争地位与营销战略选择

  企业营销战略的选择取决于各个公司的规模和公司在行业中的地位,根据各公司在行业中的份额,可将其分为领导者、挑战者、追随者和利基者。市场领导者掌握了40%的市场份额,该公司拥有整个市场中最大的市场份额,另外的30%市场份额掌握在市场挑战者手中,而且它们正在为获得更多的市场份额而努力。还有20%掌握在市场追随者手中,它们试图维持现有的市场份额,并不希望扰乱市场局面。剩余的10%被市场利基者控制,这些公司存在于那些大公司所不感兴趣的小细分市场。正因为如此,企业根据自己在市场中的地位有了营销战略。

## 一、市场领导者的营销战略

市场领导者在整个市场中占有最大的市场份额,在价格变化、新产品开发、分销渠道、促销战略等方面对行业内其他公司起着领导作用,比如通用汽车、英特尔、沃尔玛等。作为市场的领导者他们所采取的营销战略的核心就是保持其原有的领导地位。

### (一)发现和扩大市场

#### 1. 寻找新的使用者

每一种产品都有吸引顾客的潜力,顾客不想购买是因为不知道这种产品,或者因为其价格不当或缺乏某些特点所致。运营商可以从这三种人中寻找新的使用者。如香水生产厂商可以努力说服那些不用香水的女士使用香水(市场渗透策略),或者说服男士使用香水(新市场策略),或者向国外出口香水(地理扩展策略)。

#### 2. 发现新的用途

企业可以通过发现并推广产品的新用途来扩大市场。杜邦公司的尼龙就是开发新用途的一个典型案例。每当尼龙进入产品生命周期的成熟阶段,杜邦公司就会发现其新用途。尼龙首先是用作降落伞的合成纤维;然后是用作女袜的纤维;接着又成为男女衬衫的主要原料;再后来又成为汽车轮胎、沙发椅套和地毯的原料。每项新用途的发现都使产品开始了一个新的生命周期。所有这些都应归功于该公司为发现新用途而不断开展的研究和开发计划。

#### 3. 扩大使用量

扩大使用量就是说服人们在每次使用产品时增加使用量。在刺激提高每次使用量方面,有一个例子极具独创性,那就是法国的米奇林轮胎公司。该公司一直在设法鼓励法国的车主每年驾驶更多的里程,以便增加轮胎更换次数。该公司想出一种用三星系统评价法国餐馆的办法。它宣称许多最佳餐馆都设在法国南部,从而引导许多巴黎人驱车前往法国南部度周末。米奇林公司还出版了带有地图和沿途风景点图片的旅游指南以进一步吸引旅游者。

### (二)保护现有市场份额

居于领导者地位的企业在努力扩大整个市场规模时,必须继续保护自己的现有业务,以防受到竞争对手的攻击。市场领导型企业可使用以下几种防御策略:

#### 1. 阵地防御策略

最基本的防御概念是沿着领地的四周建造坚不可摧的防御工事。当然,不能单纯防守现有的领地或产品。即使是像"可口可乐"这样的品牌也不能被其公司视为未来发展和获利的主要来源。尽管可口可乐公司的销量占据世界饮料市场的一半左右,它还是收购了几家果汁饮料公司,并且正在从事海水淡化设备和塑料产品等多种经营。

### 2. 侧翼防御策略

市场领导型企业不仅应守卫自己的领土,还要建立一些侧翼阵地以保护其空虚的前沿,并可充当反击的前进基地。如大荣公司是日本最大的超市连锁公司,它狠狠地报复了提供低价格的折扣商店,它所用的是这样一些策略:在城镇外开辟新店址,销售更多的进口商品,与批发商讨价还价以其到 2010 年时将价格折半,吸引批发商。

### 3. 以攻为守策略

这种更为主动的防御战术是先发制人,在对方未行动之前抢先攻击,将其削弱。此种策略认为:预防胜于治疗,会达到事半功倍的效果。因此,投资改进公司产品、提高员工水平和服务水平是非常关键的。实力雄厚的市场领导型企业是有能力抵抗常规进攻的,有时甚至可以坚持一场旷日持久的消耗战。亨氏公司毫不介意汉特公司在番茄酱市场的猛烈攻击,几乎不作抵抗,然而最终结果表明汉特公司得不偿失。不过,这些不怕攻击的公司要对其主导产品的最终优势充满必胜的信心。

### 4. 退却防御策略

有些时候,大公司也承认无法继续固守其所有领土。由于它们的兵力过于分散,竞争者趁机在蚕食某些细分市场。这时,有计划地收缩也就是战略退却是一种最好的策略。这种有计划的收缩并不是放弃市场,而是放弃薄弱的领域,将资源重新分配以增援较强的领域。有计划的收缩是加强市场能力,在关键领域集中优势力量的行动。如松下公司 1988 年将其产品线个数从 5000 个削减到了 1200 个,而五十铃公司则放弃了轿车市场转向其集中生产占有优势的卡车。

## (三)进一步扩大现有市场份额

领导型企业在追求提高市场份额时,应考虑以下三个方面以避免盲目性:

其一,是激起反垄断行为的可能性。领导型企业试图进一步占有市场时,一些嫉妒的竞争对手会"反垄断"。这种风险的出现减弱市场份额的收益。

其二,是经济成本。如果市场份额已达到某一水平后还在继续增长,利润有可能开始下降。追逐更高市场份额的成本会超过其收益。比如说,一个占有 60% 市场的领导型企业必须认识到那些"顽固不化"的顾客会对公司产生厌恶,会忠实于竞争对手,会有其独特的需求,或者宁愿与小供应商打交道。而且,竞争者也会奋力抵抗以保卫其市场份额。随着市场份额的增加,各种法律事务、公共关系、游说的成本费用也在上升。

其三,是在公司努力追求扩大市场份额时,有可能导致错误的营销组合,因此,并不能带来利润的增加。虽然某些营销变量组合在建立市场占有时是非常有效的,但并非所有的都能带来高额利润。

一般来讲,在以下两种情况下,高的市场份额意味着带来高额利润:一是单位成本随着市场份额的提高而降低,这是由于市场领导型企业享有成本上的规模经济,20 世纪 70 年代,日本汽车公司打入美国市场就是采取了这一策略才获得成功的。二是公司提供优质高价的产品,同时价格的升高要超过质量所带来的额外成本。提高产品质量并不会增加公司的成本,公司也因此减少了废料和售后服务等消耗。如果其特色非常适合消费者需要,他们宁愿为此支付超过成本的价格。这种既可增加市场份额又能带来盈利的策略已经被日本索尼公司所采用。

## 二、市场挑战者的营销战略

在一个行业中居于中等地位的企业或中型企业,其行为方式大体上有两种:一种是攻击市场领先者和其他企业,以夺取更多的市场份额,采取这种进攻姿态的企业,称为"市场挑战者";另一种是参加竞争但不扰乱市场竞争格局,采取这种温和姿态者称为"市场追随者"。

挑战者的任务是增加市场份额,提高企业在行业中的地位,这就决定了挑战者必须使用进攻性竞争策略。在发动实际进攻之前,挑战者必须广泛收集资料,分析竞争情况,确定挑战目标、进攻对象和选择竞争策略。

### (一)确定挑战目标

挑战应有计划性和把握好节奏。每一次攻击行动都必须有一个明确的和可以达到的目标,例如扩大多少市场份额、花多大代价、盈利率提高多少等。

### (二)确定进攻对象

确定进攻对象,也就是准备向谁发动进攻、从谁那里获得市场份额。进攻对象不外乎有下述三种:

其一,进攻市场领先者。

其二,进攻实力虚弱的同规模、同地位的企业。对这种企业的最好攻击时机,常常是其发生财务问题的时候。

其三,进攻弱小的企业。进攻弱小企业时,进攻目标常常是吞并它,而不仅仅是夺取其部分市场份额。

### (三)确定进攻策略

确定进攻策略时,应遵循集中兵力原则。《孙子兵法》中说:"故用兵之事,在于顺详敌之意,并敌一向,千里杀将。"也就是因势利导地抓住敌人的意图,正确选择主攻方向。简言之,就是集中兵力指向敌人的要害或虚弱的地方。

#### 1. 正面进攻

正面进攻是指集中兵力正面指向对手的最具实力的环节发动进攻,而不是指向对手的薄弱环节发动进攻。正面进攻是实力和耐力的较量,成功的条件是必须具有超过对手的实力优势。但正面进攻是最残酷的竞争,常常会两败俱伤,即使取得胜利,也将消耗巨大实力,所以不具有压倒优势(新技术、低成本、资金雄厚等),一般不应用这种策略。

#### 2. 侧翼进攻

侧翼进攻是一种出奇制胜的战略。企业的对手可能很强大,但其侧翼或后方难免有薄弱地带或防御缺口,这些薄弱地带和缺口常常是进攻的目标,这就是集中优势兵力打击对方的弱点,而不是指向对方的实力环节。侧翼进攻战略通过辨认细分市场、寻找市场空当,并满足其需要,缓解了许多企业为争夺同一目标市场而浴血战斗的局面,并使需求得到更高程度的满足,所以是一种最积极、最有效和最经济的竞争战略。

#### 3. 包围进攻

侧翼进攻之重点是集中兵力指向对手的缺口、空当或弱点,包围进攻则是在几条战线上同时发动一场大规模进攻,迫使对手分散兵力同时保卫其前方、两翼和后方。

#### 4. 游击进攻

游击进攻是向竞争对手的不同领域进行零零星星或断断续续的攻击,目的是骚扰对方,瓦解其士气,最终获得永久的立足点。在较小企业进攻大企业时,常因实力较弱而难以使用侧翼进攻、正面进攻和包围进攻等战略,所以只能发动一系列的短期攻击。进攻矛头可指向大竞争者的任何地方,以消耗其力量和蚕食其市场。挑战者也可以把上述战略组合起来使用,游击进攻可作为发动大规模进攻的准备活动,用以侦察对手的虚实和消耗其力量。

#### 5. 绕道进攻

绕道进攻指绕过竞争对手的现有领地,避开任何直接的交战行动,进入易于进入和对手尚未进入、甚至尚未想到的地方,因此也可视为"避免竞争"的竞争战略,是"最聪明的竞争"。

### 三、市场跟随者的营销战略

市场跟随者是指安心于次要地位,不热衷于挑战的企业。在大多数情况下,企业更愿意采用市场跟随者战略。市场跟随者的主要特征是安于次要地位,在"和平共处"的状态下求得尽可能多的收益。在资本密集的同质性产品的行业中(如钢铁、原油和化工行业),市场跟随者策略是大多数企业的选择。其主要是由行业和产品的特点所决定的。这些行业的主要特点是:

第一,产品的同质程度高,产品差异化和形象差异化的机会较低。

第二,服务质量和服务标准的趋同。

第三,消费者对价格的敏感程度高。

第四,行业中任何价格挑衅都可能引发价格大战。

第五,大多数企业准备在此行业中长期经营下去。

企业之间保持相对平衡的状态,不采用从对方的目标市场中拉走顾客的做法。在行业中形成这样一种格局,大多数企业跟随市场领先者走,各自的势力范围互不干扰,自觉地维持共处局面。并非所有位居第二的公司都会向市场领先者挑战,领先者在一个全面的战役中往往会有更好的持久力,除非挑战者能够发动必胜的攻击,否则最好追随领先者而非攻击领先者。

一个市场追随者必须知道如何保持现有的和如何争取有新顾客参加的令人满意的市场份额,每一个追随者要努力给它的目标市场带来有特色的优势。追随者是挑战者攻击的主要目标,因此,市场追随者必须保持它的低制造成本和高产品质量或服务。当新市场开辟出来时,它也必须进入。追随战略并非是被动的或是领先者的一个翻版。追随者必须确定一条不会引起竞争性报复的成长路线。追随战略可以分为三类:紧紧跟随、保持一段距离的跟随、有选择追随。

(一)紧紧跟随

追随者在尽可能多的细分市场和营销组合领域中模仿领先者。追随者往往几乎以一个市场挑战者面貌出现,但是如果它并不激进地妨碍领先者,直接冲突就不会发生。有些追随者甚至可能被说成是寄生者,他们在刺激市场方面很少行动,他们只希望依靠市场领先者的投资生活。

(二)保持一段距离的跟随

追随者与领先者保持某些距离,但又在主要市场和产品创新、一般价格水平和分销上追随领先者。市场领先者十分欢迎这种追随者,因为领先者发现他们对它的市场计划很少干预,而且乐意让他们占有一些市场份额,以便使自己免遭独占市场的指责。

(三)有选择跟随

这类公司在有些方面紧跟领先者,但有时又走自己的路。这类公司可能具有完全的创新性,但它又避免直接的竞争,并在有明显好处时追随领先者的许多战略。这类公司常能成长为未来的挑战者。

市场追随者虽然占有的市场份额比领先者低,但可能获取更高利润,甚至赚更多的钱。它们成功的关键在于主动地细分市场并使其集中;有效地研究和开发;着重于盈利而不着重市场份额;以及有效的组织管理。

### 四、市场利基者的营销战略

利基市场(Niche Market),指那些被市场中的统治者或有绝对优势企业忽略的某些细分市场,指企业选定一个很小的产品或服务领域,集中力量进入并成为领先者,从当地市场到全国再到全球,同时建立各种壁垒,逐渐形成持久的竞争优势。

利基市场营销是指企业作为一个营销者,为了避免在市场上与强大的竞争对手发生正面冲突而受其攻击,而采取的一种利用营销者自身特有的条件,选择竞争对手获利甚微或力量薄弱的小块市场(称为"利基市场"或"补缺基点")作为其专门服务的对象,全力予以满足该市场的各种实际需求的思路,以达到牢固地占领该市场的目的,利基市场营销又称"补缺营销"。有的企业自发地运用了利基营销策略,并建立了自己的经营领域,并取得了一定的业绩。但值得注意的是,利基营销并非万能,它的运用是有条件的,不适当的运用尽管可能引起短期的利润增长,但可能导致企业长期收益的下降甚至枯竭。

一般认为,利基营销的运用条件主要包括以下几点:

其一,该市场有足够的规模或购买力,从而可能获利。

其二,该市场有增长潜力,不会短期萎缩。

其三,企业有满足市场需要的技能和资源,可有效为之服务。

其四,企业能够依靠已建立的客户信誉,保卫自身地位,对抗竞争者的攻击。

上述内容是指,如果企业决定进入利基市场,则这个利基市场必须能够为企业的立足、发展提供一系列可能生存的环境,也就是利基市场有成为企业目标市场的可能性。虽然许多企业都可以探讨并尝试运用利基营销,但在不同的市场环境、产品竞争及产品促销策略的具体条件下,其运用的着眼点和重点步骤是不同的。通常运用利基营销有两类情况:

第一种情况是对于希望进入新市场的中小企业面临的问题和机会。对于希望进入新市场的中小企业一般面临的问题是:

其一,企业对市场了解较少,如市场潜量、用户需求偏好、竞争对手的行销手段等。

其二,企业本身的形象和信誉未被消费者认识、认同或接受,在同行中知名度低。

其三,企业的财务受投资收益的制约,如受到大的竞争对手的正面攻击,有可能被迫退出市场。

与之相比,中小企业的优势在于:市场适应性强,进入或退出市场动作迅速。上述情况使中小企业必须运用市场分析的方法和手段,对汇总的市场信息进行过滤,并制定适当的策略,发挥自身的优势。在对市场进行分析时注意以下几点:

其一,顾客位于何处。

其二,产品购买者的购买量如何变化。

其三,主要的重复购买者真正需要什么样的服务。

其四,运用何种促销方式。

中小企业在准备进入一个相对陌生的利基市场时,除必要的外在条件外,还必须透过严密的市场分析,选择市场,确立目标,全力服务,才有可能在竞争中争得相当的市场份额。

第二种情况是对于着力开拓市场,运用利基市场营销的大企业面临的问题和机会。一般欲采取利基营销的大企业面临的问题可能是受到众多竞争者的冲击,市场趋于饱和;产品开发上偏离技术发展趋势;难以较快改变其产品结构和企业文化。因此,在进行

利基营销时,应该注意以下几个事项:

其一,调查使用相同和相似产品的顾客。

其二,找出目前不用,但有可能使用本企业产品的顾客。

其三,设法利用现有产品(线),开发新产品。

其四,寻找新兴市场。

由于利基营销一般集中在一个狭小的市场上,因此当市场上的需求受到某种因素影响而改变,或面临竞争对手的强烈正面攻击时,销售量较易波动而导致利润突然下降甚至消灭,为防止这种补缺基点的枯竭增加企业的生存机会,一旦有条件,企业应当注意发展多种补缺基点,避免单一利基市场的风险。

## 本章小结

技术进步、经济全球化、企业与客户关系的变化等一系列的因素使得企业之间的竞争越发激烈,通过对竞争对手的分析,做到"知己知彼"是企业开展有效竞争的前提,随着世界经济形态的变化,市场结构越来越集中,产业组织的力量超越政治、经济环境的力量;大企业在行业内形成垄断,自由竞争转向垄断竞争;产业资本密集、技术密集导致行业进入障碍加大;成功的企业大多来自有吸引力的行业。基于此,战略学家纷纷从适应环境的战略分析框架中跳出来,转向寻找有吸引力的产业,从成本和产品差异化上来寻找竞争优势,并形成在产业框架下研究企业战略的产业组织理论。有三类成功型战略思路:其一,总成本领先战略;其二,差异化战略;其三,目标集聚战略。这些战略类型的目标是使企业的经营在产业竞争中高人一等;企业营销战略的选择取决于各个公司的规模和在行业中的地位,根据各公司在行业中的份额,将其分为领导者、挑战者、追随者或利基者。市场领导者拥有整个市场中最大的市场份额;市场挑战者努力获得更多的市场份额;市场追随者维持现有的市场份额;市场利基者控制那些大公司所不感兴趣的小细分市场。企业根据自己在市场中的地位制定企业的营销战略。

## 本章习题

1. 竞争者市场反应行为对企业的影响是什么?
2. 行业对制定企业战略的影响有哪些?
3. 领导型企业的市场营销战略的特点是什么?

## 案例研讨

### 可乐争霸战

挑战途径:攻击市场领先者。

挑战策略:以价格手段进行的正面进攻+以细分市场为手段进行的侧翼进攻

十以地理性侧翼进攻将战火蔓延到全世界。

在饮料行业，可口可乐和百事可乐一个是市场领导者，一个是市场挑战者。世界上第一瓶可口可乐于1886年诞生于美国，距今已有125年的历史。这种神奇的饮料以它不可抗拒的魅力征服了全世界数以亿计的消费者，成为"世界饮料之王"。作为市场后起者，有两种战略可供选择：一是向市场领导者发起攻击以夺取更多的市场份额——挑战者战略；二是参与竞争，但不让市场份额发生重大改变——追随者战略。显然，经过近半个世纪的实践，百事可乐深刻地意识到，后一种选择连公司的生存都不能保障，是行不通的。于是，百事可乐向可口可乐发起强有力的挑战，并在与可口可乐的交锋中越战越强，最终形成"分庭抗礼之势"。1902年，可口可乐公司投下12万美元广告费，使可口可乐成为最知名的品牌。次年，可口可乐改变配方，除掉古柯碱成分。由于受到广告刺激与禁酒运动的影响，可口可乐快速成长起来。1915年，来自印第安纳州霍特市的一位设计师推出了6.5盎司的新瓶装，使得可口可乐与其他仿冒品相比，显得不同。此后，这种新瓶装约生产了60亿瓶。

百事可乐最早是以Me—too（我也是）的策略进入市场，你是可乐，我也是可乐。CocaCola的命名是取可乐倒进杯中，"喀啦喀啦"的声音，Pepsicola的命名则是取打开瓶盖可乐冒气"拍嘘"的声音，两种可乐音同而首字不同。在1970年后，可口可乐公司的宣传重点从"清凉顺畅、心旷神怡"的软性诉求，转向"只有可口可乐，才是真正可乐"的防御策略。提醒消费者可口可乐才是真正的创始者，其他都是仿冒品。后来更进一步将CocaCola浓缩为Coke一字，以摆脱百事可乐的同名干扰。这样店老板再也不会搞不清是拿可口可乐还是拿百事可乐。这是领导性品牌围、追、堵的很好策略。

百事可乐成长于30年代经济大恐慌时期，由于消费者对价格很敏感，因此1934年百事可乐推出了12盎司装的瓶子，但与可口可乐6.5盎司的价格一样，也是5分钱。百事可乐利用电台广告大力宣传"同样价格、双倍享受"的利益点。它成功地击中了目标，尤其是年轻人的市场，因为他们只重量不重质。1954年可口可乐销售量降低了3%，百事可乐上升12%。1955年可口可乐不得不发动反击，同时推出10盎司、12盎司及16盎司新包装。但为时已晚。可口可乐从50年代以5∶1的悬殊销售领先于百事可乐，到60年代百事可乐已将比例缩小到一半。

百事可乐的另一个成功策略是抓住了"新一代"。从1961年开始，广告强调"现在，百事可乐献给自认为年轻的朋友"，1964年喊出"奋起吧！你是百事的一代"，使这个观念更明确风行，大大影响了年轻人的传统意识。

百事可乐广告的成功，在于充分掌握了年轻人的喜好，使电影和音乐的魅力再现于广告影片中。百事可乐先后以"大白鲨"、"ET"、"回到未来"等主题引起广大青年人的共鸣。他们还率先聘请当代知名的摇滚红歌星如麦克·杰克森、莱诺·李奇等作为电视广告主角，一系列广告影片，风靡了全世界的新一代，使其品牌形象不断上升,甚至有凌驾可口可乐之上的趋势。百事可乐不仅在美国国内市场上向可口可乐发起了最有力的挑战,还在世界各国市场上向可口可乐挑战。在美国市场,百事可乐因为可口可乐的先入优势已经没有多少空间。百事可乐的战略就是进入可口可乐公司尚未进入或进入失败的"真空地带",当时公司的董事长唐纳德·肯特经过深入考察调研,发现前苏联、中国以及亚洲、非洲还有大片空白地区可以有所作为。1959年,美国展览会在莫斯科召开,肯特利用他与当时的美国副总统尼克松之间的特殊关系,要求尼克松"想办法让苏联领导人喝一杯百事可乐"。于是在各国记者的镜头前,赫鲁晓夫手举百事可乐,露出一脸心满意足的表情。这是最特殊的广告,百事可乐从此在前苏联站稳了脚跟。1975年,百事可乐公司以帮助前苏联销售伏特加酒为条件,取得了在前苏联建立生产工厂并垄断其销售的权力,成为美国闯进前苏联市场的第一家民间企业。这一事件立即在美国引起轰动,各家主要报刊均以头条报道了这条消息。在以色列,可口可乐抢占了先机,先行设立了分厂。但是,此举引起了阿拉伯各国的联合抵制。百事可乐见有机可乘,立即放弃本来得不到好处的以色列,一举取得中东其他市场,占领了阿拉伯海周围的每一个角落,使百事可乐成了阿拉伯语中的日常词汇。70年代末,印度政府宣布,只有可口可乐公布其配方,它才能在印度经销,结果双方无法达成一致,可口可乐撤出了印度。百事可乐因此乘机以建立粮食加工厂、增加农产品出口等作为交换条件,打入了这个重要的市场。在与可口可乐角逐国际市场时,百事可乐很善于依靠政界,抓住特殊机会,利用独特的手段从可口可乐手中抢夺市场。

百事可乐与可口可乐的销售差距从1960年的1∶2.5,缩小到1985年的1∶1.15,可口可乐的领导地位首次出现危机。在1985年底,百事可乐的销售额一度超过了可口可乐,到1986年古典可口可乐才夺回宝座。

(案例来源:《弱势者的营销战略之百事可乐挑战可口可乐》,荣泰五金网整理。)

**案例思考题:**
1. 百事可乐的成功策略是什么?
2. 百事可乐为什么敢于挑战可口可乐?

## 应用训练

1. 实训目标
(1)让学生通过对某一企业商战的深入理解,加深对竞争战略的理解。
(2)训练学生对竞争实质的综合分析能力,提升学生的管理实战素质。

2. 实训内容

将全班同学平均分成 6~8 组,分别组成 6~8 个有竞争关系的企业,讨论在不同情境下企业所采用的不同竞争战略。

# 第九章
# 产品策略

## 学习目标

▶ 掌握产品的整体概念及分类
▶ 掌握产品生命周期的概念及其各阶段的营销策略
▶ 理解产品组合的相关概念以及优化产品组合的策略
▶ 了解新产品的内涵及新产品开发的程序
▶ 掌握品牌设计的原则

## 案例导引

### 可口可乐的品牌魅力

在世界上,有没有"常青树"式的企业呢?答案是肯定的,"可口可乐"就是其中一家。正如可口可乐中国公司总裁戴嘉舜说:"可口可乐在全球历经百年发展,它不仅是一个成功的饮料,更是一个与消费者紧密相关的优秀品牌。"根据 Interbrand 连续 11 年发布的"全球最佳品牌榜"显示,可口可乐蝉联全球品牌价值第一。2010 年度"全球最佳品牌排行榜"显示,"可口可乐"更是以 704.52 亿美元的超高品牌价值再次名列榜首。

为何在众多竞争对手的围攻下,可口可乐公司始终保持着"永远的"创造力,不断推陈出新?原因很简单:不断地进行品牌创新!可口可乐也因此被消费者冠以"世界饮料之王"的称号,甚至曾享有"饮料日不落帝国"的赞誉。有关调查表明,全世界的消费者一眼就可以认出"可口可乐"的品牌标识。

可口可乐公司的魅力何在?应该如何看待"可口可乐"连年第一的超高品牌价值?在管理学界有一个著名的说法:假如可口可乐公司在全世界范围内的所有装瓶厂在一夜之间不慎失火烧光,第二天,世界上各大媒体将会出现两条截然不同的爆炸性新闻:一条新闻是"可口可乐公司在全世界范围内的所有装瓶厂一夜之间变为废墟,可口可乐公司面临重大困难",另一条新闻是"世界各大银行争相向可口可乐公司贷款,'可口可乐'再次扬起指日可待"。

上述虚构的故事说明了什么问题呢?这个案例对你又有什么启发呢?对于这

些问题,在你学习品牌策略后就迎刃而解了。

(资料来源:邱斌:《市场营销学——基本原理与经典案例》,南京大学出版社,2005。)

# 第一节 产品整体概念

在市场营销中我们要对"产品"的概念重新认识,只有营销人充分认识和理解了产品的真谛,才会在营销实战中做出创新的举措,从而不断推动营销业绩的提升。我们知道,物理学中讲的"产品"是一个具体的物体,但是在市场营销中我们对产品的理解则更丰富。市场营销的立足点是研究如何满足顾客的需要,从满足顾客需要的角度来认识产品,就会使"产品"的概念得到一定程度的扩展和延伸。因为在人们对于产品的需要、选择、购买和使用过程中,"需求"的内涵是会不断扩大的。比如,一个家庭需要一台洗衣机,以解脱人工洗衣费时、费力之苦,但市场上有各种各样的洗衣机,都能洗衣,人们在选择时又会考虑到洗衣机的外观、色彩、体积、价格、功能、省电情况、售后服务等等。也就是说,人们对于产品的需要是不断延伸和拓展的。所以,企业在产品的设计和开发时,就必须要考虑这些因素。

在现代市场营销学中,"产品"观念具有极其宽广的外延和深刻的内涵。那么,什么是产品呢?所谓"产品"是指能够通过交换满足消费者特定需求和欲望的一切有形物品和无形的服务。其中,有形物品包括产品实体及其品质、款式、特色、品牌和包装等;无形服务包括可以使消费者的心理产生满足感、信任感以及各种售后支持和服务保证等。这些有形物品和无形服务就构成了产品的整体概念,产品的整体概念包括以下五个层次(如图9-1所示)。

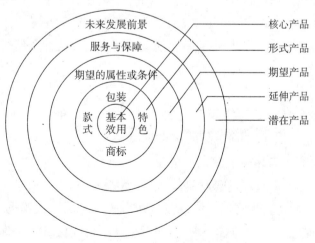

图9-1 产品的整体概念的五个层次

## 一、核心产品

核心产品是指广大顾客在购买产品时所追求的最本质的东西,是满足顾客需求的最基本层次,是顾客真正想要的东西。比如,手机一定要能打电话,冰箱一定要能制冷。

## 二、形式产品

形式产品是指产品在市场上与消费者直接视觉接触的内容,是使消费者产生印象的具体因素,任何产品都具有特定的外观形式,它的内容包括:品种、式样、商标、包装等。顾客在商场里是通过形式产品的要素来选择和区别产品的。所以,作为企业在提高核心产品的基础上,还应下大工夫努力创造更完美的产品外在形式以刺激消费者的眼球,吸引消费者购买。

## 三、期望产品

期望产品是指消费者购买产品时,期望得到的与产品密切相关的一整套属性和条件。例如,旅馆的客人期望得到干净整洁的床铺;安静舒适的房间等。因为大多数旅馆都能满足旅客的这些一般期望,所以旅客在选择档次大致相同的旅馆时,一般不是选择哪家旅馆能够提供期望产品,而是根据一些其他的条件,如位置是否方便、是否提供早餐等因素进行选择。

## 四、延伸产品

延伸产品是指消费者购买形式产品和期望产品时,附带所获得的各种附加服务和利益的总和,它包括产品说明书、提供信贷、免费送货、保证、安装、维修、技术培训等,比如在旅馆的房间里配置电视机,或者在旅馆里为顾客提供电影院、游泳池等各种娱乐设施等。随着生产的发展,市场不断细分化,市场空白不断被填充,产品差异逐渐缩小,不同企业提供的同类产品在核心和形式层次上越来越接近。许多情况表明,在现代社会,企业的成功取决于它是否能正确的发展延伸产品,是否能使消费者通过延伸产品获得更好的满足。

## 五、潜在产品

潜在产品是指现有产品包括所有附加产品在内的,可能发展成为未来最终产品的潜在状态的产品,它指出了现有产品的可能演变趋势和前景。潜在产品是企业努力寻求的使自己与其他竞争者区别开来的新方法。

产品整体概念的五个层次,充分体现了以消费者为中心的现代市场营销理念。正确理解"产品"的整体概念,就能清晰地体会以消费者为中心的现代市场营销观念的深刻内涵。企业如果不能领会"产品"整体概念,企业营销就不会成功。而且随着消费者需求的不断变化,以及人们对营销理念的更深入理解,"产品"整体概念还会不断扩大和深化。

**市场回放**

## 养生堂公司的产品策略
### ——以农夫山泉为例

农夫山泉是海南养生堂公司于1997年推出的瓶装纯净水产品。当时,中国水市场已经经过了10多年的发展历程,生产企业有近千家之多,市场竞争相当激烈。娃哈哈和乐百氏自1995年开始,先后由儿童饮品延伸到纯净水,并在较短时间内逐步确立了领导者的地位。面对潜力巨大、竞争激烈、领导者品牌强势占领的瓶装水市场,农夫山泉为了尽快切入市场,并占有一席之地,采取了整体产品的差异化战略,在产品的口感、类别、水源、包装、品牌、价格等方面都与娃哈哈和乐百氏形成明显的差异,该战略一举获得成功,有效地达到了企业的营销目标。

在口感上,一句"农夫山泉有点甜"的广告词就明确地点出了水的甘甜清冽,一下子就区别于乐百氏"27层过滤"的品质定位和娃哈哈"我的眼中只有你"所营造的浪漫气息,与当年七喜作为"非可乐"被推出有异曲同工之妙,给消费者留下深刻的印象,占据了消费者的心理空间。

在水源上,农夫山泉强调"千岛湖的源头活水"水源的优良。同时利用千岛湖作为华东著名的山水旅游景区和国家一级水资源保护区所拥有的极高公众认同度,提高其产品质量的认同度和品牌知名度。

在品牌上,"农夫"二字给人们以淳朴、敦厚、实在的感觉,"农"相对于"工"远离了工业污染,"山泉"则给人以回归自然的感觉,迎合了人们返璞归真的心理需求。其品牌适应性更强、覆盖面更广,品牌形象更为鲜明。

在包装上,农夫山泉选用运动瓶盖,并且比率先推出运动瓶盖的上海老牌饮料正广和更棋高一着地进行广告宣传,突出运动瓶盖的特点。在广告中,农夫山泉把运动瓶盖解释为一种独特的、带有动作特点和声音特点的时尚情趣,选择中学生这一消费群体作为一个切入点;"课堂篇"广告中"哗扑"一声和那句"上课时不要发出这种声音"的幽默用语,让人心领神会、忍俊不禁,使得农夫山泉在时尚性方面远远超出了其他品牌,也使人们对农夫山泉刮目相看,并对其产生了浓厚的兴趣。

正是由于农夫山泉在整体产品的多个要素上别出心裁,一进入市场就强有力地显示了其清新、自然的特性,赢得了消费者的青睐。从1997年4月生产第一瓶纯净水到1998年,其市场占有率就在全国占第三位,仅次于娃哈哈和乐百氏。

(资料来源:张似韵,《产品生命周期与市场营销组合——养生堂公司的市场演进策略》,载《市场营销导刊》,2001。)

## 第二节　产品的生命周期策略

产品生命周期(Product Life Cycle,PLC),通俗地说就是指产品的市场寿命。一种产品进入市场后,它的销售量和利润都会随时间的推移而改变,呈现一个由少到多、由多到少的过程,就如同人的生命一样,由诞生、成长到成熟,最终走向衰亡,这就是产品的生命周期现象。所谓"产品生命周期",是指产品从进入市场开始,直到最终退出市场为止所经历的市场生命循环过程。一个产品经过研究开发、试销,然后进入市场,标志着产品生命周期的开始,产品退出市场,标志着产品生命周期结束。

我们把产品生命周期划分为导入期、成长期、成熟期、衰退期四个阶段(如图9-2所示)。

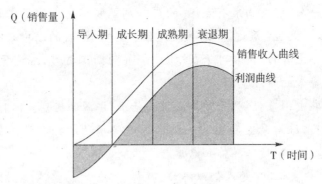

图9-2　产品生命周期示意图

其一,导入期(Introduction),是指新产品刚进入市场的时期。往往表现为销售量增长缓慢,由于销售量小,产品的研发成本又高,所以新产品在导入期只是一个成本回收的过程。

其二,成长期(Growth),是指产品已开始为大批购买者所接受的时期。往往表现为销售量的急剧上升。由于销售量的上升和扩大,规模效应开始显现,产品的单位成本下降,于是,新产品的销售利润也就开始不断增加。

其三,成熟期(Maturity),由于该产品的市场已趋于饱和,或已出现强有力的替代产品的竞争,销售量增速开始趋缓,并逐步趋于下降。由于此时企业为维持市场而投放的销售费用开始上升,产品销售的利润也开始随之下降。

其四,衰退期(Decline),由于消费者的兴趣转移,或替代产品已逐步开始占领市场,产品的销售量开始迅速下降,直至最终退出市场。

产品生命周期只是理论上的概括,表达了产品在市场上的演变趋势。具体到某一产品,其演变过程受多种因素的影响,变化是十分复杂的。任何产品都有一个有限的生命周期,其市场营销时间是有限的,产品在这一有限的生命周期内,要经历各不相同的市场变化,在产品生命周期的不同阶段,产品的销售量和利润都会发生高低不同的变化。所以,营销者在产品生命周期的不同阶段要采取不同的营销策略。

产品生命周期各阶段的营销策略有以下几点:

### (一)导入期的市场特征及营销策略

**1. 导入期的市场特征**

(1)产品刚进入市场,产品的性能和优点顾客还不了解,信任者和接受者少,购买者较少,产品销售有限,市场增长缓慢。

(2)产品生产批量小,生产成本高;生产上的技术问题可能还没有完全解决,设计和生产工艺还没有完全定型。

(3)由于生产成本和销售成本都较高,导致产品的价格高,产品销售量小,所以利润很少,企业有可能亏损。

**2. 导入期的营销策略**

导入期是产品成长的关键时期,一个产品能否取得市场销售的成功,能否顺利进入快速成长和稳定的成熟阶段,往往跟导入期的营销策略有很大的关系,产品导入期的主要矛盾是产品的销售量少,而生产费用、推广费用等各种费用较多。企业应以最短的时间迅速进入和占领市场,尽快扩大产品的销售量。可采取的具体对策有:

(1)稳定产品质量,并及时根据市场反馈,对产品进行改进。

(2)积极开展广告宣传,采用多种方式,对产品进行推广,如免费赠送、现场示范表演、小包装试销等,尽量多传播产品信息,提高产品的认知程度,解除消费者的疑虑。

(3)采取行之有效的价格与促销组合策略。如表9-1所示,可供选择的价格与促销的组合策略有以下4种:

表9-1 导入期价格与促销组合策略

| 促销水平<br>价格水平 | 高 | 低 |
|---|---|---|
| 高 | 快速撇脂策略 | 缓慢撇脂策略 |
| 低 | 快速渗透策略 | 缓慢渗透策略 |

①快速撇脂策略。快速撇脂策略是采用高价格、高促销费用的方式推出新产品,以求迅速扩大销售量,取得较高的市场占有率,快速收回投资。企业采取这种策略应具备的条件是:新产品有特色、有吸引力,优于市场原有同类产品;有较大的潜在市场需求;目标顾客的求新心理强,急于购买新产品,并愿意为此付高价;企业面临潜在竞争的威胁,须及早树立名牌。

②缓慢撇脂策略。缓慢撇脂策略是采用高价格、低促销费用的方式推出新产品,以求获得更多的利润。企业采取这种策略应具备的条件是:市场规模相对较小,现实的和

潜在的竞争威胁不大;新产品具有独特性,有效地填补了市场空白;适当的高价能为市场所接受。

③快速渗透策略。快速渗透策略是采用低价格、高促销费用的方式推出新产品,以争取迅速占领市场,取得尽可能高的市场占有率。采取这种策略应具备的条件是:产品的市场容量很大;消费者对产品不了解,且对价格十分敏感;企业面临潜在竞争的威胁;单位生产成本可随生产规模和销量的扩大而大幅度下降。

④缓慢渗透策略。缓慢渗透策略是采用低价格、低促销费用的方式推出新产品。低价可以促使市场迅速接受新产品,低促销费用则可以降低营销成本,实现更多的利润。采取这种策略应具备的条件是:产品的市场容量大;消费者对产品已经了解,且对价格十分敏感;企业面临潜在竞争的威胁。

## (二)成长期的市场特征和营销策略

### 1. 成长期的市场特征

产品成长期是指新产品经过促销努力,知名度有了很大的提高,开始为市场所接受,产品销量迅速膨胀,利润直线上升。这一时期有如下特征。

(1)顾客对产品已经有所了解,购买人数激增,产品知名度提高。

(2)销售量迅速增长,促销费用减少,销售成本大幅度降低。

(3)生产经营者增加,竞争开始加剧。

### 2. 成长期的营销策略

在产品的成长期,企业面临较好的市场前景,其销售额和利润都呈现出迅速增长的势头。因此,企业在此阶段应进一步扩大市场,提高市场占有率,以巩固市场地位。企业可采取以下几种市场营销策略:

(1)产品方面。在该阶段,企业为了扩大销售,使现实的购买者增加购买,使潜在的购买者实施购买,应进一步提高产品质量,增加花色、品种、式样、规格,并改进产品包装,提供优良的售后服务,扩大产品的产量等,力创名牌,使消费者产生信任感。

(2)价格方面。对于价格较高的产品,企业应在扩大产品产量的基础上,根据市场竞争情况和自身的特点,适时、适度降低产品的价格,既可以争取那些对价格比较敏感的顾客来购买,又可以冲击竞争对手。

(3)渠道方面。重新评价和选择分销渠道,巩固原有的销售渠道,并不断进行市场细分,针对不同目标市场上消费者的需求,增加新的销售渠道,开拓新的市场,促进产品的销售。

(4)促销方面。在产品成长阶段,消费者已经了解该产品,因此,企业应将广告宣传的重心从介绍产品转向树立产品形象,主要目标是建立品牌偏好、维系老顾客、争取新顾客。

以上这些策略在本质上都属于扩张性策略,从短期看,采取这些策略会增加成本,降低企业的赢利水平;但从长期看,企业加强了市场地位,提高了竞争能力,企业在这一时期放弃的利益,可以在以后时期得到更高的回报,因此,企业应该在改进产品以及进行产品的分销和促销上加大投资力度,使企业在竞争中继续保持领先优势和较强的实力,维持和扩大企业的市场占有率,以实现企业的长远、可持续发展。

### (三)成熟期的市场特征和营销策略

**1. 成熟期的市场特征**

(1)产品的性质和用途广为人知,原有的购买者重复购买,新的购买者多属经济型和理智型。

(2)销售量达到了顶峰,市场趋于饱和,销售增速放慢,且趋于稳定。

(3)仿制品和同类产品进入市场,市场竞争十分激烈,价格战越演越烈。

(4)生产成本降到最低点,利润达到最高点。

**2. 成熟期的营销策略**

产品进入成熟期后,就进入了产品生命周期的黄金时代,在这个时期,产品的销售量达到顶峰,给企业带来巨大利润,此时,企业营销策略的重点应该是尽量延长产品的成熟期。为了实现这个目标,企业可以采取以下3种策略:

(1)市场改进策略。这种策略不需要改变产品本身,而是通过发现产品的新用途、改变销售方式和开辟新的市场等途径,达到扩大产品销售的目的。如强生公司将婴儿爽身粉、婴儿润肤露等婴儿护肤用品扩展到母亲市场,成功地扩大了市场。

(2)产品改进策略。这种策略是以产品自身的改进来满足消费者的不同需要,以增加产品的销量。整体产品概念中的任何一层次的改进都可视为产品的改进。

(3)市场营销组合改进策略。这种策略是通过改变市场营销组合的因素,以刺激销售,从而达到延长产品成熟期的目的。常用的方法有:调整价格、增加销售网点、开展多种广告宣传活动或采用以旧换新、有奖销售、竞猜、拍卖等进攻性的促销手段,以及强化各种服务等。

### (四)衰退期的市场特征和营销策略

**1. 衰退期的市场特征**

(1)顾客数量不断下降,顾客多为保守型消费者。

(2)产品的弱点已经明显暴露,市场上出现了性能更加完善的新产品。

(3)市场竞争突出地表现为价格竞争,产品市场价格不断下降,利润大幅下降。

**2. 衰退期的营销策略**

产品进入衰退期后,在市场上失去了吸引力,被其他产品所代替,在这一时期,企业既不要在新产品未跟上来时就抛弃老产品,以致完全失去已有的市场和顾客;也不要死抱住老产品不放而错过机会,使企业陷于困境。企业可以采取以下几种营销策略:

(1)维持策略。维持策略是企业继续沿用过去的策略,仍按照原来的细分市场、使用相同的销售渠道、定价及促销方式,直到这种产品完全退出市场为止。这样做既可以为新产品研发上市创造一定的时间条件,又能从忠实于老产品的顾客那里得到利润。

(2)集中策略。集中策略是把企业能力和资源集中在最有利的细分市场、最有效的销售渠道和最容易销售的品种上,放弃无利可图的细分市场。这样有利于缩短产品退出市场的时间,同时又能为企业创造更多的利润。

(3)收缩策略。收缩策略是企业大幅度降低促销水平,尽量减少销售和推销费用,以增加目前的利润,该策略通常可作为企业停产前的过渡策略。

(4)放弃策略。放弃策略是企业对衰退比较迅速的产品,应该当机立断、放弃经营。企业可以采取完全放弃的形式,将产品完全转移出去或立即停止生产;也可采取逐步放弃的方式,使其所占用的资源逐步转向其他产品,当然,在采取此种策略时,还应考虑为原有的顾客保留一些库存,以进行售后维修服务。

## 第三节 产品组合策略

在市场营销中,为了取得一定的竞争优势,就要求企业按市场竞争的需要,对安排生产和销售哪些种类的产品以及如何组合进行决策。产品是一个复杂、多维、整体的概念,企业为了实现营销目标,充分有效地满足目标市场的需求,必须设计一个优化的产品组合。

### 一、产品组合的相关概念

产品组合是指一个企业提供给市场的全部产品线和产品项目的组合或结构,也就是企业的业务经营范围。

产品线是指产品组合中的某一产品大类,是一组密切相关的产品。产品项目是指产品线中不同品种、规格、质量和价格的特定产品。

产品组合包括四个变数:宽度、长度、深度和相关性。

产品组合的宽度是指一个企业的产品组合中所拥有产品线的数目。

产品组合的长度是指一个企业的产品组合中产品项目的总数。以产品项目总数除以产品线数目即可得到产品线的平均长度。如表9—2所示的产品项目的总和,也就是产品组合的总长度为18米,则每条产品线的平均长度为$18 \div 4 = 4.5$米。一般情况下,产品组合的长度越长,说明企业的产品品种、规格越多。

产品组合的深度是指一个企业产品线中的每一个产品项目有多少个品种。表示某类产品开发的深度。如某家电公司所生产的电视机有6个品种,其电视机生产线的深度就是6米。若照相机有8个品种,则照相机产品线的深度比电视机产品线要深。产品组合的深度往往反映了一个企业开发能力的强弱。

表9-2 产品组合的长度

| | 服装 | 皮鞋 | 帽子 | 针织品 |
|---|---|---|---|---|
| 产品线的长度 | 男士西装 | 男士皮鞋 | 毛线帽 | 卫生衣 |
| | 女士西装 | 女士凉鞋 | 布帽 | 卫生裤 |
| | 男休闲装 | 男士凉鞋 | 礼帽 | 保暖内衣 |
| | 女休闲装 | 女士皮鞋 | 淑女帽 | |
| | 风雨衣 | | 童帽 | |
| | 儿童服装 | | | |

产品组合的相关性是指各条产品线在最终用途、生产条件方面、分配渠道或其他方面相互关联的程度。最终用途相关度大即为消费关联性组合。如企业同时经营电脑、打印纸、电脑台等就属于消费关联性组合。产品组合的相关度与企业开展多角化经营有密切关系。相关度大的产品组合有利于企业的经营管理,容易取得好的经济效益。

## 二、产品组合策略

### (一)产品组合的扩张

产品组合的扩张是通过增加某条产品线的深度或宽度来实现的。扩大产品组合的深度,是在原有产品系列中增加新的产品项目,增加新的经营品种。这样做的主要目的在于突出企业的特色。在营销中,扩大产品组合宽度要有战略意识,在开拓新的产品系列时,要特别考虑其中的新科技含量,扩大产品宽度应以科学技术为支柱。例如,海尔最新产品除甲醛空调的上市和康师傅增加新口味的快餐面。

### (二)产品组合的收缩

产品组合的收缩策略是通过削减产品线的数量或减少一条产品线中所包含的产品种类来实现的。更少的或更短的产品线或产品组合,往往可以使企业抛开那些低利润的产品。

有时缩短产品线的长度反而使产品线的总利润上升,这是因为削减了占利润比重很小的项目,可以节约成本,集中优势发展占利润比重大的项目。

### (三)对现有产品的改进

营销中,有时我们需要重新审视企业的现有产品,以期待对现有产品进行某种程度的改进,从而维持现有产品对顾客的吸引力,如果改进出色的话,还可以使产品获得新生。例如,海尔对本公司的洗衣机产品进行了重新设计,使产品功能更突出、销量更佳。

这种产品改进,可能比开发全新的产品更加有利可图,而且风险更小。当然,不是说对现有产品进行改进一点风险都没有,当年的可口可乐就曾改进过主导产品的配方,结果消费者并不买账。

## 第四节 新产品开发策略

### 一、开发新产品的必要性

在当今激烈的市场竞争中,企业自始至终抱着一种产品闯荡市场是行不通的。不创新,就灭亡。技术的迅猛发展也使得产品生命周期在不断缩短,开发新产品的必要性主要体现在以下几个方面:

#### (一)产品生命周期理论要求企业不断开发新产品

任何产品都有衰退期。如果企业不进行新产品的开发,只生产原有的产品生存,当产品走向衰退时,企业就面临困境。如果企业能不断开发新产品,就可以在原有产品走向衰退期时,利用新产品占领市场。一般而言,当一种产品投放市场时,企业就应当着手设计新产品,使企业在任何时期都有不同的产品处在周期的各个阶段,从而保证企业盈利和稳定增长。市场上有的企业能长盛不衰几百年,不断推出新产品就是其成功的一个关键因素。

#### (二)消费需求的变化需要不断开发新产品

伴随着社会的发展,消费需求不断发生变化,方便、健康、轻巧、快捷的产品越来越受到消费者的欢迎。消费结构的变化加快,消费选择更加多样化,产品生命周期日益缩短。这一方面给企业带来了威胁,另一方面也给企业带来了机遇,企业可及时淘汰难以适应消费需求的老产品,开发新产品以适应市场需求的变化。

#### (三)科学技术的发展推动着企业不断开发新产品

当今的科技日新月异,科学技术的迅速发展导致许多高科技新型产品的出现,并加快了产品更新换代的速度。企业只有不断运用新的科学技术改造自己的产品,开发新产品,才能获得长久的发展,跟上时代的步伐。

#### (四)市场竞争的加剧迫使企业不断开发新产品

现代营销中,企业间的竞争日趋激烈,企业要想在市场上保持竞争优势,只有不断率先创新、开发新产品,才能抢占市场领先地位,增强企业的活力和盈利能力。企业不断创新并及时推出新产品,可以大大提高企业在市场上的信誉和地位,提升竞争力。

## 二、新产品的概念及种类

### (一)新产品概念

市场营销学研究的新产品概念包含内容很广,除了因科学技术在某一领域的重大突破所产生的新产品外,还包括采用新技术原理、新设计构思,从而在功能或形态上与原来的老产品有差异的产品,甚至只是从原有市场进入新市场的产品,都可视为新产品。新产品的开发,对大多数企业来说,都是改进现有产品而非创造全新产品。例如,日本索尼公司80%以上的新产品都是改进和修正的现有产品。

### (二)新产品种类

按产品研究开发过程,新产品可分为全新型新产品、换代型新产品、改进型新产品和模仿型新产品。

**1. 全新型新产品**

全新型新产品是指应用新原理、新技术、新材料生产出来的,具有新结构、新功能的产品。该新产品在全世界范围内属首次开发,能开创全新的市场。例如,首次推出的电话、电视机、塑料制品等,都属于不同时期的全新型新产品。全新型新产品一旦开发成功,一个新的市场便随之得以开辟,它可以让企业在较长的时期内处于领先地位,拥有垄断优势,但由于开发全新型新产品要花费巨大的人力、物力和财力,另外还存在研发失败的风险,大部分企业难以承担开发全新型新产品的工作。

**2. 换代型新产品**

换代型新产品指企业在原有产品的基础上,利用现代科学技术制成的具有新的结构和性能的产品。例如,黑白电视机发展为彩色电视机;电子计算机从最初的电子管,经历了晶体管、集成电路、大规模集成电路几个阶段,发展到现在的人工智能电脑。开发换代型新产品相对于开发全新型产品而言,在技术上难度较低、效果好且风险小。

**3. 改进型新产品**

改进型新产品是指在原有老产品的基础上进行改进,使产品在结构、功能、品质、花色、款式及包装上具有新的特点和新的突破。改进后的新产品,其结构更加合理,功能更加齐全,品质更加优质,能更多地满足消费者不断变化的需要。例如,自行车由单速改进为多速,牙膏由普通型改进为药物型。这是企业较容易开发的新产品类型,因此,各家企业发挥空间较大,竞争也相对激烈。

**4. 模仿型新产品**

模仿型新产品是企业对国内外市场上已有的产品进行模仿生产而形成的具有本企业特色的新产品。模仿型新产品的开发可以缩短企业研发时间、节省研发费用,但企业进行模仿时不能完全照搬照抄,应对原有产品尽可能的进行改进,以提高产品竞争力水平。同时,也要妥善处理好产品的专利问题,避免出现违反法律的现象。

**市场聚焦**

### 淘宝 2010 年交易额翻 4 倍,单日峰值超过北上广

淘宝数据平台数据显示,2010 年淘宝网注册用户达到 3.7 亿人,在线商品数达到 8 亿人,最多的时候每天有 6000 万人访问淘宝网。2010 年,淘宝网平均每分钟售出 4.8 万件商品,其中包括 864 件衣服、36 部手机、880 件化妆品、85 本书、53 包纸尿裤、13 件灯具。同时,以淘宝商城为代表的 B2C 业务交易额在 2010 年翻 4 倍。2010 年 11 月 11 日,当天淘宝网单日交易额达到 19.5 亿元。这一数据已经分别超过北京、上海、广州的单日社会消费品零售总额。来自统计局的数据显示,11 月,北京市平均每天零售总额是 18.91 亿元,上海是 16.8 亿元,广州是 14.04 亿元。

从数据方面来看,2010 年淘宝网用户人均成交笔数比 2009 年增长 35%,表示用户对网购的接受度大大增加。消费者最常购买的商品类型也从服装、数码类向外快速扩展,去年家装家饰类商品的成交额同比增长 120%。淘宝网 CEO 陆兆禧表示,淘宝网带来的商业模式变化,极大改变了人们的生活方式。未来,消费者、厂商、第三方合作伙伴、物流等电子商务产业链上的各个方面对交易平台的要求会更高。

(资料来源:载《成都日报》,2011。)

## 三、新产品开发的程序

新产品开发程序由八个阶段构成,也就是寻求创意、创意筛选、形成产品概念、制定营销计划、商业分析、产品开发、市场试销、商业化运营。

### (一)寻求创意

新产品开发过程是从寻求创意开始的。创意是指关于产品的新设想。虽然从创意变成新产品需要经历很长的过程,而且,大多数创意最终都要被放弃,但寻求尽可能多的创意却可为开发新产品提供较多的机会。通常,新产品创意是在市场调查研究的基础上,以市场需求为出发点,并考虑企业自身的条件所形成的。当技术进步诱发新产品创意时,企业对市场的敏感性将显得十分重要。

### (二)创意筛选

创意的筛选,就是对创意进行评估,研究其可行性,并筛选出其中可行性较高的创

意。创意筛选的目的就是淘汰那些不可行或可行性较低的创意，使公司有限的资源集中于成功机会较大的创意上。筛选创意时，一般要考虑三个因素：一是该创意是否与企业的战略目标相适应，包括利润目标、销售目标、销售增长目标以及企业形象目标等；二是企业有无足够的资金能力、技术能力、人力资源、销售能力开发这种创意；三是根据创意研发出来的可能产品是否有潜在的市场，市场需求潜力是否充足，新产品的竞争能力和赢利能力如何。

### （三）形成产品概念

新产品创意经过筛选，还需进一步形成比较具体、明确的产品概念。产品概念和产品创意之间是有区别的。产品概念是企业从消费者的角度对这种创意所作的详尽的描述，产品创意是企业从自己角度考虑的，它能够向市场提供的可能产品的构想。

### （四）制定营销计划

形成产品概念之后，企业的营销人员需要制定一个将新产品投放市场的营销计划。该计划由三个部分组成：第一部分主要描述目标市场的规模、结构、行为以及新产品在目标市场上的定位、市场占有率、利润目标等；第二部分描述新产品的价格策略、促销策略以及第一年的市场营销预算；第三部分描述较长时期的销售额和目标利润以及不同时期的市场营销策略。

### （五）商业分析

商业分析就是从财务的角度对新产品未来的销售情况、经营成本和利润率作进一步的评估，以便决定是否正式进行新产品开发。商业分析具体包括预测销售额和推算成本利润两个步骤。

对新产品销售额的预测可参照市场上同类产品的销售发展历史，并考虑各种竞争因素、市场规模、市场潜量，分析新产品的市场地位、市场占有率，以此推测新产品可能获得的销售额。此外，还应考虑产品的性质与购买特点，也就是新产品是属于一次性购买商品（如结婚戒指），还是非经常性购买的商品（如家具、汽车），或是经常性购买商品（如牙膏、洗发水等），不同的购买特点，会使产品销售量有所区别。

预测产品一定时期内的销售量以后，就可预算该时期的产品成本和利润收益。产品成本主要包括新产品研制开发费用、市场调研费用、生产费用、销售推广费用等。根据已预测出的销售额和费用额，就可以推算出企业的利润收益以及投资回报率等。

### （六）产品开发

如果商业分析的结果是乐观的，企业就需要开发出新产品的样品。这是新产品开发过程中最重要的阶段，企业将选定的产品概念转交给研究开发部门，投入必要的资金,将其转变为实际的产品。只有通过研制才能确定该产品在技术上、商业上是否可行,如果不可行,企业将损失很大。这一过程中,企业还需要通过实验来测试新产品的性能。

### (七)市场试销

新产品的试销,是把经过鉴定的样品投入少量的生产,按企业所制定的营销计划,将产品小范围投放市场,以观察消费者的反应,并将消费者的意见及时反馈,从而对新产品作进一步的改进后再试销。这个过程有时要反复多次。新产品试销既能帮助企业了解市场的状况,又能检测产品包装、价格、广告的效果,还能发现产品性能的不足之处,为产品正式投入市场打好基础,为企业是否大批量生产该产品提供决策依据。

在大多数情况下,新产品的试销是必要的,但是,并非所有的新产品都必须进行试销,如果企业已经通过各种方式收集到了消费者和经销商的意见,并根据这些意见对新产品和营销计划进行了修改,而且对新产品的市场潜力有较为准确的把握,新产品就可以不经过试销阶段,而直接大量投放市场。

### (八)商业化运营

新产品经过试销获得成功后,企业就可把产品正式投入大批量生产,进行商业化运营。正式投产不仅需要大量资金,企业还应注意新产品上市的时间、地点以及市场营销策略。新产品进入市场后,外部市场的竞争环境就成为新产品命运的主要决定要素。实际生活中,为了快速地将新产品推入市场,也可以跳过新产品开发过程的某些阶段。

## 第五节 品牌策略

### 一、品牌的含义

品牌是用以识别产品或企业的某种特定的标志,通常由某种名称、记号、图案或其他识别符号所构成。品牌由于其依附于某种特定的产品或企业而存在,所以通常它也就成为特定产品或企业的象征。当人们看到某一品牌时,就会联想到其所代表的企业文化或企业的特有品质,以及在接受这个品牌的产品或企业时所能获得的利益和服务,这就构成了品牌的基本属性。然而由于品牌本身又是一种文字和图案,其本身所具有的文化内涵也会使人们产生某种联想,所以品牌的内涵就变得十分复杂。一般来说,品牌的内涵体现在以下几个方面:

### (一)属性

属性是指品牌所代表的产品或企业的品质内涵,它可能代表着某种质量、功能、工艺、服务、效率或位置。例如,"雀巢"使你想到好咖啡,"奔驰"使你想到好汽车,"劳力士"使你想到好手表等等。在长期的市场营销过程中,消费者看到"海飞丝"就想到宝洁公司,看到"iphone"就想到苹果公司。

## (二)利益

从消费者的角度看,他们并不是对品牌的属性进行简单的接受,而是从自身的角度去理解各种属性对自身所带来的利益。对消费者而言,品牌体现出它的使用价值。例如,"曲美"使消费者想到减肥,"吉列"使消费者想到剃须,"飘柔"使消费者想到柔顺头发。

## (三)文化

品牌附加和象征了一定的文化。海尔是我国企业中最重视品牌、实施品牌战略最有成果的企业。从上世纪80年代中期"砸冰箱"的故事开始,到最近提出做"世界品牌运营商"的总战略,海尔一步一步发展成为中国乃至世界著名的品牌,做到"名实循环",真正体现了"真诚到永远"的企业文化。在品牌国际化的征程中,联想靠创新走在了国内企业的前列,体现了"创新是联想发展的原动力,也是联想品牌最核心的属性"这一品牌文化。

## (四)个性

好的品牌应具有鲜明的个性特征,不仅在表现形式上能使消费者感到独一无二,而且会使消费者联想到某种具有鲜明个性特征的人或物。在品牌打造上,企业要设法投其所好。美国人喜欢放荡不羁,于是"花花公子"品牌就找来性感明星麦当娜作为形象代言人;年轻人喜欢刺激、冒险、勇往直前,于是"阿迪达斯"就选择NBA明星飞人乔丹演绎人生成功的故事;成功男人大都稳重、成熟,于是"罗蒙"就选择濮存昕作为形象代言人,演绎成功男人的风采等等。可见,人物的形象融入品牌形象之中,人的个性就潜入品牌的个性之内。

## 二、品牌价值与品牌资产

品牌所固有的内涵,使各种不同的品牌具有相应的价值。品牌价值的形成主要是由于品牌会使产品或企业在市场上所形成的竞争力产生差异,这种差异会使其产品价格和营销成本发生很大的不同。如任何商店都不会担心"五粮液"的销路,而对一个不知名的新饮料却要投入很大的促销精力。

## (一)品牌价值

品牌的竞争力是形成品牌价值的基础,品牌竞争力从低到高一般表现为以下5个层次：

**1. 品牌无知**

大多数消费者不知道该品牌，品牌的竞争力最差。

**2. 品牌认知**

消费者对品牌有一定程度的认知，但不一定将其作为选购对象，品牌竞争力一般。

**3. 品牌接受**

大多数消费者不会拒绝购买这样的品牌，品牌的竞争力较强。

**4. 品牌偏好**

在各种品牌比较中，消费者倾向于购买这一品牌，品牌竞争力更强。

**5. 品牌忠实**

相当部分消费者非该品牌不买，品牌的竞争力最强。

## 经典回味

### 化繁为简，"被人咬了一口"的徽标

苹果公司刚成立时，乔布斯就考虑到了徽标这个问题。最初苹果公司采用的是韦恩设计的徽标，牛顿靠着苹果树学习，并在边缘部分环绕着威廉姆·沃尔兹沃斯的诗"Newton A mind forever voyaging through strange seas of thought alone"。随着Apple的销售，乔布斯越来越觉得韦恩设计的徽标过于理性和复杂了，很难让人一眼记住，该怎么办呢？当然是换个徽标了，这便是后来"被人咬了一口"的苹果，每一个见到苹果徽标的人都会禁不住问：为什么苹果被咬了一口？这或许正是当初设计苹果徽标的人恰恰所希望达到的效果。

2003年，苹果进行了标识更换，将原有的彩色苹果换成了一个半透明的、泛着金属光泽的银灰色LOGO。新的标识显得更为立体、时尚，更符合苹果旗下的两个具有重要影响力的产品iTunes和iPad以及年轻一代消费者的审美和创新的感觉。

（资料来源：改编自杜昕的《苹果，被咬掉的是什么？》，原载于《电脑爱好者》，2008。）

品牌同企业的其他财产一样，可以被测量，也可被转卖。品牌因其价值的存在而成为企业的一种无形资产。品牌忠实者会成为企业稳定的顾客群，为企业带来长期稳定的利润。这将使品牌竞争力强的企业能够获得比其他同类企业更高、更稳定的利润。

品牌资产是依附于产品或服务之上，能对公司的价值、市场份额和盈利能力的提升产生影响的一种无形资产。其不仅是消费者的一种心理价值，也可以转化为公司的财务价值。其主要表现为不同品牌的同类产品之间盈利水平的差异。

品牌资产概念的形成使企业对品牌管理的目的和方法都产生了重大改变，不是将品牌仅作为一种产品的符号或竞争的手段来进行管理，而是将其作为公司资产增值的

组成部分来进行策划、开发、运作和评价。品牌资产管理已成为现代市场营销的重要战略之一。

（二）品牌设计的原则

品牌设计是品牌战略不可缺少的一个组成部分。品牌设计得好，容易在消费者心目中留下深刻的印象，也就容易打开市场销路，增强品牌的市场竞争能力；品牌设计得不好，会使得消费者一看到品牌就产生反感，降低消费欲望。因此，在品牌设计中要把握以下原则：

**1. 简单醒目，朗朗上口**

可口可乐品牌居世界十大驰名商标之首，这个已经有两百年历史的世界名牌之所以能够历久弥新，除了可口可乐的味道、稳定的质量和高强度的广告宣传外，与它的品牌设计也是密不可分的。可口可乐的品牌设计简洁、醒目、朗朗上口。发明可口可乐配方的药剂师彭伯顿博士将两种主要原料的名称古柯叶（Coca）和古拉果（Cola）连在一起，便成了大名鼎鼎的"Coca－Cola"。考虑到"两个大写的字母C会使广告更加醒目"，彭伯顿博士的合伙人罗伯逊用自己的独特笔体写下了"Coca－Cola"这个如今家喻户晓的品牌。由于品牌简洁醒目、朗朗上口，"Coca－Cola"成了这种碳酸型饮料在全世界的代名词。"Coca－Cola"并没有固定的字面含义，只是一种简化的字母组合，简单易记。在我国"Coca－Cola"又被进一步创造性地翻译成"可口可乐"。既可口，又可乐，读起来朗朗上口，特别容易被人接受。

"海尔（Haier）"品牌也具备这样的特点。海尔品牌诞生的时候，其实并不是像今天这样简洁醒目，朗朗上口。一开始的海尔叫"琴岛——利勃海尔"，一个很长的名字。"琴岛"当然是从"青岛"而来，由青岛转音成琴岛，自然更赋予美感，"利勃海尔"是德国的合作伙伴，这一公司在制冷技术方面世界闻名。在商品创意上让两者结合，在80年代开放初期是自然的事情。至今海尔的图形商标还保留着两个天真活泼的小孩，一个黑头发，一个黄头发。但是，"琴岛——利勃海尔"这个牌子毕竟字数太多，读起来不上口、不便于记忆。他们后来采取"金蝉脱壳"的办法，像三级火箭一样，一级一级地脱落，最后终于把"海尔"送上了天空。首先是把"琴岛——利勃海尔"改变成"利勃海尔"，然后再逐渐去掉"利勃"，留下"海尔"，让消费者在不知不觉之中，接受了"海尔"。

**2. 构思巧妙，突出特点**

一个与众不同、充满魅力的品牌在设计上就应该能够体现本企业产品的优点和特性，显示出特殊的魅力。

戴姆勒——奔驰公司是世界著名的汽车制造厂商。奔驰和戴姆勒两人都是汽车的发明人。100多年来，奔驰公司在世界汽车工业界声誉卓著，除了因为该公司制造的汽车质量超群、性能可靠，堪为"世界汽车典范的内在品质"之外，他们的品牌也一直是深入人心的。那个圆形的汽车方向盘的特殊商标，构思巧妙、特点突出、简洁明快。巧妙的商标设计使得奔驰汽车无论是在大街小巷,还是在楼堂馆所,都备受注目。因此,"奔驰"作为驰名商标也在全世界范围内受到特殊保护。

类似的情况还有美国的"麦当劳",其设计也很简单,就是将"麦当劳"(McDonald's)的第一个字母"M"设计成双拱门的形状。由于它棱角圆润、色调柔和,给人自然亲切之感。如今这个"M"型的标志已经出现在全世界几乎每个国家和地区的数百个城市的闹市区,成为孩子以及家长们最喜爱的快餐标志。

### 3. 注重内涵,情深意重

一般来说,每一个品牌都有一定的含义和讲究。只不过有的品牌含义过于直白和简单。如一个地方的名称、一种产品的功能、或者就是一个典故。

江苏红豆集团是由一家乡镇企业发展起来的集团公司。这家以生产衬衫蜚声国内外的企业,就有一个颇具文化内涵的品牌,十几年来以产值4年增10倍的速度发展着。

"红豆"品牌的内涵来源于深厚的中国文化历史积淀。唐朝诗人王维的千古绝句:"红豆生南国,春来发几枝?愿君多采撷,此物最相思",千百年来,在中国广为传诵,脍炙人口。红豆在我国人民的心目中成了纯洁美好情感的象征物。在英语中,它是爱与美的标志。红豆品牌正是凝聚了我国文化的内涵,把各种爱慕之情、思念之意汇集在一个品牌之中,青年人用红豆制衣相赠表达高尚的爱情,中年人以此相赠表示思念之意,老年人将红豆制衣珍藏起来寄托各自的相思之情,海外的华侨华人把它看作对故国、故土、故乡、故人的思念,就连日本人也特别看重它的文化价值,纷纷购买它赠送亲友。红豆集团还应日本的请求,在日本合资办厂,生产销售红豆制衣。这一品牌因其特有的文化内涵,在所有中华文化影响所及的地方,都能产生相当的影响。同样,近几年来我国杭州的女派服装也都拥有极具文化内涵的名字,如"江南布衣"、"女性日记"、"千百度"、"秋水伊人"等。这些深具本土文化理念的名字,令人过目不忘,倍感亲切。

### 4. 避免雷同,超越时空

品牌设计的雷同,是实施品牌战略的大忌。因为品牌战略的最终目标是通过品牌竞争力的强化,超越竞争对手,如果品牌的名称设计与竞争对手雷同,将永远屈居于人,达不到最终超越的目的。

我国的不少企业,由于缺乏总体战略设计,缺乏打造世界级品牌的战略思想,往往在品牌设计上故意模仿,从而造成不必要的麻烦。"青岛"啤酒一出名,市场上便出现了"青鸟"啤酒,这种恶意的模仿作为不正当竞争虽然可以得意于一时,却不能得志于永远,因为虚假的东西早晚会被消费者识破。真正想发展自己品牌的企业和企业家,应该在品牌的设计上动脑子。

*市场聚焦*

## "王老吉"品牌大解密

近两年,"王老吉"以大热之势成为中国营销界最具黑马特色和盘点价值的名字。在此之前，没有人想到，作为岭南养生文化的一种独特符号的"凉茶"，在两广的大街小巷里沉淀一百多年后，2005年突然飘红全国，一年销售额达25亿元。在南方一些地区，打麻将熬夜喝一罐"王老吉"，运动后喝一罐"王老吉"，酒楼的饭局上要一罐"王老吉"已习以为常，在浙江某些地区甚至有婚宴上不可缺少"茅台酒、中华烟、王老吉"的习惯。2006年的世界杯，熬夜喝"王老吉"更是成为时尚。

从2002年销售额1.8亿元到2003年6亿元，再到2004年的15亿元跃升为2005年的25亿元，2006年"王老吉"的销售额近40亿元。短短数年时间，"王老吉"销售额激增400倍，鲸吞海量中国市场的能力引起了国际饮料巨头的恐慌，面对"王老吉"咄咄逼人的攻势，"可口可乐"收购香港传统凉茶馆"同治堂"旗下品牌"健康工房"，以其对抗王老吉。国内的一些中药企业，对凉茶市场也是虎视眈眈，"星群"、"潘高寿"等著名品牌已开始进军凉茶市场，还有更多的中药企业秣马厉兵，准备加入凉茶市场的竞争。

四年时间把一直囿于两广地区的凉茶卖遍全国，做到一年30多亿元销售额，引爆凉茶市场，王老吉的营销魔方是什么？答案是：品牌名称。

一个好的品牌名称是品牌战略成功的第一步。"王老吉"的品牌名称看似土气，但从品牌传播角度考虑，这个名称有独特性，而且好念、好写、好记，很容易传播。凉茶作为中国传统中医药文化及岭南养生文化的衍生品，两广地区的老百姓当作清热、止渴、解暑的保健养生饮品流传了千百年，具有悠久的历史和地道的本土文化特征。"王老吉"颇有返璞归真意味的品牌名称与"凉茶"的产品属性无疑是相当匹配的。也许是无心插柳柳成荫，虽然"王老吉"这一品牌名称已经沿用一百多年，当时的命名谈不上营销战略意图，但以现在的营销眼光审视，"王老吉"的品牌名称却在几方面体现出策略性：第一，区隔竞争对手，凉茶品牌众多，"王老吉"因其品牌名称独特而与其他品牌形成鲜明的区隔，在消费者的记忆中抢先占位；不以"凉茶"两字作品牌名的后缀，在两广以外的市场推广中节省了"凉茶是什么"的传播成本。第二，品牌名称也是产品创始人名称，创始人品称与品牌名称的无缝对接赋予品牌历史感和文化感，尤其是王老吉不遗余力地把创始人"王老吉"塑造成凉茶始祖，更使王老吉成为"凉茶"的代名词，这种品牌印记的形成成为其他品牌难以跨越的壁垒。第三，"王老吉"三个字无论拆开还是合在一起，都非常吉祥，迎合了中国人讲意头的嗜好，从这点上看也就不难解释王老吉为什么在浙江地区能够与中华烟、茅台酒一道，成为婚宴筵席上的"三小件"。

（资料来源：改编自刘偲偲、史丽萍的《王老吉变身记——王老吉成功品牌战略的分析》，原文载于《中国商界》，2010。）

### 三、品牌化决策

品牌化决策是指企业对其生产和经营的产品是否采用品牌的决策。具体来看，有使用和不使用品牌两种情况，或称"品牌化"和"非品牌化"两种决策形式。

在市场经济萌芽的早期阶段，产品都没有品牌，因而不存在品牌化决策的问题。随着市场经济日趋发达，市场竞争日益激烈，产品在市场上越来越多地采用了品牌，但仍存在着不使用品牌的情况。事实上，使用或不使用品牌，除了客观经济环境因素之外，也有品牌化的决策问题。

品牌化是企业为其产品确定采用品牌，并规定品牌名称、标志，以及向有关机关部门申请注册登记的所有业务活动。品牌化是品牌化决策的主要决策形式。当今世界，绝大多数的商品都有自己的品牌。

品牌（Brand）与品牌化（Branding）的关系就如同市场（Market）与市场营销（Marketing）的关系一样。从层次上来看，品牌化似乎属于市场营销的范畴，但要注意的是，品牌化有其自身独特的内容和方法，不能简单地套用市场营销的一般研究框架。

品牌决策就是决定企业是否使用品牌、使用哪种类型的品牌，以及使用什么形式的品牌的一系列决策过程。品牌决策过程应当概括所有相关的品牌决策，品牌决策的基本流程如图9-3所示。

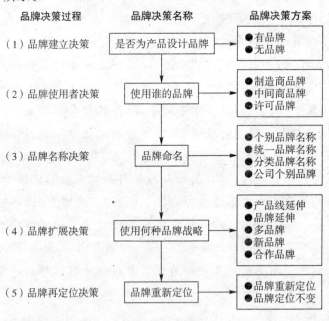

图9-3 品牌决策流程图

## 本章小结

本章是围绕产品来阐述的，着重研究了产品的整体概念及分类、产品生命周期、产品组合、新产品开发策略以及品牌策略。

从市场营销角度看产品,产品是指能够通过交换满足消费者或用户特定需求和欲望的一切有形物品和无形的服务。产品的整体概念包括五个层次:核心产品、形式产品、期望产品、延伸产品和潜在产品。产品生命周期可以划分为导入期、成长期、成熟期和衰退期四个阶段,每个阶段都有各自的特点。企业需要针对不同时期的特点,采取不同的营销策略,从而获得较高的利润。产品组合是指企业生产或经营的全部产品线和产品项目的有机组合方式,产品组合可以从宽度、长度、深度和关联度四个维度进行分析,只有不断调整优化产品组合,才能适应企业的内外部环境变化。一个新产品从寻求创意到批量上市,其过程主要经历八个阶段,也就是寻求创意、创意筛选、形成产品概念、制定营销计划、商业分析、产品开发、市场试销、商业化运营。品牌策略是企业做大、做强的一个根本保证。

## 本章习题

1. 什么是产品整体概念?
2. 简述产品生命周期各阶段的特点及应采取的营销策略。
3. 产品生命周期理论对企业实践有什么重要意义?
4. 优化产品组合的策略有哪些?
5. 新产品开发程序包括哪几个阶段?
6. 谈谈品牌设计的原则。

## 案例研讨

### 华龙面产品组合策略分析

2003年,在中国大陆市场上,位于河北省邢台市隆尧县的华龙集团以超过60亿包的方便面产销量排在方便面行业的第二位,仅次于"康师傅"。同时与"康师傅"、"统一"形成了三足鼎立的市场格局。"华龙"真正地由一个地方方便面品牌转变为全国性品牌。

作为一个地方性品牌,华龙方便面为什么能够在"康师傅"和"统一"这两个巨头面前取得全国产销量第二的成绩,从而成为中国国内方便面行业又一股强大的势力呢?

从市场角度而言,"华龙"的成功与它的市场定位、通路策略、产品策略、品牌战略、广告策略等都不无关系,而其中产品策略中的产品市场定位和产品组合的作用更是居功至伟。下面我们就来分析华龙是如何运用产品组合策略的。

1. 发展初期的产品市场定位:针对农村市场的高中低产品组合

在上世纪90年代初期,大的方便面厂家将其目标市场大多定位于中国的城市市场。如"康师傅"和"统一"的销售主要依靠城市市场的消费来实现。而广大的农村市场,则仅仅属于一些质量不稳定、无品牌可言的地方小型方便面生产厂家,并且销量极小。中国的农村方便面市场仍然蕴藏巨大的市场潜力。

1994年,华龙在创业之初便把产品准确定位在8亿农民和3亿工薪阶层的消费群上。同时,"华龙"依托当地优质的小麦和廉价的劳动力资源,将一袋方便面的零售价定在0.6元以下,比一般名牌低0.8元左右,售价低廉。

2000年以前,主推的大众面有"108"、"甲一麦"、"华龙小仔";中档面有"小康家庭"、"大众三代";高档面有"红红红"、"煮着吃"。

凭借正确的目标市场定位策略,"华龙"在北方广大的农村地区打开市场。

2002年,从销量上看,"华龙"地市级以上经销商(含地市级)销售量只占总销售量的27%,而县城乡镇占73%,农村市场支撑了华龙的发展。

2.发展中期的区域产品策略:针对不同区域市场高中低的产品组合

作为一个后起挑战者,"华龙"推行区域营销策略。它创建了一条研究区域市场、了解区域文化、推行区域营销、运作区域品牌、创作区域广告的思路,在当地市场不断获得消费者的青睐。从2001年开始推行区域品牌战略,针对不同地域的消费者推出不同口味和不同品牌的系列新品。

表9-3 华龙针对不同市场采取的区域产品策略

| 地域 | 主推产品 | 广告诉求 | 系列 | 规格 | 价位 | 定位 |
|---|---|---|---|---|---|---|
| 河南 | 六丁目 | 演绎不跪(不贵) | 六丁目<br>六丁目108<br>六丁目120<br>超级六丁目 | 分为红烧牛肉、麻辣牛肉等14种规格 | 低价位 | 目前市场上最低价位、最实惠产品 |
| 山东 | 金华龙 | 山东人都认同"实在"的价值观 | 金龙华<br>金龙华108<br>金龙华120 | 分为红烧牛肉、麻辣牛肉等12种规格 | 低价位<br>中价位<br>高价位 | 低档面<br>中档面<br>低档面 |
| 东北 | 东三福 | 核心诉求是"咱东北人的福面" | 东三福<br>东三福120<br>东三福130 | 红烧牛肉等6种口味、5种规格 | 高价位<br>中价位<br>低价位 | 高档面<br>中档面<br>低档面 |
| 东北 | 可劲造 | 大家都来可劲造,你说香不香 | 可劲造 | 红烧牛肉等4种口味、16种规格 | 高价位 | 高档面系列,以城乡消费为主 |
| 全国 | 今麦郎 | 有弹性的方便面,向"康师傅"、"统一"等强势品牌挑战,分割高端市场 | 煮弹面<br>泡弹面<br>碗面<br>桶面 | 红烧牛肉等14种口味、16种规格 | 高价位 | 高档面系列,以城乡消费为主 |

另外,华龙还有如下系列产品:

一是定位在小康家庭的高档产品"小康130"系列;

二是面饼为圆形的"以圆面"系列;

三是适合少年儿童的A—干脆面系列;

四是为感谢消费者推出的"甲一麦"系列;

五是为尊重少数民族推出的"清真"系列;

六是回报农民兄弟的"农家兄弟"系列;

七是适合中老年人的"煮着吃"系列。

以上系列产品都有3个以上的口味和6种以上的规格。"华龙"丰富的产品组合有力地推动了其产品的销售,有力地促进了"华龙"成为方便面行业的老二。

(资料来源:赵曙明:《市场营销》,南京大学出版社,2009。)

**案例思考题:**

1. 请结合本章内容和市场实际情况,评价华龙面的产品组合策略。
2. 请谈谈华龙面的产品策略有无需要改进之处?为什么?

## 应用训练

1. 实训目标

(1)让学生通过对某一产品的品牌内涵、品牌形象等的分析,加深对品牌策略、品牌形象的认识。

(2)训练学生对品牌内涵的提炼、品牌形象的维护、品牌价值的提升能力,同时,使学生充分贴近品牌文化,提升学生的综合素质。

2. 实训资料

某洗衣机厂经过三年研制,开发出一款新型洗衣机,是目前唯一通过国家检验的既不用洗衣粉又符合洗净标准的洗衣机。这款洗衣机采用先进的技术,不受水质及衣物脏污程度等条件的限制。它使自来水进入洗衣机后,经过化学、物理反应,通过破坏水的原有表面张力,使水能够真正亲和衣物纤维,不仅彻底洗净衣物,还可以自动实现杀菌消毒,使衣物更加柔顺。

3. 实训内容

(1)将全班同学平均分成6～10组,根据以上资料进行该产品商标设计,品牌内涵的提炼,品牌形象的维护。

(2)各小组把品牌设计的内容制作成PPT,并派代表发言。

# 第十章 价格策略

### 学习目标

▶ 熟悉企业定价的基本方法
▶ 掌握并灵活运用各种定价策略
▶ 理解影响定价的主要因素和企业的定价目标

### 案例导引

#### 定价策略"玩"的是另类

最近美国出现了一个非常有趣的新定价模式,据美国当地媒体《Boston Globe》报道,这是一位哈佛刚毕业的华裔年轻创业家张怡芳(Yifang Zhang)想出来的创业点子,她决定挑战健身事业,创立了一个新的健身中心获利模式,并称之为"Gym—Pact",中文翻译成"健身合约"。

什么是"Gym—Pact"?如果你想健身,可以免费加入。免费加入后,就可以免费使用健身设施,但是前提条件是必须按照合约上规定的时间来坚持健身。如果有一次你没有来,"Gym—Pact"就会处以罚款。

也就是说,在健身房运动的那些人,他们并没有付钱,反而是没有来的那些人,是他们来支付健身费用让这间健身房继续存活下去!

这样的定价模式有道理吗?有!

其一,"Gym—Pact"打的是"帮助大家约束自己"的旗帜。因为通常大家都只会口头上说要每周健身三次,但很少有人坚持下来。因此,"Gym—Pact"说服大家——来吧,免费的健身房!如果你没按时来,才需要付钱!

这种定价模式其实是利用了消费者的心理。因为这位创业家从哈佛经济学教授那边学到,人们对于哪种事情更加有动力。虽然未来的梦想(变瘦、变更健康)是健身的动力,但人们对"眼前立刻的好处"会更加敏感。所以,一时的免费更能吸引消费者。而且,"Gym—Pact"不至于被人说是在利用用户的一时冲动,有一些客户真的因为"Gym—Pact"而开始坚持运动,享受免费的待遇!

其二,"Gym—Pact"与客户签约的时候,不会收取任何费用,但是应该会先留下客户的信用卡号码。虽然客户一开始要谢谢创业家帮他们付钱,让他们可以免费加入这个健身房,但是只要有一个星期没有好好照着原定的运动日期坚持运动,"Gym—Pact"马上就对其惩罚25美元。如果中途停止,那么"Gym—Pact"要马上收75美元的费用。

创业家是要自己开健身房吗?不!

原来,她只需要去和一些健身房谈判,以特别优惠的价格来大量购买10个、20个、甚至上百个健身房会员卡,然后通过"Gym—Pact"的方式向客户收取"罚款",从中赚取差价。健身房自然很乐意,因为能瞬间增加好几倍生意,而且全部的风险都转嫁到了"Gym—Pact"那里。所以,目前张怡芳已经很轻松地和两间知名健身中心有了合作,它们分别是"Bally Total Fitness"和"Planet Fitness"。

(资料来源:成功营销)

价格是营销组合中十分敏感而又难以控制的因素。在营销组合中,价格是唯一能产生收入的因素,产品、渠道和促销等因素均表现为成本。价格是商品价值的货币表现形式。从市场角度看,价格是可以随时随地根据需要而变动的。但是,价格的制定必须以消费者能否接受为出发点。价格是决定企业盈利的重要因素,但不是唯一的决定性因素。从企业角度看,企业需要结合不断变化的市场情况,着重研究产品进入市场、占领市场、开拓市场的一种具体应变价格的措施。企业定价是为了促进销售、获取利润,因而要求企业定价时,既要考虑成本的补偿,又要考虑消费者对价格的承受能力,从而使定价具有买卖双方决策的特征。

## 第一节 定价的基本要素

企业定价关系到企业、顾客和社会三方面的利益,因此,定价不光是企业的事情,它必须考虑定价目标、产品成本、市场需求、竞争状况和政府等其他因素。

### 一、定价目标

在市场经济条件下,企业为产品定价时首先需有明确的目标。不同企业、不同产品、不同市场有不同的营销目标,因而也就需要采取不同的定价策略。决定企业定价的营销目标主要有以下几种:其一,追求利润最大化。追求利润最大化是指企业以短期内取得最大当期利润、现金流量和投资回报率等为目标,较少考虑企业的长期效益的一种营销目标。其二,保持或扩大市场占有率。市场占有率是企业的经营状况和企业产品竞争力的直接反映,它的高低对企业的生存和发展具有重要意义。其三,保持最优产品质量。有些领先企业的营销目标是以高质量的产品占领市场,这就需要实行"优质优价"策略,以高价来保证高质量产品的研究与开发成本和生产成本。其四,应付或防止竞争。有些企业为了阻止竞争者进入自己的目标市场,故意将产品价格定得很低。这种定价目标一般适用于实力雄厚的大企业。有些中小企业在市场竞争激烈的情况下,以市场主导企业的价格为基础,随行就市定价,从而也可以缓和竞争,稳定市场。其五,保持价格稳定的定价目标。这个目标是保证市场价格相对稳定,防止价格的盲目上涨和下跌。一般只有在同类企业中处于主导地位的实力雄厚企业才能做到这一点。这一目标有利于保持市场稳定,避免过度的价格竞争。其六,保持良好分销渠道的定价目标。对于那些需经中间商推销商品的企业来说,为了能充分调动中间商推销商品的积极性,定价时需充分考虑中间商的利益,以保证其能获得合理的利润。其七,维持企业生存。这一目标是指企业以求得生存、维持经营和正常运转为定价目标。采用该定价目标的企业一般会制定低价和大幅度折扣,以求迅速出清存货,减少积压,收回资金。这种目标只能是企业面临困难时的短期目标,长期目标仍然是要获得发展,否则企业终将破产。

## 二、产品成本

产品成本包括制造成本、营销成本、储运成本等。它是价格构成中一项最基本、最主要的因素。产品成本是产品定价的最低限度。产品价格必须能够补偿产品生产、分销和促销的所有支出,并补偿企业为产品生产承担风险所付出的代价。企业利润是价格与成本的差额,因而企业必须了解成本的变动情况,尽可能去掉产品的过剩功能,节省一切不必要的消耗,降低成本,降低价格,从而扩大销售,增加盈利。

## 三、市场需求

定价除了要充分考虑成本因素外,还要考虑商品供求关系对价格的影响。当市场供给小于需求时,可以考虑适当定较高的价格,牟取利润;当供需基本平衡时,价格就应基本稳定;当供给大于需求时,就只能选择低价或者寻找特殊的营销方法使产品销售产生差别化。如果说决定企业产品价格下限的是产品成本,那么决定企业产品价格上限的则是消费需求程度。从现代市场营销观念来看,市场中消费者需求是企业定价最主要的影响因素。因为企业所确定的价格,最终都由消费者来判断其是否合理。消费者需求是指有货币支付能力的实际需要,因此,需求受产品价格和消费者收入变动的影响。经济学中,把这种因产品价格和消费者收入等因素变动而引起需求的变化称作"需求弹性",包括需求的收入弹性、价格弹性和交叉弹性。企业的市场营销人员在定价时必须知道需求的价格弹性,也就是要了解市场需求对价格变动的反应。换言之,需求的价格弹性反映需求量对价格的敏感程度,以需求变动的百分比与价格变动的百分比之比来计算,也就是价格变动百分之一会使需求变动百分之几。

## 四、竞争状况

产品的最高价格取决于该产品的市场需求,最低价格取决于该产品的成本费用。在这种最高价格和最低价格的幅度范围内,企业能把产品价格定多高,则取决于竞争者同种产品的价格水平。企业必须采取适当方式,了解竞争者所提供的产品质量和价格。企业获得这方面的信息后,就可以与竞争产品比质比价,更准确地制定本企业产品价格。如果两者质量大体一致,则两者价格也应大体一样,否则本企业产品可能卖不出去;如果本企业产品质量较高,则产品价格也可以定得较高;如果本企业产品质量较低,那么,产品价格就应定得低一些。还应看到,竞争者也可能随机应变,针对本企业的产品价格而调整其价格;也可能不调整价格,而调整市场营销组合的其他变量,与企业争夺顾客。当然,对竞争者价格的变动,企业也要及时掌握有关信息,并做出明智的反应。

## 五、其他因素

企业在确定最后价格时还要考虑政府管制和供应链上其他成员的利益等因素。政府对价格决策的影响主要体现在各种有关价格禁止的法规上(如禁止价格垄断)。如果供应链上其他成员的利益得不到保障,可能会导致企业的政策执行不力,或者供应链关系不稳固,从而给企业带来损失。

# 第二节 定价方法

企业在确定定价目标、掌握了各有关影响因素的资料后,就开始进行具体的定价活动。这是一项十分复杂而又难以准确掌握的工作。受定价的三个最基本因素(产品成本、市场需求和竞争状况)的影响,企业在定价的实际工作中常侧重这些方面,企业定价的基本方法大致可分为三类:成本导向定价法、需求导向定价法和竞争导向定价法。

## 一、成本导向定价法

成本导向定价法是一种主要以成本为依据的定价方法。它包括成本加成定价法、变动成本定价法和目标利润定价法三种具体方法。

### (一)成本加成定价法

所谓"成本加成定价法"是指按照产品单位成本加上一定百分比的加成来制定产品销售价格的方法。加成的含义就是增加一定比率的利润。其计算公式为:

单位产品价格=单位产品成本×(1+加成率)

例如,某手表厂生产某牌子的石英表,其单位成本为120元/只,加成率为50%,则

单位手表价格＝120×(1＋50%)＝180(元/只)

### (二)变动成本定价法

变动成本定价法是指企业在定价时只考虑产品生产的变动成本,不计算固定成本,而在变动成本的基础上加预期的边际贡献来补偿固定成本。边际贡献是指销售收入减去变动成本后的值。如果边际贡献不足以补偿固定成本,则出现亏损。其计算公式为:

单位产品价格＝(变动成本＋预期边际贡献)/预期产品销量

采用变动成本定价法所制定的一般价格要低于成本加成定价法所制定的一般价格,因此它容易迅速扩大市场。在企业产品必须降价出售时,这种定价方法特别重要,因为只要售价不低于变动成本,企业生产就可以维持。

### (三)目标利润定价法

所谓"目标利润定价法"是根据企业预期的总销售量与总成本,确定一个目标利润率的定价方法。其计算公式为:

单位产品价格＝(固定成本＋变动成本＋目标利润)/预期销量

采用目标利润定价法可以帮助企业决定最低价格以抵补预计的成本和取得目标利润,但这种方法没有考虑到价格和需求之间的关系。它根据预期的销售量来确定价格,但价格恰恰是影响销售量的重要因素。

以上介绍了成本导向定价法的三种具体计算方法,它们的优点是简便、易行、易用;对买方,企业将本求利,公平合理;对同业者,可缓和价格竞争,减少矛盾。但其缺陷是只从卖方的角度考虑,而忽视了市场需求和竞争,因此所定价格不一定符合消费者心理需求,不一定利于促进销售。

## 二、需求导向定价法

需求导向定价法是一种依据买方对产品价值的感受和需求强度来定价的方法,主要包括感受价值定价法、反向定价法和需求差异定价法三种。

### (一)感受价值定价法

感受价值定价法又叫"认知价值定价法",是根据购买者对产品的认知价值制定产品价格。因此,卖方可运用各种营销策略和手段(如优美的装潢、优雅的环境、高质量的服务等),影响买方的感受,使之形成对卖方有利的价值观念,然后再根据产品在买方心目中的价值来定价(顾客对价值的感受,主要不是由产品成本决定的)。利用该方法进行合理定价的关键是企业要对消费者的感受价值有正确估计。如果估计过高,则商品定价就太高,市场不能接受;如果太低,商品定价就低,企业无利可图。

## (二)反向定价法

反向定价法是指企业根据消费者能够接受的最终销售价格,计算自己从事经营的成本和利润后,逆向推算出产品的批发价和零售价。这种定价方法不以实际成本为主要依据,而是以市场需求为定价出发点,力求使价格为消费者所接受。分销渠道中的批发商和零售商多采取这种定价方法。

## (三)需求差异定价法

需求差异定价法是以不同时间、地点、商品及不同消费者的消费需求强度差异为定价的基本依据。针对每种差异决定其在基础价格上是加价还是减价。主要有以下几种形式:一是因地点而异。如国内机场的商店、餐厅向乘客提供的商品价格普遍要高于市内的商店和餐厅。二是因时间而异。节假日购物黄金假期,商品价格较平时有一些增长。三是因商品而异。在奥运会期间,标有奥运会会徽或吉祥物的商品的价格,比其他同类商品的价格要高。

## 三、竞争导向定价法

竞争导向定价法是以市场上相互竞争的同类商品价格为定价基本依据,以随竞争状况的变化来确定和调整价格水平为特征的定价方法,包括随行就市定价法和投标定价法。

### (一)随行就市定价法

所谓"随行就市定价法",是指企业按照行业的平均现行价格水平来定价。在以下情况下往往采取这种定价方法:其一,难以估算成本;其二,企业打算与同行和平共处;其三,如果另行定价,很难了解购买者和竞争者对本企业价格的反应。不论市场结构是完全竞争的市场,还是寡头竞争的市场,随行就市定价都是同质产品市场惯用的定价方法。在完全竞争市场上,销售同类产品的各个企业在定价时实际上没有多少选择余地,只能按照行业的现行价格来定价。某企业如果把价格定得高于市价,产品就卖不出去;反之,如果把价格定得低于市价,就会遭到降价竞销。在寡头竞争的条件下,企业也倾向于和竞争对手要价相同。这是因为,在这种条件下市场上只有少数几家大公司,彼此十分了解,购买者对市场行情也很熟悉,因此,如果各大公司的价格稍有差异,顾客就会转向价格较低的企业。

### (二)投标定价法

投标定价法通常是政府采购机构在报刊上刊登广告或发出函件,说明拟采购商品的品种、规格、数量等具体要求,邀请供应商在规定的期限内投标。政府采购机构在规定的日期内开标,选择报价最低的、最有利的供应商成交,签订采购合同。某供货企业如果想做这笔生意,就要在规定的期限内填写标单,上面填明可供应商品的名称、品种、规格、价格、数量、交货日期等,密封送给招标人(即政府采购机构),这叫做"投标"。这种价格是供货企业根据对竞争者报价的估计来制定的,而不是按照供货企业自己的成本费用或市场需求来制定的。供货企业的目的在于赢得采购合同,所以它的报价应低于竞争对手的报价。这种定价方法叫做"投标定价法"。

### 知识链接

## 莫贪恋价格战

### 1. 价格战的初衷与反思

重庆力帆集团的老板尹明善2010年发表了文章《反思物美价廉》(《竞争力》三联财经第4期),回顾与反省了重庆摩托车与日本摩托车在越南的十年角力。文章说1998年在越南市场上,梦Ⅱ型弯梁摩托每辆售价为2100美元,而同型号的中国车到岸价仅为500美元,国内企业便势如破竹拿下越南市场。但"其兴也勃焉,其亡也忽焉",没有几年光景,中国企业就兵败如山倒,日本摩托又重夺越南市场的头把交椅。得而复失的原因是什么?好多中国企业人都在扪心自问,包括尹明善自己,痛定思痛,根源就在于中国企业最热衷的价格战。每辆摩托售价从2000多美元打到500美元,最后更是低到300美元,随着原材料涨价、汇率升值、贸易摩擦等一个个风浪袭来,就接二连三轰然倒下。反观以本田为代表的日本企业,始终稳定在每辆摩托1200美元左右,产品质量稳定,售后服务完善,最终赢得了顾客,在竞争中笑到了最后。

汲取越南市场血的教训,尹明善认为"价廉"与"物美"两者之间很难调和,最终必然导致放弃"物美"而单纯追逐"价廉",蜕变成一种逆经济规律而动的不理智举动。

正如营销大师菲利浦·科特勒所言:世上没有降价两分钱抵消不了的品牌忠诚,顾客在购买商品时大都希望价格越低越好。所以我国的众多企业纷纷将"价格战"奉为竞争利器,希望借此攻城略地。提升企业的市场占有率,收获理想的销售额和利润。但同室操戈的结果,往往演变成一场"杀敌一千,自损八百"的惨烈血战。

### 2. 伤人害己的价格战

价格是企业营销策略中最活跃的因素,4P之中最容易调整的一个P,也是唯一产生收益的一个P,因为其他3P所代表的产品、渠道和促销都表现为费用。价格不但会影响商品的销量,而且会影响单件商品带来的利润额,所以价格调整牵一发而动全身。必须高度重视定价策略,不能因一时冲动而自酿苦酒。利用低价抢占市场,可能短期收效明显,但从长期来看,必须考虑以下弊端:

其一,抢来的市场份额很脆弱。抢来的顾客是冲着低价来的,很可能会再次流失，由于降价而转换品牌的顾客大多属于价格敏感的类型，一般收入较低，对商品和服务的要求不高。这类顾客不会成为某种品牌的忠诚顾客，只要竞争对手跟随降价，他们很可能会追随而去，从这个角度来说，这部分人肯定不属于企业的优质顾客。

其二，微薄利润之下发展后劲不足。不断降价侵蚀了企业的利润，销量增加而利润未增，甚至还持续下降。这样企业怎么能提供优质的售后服务。没有完善的服务，怎么能赢得顾客满意？利润积累不足也会影响到企业的未来发展。新产品开发、吸引优秀人才加盟、品牌推广等等哪一方面不需要资金？没有高效的自主创新，没有过硬的自主品牌，企业将来靠什么立足？靠什么跻身于强手如林的国际市场？

其三，很容易被别国以"反倾销"为由逐出市场。资料显示，中国出口的袜子最初卖6美元一打，伴随着无休止的价格战，现在已跌至0.99美元一打，折合人民币平均每双仅0.66元。即使这样廉价地提供商品，人家非但不领情，反而人人喊打，威胁要运用反倾销手段，将中国产品逐出市场。倾销成立的最重要条件就是价格低。这就给了我们一个警告：能不能在低价之外寻找一条新的道路，将我国的产品推向国际市场。

3. 实施价格战的时机和条件

谈到定价问题，非常关键的一个概念就是价格需求弹性，也就是多大幅度的价格变动可以带来多大幅度的销量变动。很多企业高管在进行价格决策时靠"拍脑袋"，根本没有市场调查数据或者实验的支持。有的甚至只考虑单向影响，而不考虑竞争对手跟进降价之后的连锁反应，所以对出现的后果始料未及。常常会阵脚大乱，做出不太理智的决策。

企业在决定降价之前，要看看这些条件是否具备：

其一，少许降价就可以吸引大量非顾客转为顾客。

企业降价抢来的顾客有可能来自竞争对手，这样是拆东墙补西墙，对整个行业来说并无益处。如果来自于非顾客，那等于扩大了整个行业的市场容量，这对壮大本行业就会有积极的效果。比如美国西南航空公司宣称，它吸引来坐飞机的人都是原本准备自驾车或者坐大巴的乘客，如果此言不虚，那么它并没有危害其他航空公司的利益，甚至还为航空业做大规模贡献了力量。

其二，增加产量可以带来显著的成本节约。

无论是制造业还是服务业，很多行业都存在着规模效应。也就是说随着产销量增长，单件成本快速下降。因为售价减去单件成本等于单件利润，这样一来，售价和单件成本都在下降，商品的单件利润就不会显著减少，甚至还有可能上升。对企业而言，这种情况下可以考虑适当降价。

其三，企业是否具有优于同行的成本控制能力。

有些企业利用自身某一方面的核心优势，拥有了显著超越同行竞争者的低成本优势。这样它可以利用低价清洗市场，将弱小的竞争对手淘汰出局，进而提升自己的市场份额和盈利能力。如格兰仕利用自己大规模、低成本的制造能力；沃尔玛利用自己强大的信息系统和卓越的供应链运营水平，获得了发动价格战的坚实信心和底气，在保持自身持续盈利的价格水平下，逼迫竞争对手亏损，直至无奈退出市场。

拼价格的结果往往是杀敌一千，自损八百，这往往是一种迫不得已的无奈选择。在实行价格战前，首先要看产品方面能不能实现差异化，比如在原料、设计和制造工艺里发掘卖点，也可以尝试在销售渠道、功能开发和服务方面寻找差异点。如果不行，可以使形象差异化，形象差异化主要靠传播来实现。如果所有这些手段都不行，要打动顾客购买，就只有选择降价这条路了。

对于各位中国的企业家来说，不选择鱼死网破就得束手就擒吗？企业应该怎样面对惨烈的价格战呢？首先企业家不要怨天尤人，诸如竞争对手破坏规则、市场环境险恶、政府机构不作为等，对这些我们无法掌控，我们能够控制的只有自己的企业。只要找准定位、保持品质，你只需要静静地等待，不久就会有顾客认识到你的品牌价值，在不理智的竞争对手纷纷倒闭之后，你的机会就会显现，这也是本田在越南市场的制胜法宝。

（资料来源：张计划：《莫贪念价格战》，载《销售与管理》，2011。）

## 第三节 定价策略

### 一、定价的基本策略

在激烈的市场竞争中，定价策略是企业争夺市场的重要武器，是企业营销组合策略的重要组成部分。企业必须善于根据市场环境、产品特点、产品生命周期、消费心理和需求特点等因素，正确选择定价策略，争取顺利实现营销目标。定价策略很多，常见的有以下几种：

#### （一）新产品定价策略

新产品定价选用何种策略是一个十分重要的问题，这不仅关系到新产品能否顺利进入市场，而且影响到可能出现的竞争者数量。新产品上市时，消费者需求量较大而市场竞争者却很少，因而企业定价的自由度比较大。企业既可以把新产品价格定得高一些，尽快收回成本；也可以把新产品价格定得低一些，以利于扩大市场，限制竞争者的加入。

### 1. 撇脂定价策略

撇脂定价策略是一种高价策略,是指在新产品投放市场时定高价,争取在短时间内收回成本,并赚取高额利润。高价格维持一段时间后,随着竞争者的加入,供应产品的增加,企业再把产品价格降下来。采取这种策略,是利用消费者的求新心理,通过高价刺激需求,它适合于需求弹性小、市场生命周期短、款式色彩翻新较快的时尚性产品。当企业的生产能力有限,难以应付市场需求时,也可以用高价限制市场需求。使用这种策略一般须具备以下市场条件:一是产品的质量与高价格相符;二是要有足够多的顾客能接受这种高价并愿意购买;三是竞争者在短期内很难进入该产品市场。

### 2. 渗透定价策略

与撇脂定价相反,渗透定价策略是一种低价策略,也就是企业把新产品价格定得低一些,以吸引顾客、挤入市场、提高市场占有率。低价能使企业取得最大产品销售量,并且能够限制竞争者的加入。对需求弹性较大的非生活必需品,尤其是技术密集型生产资料和工业消费品,试销一般成本较高,为了尽快地进入市场,适宜采用这种策略。这是一种长期价格策略,虽然开始时企业所创利润较低,但从长期来看,企业能够获得较高的利润。其缺点是投资回报期长、见效慢、风险大,而且低价可能会影响产品的品牌形象和企业的声誉。

### 3. 满意定价策略

满意定价策略是介于撇脂定价和渗透定价之间的一种定价方法。把价格定在高价与低价之间,所制定的价格既可使企业获得相当利润,又使顾客感到合理。这种价格策略稳妥、风险小,一般会使企业收回成本和取得适当赢利。但这也是一种保守策略,可能失去获得高利的机会。

## (二)折扣定价策略

企业为了鼓励顾客及早付清货款、大量购买、淡季购买,可酌情降低其基本价格,这种价格调整叫做"价格折扣"。折扣定价策略主要有以下 5 种:

### 1. 现金折扣

现金折扣是企业给及时付清货款的顾客的一种减价。例如,顾客在 30 天内必须付清货款,如果 10 天内付清货款,则给予 2% 的折扣。因折扣带来的回报率通常要比银行利率明显高一些,所以,顾客一般都不会放弃这种折扣价格;同时还可加强卖方的收现能力,减少信用成本和呆账。

### 2. 数量折扣

数量折扣是企业给那些大量购买某种产品的顾客的一种减价,以鼓励顾客购买更多的物品。大量购买能使企业降低生产、销售、储运、记账等环节的成本费用。例如,顾客购买某种商品在 100 单位以下,每单位要付 10 元;购买在 100 单位以上,每单位只需付9元,这就是"数量折扣"。

### 3. 功能折扣

功能折扣是指制造商根据中间商的不同类型和不同分销渠道所提供的服务不同给予的不同折扣。例如,制造商报价:"100元,折扣40％及10％",表示给零售商折扣40％,也就是卖给零售商的价格是60元;给批发商则再折扣10％,也就是卖给批发商的价格是54元。这是因为批发商和零售商功能不同的缘故。

### 4. 季节折扣

季节折扣是企业给那些购买过季商品或服务的顾客的一种减价。它可以使企业的生产和销售在一年四季中保持相对稳定,加速资金周转和节省费用,鼓励客户淡季购买商品。

### 5. 价格折让

价格折让也是减价的一种形式。例如,一辆小汽车标价为4000元,顾客以旧车折价500元购买,只需付3500元,这叫做"以旧换新折让",多用于汽车行业或其他耐用品零售业。又如,经销商同意参加制造商的促销活动,则制造商卖给经销商的物品可以打折。这叫做"促销折让",这也是对中间商参加促销的一种回报。

## (三)地区定价策略

一般来说,一个企业的产品,不仅卖给当地顾客,同时也会卖给外地顾客。可是外地顾客把产品从产地运到顾客所在地,则需要花一些装运费。装运费如何分担?这就是地区定价策略所要解决的问题。

### 1. FOB产地定价

FOB产地定价,就是顾客(买方)按照厂价购买某种产品,企业(卖方)只负责将这种产品运到产地某种运输工具(如卡车、火车、船舶、飞机等)上交货。交货后,从产地到目的地的一切风险和费用均由顾客承担。如果按这种方式交货定价,每个顾客都各自负担从产地到目的地的运费,不仅合理,而且简单方便。但是这样定价对企业也有不利,那就是远地的顾客可能不愿购买本企业的产品,而购买其附近企业的产品。

### 2. 统一交货定价

统一交货定价和前者正好相反。所谓"统一交货定价",就是企业对于卖给不同地区顾客的产品,都按照相同的厂价加相同的运费(按平均运费计算)定价。也就是说,对全国不同地区的顾客,不论远近,都实行一个价。这种定价方式简便易行,有利于争取远方顾客,但是附近地区的顾客可能会感觉不合算。

### 3. 区域定价

区域定价介于FOB产地定价与统一交货定价之间。企业把全国(或某些地区)分为若干价格区,对于卖给不同价格区顾客的某种产品,分别制定不同的地区价格。距离企业远的价格区,价格定得较高;距离企业近的价格区,价格定得较低;在同一价格区内实行统一定价。这种定价方法使窜货成为可能。

#### 4. 基点定价

所谓"基点定价",是指企业选定某些城市作为基点,然后按一定的厂价加从基点城市到顾客所在地的运费来定价,而不管货实际上是从哪里起运的。有些公司为了提高灵活性,选定许多个基点城市,按照距离顾客最近的基点计算运费。

#### 5. 运费免收定价

有些企业因为急于和某些地区做生意,自己负担全部或部分实际运费。这些卖主认为,如果生意扩大,其平均成本就会降低,因此足以抵偿这些费用开支。采取运费免收定价,可以使企业加深市场渗透,并且能在竞争日益激烈的市场中处于有利地位。

### (四)心理定价策略

企业定价时利用消费者不同的心理需要和对不同价格的感受,有意识地采取多种价格形式,以促进销售。常见的有:

#### 1. 尾数定价

尾数定价是定价时保留小数点后的尾数,这可使购买者对定价增强信任感,同时还可使人感觉价廉。例如,本应定价100元的商品,定成99.98元,这种方法多用于需求价格弹性较大的中低档商品。

#### 2. 声望定价

声望定价与上一种方法相反,它不是为了给人以价廉的感觉,而是故意把价格定成整数或定为较高价格,以显示其商品或企业的名望。一般质量不易鉴别的商品定价适用此法,因为消费者崇尚名牌,往往以价格判断质量,认为高价格代表高质量。例如,美国著名的宝洁公司将它的"海飞丝"洗发液打入中国市场时,其在同类产品中定价最高,结果反而畅销。又如,参加巴黎世界博览会的中国成套瓷器,就因为标价只有800法郎,使一些本想买去做家庭陈设的顾客欲购又止,因为这个价格不足以满足顾客炫耀心理的需要。

#### 3. 招徕定价

有些企业利用许多顾客有贪图价廉的心理,将某几种商品定低价(低于正常价格甚至低于成本)以刺激顾客;或利用节假日和换季时机举行"酬宾大减价"、"限时限购"等活动,把部分商品按原价打折出售,吸引顾客进店,以带动店内全部商品的销售。

#### 4. 习惯定价

消费者在长期的购买实践中,对一些商品已形成了心理价位,企业应当按照这种习惯价格定价,不要轻易地改变,这就是习惯定价策略。不符合消费者心理标准的价格易引起疑虑,影响购买。如果企业的产品要提价,最好不改变原标价,而将单位数量略微减少或质量适当降低,以减少成本,这样做比提高价格更容易为消费者所接受。如果成本价格无法降低,最好是把品牌或包装改变一下再行提价,让顾客以为这是一种经过改进的产品，多付钱是合理的。

### 5. 心理性折扣定价

企业采取某些方法使消费者产生错觉，误以为商品价格已由高降低。如通过定较高的价格，再以较大的折扣形式出售，让消费者感觉价格降低；又如以较小的计算单位标价，让顾客产生价格不高的错觉。

## 市场聚焦

### 如何不让顾客说"贵"？

**序言：**

2008年6月笔者应约到A品牌橱柜常州商场做内训，培训前该品牌的导购对我说："王老师，这段时间上海C品牌橱柜对我们的影响比较大，您去做一次调研帮助我们分析一下吧。"

"说说情况，到底怎么影响了？"笔者有些不解。

"C品牌最近抢走了我们几个大单，都是在五万元以上的。就说最近的客户张先生吧，他来到我们商场后我们给做了两万三的报价他还嫌贵，可是当天下午却在C品牌那里订了一款五万多元的橱柜，我真是糊涂了。"

**场景回放：**

笔者缓缓走进C品牌橱柜店，边走边看，这时导购员小张跟了上来："先生，您好，我们这里都是国际高端的C品牌橱柜，请您了解一下。"

（解析：迎客，并先发制人的提升品牌地位）

"嗯，我随便看看"笔者漫不经心的回答，目光在一款橱柜上停留了两、三秒。

（解析：顾客的通常反应）

"先生有没有发现我们这款橱柜和其他品牌哪里不一样？"小张抓住时机突然问道。

（解析：善于抓住机会，并利用提问的方式吸引顾客注意力，引导顾客思路，同时伺机接近顾客）

"有哪里不一样吗？"笔者自言自语，目光却没有离开这款橱柜。

（解析：顾客上钩了）

"您再仔细看看"小张很自信的提示着笔者。

（解析：进一步引导顾客）

"您看我们这款地柜的抽屉"五秒钟后小张蹲下身拉开了地柜的抽屉展示给了笔者，"这款抽屉的就是一层钢化玻璃，拉手是直接固定在上面的，根本不需要基材，这样有利于……（提示：其他很多品牌的钢化玻璃橱柜是将钢化玻璃贴在刨花板的基材上）"，在她的语气里充满了骄傲。

（解析：把顾客的思路引导到自己的独特卖点上，并对卖点进行深一层次的讲解）

"这样能结实吗？会不会显得太单薄？"笔者提出了异议。

（解析：顾客开始互动了）

"这个您放心，我们的钢化玻璃是德国原装进口的XX品牌……目前在国内只有我们一家拥有，它采用了……技术，通过……工艺制作的"简单概要的阐述后，小张拿出一块样板在上面敲了又敲，又用一把刀子划了几下，然后递到笔者手中"您看，是不是一点伤害都没有？"

（解析：第一，利用唯一、稀有、先进的工艺技术提升产品价值和品牌价值，从听觉上影响客户；第二，利用样板、刀子等工具给顾客做体验式销售，并让顾客亲自感觉。）

"还真的是"，笔者边看边称赞。

（解析：顾客进入了导购的预定轨道，接受了导购的思想）

"您再看我们的抽屉和拉篮"，说着小张拉开了旁边的柜门。（提示：C品牌的抽屉和拉篮用的是凯斯宝马的高端产品，在当地市场很少见，因为当地其他品牌大部分用的是BLUM的中低端产品。）

（解析：继续引导顾客，展示其产品的其他独特卖点，从而进一步提升品牌和产品的价值）

……

（资料来源：第一营销网）

### （五）差别定价策略

所谓"差别定价"，是指企业按照两种或两种以上不反映成本费用的比例差异价格销售产品或服务。差别定价主要有4种形式：

#### 1. 顾客差别定价

企业按照不同的价格把同一种产品或服务卖给不同的顾客。例如，公园、展览馆的门票对某些顾客群（学生、军人、残疾人等）给予优惠价；有些企业对新老顾客实行不同的价格等均属此类定价。这种差别定价又称"价格歧视"，在有些国家要受到法律限制。

#### 2. 产品形式差别定价

企业对同一质量和成本的产品因不同花色、品种、款式而定不同价格。例如，不同花色的布匹、不同款式的手表等，都可定不同的价格；国外有的商人把同一种香水装在形象新奇的瓶子里，就将价格提高1～2倍。这主要是依据市场对该产品的需求情况而定的。

#### 3. 产品地点差别定价

企业对处在不同位置的产品或服务分别制定不同的价格，即使这些产品或服务的成本费用没有任何差异。例如，剧院里虽然不同座位的成本费用都是一样的，但不同座位的票价有所不同；火车卧铺因位置差异，上、下铺票价也不一样等。这是因为人们对产品或服务的偏好有所不同所致。

#### 4. 销售时间差别定价

企业对于不同季节、不同时期甚至不同钟点的产品或服务分别制定不同的价格。例如，电信服务、电力供应等在一天中某些时段、周末和平常收费的不同。

企业采取差别定价策略必须具备以下条件：其一，市场必须是可以细分的，而且各个细分市场须表现出不同的需求程度；其二，以较低价格购买某种产品的顾客没有可能以较高价格把这种产品倒卖给别人；其三，竞争者没有可能在企业以较高价格销售产品的市场上以低价竞销；其四，细分市场和控制市场的成本费用不得超过因实行价格歧视而得到的额外收入（也就是不能得不偿失）；其五，价格歧视不会引起顾客反感、放弃购买、影响销售；其六，采取的价格歧视形式不能违法。

### （六）产品组合定价策略

#### 1. 产品线定价

通常企业开发出来的是产品大类，而不是单一产品。当企业生产的系列产品存在需求和成本的内在关联性时，为了充分发挥这种内在关联性的积极效应，需要采用产品线定价策略。在定价时，其一，确定某种产品价格为最低价格，它在产品线中充当招徕价格的角色，吸引消费者购买产品线中的其他产品；其二，确定产品线中某种产品的价格为最高价格，它在产品线中充当品牌质量象征和收回投资的角色；其三，产品线中的其他产品也分别依据其在产品线中的角色不同，而制定不同的价格。如果产品是由多家厂商生产经营时，则共同协商确定互补品价格。选用互补品定价策略时，企业应根据市场状况，合理组合互补品价格，使系列产品有利销售，以发挥企业多种产品整体组合效应。

#### 2. 选择品定价

许多企业在提供主产品的同时，会附带生产或销售一些可供选择的产品或服务。对于选择品的定价，公司必须确定价格中应当包括哪些因素，哪些作为选择的对象。

#### 3. 单一价格定价

企业销售品种较多而成本差距不大的商品时，为了方便顾客挑选和内部管理需要，企业销售的全部产品往往实行单一的价格。如风靡一时的"十元店"、"二元店"、"一元店"就是采用单一价格定价策略，店内所有的商品无论颜色、大小、款式、档次价格一律按"十元"、"二元"或"一元"计价。

#### 4. 分部定价

服务性企业在提供有偿服务时，通常收取一笔固定费用，再加上可变的使用费。一般收取较低的固定费用，以推动人们购买服务，利润可以从使用费中获取。

#### 5. 补充品定价

有些产品需要附属或补充配合才能使用,如剃须刀与刀片、打印机与墨盒或色带。许多制造商喜欢为主产品(如打印机)制定较低价格,给附属品(如墨盒)制定较高价格(但补充品定价过高也会出现问题)。

#### 6. 副产品定价

企业在生产肉类、石油产品和其他化工产品的过程中,经常会产生副产品。如果副产品价值低、处置费用昂贵,就会影响主产品定价(其价格必须能弥补副产品处置费用)。如果副产品价值高,可按其价值定价。副产品如果能带来收入,则有助于企业在应对竞争时制定较低价格。

### 二、价格调整

当企业的内部或外部环境发生变化时,企业必须调整价格,以适应激烈的市场竞争。

#### (一)降低价格

降价往往会造成同业者的不满,引发价格竞争。但在某些情况下,仍需降价:一是企业生产能力过剩,产品积压,运用各种营销手段(如改进产品、努力促销等),仍难以打开销路;二是面临着激烈的价格竞争,企业市场占有率下降,为了击败竞争者,扩大市场份额,必须降价;三是企业的产品成本比竞争者低但销路不好,需要通过降价来提高市场占有率,同时使成本由于销量和产量的增加而进一步降低,形成良性循环。

#### (二)提高价格

提高产品价格会引起顾客、经销商甚至本企业销售人员的不满,但成功的提价可以使企业利润大大增加。当企业面临以下情况时需要考虑提价:一是产品供不应求,企业无法满足顾客对其产品的全部需求时,可以提高价格以保证市场供应,增加收入;二是因通货膨胀、物价上涨,使企业成本费用上升时,需提高产品销价,以平衡收支,保证盈利;三是提价可改善和提高产品或企业形象。企业在提价时,应注意通过各种传播媒介沟通信息,向买方说明情况,争取买方的理解,并帮助买方解决因提价而产生的一些问题。

#### (三)企业对竞争者降价竞销的对策

企业面对竞争对手降价竞销时,可选择以下几种对策:一是维持原价不变;二是维持原价,同时改进产品质量或增加服务项目,加强广告宣传等;三是降价,同时努力保持产品质量和服务水平稳定不变;四是提价,同时推出某些新品牌,以围攻竞争对手的降价品牌;五是推出更廉价的产品进行反击。

一般来说,竞争者降价总是在准备已久的市场中进行,而企业在事先毫无准备的情况下,突然面临对手的降价进攻,往往难以立即做出准确适当的反应。因此,企业应加强营销调研,及时掌握竞争者的动态,同时做好应付意外情况的准备。一些企业为了对付竞争者降价,通常拟定一个反应程序,根据这一程序可以对竞争者的降价竞销行为做出及时的反应,做到有备无患,避免临时仓皇失措。但需要特别强调的是,当企业面对竞争者降价进攻时,必须冷静思考和分析具体情况,全面考虑各种因素,及时做出适当反应。

## 本章小结

　　价格是营销组合中十分敏感而又难以控制的因素。在营销组合中,价格是唯一能产生收入的因素。产品、渠道和促销等因素均表现为成本。价格作为营销组合中最活跃的因素,受多方面的影响。影响企业定价的要素包括定价目标、产品成本、市场需求、竞争状况和政府等其他因素。其中,产品成本决定了最低价,市场需求决定了最高价,但是企业要想制定出合理的价格还需要考虑竞争状况以及内部和外部因素。在实际工作中企业往往侧重某一方面因素来制定价格。企业定价的方法主要有成本导向、需求导向和竞争导向三种。

　　在激烈的市场竞争中,企业必须善于根据市场环境、产品特点、产品生命周期、消费心理和需求特点等因素,正确选择定价策略,争取顺利实现营销目标。企业的定价策略主要有:新产品定价策略、折扣定价策略、地区定价策略、心理定价策略、差别定价策略和产品组合定价策略。伴随着企业的内部或外部环境的变化,企业还须调整价格(包括提高价格和降低价格),以适应激烈的市场竞争。当竞争者降价竞销时,企业也必须制定出相应的对策。

## 本章习题

1. 企业定价的方法有哪些?各自包括哪些内容?
2. 企业定价的基本策略有哪些?各自包括哪些内容?
3. 2011年10月,淘宝商城提价遭小卖家围攻,请对这一现象谈谈你的看法。
4. 企业在什么情况下可以进行战略性降价?

## 案例研讨

### 从礼帽被抢购一空说起

　　一个美国商人从国外购进了一批做工精细、质量上乘的礼帽,为了增加竞争力,商人把价格定在和其他一般礼帽一样的水准,可销路并没有比别人的更好,这让他很奇怪,因为这批礼帽真的是非常精致、漂亮,于是他降低价格来销售,但销路也没有明显提升。一天,这个商人生病了,他委托同样做小生意的邻居帮他代卖这些礼帽。这个邻居在销售时把那个商人写的价格12美元错看成了120美元,结果礼帽被一抢而空。原来,高价吸引来了大家的目光,而精美的商品让大家觉得值这个价钱,这个价格又使大家更相信商品的品质——物有所值。还有一点就是他们卖货的地点是在富人区(这里的顾客对价值感兴趣,而非价格)。于是,合适的商品在合适的地点以合适的价格顺利地卖出了好价钱。

从这个故事中可以看出,商品定价不是越便宜越好,定价太低不但赚不到应得的利润,还可能费力不讨好,让顾客低估了商品价值。因此,把降价当作促销杀手锏的商家该反思一下了,因为你降价的同时失去的不仅仅是利润,还有宝贵的品牌形象。可能很多读者会说,不少企业都是以低价来获得市场份额及竞争力的,如格兰仕、纳爱斯、神州等。没错,他们是以低价取胜,但是他们的低价是以企业经营战略为基础的。他们采用低价战略并没有失掉利润,也没有损伤到品牌形象。比如格兰仕,他们能够低价销售是因为成本控制得好,即使低价也有足够的利润空间。同时他们在其他方面,如产品质量、宣传推广等方面都做得很成功,因此并未对品牌形象造成损伤。低价是他们企业经营战略中的一部分,是经过深思熟虑的,而非盲目定价的,因此,价格成了他们有力的竞争武器。

(资料来源:世界经理人互动社区)

**案例思考题:**

1. 企业定价时应该考虑哪些因素?
2. 你认为什么时候企业应该定低价?

---

**应用训练**

1. 实训目标

通过本章的学习,学会分析市场商品的价格,并根据企业经营现状和市场状况及时、适当地对企业商品价格进行调整。

2. 实训资料

## 泸州房价,三年涨了 45.3%

国家统计局泸州调查队在泸州假日酒店召开会议,对泸州 2008 年的房地产价格调查工作做了相关部署,在这个会上透露出的相关信息却折射出了近年来泸州房价的基本走势。

据介绍,2004 年年底,泸州新房销售均价仅为 1440 元/平方米,而截止到 2007 年 9 月却大幅飚升到了 2092 元/平方米,上涨了 45.3%以上,与此遥相呼应的二手房同期销售均价也超过了 22%。那么究竟是什么原因让泸州房价在不到三年的时间内就能出现如此大的涨幅呢?

据业内人士介绍,造成泸州房价飞涨的原因主要有以下两个方面:

其一,建造成本的大幅上升。

首先我们来看看最基本的土地价格,过去那种几万、十几万一亩的土地价格已成为明日黄花,最近在泸州挂牌拍卖的土地价格屡创新高就是最好的证明,在国家更加严格的土地政策之下,要想低价获得土地已经不再可能。有数据表明,从2004年底到2007年9月,该市建筑用地拍卖价格已经上涨了33.3%,如果按照2.0这样的容积率来简单推算一下,单纯土地价格的上涨就会拉高房价5%以上。

土地价格上扬还只是造成建造成本增加的一方面原因,工人工资的增加以及新建筑材料的应用和建筑材料价格大幅上扬也是助"涨"房价的"黑手"。

近三年来建筑行业人工工资以30%～40%的幅度大幅攀升,过去30元/天可以请到的一个小工,现在没有60元、70元是请不到的。而建筑材料尤其是钢材和水泥这两大主材的价格更是你追我赶,与三年前相比,这两大主材的价格上涨均接近或者超过了一倍。假如你有幸看到建筑施工企业的工程预算表,就会发现,根据同样的2000元定额编制的普通商品房的工程造价,现在与三年前相比,每平方米的造价增加了200元左右。这里面还没有包括主管部门对新材料应用的硬性要求,如节能材料、保温隔热材料等等。

其二,供需关系。

从上面的各组数据不难看出,单纯建造成本增加这一个原因就足以让泸州目前的房价在三年前增加300～400元/平方米,如同任何一种商品一样,供需关系也对市场价格起着举足轻重的调节作用,那么近年来泸州市场对住房的需求又是怎么样的呢?

不用去查阅每年竣工面积有多少这样烦琐的数据,只一个数字就可以说明近年来泸州房产市场需求的持续旺盛。随着城市化进程的不断深入,城市人口不断增加,在现行住房供应制度之下,这些新增城市人口中的绝大多数都必须通过"购买"来圆自己的住房梦,那么这一数字有多大呢?

根据泸州城调队公布的数字,近三年来,该市平均每年新增城市人口在5万人左右,按照人均20平方米的住房标准来计算,每年仅解决新增城市人口的住房需要就需新增住房100万平方米。供需关系紧张直接导致房地产市场需求的持续旺盛,从而导致房价的居高不下。

难道面对高企的房价我们就真的没办法了吗?也不完全是,近日就不断有"利好"消息传出,据相关媒体报道,该市在前不久集中解决了几百户廉租住房的基础上,又开始筹划集中建设一批以保障中低收入人群的经济适用房。如果地方政府真的能够把提供和保证保障性住房供应的工作落到实处,有理由相信在未来的时间内,我们可以"让房价不再涨"。

国家统计局泸州调查队公布数据显示,2008年1～8月泸州市房屋销售价格累计上涨3.1%,平均售价为2378元/平方米,房价呈先扬后抑走势,总体表现平稳。

3. 实训要求

如果你是泸州房地产开发商,请根据背景资料和泸州房产现状,对泸州房产价格进行调整,写出调整方案和理由。

4. 实训程序

(1)列出所有调整价格需要考虑的因素。

(2)列出进行价格调整的原因。

(3)制定价格调整的目标。

(4)制定实施调整后价格的营销方案。

5. 总结评价关键点

价格调整考虑的因素是否完整;价格调整的原因与价格调整的目标是否一致;调整后的价格是否更合理、更符合房地产市场发展现状;调整价格的营销方案是否合理可行。

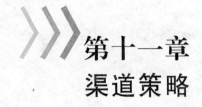

# 第十一章
# 渠道策略

### 学习目标

▶ 掌握分销渠道的含义和基本类型
▶ 能进行企业营销渠道设计
▶ 了解网络分销渠道的类型和设计

### 案例导引

#### 另解"重赏之下,必有勇夫"

眼看大半年过去了,可销售计划只完成了三分之一,怎么办呢?

作为某食品公司营销经理的张××,一直在为销售不畅苦恼着。于是他请示老总,决定搞一次大规模的促销活动,以激励零售商大量进货,方法就是每进一件产品,奖励现金50元。

这招还真灵!零售商们见有利可图,进货积极性高涨,只用一周时间,上半年落下的任务就超额完成了。

张经理看着销售表,长长地舒了口气,"真是有钱能使鬼推磨,重赏之下,必有勇夫啊!"

然而,让张经理万万没想到的是,没出一个月,市场就发生了意外:公司在市场上一直平稳的食品价格莫名其妙地一个劲往下滑。

各零售点,无论大商场还是小食杂店都竞相降价甩货,不但造成零售价格一片混乱,也直接影响了公司的市场形象。老总火了,公司急忙派出人员出面调查制止。零售商们当面说得好听,可一转身,仍然低价出售。搞得公司管理层焦头烂额,无可奈何。

原来,在高额促销费的驱动下,零售商们进货量猛增,表面上看,公司的库存降下来了,而商圈内消费者的消费量是相对有限和固定的,货虽然到了零售商手里,可并没有顺利地卖到消费者手中。由于零售商都进了大量的货,而一时又销不出去,为尽快处理库存积压,回笼被占用的资金,他们便争相降价甩卖。结果市场上卖什么价的都有,而且是越卖价越低。

低价甩卖,零售商不赔钱吗?他们当然不会做赔本的买卖,因为还有高额促销费垫底呢,只不过是少赚一点罢了。而食品公司的损失却要大的多了。公司形象受影响不说,产品价格一旦降下来,再想拉上去几乎是不可能的。因为消费者一旦接受了更低的零售价格,若再涨上去,他们肯定是不买账的,正所谓"降价容易涨价难哪"!

于是,该产品的售价越卖越低,零售商的利润越来越薄,最后,干脆不卖这种产品了。没人再进货,该产品也就寿终正寝了!这时只有食品公司叫苦不迭。张经理也因此引咎辞职,痛苦地离开了这家公司。

(资料来源:http://www.zrddn.com)

## 第一节 分销渠道概述

### 一、分销渠道的含义

所谓"分销渠道",是指某种产品和服务在从生产者向消费者转移过程中,取得这种产品和服务的所有权或帮助所有权转移的所有企业和个人。因此,一条分销渠道主要包括商人中间商(Merchant Middleman)(因为他们取得所有权)和代理中间商(因为他们帮助转移所有权)。此外,它还包括作为分销渠道起点和终点的生产者和消费者,但是,它不包括供应商、辅助商等。

与分销渠道不同,市场营销渠道是指那些配合起来生产、分销和消费某一生产者的某些货物或劳务的所有企业和个人的集合体。这就是说,一条市场营销渠道包括某种产品的供产销过程中所有的企业和个人,如供应商、生产者、商人中间商、代理中间商、辅助商(如支持分销活动的运输、仓储、广告代理、金融、市场研究等机构)以及最后消费者或用户等。

分销渠道承担着把商品从生产领域转移到消费领域的任务。其职能包括:①调研,收集和传播营销环境中有关潜在和现行的顾客、竞争对手和其他参与者及力量的营销调研信息。②促销,传播有关供应物富有说服力的吸引顾客的沟通材料。③谈判,尽力达成有关产品的价格和其他条件的最终协议,以实现所有权或者持有权的转移。④订货,营销渠道成员向制造商进行有购买意图的沟通行为。⑤配合,使所供应的物品符合购买者需要,包括分类、分等、装配、包装等活动。⑥融资,为补偿渠道工作的成本费用而对资金的获得与支出。⑦风险承担,在执行渠道任务的过程中承担一切相关风险。⑧物流,产品实体从原料到最终顾客手中的连续储运工作。⑨付款,买方通过银行和其他金融机构向销售者提供账款。⑩所有权转移,所有权从一个组织或个人向其他组织或个人的实际转移。

## 二、分销渠道的类型

### (一)直接渠道和间接渠道

**1. 直接渠道**

直接渠道指生产者不经过中间商把产品直接卖给消费者或用户,也称为"零层渠道"。直接渠道是产业用品销售采用的主要渠道。多数产业用品的技术比较复杂,特别是那些高技术产品,需要厂家给予安装、维护、指导使用和培训人员等方面的协助。而且产业用品的用户较少,购买次数少、数量大,易于集中供货。这种渠道的表现形式有:上门推销、邮寄销售、电话销售、开设自销门市部、通过订货会或展销会与消费者直接签约供货等。

直接渠道不经过中间商有很多优点:生产者直接与消费者接触,有利于产、需双方沟通信息;可以降低产品在流通过程中的成本和损耗;能够高质量的为消费者提供各种服务;资金周转速度较快。直接渠道也有一些不足:生产者设立自己的销售机构,增加运营成本;分散企业生产管理的精力;增加生产者的经营风险。

**2. 间接渠道**

间接渠道指企业通过至少一个中间商向消费者销售产品的分销渠道。也就是在生产者和消费者之间有中间商的介入,是消费品的主要销售渠道。介入中间商的多少决定了渠道的长短,间接渠道一般包括一层渠道、二层渠道和三层渠道(如图11-1所示)。

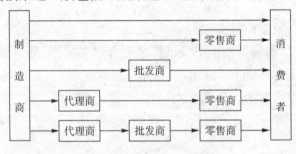

图11-1 间接渠道示意图

间接渠道由于有中间商的参与,表现出一定的优点:在中间商的帮助下,有助于产品广泛分销;有利于生产者集中力量搞好生产,加强产品创新;生产企业不要花费资金推销产品,可以节约流动资金。其缺点是中间商介入生产者和消费者之间,不利于双方的沟通;中间商的介入增加了销售环节,费用上升;中间商掌握的相关技术有限,只能向消费者提供有限的服务。

> 知识链接

## 什么是窜货?

窜货是商业行为,其目的是赢利。经销商跨过自身覆盖的销售区域而进行的有意识销售就是窜货。

窜货是经销商网络中的公司分支机构或中间商受利益驱动,使所经销的产品跨区域销售,造成市场倾轧、价格混乱,严重影响厂商声誉的恶性营销现象。

1. 窜货的类型

(1)类型Ⅰ。

①恶性窜货:经销商为了牟取非正常利润,蓄意向非辖区倾销货物。

②自然性窜货:一般发生在辖区临界处或物流过程,非供销商恶意所为。

③良性窜货:经销商流通性很强,货物经常流向非目标市场。

(2)类型Ⅱ。

①同一市场内部的窜货:甲、乙互相倒货。

②不同市场之间的窜货:两个同一级别的总经销之间相互倒货。

③交叉市场之间的窜货:经销区域重叠。

2. 窜货的原因

(1)多拿回扣,抢占市场。

(2)供货商给予中间商的优惠政策不同。

(3)供应商对中间商的销货情况把握不准。

(4)辖区销货不畅,造成积压,厂家又不予退货,经销商只好将商品拿到畅销市场销售。

(5)运输成本不同,自己提货,成本较低,有窜货空间。

(6)厂家规定的销售任务过高,迫使经销商去窜货。

(7)市场报复,目的是恶意破坏对方市场。

3. 窜货的表现

(1)分公司为完成销售指标,取得业绩,往往把货销售给需求量大的兄弟分公司,造成分公司之间的窜货。

(2)中间商之间的窜货:甲乙两地供求关系不平衡,货物可能在两地低价抛售走量流转。

(3)为减少损失,经销商低价倾销过期或即将过期的产品。

(4)更为恶劣的窜货现象是经销商将假冒伪劣商品与正品混同销售,掠夺份额。

4. 窜货的危害

(1)一旦价格混乱,将使中间商利润受损,导致中间商对厂家不信任,对经销其产品失去信心,直至拒售。

(2)供应商对假货和窜货现象监控不力,地区差价悬殊,使消费者怕假货、怕吃亏上当而对公司产品不敢问津。

(3)损害品牌形象,使先期投入无法得到合理的回报。

(4)竞争品牌会乘虚而入,取而代之。

(资料来源:凤凰网)

### (二)宽渠道与窄渠道

分销渠道的宽度是指每一分销层级使用同种类型中间商的数目,数目越多就越"宽",反之,则越"窄"。分销渠道宽度与分销策略密切相关。企业的分销策略包括密集分销、选择分销和独家分销。

密集分销是指制造商尽可能地通过许多负责任的、适当的批发商和零售商推销产品。消费品中的便利品和产业用品中的供应品通常采取密集分销,从而使广大消费者和用户能随时随地买到。

选择分销是指制造商在某一地区仅仅通过少数精心挑选的、最适合的中间商推销产品。选择分销适用于所有产品。相对而言,消费品中的选购品和特殊品更适合选择分销。

独家分销是指制造商在某一地区仅选择一家中间商推销产品。通常双方协商签订独家经销合同,规定经销商不得经营竞争者产品,以便控制经销商的业务经营,调动其经营积极性。

## 第二节 中间商

### 一、中间商的概念

中间商是指介于生产者与消费者之间,专门从事组织或参与商品流通业务,促进交易行为实现的企业和个人。在商品经济条件下,商品交换一般是以中间商为媒介进行的。它是社会化大生产和社会分工的必然结果,也是经济合理地组织商品流通、使其高效运行的必要结果。中间商的存在和发展有其必然性,一方面,一些企业由于资金等的限制,没有能力建立自己的分销网络而必须依靠中间商;另一方面,一些有能力自建分销渠道的企业不愿把过多的精力分散到渠道建设中而宁愿与中间商合作,由其负责自己企业的分销工作。中间商按其在流通过程中所处的环节分为批发商和零售商。

## 二、批发商

批发是指一切将物品或服务售给为了转卖或商业用途而购买的组织或个人的活动。批发商是指那些主要从事批发业务的商业企业,主要有三种类型：

（一）商人批发商

商人批发商又称"经销批发商",指自己进货,取得产品所有权后再批发出售的商业企业。商人批发商按职能和提供的服务是否完全又可分为完全服务批发商和有限服务批发商。

1. 完全服务批发商

完全服务批发商执行批发业务的全部功能,提供的服务主要有保持存货、雇用固定的销售人员、提供信贷、送货和协助管理等。他们分为批发商和工业分销商两种。批发商主要是向零售商销售,并提供广泛的服务。工业分销商向制造商而不是向零售商销售产品。

2. 有限服务批发商

有限服务批发商为了减少成本费用、降低批发价格,只提供一部分服务。他们又可分为：①现购自运批发商。这种批发商不赊销,也不送货,顾客要自备交通工具去仓库选购,当时付清货款,自己把物品运回。这类批发商主要经营食品杂货,其顾客主要是小食品杂货商、饭馆等。②承销批发商。他们拿到顾客(包括其他批发商、零售商、用户等)的订货单,就向制造商、厂商等进货,并通知生产者将物品直运给顾客。承销批发商不需要仓库和库存,只要有办公室或营业场所即可。③卡车批发商。从生产者处把物品装上卡车,立即运送至各零售商、饭馆、旅馆等。这种批发商经营的多为易腐和半易腐产品,一旦接到顾客要货通知立即送货,主要执行推销和送货职能,不需要仓库和库存。④托售批发商。在超级市场和其他食品杂货商店设置货架,展销其经营的产品,卖出后零售商付给货款。这种批发商经营费用较高,主要经营家用器皿、化妆品和玩具等产品。⑤邮购批发商。这是借助邮购方式开展批发业务的批发商。主要经营食品杂货、小五金等,顾客是边远地区的小零售商等。

（二）代理批发商

代理批发商包括代理商和经纪人,他们是不拥有商品所有权的组织或个人。代理批发商或者受生产厂家之托,寻找购买者；或者受需求者之托,与销售者联系。主要职能是为供需双方之间的买卖提供沟通的便利,促成交易,赚取佣金作为报酬。

1. 经纪人

经纪人的主要职能是为买卖双方牵线搭桥,促成他们直接谈判,从中收取佣金。经纪人一般不代买,也不代卖,不持存货,也不参与融资或承担风险。

### 2. 代理商

代理商的主要功能是代表买方或卖方在市场上从事营销活动，负责寻找顾客，代表委托者与顾客洽谈，办理代销、代购、代存、代运业务，从中收取佣金或手续费。代理商没有商品所有权，也没有定价权，不必代垫商品购买资金或承担市场风险。

(1) 企业代理商。企业代理商也称"区域代理商"，是指在某一区域范围内为多家生产商代理销售业务的代理商。他们代表一家或几家生产商推销商品；与生产商就价格、地区、承接订单程序、运输服务方法、质量保证以及佣金标准等订有书面的协议。企业代理商一般人员不多，但都是精明强干的推销能手，因此，一般小厂和新开辟市场的大厂都愿意雇用这样的企业代理商。

(2) 销售代理商。销售代理商是在协议规定的时间和范围内，为某一生产厂商独家代理销售业务的代理商，他们代理生产商销售全部产品，并为生产商提供很多的服务（如设置产品陈列和负责广告费用等）。实力雄厚的销售代理商还以票据或预付款等方式向生产商提供资金方面的支持。他们对于产品价格、交易条件等有很大的影响力。从某种意义上讲，销售代理商就是企业的一个销售部门，他们的命运和制造商紧密相连。该种形式的代理商常见于工业机器和设备、煤和焦炭、化学品和金属品销售等领域。

(3) 采购代理商。采购代理商一般和买主建有长期关系，为其采购商品，经常为买主提供收货、验货、储存和送货等服务。该种形式的代理商常见于服装市场。

(4) 佣金代理商。佣金代理商是指为企业临时代理销售业务的代理商，通常是以每一笔生意为单位同生产厂商建立委托代理关系。生意做完委托代理关系也就结束，然后按销售额的多少提取佣金。

### (三) 生产商及零售商的分店和销售办事处

这种类型的批发商是不通过独立的批发商，而由生产厂家或零售商自行组织开展批发业务的机构。主要分为两种类型。

#### 1. 销售分店和销售办事处

这是生产厂商设立的组织批发销售业务的机构。其目的是为了改进自己的存货控制、销售和促销业务。一般来讲，销售分店持有自己的存货，销售办事处则不持有存货。

#### 2. 采购办事处

许多零售商在一些大的市场中心设立采购办事处，这些采购办事处的作用与采购代理商的作用相似，但是前者是买方组织的组成部分。

## 三、零售商

### (一) 零售商的概念

零售商是指将所经营的商品直接出卖给最终消费者的个人或组织。在流通领域内,零售商处在商品运动的终点,商品经过零售便进入消费领域,从而实现商品价值。因此,其销售活动是在营业员和最终消费者之间单独、分散进行的,一般有特定的交易场所,各种商品与消费者直接见面,并随着商品的出售向消费者提供服务。零售商的特点包括:其一,零售商的销售对象是最终消费者。主要包括:消费者个人、家庭、从零售商购买商品用作消费的机关团体等。商品经过零售,便离开流通领域进入消费领域,实现商品价值。其二,零售商的交易较批发商频繁,且每次交易的量小。由于零售商的销售对象是最终消费者,所以,作为个人和家庭的消费需要量较小,而购买次数却较为频繁。其三,零售商的地区分布较批发商广,一般分散在全国各地广大最终消费者中间。这是由零售商所处的地位决定的,零售商是专门从事零售贸易,直接为广大最终消费者服务的单位,而各种商品的最终消费者则分散在全国各地。

(二)零售业态分类

零售业态是零售企业为满足不同的消费需求进行相应的要素组合而形成的不同经营形态。零售业态按零售店铺的结构特点,根据其经营方式、商品结构、服务功能,以及选址、商圈、规模、店堂设施、目标顾客和有无固定营业场所进行分类。根据 2004 年 6 月 30 日实施的中华人民共和国国家标准,零售业态从总体上可以分为有店铺零售业态和无店铺零售业态两类,按照零售业态分类原则可分为食杂店、便利店、折扣店、超市、大型超市、仓储会员店、百货店、专业店、专卖店、家居建材商店、购物中心、厂家直销中心、电视购物、邮购、网上商店、自动售货亭、电话购物等 17 种零售业态。

**1. 有店铺零售业态**

有店铺零售业态是有固定的进行商品陈列和销售所需要的场所和空间,并且消费者的购买行为主要在这一场所内完成的零售业态。

(1)杂食店。杂食店是以香烟、酒、饮料、休闲食品为主,独立、传统的、无明显品牌形象的零售业态。一般位于居民区内或传统商业区内,营业面积在 100 平方米以内,以相对固定的居民为目标顾客的柜台式和自选式相结合的经营业态。

(2)便利店。便利店是以满足顾客便利性需求为主要的目的的零售业态。一般选址在居民住宅区、主干线公路边,以及车站、医院、娱乐场所、机关、团体、企业事业所在地。商店营业面积在 100 平方米左右,营业面积利用率高。居民徒步购物 5~7 分钟可到达,目标顾客主要为单身者、年轻人,80%的顾客为有目的的购买。商品结构以速成食品、饮料、小百货为主,有即时消费性、小容量、应急性等特点。营业时间长,一般在 10 小时以上,甚至 24 小时,终年无休日。以开架自选货为主,结算在收银台处统一进行。

(3)折扣店。店铺装修简单,提供有限服务,商品价格低廉的一种小型超市业态。拥有不到 2000 个品种,经营一定数量的自有品牌商品。一般选址在居民区、交通要道等租金相对便宜的地区,目标顾客主要为商圈内的居民。商品平均价格低于市场平均水平,自有品牌占有较大的比例。用工精简,为顾客提供有限的服务。

(4)超市。超市是开架售货,集中收款,满足社区消费者日常生活需要的零售业态。根据商品结构的不同,可以分为食品超市和综合超市。一般选址在市、区商业中心和集中居住区,以居民为主要销售对象,商店营业面积在6000平方米以下。商品构成以购买频率高的商品为主,经营包装食品、生鲜食品和日用品,其中,食品超市与综合超市商品结构不同。多采取自选销售方式,出入口分设,结算由设在出口处的收银台统一进行。营业时间每天不低于12小时。

(5)大型超市。实际营业面积6000平方米以上,品种齐全,满足顾客一次性购齐的零售业态。根据商品结构,可以分为以经营食品为主的大型超市和以经营日用品为主的大型超市。一般选址在市、区商业中心、城郊结合部、交通要道及大型居住区,辐射半径2千米以上,目标顾客以居民和流动顾客为主。大众化衣、食、日用品齐全,消费者可以一次性购齐,注重自有品牌开发。采取自选销售方式,出入口分设,结算由设在出口处的收银台统一进行。大型超市常设不低于营业面积40%的停车场。

(6)仓储会员店。以会员制为基础,实行储销一体、批零兼营,以提供有限服务和低价格商品为主要特征的零售业态。这种店面一般设在城乡结合部的交通要道,辐射半径5千米以上,目标顾客以中小零售店、餐饮店、集团购买和流动顾客为主。以大众化衣、食、用品为主,自有品牌占相当部分,商品在4000种左右,店堂设施简朴、实用,实行低价、批量销售。仓储式陈列,采取自选销售方式,出入口分设,结算由设在出口处的收银台统一进行。设有较大规模的停车场。管理信息系统应用程度较高并对顾客实行会员制管理。

(7)百货店。在一个建筑物内,经营若干大类商品,实行统一管理,分区销售,满足顾客对时尚商品多样化选择需求的零售业态。选址在城市繁华区、交通要道,商店规模大,营业面积在6000平方米以上。商品结构综合性强,门类齐全,以服饰、鞋类、箱包、化妆品、家庭用品、家用电器为主,商店设施豪华、店堂典雅、明快,目标顾客以追求时尚和品味的流动顾客为主。采取柜台销售与自选(开架)销售相结合方式,定价销售,可以退货。设餐饮、娱乐等服务项目和设施,服务功能齐全。

(8)专业店。以专门经营某一大类商品为主的零售业态。例如:办公用品专业店、玩具专业店、家电专业店、药品专业店、服饰店等。设在市、区级商业中心以及百货店、购物中心内,以有目的选购某类商品的流动顾客为主要目标顾客。以销售某类商品为主,体现专业性、深度性,品种丰富,选择余地大,营业规模根据商品特点而定。采取柜台销售或开架面售方式,从业人员具有丰富的专业知识,提供专业性服务。

(9)专卖店。以专门经营或被授权经营某一主要品牌商品为主的零售业态。在市、区级商业中心、专业街以及百货店、购物中心内销售,目标顾客以中高档消费者和追求时尚的年轻人为主。以销售某一品牌系列商品为主,销售量少、质优、高毛利,营业规模根据商品特点而定。采取柜台销售或开架面售方式,商店陈列、照明、包装、广告讲究,注重品牌声誉,从业人员具备丰富的专业知识,提供专业性服务。

(10)家居建材商店。以专门销售建材、装饰、家居用品为主的零售业态。在城乡结合部、交通要道或消费者自有房产比较高的地区销售相关商品,目标顾客以拥有自有房产的顾客为主。商品以改善、建设家庭居住环境有关的装饰、装修等用品、日用杂品、技术及服务为主,营业面积在 6000 平方米以上。采取开架自选方式,提供一站式购足和一条龙服务,有一定数量的停车位。

(11)购物中心。购物中心是多种零售店铺、服务设施集中在由企业有计划地开发、管理、运营的一个建筑物内或一个区域内,向消费者提供综合性服务的商业集合体。由发起者有计划地开设、布局,统一规划,店铺独立经营。选址为中心商业区或城乡结合部的交通要道。内部结构由百货店或超级市场作为核心店,与各类专业店、专卖店、快餐店等组合构成。设施豪华、店堂典雅、宽敞明亮,实行卖场租赁制。核心店的面积一般不超过购物中心面积的 80%。服务功能齐全,集零售、餐饮、娱乐为一体。根据销售面积,设相应规模的停车场。

(12)厂家直销中心。由生产商直接设立或委托独立经营者设立,专门经营本企业品牌商品,并且多个企业品牌的营业场所集中在一个区域的零售业态。选址一般远离市区,目标顾客多为重视品牌的、有目的的购买者。店面为品牌商品生产商直接设立,商品均为本企业的品牌。采用自选式售货,各个租赁店使用各自的信息系统。

**2. 无店铺零售业态**

无店铺零售是不通过店铺销售,由厂家或商家直接将商品递送给消费者的零售业态。

(1)电视购物。以电视作为向消费者进行商品推介展示的渠道,并取得订单的零售业态。电视购物以电视观众为目标顾客。商品具有某种特点,与市场上同类商品相比,同质性不强。承诺送货到指定地点或自提。

(2)邮购。以邮寄商品目录作为向消费者进行商品推介展示的主渠道,并通过邮寄的方式将商品送达给消费者的零售业态。邮购的目标顾客是以地理上相隔较远的消费者为主,商品包装具有规则性,适宜储存和运输。以邮寄商品目录作为向消费者进行商品宣传展示的主渠道,并取得定单。送货到指定地点。

(3)网上商店。通过互联网进行买卖活动的零售业态。以有上网能力和追求快捷性消费的消费者为目标顾客。商品类型与市场上同类商品相比,同质性强。通过互联网进行买卖活动,并送货到指定地点。

(4)自动售货亭。通过售货机进行商品售卖活动的零售业态。目标顾客以流动顾客为主,商品类型以香烟和碳酸饮料为主,商品品种在 30 种以内。由自动售货机器完成售卖活动,没有其他附加服务。

(5)电话购物。主要通过电话完成销售或购买活动的一种零售业态。根据不同的产品特点,电话销售的目标顾客不同。销售商品单一,以某类品种为主。主要通过电话完成销售或购买活动。送货到指定地点或自提。

2010年国家对零售业态分类标准进行了修订,修订稿(讨论稿)中把大型超市归类在超市业态大类下,对超市业态重新进行细分,划为"便利超市"、"社区超市"、"综合超市"和"大型超市"。并对这四类超市营业面积和目标顾客规定了具体标准;把家居建材店并入专业店中,将专业店划分为"专业市场"和"专业超市";在无店铺零售中增加了直销业态。

## 第三节  分销渠道设计与选择

渠道设计是为实现分销目标,评估和选择各种备选的渠道结构,制定开发新型渠道或改进现有渠道决策的过程。渠道设计时首先需要明确渠道设计者的视角。渠道中有关的各方,不管是制造商、批发商还是零售商都同样面临渠道设计问题,但由于各自的地位不同,其视角也各不相同。零售商的视角是确保供应,因此是"向上看渠道"。制造商是面向市场的,因此是"向下看渠道"。批发商则需要向上、下两方面考虑渠道设计问题。这里我们从制造商和服务提供商的角度出发——向下看渠道,来讨论渠道设计问题。

### 一、确定渠道设计的需要和目标

(一)识别渠道设计决策的需要

在很多情况下,企业都需要进行渠道设计的决策。然而,很多企业决策者和渠道管理人员往往忽视这些需要,试图用其他手段来解决原来应该用渠道设计来解决的问题,所得到的结果自然是无效的,或低效的。常见的渠道设计需要包括:其一,公司开发出一种并不适合于在现有渠道中分销的新产品或产品线。其二,公司决定开辟新市场。其三,企业的营销组合策略发生变化。例如,制定了新的低价策略的公司可能也需要改变或增加零售渠道的类型,使公司的分销渠道能够使公司的产品顺利到达新的目标市场顾客手中。其四,当建立了一个新公司,或者收购或兼并了其他公司后,也需要进行渠道设计,使新渠道适合新公司的目标和战略的需要。其五,当现有渠道成员改变政策,而且会妨碍公司实现分销目标时,就需要通过渠道设计更换渠道成员。其六,市场上出现新型的分销商,或者原有的某些类型分销商的地位和作用发生变化。其七,市场环境发生重大变化。社会经济、文化、竞争状况、技术或法律等领域的重大变化都可能会对渠道设计产生深远的影响。其八,面临重大的冲突或挑战。有时制造商会面临无法解决的渠道冲突,这就迫使其重新进行渠道设计。同样,当原有渠道面临巨大的挑战或难以逾越的障碍时,制造商也需要重新设计渠道。其九,营销审计和评价的结果发现并提出对渠道变革的要求。

## 市场回放

### 娃哈哈童装遭遇渠道硬伤

众所周知,"娃哈哈"进军童装的第一炮并没有打响,其专卖店最终只开设了800家,距离娃哈哈集团最初设想开2000家的战略目标差了一大截。而且,更令娃哈哈集团的管理层感到沮丧的是,尽管随后展开了一系列的卖点宣传和市场公关活动,可是其"健康童装"品牌对市场依旧未形成"杀伤力",不但消费者漫不经心,就连经销商也显得有些三心二意。

毋庸置疑,经过18年的市场拓展,"娃哈哈"已经建立起一张密布全国各地的销售网络。这批网络的成员在销售娃哈哈的饮料产品上也已经积累了相当丰富的经验值。

这批人大都是在饮料界身经百战的主儿,但是遗憾的是,他们对于怎样销售儿童服装,却是擀面杖吹火——一窍不通。很多娃哈哈专卖店的老板面对着摆在面前的童装,表情显得是困惑和茫然的,这该怎么卖啊?于是,严峻的问题摆在了面前,娃哈哈的童装渠道成了一手拿饮料,一手拿服装的渠道怪胎。

1. 经销商品牌推销经验缺乏

我们知道,任何一个品牌的经销商的推销经营经验,都是在品牌的销售中通过实践和总结逐渐上升的。品牌的推销经验要达到熟练的程度需要一个过程,一旦对一个品牌的推销经验成熟后,就很难在短时间里改变,可是我们看到,在娃哈哈童装连锁店渠道中,其中50%的分销商是一手拿饮料,一手拿童装叫卖的。特别是非常可乐的上市,更使得他们把娃哈哈与可口可乐、百事可乐视为同道。"中国人自己的可乐"早已淡化了专业儿童产品品牌的形象。

难怪渠道成员们对"娃哈哈"做童装显得较难适应,拿着"娃哈哈"的童装感到无所适从了。

毕竟"做水"与"做童装"是两个不同领域。在童装市场上,"娃哈哈"并不能完全利用其原有的水渠道。而且,娃哈哈把童装市场的摊子铺得这么大,又要利用原有"水渠"的网络成员去卖童装,本应该投入成本去做人员的培训,使得渠道成员增长推销经验,这才是娃哈哈童装形成渠道攻击力的有效方法。可是,娃哈哈在这方面似乎显得不是很重视,只是淡淡的回应业界和媒体说:我们知道这个问题,我们已经在水渠道之外开发新的渠道成员。但是遗憾的是,我们至今没有看到这个有效的行动出现。却只是看到一些娃哈哈前期开的加盟店开始打出"清仓大减价、大折扣"的广告。

另外,从专卖店的推销力方面来看,在一些专卖店里,不但服务员没有统一的服装和标志,而且也不会向顾客主动介绍娃哈哈的服装。

其中的原因就要有以下几个方面:

其一，这些昔日的"水渠"推销人员根本不知道如何去推销童装。

其二，在这些"水渠"成员的心目中，童装仅仅是他们附带销售的产品。

这又是一个不小的问题，须知，人员的推销力在终端销售中的作用是决定性的。

因为，在品牌密集的市场里，几乎所有品牌都还不可能具备仅凭广告的高空推动力就得到旺销，还必须要大力依靠终端人员的推介力，来进行"拉动"式的销售。

反观娃哈哈童装的终端拉动，实在难以形成旺销势头。

看来，娃哈哈这个借"水渠"卖服装的捷径策略，实在很难取得有力的效果。

### 2. 产品线不全，渠道成员不得不脚踩几只船

按照娃哈哈渠道终端策略的构想，本应当是在战略期限内，通过在市场终端建立一个由800家以上的加盟店网络，树立娃哈哈健康童装清晰的品牌形象，以此对顾客产生品牌号召力，通过这种渗透性的覆盖，激发消费者的购买欲望。

但是遗憾的是，娃哈哈童装产品线短缺的软肋成为其又一个渠道硬伤。

在我们对娃哈哈童装终端的调查中，我们看到，在一些娃哈哈童装的专卖店里，虽然看到的是摆挂娃哈哈的衣服，装修也是按照娃哈哈的标准实施，但终端陈列空间仅占店面的三分之一。为了降低经营风险，很多专卖店的空余货架上都分别陈列着美国嘉宝、丽婴坊、好孩子、北京菜娃、帮宝适等多个其他品牌。很明显，这是娃哈哈童装产品线不全造成的，其产品线所产童装根本装不满经销商所开设的加盟店的销售空间。

试想，这些"专卖店"不可能把这些空间都空闲起来吧，这将对这些加盟店的经营造成很大的成本压力。经销商用几万、几十万开个店，而你的产品又没那么多，你总不能让经销商等着你什么时候有了新产品再摆设吧？看来，产品线不够全的确是困扰娃哈哈童装的一大瓶颈。

虽然，娃哈哈刚进入童装领域时，宗庆后也表示今后要开发娃哈哈一系列的儿童产品。但是至今没能看到娃哈哈童装专卖店的产品线丰富起来。

### 3. 缺乏具有号召力的终端形象

同时，娃哈哈童装在终端也缺乏具有冲击力和"杀伤力"的视觉形象，在娃哈哈的专卖店里，娃哈哈所倡导的"健康、舒适、漂亮"，努力为少年儿童带去更多的欢乐的字符作为统一形象贴在其专卖店的背板上。但是，在娃哈哈的终端门店里，只是看到几个小朋友穿着娃哈哈童装的画面，并没有传达出健康、舒适、漂亮的讯息，明显缺乏对顾客的号召力。

从儿童的心理来分析，要想让他们产生购买欲望，就必须要给他们一个最简单的理由，要么一看就漂亮，要么一看就欢乐，很直观的就行，不需要过多复杂的分析过程，他们也不具备这种解析能力。譬如"可口可乐"的果汁产品"酷儿"，可口可乐公司在开发时，模仿出小朋友喝起来近似于"Qoo"的声音，推出"Qoo果汁"，从此一发不可收拾，俨然成了一个超人气小明星。在终端，"酷儿"所展示的形象也是非常

活泼可爱的,经常吸引孩子们趋之若鹜。

孩子们看到那个蓝色大头娃娃,不自觉地摇头晃脑,很多孩子也就是在终端看到那充满活力的、可爱的、欢乐的、具有冲击力的形象,感受到欢乐、愉悦的氛围才嚷着要家长掏钱买的。

可是娃哈哈在童装产品的终端视觉形象塑造上,却明显的轻视了这一极其重要的工作,只是拿着一群男女儿童穿着娃哈哈童装的形象来展示给孩子们。

这里面明显出现了两个错误:

第一,在视觉元素高度密集的今天,几个姿势做作、缺乏冲击力的形象已经很难引发儿童们的注目,更谈不上喜爱了。

第二,娃哈哈推出的这些穿着娃哈哈童装的男女儿童的形象,无疑是在向儿童们传达一种"比比谁美"的诉求。

但是遗憾的是,现代的孩子们在游戏、食品、玩具上的攀比要比在穿着上的攀比更多。很难动员他们在穿衣服上与同龄人比美,甚至在一定程度上还会造成一种逆反心理。

因此,可以毫不犹豫的断言,孩子们需要的其实是一个生动的、可爱的、直观的代言形象,譬如米老鼠、唐老鸭、史努比、小熊维尼、酷儿、甚至蓝猫。这个形象必须满足他们聪明、可爱、淘气、个性,甚至有些反叛的需求。很明显,娃哈哈童装专卖店在品牌视觉形象的缺陷,也是使其在终端的销售不是很得人心的重要原因之一。

4. 品质价格比例失衡

娃哈哈董事长宗庆后提出了"高中档服装,中低档价格"的口号。无可非议,这句口号的确是能够令所有的消费者和经销商振奋。可是,等到产品到了经销商手里时,对比"好孩子"、"丽婴房"的童装,经销商便普遍感到有些失望,消费者方面对此表现出的态度也是"乘兴而来,扫兴而归"。

这是什么原因呢?

由于娃哈哈童装很多都是由 OEM 生产,娃哈哈只做品牌输出,在设计等环节暴露出了明显的弱点。娃哈哈童装与店内的其他服装品牌相比,其颜色以灰白蓝黑居多,款式一般毫无创意,若不看标识的确很难分清娃哈哈品牌与其他品牌的不同,因此,很多家长都反映娃哈哈的服装设计没有特色。

所以,娃哈哈童装产品上的这个缺点,使得娃哈哈童装在五颜六色的童装市场里,要想打动消费者的"芳心"的确困难很大。

这种顾虑已经在经销商群体中议论纷纷。经销商们说:"我们希望娃哈哈能够在童装定价和产品款式上能有进一步的完善。"这句话总结起来就是六个字:品种、价格、质量。

一位经销商说:"你看现在我们走货走得多好,因为我们的童装都是从浙江等地进货,质量和款式都很不错,价格也公道。既然是给自己的孩子穿,大多数人还是选择便宜一些的,因为小孩子长得很快。"

从以上来自经销商的反馈来看,娃哈哈童装在市场上其实并没有传达给经销商和顾客"高中档服装,中低档价格"的讯息。

传达给他们的讯息反而是"价格偏高"和"不划算"。可见,娃哈哈童装在终端的品质价格上,较之其他竞争品牌也显得略逊一筹。

综上所述,我们已经能够清晰地看到,娃哈哈进军童装后的失误不仅仅表现在品牌延伸方面,娃哈哈童装的渠道硬伤也愈来愈明显。

如果娃哈哈集团方面不在渠道策略上作进一步改进和强化的话,那么,也许等待着娃哈哈的将是不容乐观的前景。

(资料来源:华衣女装网)

### (二)确定和协调分销目标

确定和协调分销目标不仅是进一步确定渠道设计或建立新渠道的需要,而且还要确保这一分销目标和公司的整体目标和战略与营销组合的其他因素(产品、价格和促销)的目标之间相吻合。试图确定和协调分销目标的企业,首先必须熟悉公司的整体目标和战略,而且还需要知道,这些整体目标和战略中哪一些将会对要确定的分销目标产生影响。同样,它们也需要熟悉营销组合中其他因素的目标,因为它们对分销目标也可能有影响。

在熟悉了公司相关目标和战略后,就应当提出明确的公司分销目标。分销目标是对于分销工作在完成公司整体营销目标过程中所起作用的具体描述。例如,IBM曾把它的个人计算机的分销目标确定为:"让零售商把公司个人计算机展示给任何一个可以驱车到达的、想买该类产品的顾客。"后来,当IBM决定使用邮购渠道时,它又把分销目标拓宽到"无论顾客在哪里,都能直接购买到公司的个人计算机"。分销渠道目标的确定必须以消费者的需求为核心。它是渠道设计者对渠道功能的预期,体现了渠道设计者的战略意图。

渠道设计的目标主要有以下几个方面:其一,顺畅,保证产品以最短的时间送到消费者手中,满足目标消费者时间上的及时性要求。其二,便利,使顾客方便购买。其三,开拓市场,通过渠道设计吸引消费者在方便的地方获得产品或服务,激活休眠客户。其四,提高市场占有率,增加新顾客,提高重复购买率。其五,扩大品牌知名度,增强顾客对产品的认知,提升产品在顾客心目中的地位。其六,经济性,通过低成本的分销策略,节约流通费用。其七,扩大市场覆盖面,建立并维护销售网络以保证产品在销售区域内的覆盖面,避免因销售网络上的漏洞给企业带来危机。其八,控制渠道,实现高效率的渠道整合。

## 二、设计和选择渠道结构

渠道结构设计主要应考虑渠道层级、各层级的密度和各层级渠道成员类型三个方面。

### (一)渠道层级设计

一个渠道的层级数既可以是从制造商到用户的直接渠道,也可以是含有若干个分销商的复杂的多层结构。渠道管理者在决定渠道层级时应考虑两个问题:一是消费品市场与产业市场渠道层级方面的差异;二是市场环境的变革对渠道层级选择的影响。一般而言,消费品市场的特点使得它的渠道层级要比产业市场的多一些。具体而言,企业在决定渠道层级时要受到特殊的行业惯例、市场的性质和大小、能否物色到合适的分销商以及其他因素的限制。

随着市场需求日趋多样化和技术的变革,越来越多的制造商并不是选择单一的渠道结构,而是采取多渠道结构。在多渠道结构中,不同渠道的层级多半是不同的。当原来采用传统渠道来分销产品的制造商决定新增加网上销售的渠道时,也就意味着在现有的多层级渠道的基础上新增加一条直接渠道结构。

### (二)渠道密度设计

渠道密度是指渠道每一层级中的渠道成员数量。如前所述,传统的渠道密度策略可选择:密集分销、选择分销和独家分销三种方案。

关于渠道密度的决策是渠道结构设计中非常重要的方面。因为它是构成一个公司基本营销战略的重要因素,并将影响公司的总体目标和战略。那些希望自己的产品尽可能覆盖整个市场的公司当然需要选择密集性的分销渠道。只是针对某些特定的细分市场开展营销活动的企业(如高档奢侈品的制造商),为了体现出产品的独特定位,才需要采用选择性的分销渠道。

渠道密度的决策一方面需要考虑它对整体营销战略的影响,另一方面也要反映出公司对待渠道成员之间关系及控制分销渠道成员意图上的差异。如果采取密集性的分销渠道,就意味着企业打算通过多个可能的分销商来销售自己的产品。由于分销商数量会非常庞大,厂商就很少能够关心这些分销商是怎样把产品卖出去的,对其行为也就很难进行控制。而在采取选择性分销渠道时,厂商与分销商之间的关系比较密切,能与他们在分销过程中开展紧密合作,也有可能影响和控制他们的行为。

### (三)渠道成员类型的选择

在决定所选择渠道成员的类型时,渠道管理者应当对行业中的各类中间商有一个全面的了解。随着市场环境的变化,许多中间商所提供的服务一直在发生变化,一些中间商的名称已经不能明确表达他们实际提供的服务内容。同时,市场又在不断出现采用新的分销形式的中间商。所以,渠道管理者应当根据某种类型渠道成员实际履行的分销任务来进行决策,选择那些胜任分销任务且类型适当的中间商作为进一步考虑的基础。

一般而言,进行渠道设计时还应该考虑两个问题。第一,分销渠道越长,制造商对于整个渠道的控制力就越低,从而对渠道成员是否能与购买决策的参与者相沟通并施加影响进行判断和监管的能力也越低。如果制造商试图对购买者及购买决策参与者施加一定的控制和影响,就应当缩短渠道。第二,某一层次渠道上的分销密度越大,制造商监管渠道成员销售努力的能力就越低。此时,制造商不仅难以对购买者和购买决策参与者施加自己的影响,而且,也难以发现渠道成员对其可能产生的错误影响,即使发现也难以改变。

### 三、影响渠道结构的因素

企业关于渠道结构的选择受到众多因素的影响。因此,企业在最终做出关于渠道结构的选择以前,应当对这些影响因素作一个评价,以保证所选择渠道的合理性。影响渠道结构的主要因素有:市场因素、产品因素、厂商因素和中间商因素。

(一)市场因素

渠道结构的选择最终是为满足目标市场需求服务的,所以,市场是渠道设计时需要考虑的最基本因素。

**1. 目标市场的地理位置**

渠道设计需要考虑目标市场的地理位置。渠道结构应当足以覆盖所选择的目标市场,并为这些市场提供足够的产品供应。一般而言,目标市场离制造商的距离越远,就越需要采用间接渠道和较多的中间商。因为,在这种情形下,采用间接渠道和较多中间商可以降低制造商本身的分销成本。

渠道设计要确保渠道结构能够有效地服务目标市场,既要满足和服务现有目标市场区域的需要,也要满足开辟新目标市场区域的需要。所以,渠道设计者在分析目标市场地理位置影响时,不仅要从多种渠道收集更多的市场地理信息,还需要跟踪现有目标市场地理位置的变化和预测未来的变动趋势。

**2. 目标市场的规模**

目标市场的规模是指目标市场上现实顾客和潜在顾客的数量。当市场上的购买者数量很少时,采用直接渠道的平均单位成本会远远低于利用中间商的情形。这是因为直接渠道避免了利用中间商所带来的额外交易成本和转移成本。随着市场上购买者数量的增加,利用中间商所需要的成本可以由大量的购买者分担,因此,利用中间商的间接渠道的成本会急剧下降。当市场达到一定规模时,利用中间商平均单位成本会比直接渠道更低。一般来说,如果市场规模很大,则公司更可能需要利用中间商;相反,如果市场规模很小,公司就可能采用直接渠道或利用较少的中间商。

然而,实际情形可能要复杂得多,企业还需要考虑很多因素之间的交互影响。例如,市场规模与市场地理位置之间的关系。如果市场规模是随市场地理位置的扩大而增大时,则企业采用直接渠道为顾客提供服务的平均单位成本不仅不会下降,反而有可能增加。此时,更适合于利用中间商的间接渠道。如果市场规模扩大而地理区域保持不变,则对直接渠道成本的影响就会小得多。另外,随着市场规模的扩大,如果需要改变当前的渠道结构,就应该考虑改变渠道结构的可行性和代价。如果随着市场规模的扩大,改变渠道需要企业付出巨大的代价,而且这种代价又无法得以补偿,则企业仍将不得不继续采用原来的渠道结构。

**3. 目标市场的密度**

市场密度是每单位地理区域内现实顾客或潜在顾客的数量。市场密度越小,分销的困难就越大,费用就越高,就越可能需要利用中间商。相反,当市场密度越大时,就越有可能采用直接的分销渠道。在高密度市场上,企业以较低的成本提供相对优质服务的机会,要比在分散市场中更高。这是因为在高密度市场上,高度集中的消费者群体本身就孕育着一种高效率地向消费者提供多品种产品的渠道。消费者也能从这类渠道的品种齐全、容易获得和价格有竞争力等方面受益。所以,无论是制造商还是各类中间商,都特别重视高密度市场上渠道的开发和维护,从而导致高密度市场上的竞争比较激烈。面对高密度市场上的激烈竞争,渠道成员通常需要通过提高渠道效率来获得竞争优势。

**4. 目标市场的行为**

对渠道设计产生影响的目标市场购买者的行为主要体现在4个方面:

(1)购买时间。消费者购买商品的时间经常随季节、周或日而变化。如果产品的销售具有较强的周期性,制造商为了平衡旺季和淡季在产销上的问题,以保证生产的平稳性,会尽可能地利用中间商来储存淡季生产过剩的产品,让中间商帮助承担一部分经营成本和风险。从购买者每周或每日的购买时间看,渠道设计应当考虑选择那些与顾客的购买时间相协调的中间商。例如,如果企业的产品在周末销售很旺,则渠道设计就不能选择周末不正常营业的中间商。

(2)购买地点。消费者总是选择最便利的零售店来购买所需商品。当市场上有多家不同的零售店可供选择时,他们就会对到达不同零售店所需要花费的各项成本进行权衡。只要交易的安全性能够得到保证,消费者会趋于直接在家里完成购买,这就促成了没有任何中间商的直销方式的发展。当然,在考虑购买地点对渠道结构影响时,还需要注意到不同的产品类型对人们购买地点影响上的差异。人们在购买日用品时对便利性的追求会远远超过购买选购品和特殊品时对便利性的要求。

(3)购买方式。购买方式反映了目标市场顾客对购买行为的偏好。渠道设计中特别需要注意的是各种因素对消费者购买方式变化的影响。其一,不同类型的中间商之间,不同业态零售商之间的竞争在为消费者提供购买方式方面留有更多的选择余地。事实上,越来越多的消费者会同时通过多种渠道购买所需要的产品。其二,互联网和电子商务的发展使得电子购物对人们的吸引力日益增加。其三,某一渠道成员经营模式的改革创新往往会引导顾客购买方式的改变。这些因素所导致的消费者购买方式的变化都要求渠道管理者做出迅速的反应,并保证渠道结构能够适应所有这些新的变化。

(4)谁购买。在考虑谁购买这个问题时,又需要注意两个问题,也就是谁实施购买和谁参与购买决策。在消费品市场中,购买可能是一个家庭的夫妻双方共同进行的,而很多时候则是由其中一方单独进行的。即使是这种情况,也应该注意到另一方是否参与决策,是否对购买产生影响。对于产业市场,购买者可能本身就是决策者,但更多情形是,购买者仅仅负责执行决定,购买决策是在许多职能部门的人员共同参与的情况下做出的。因此,渠道设计特别要注意购买决策参与者的影响,尽可能保证渠道结构形式能够促进公司与购买决策参与者之间的相沟通并对其决策行为施加影响。

## (二)产品因素

### 1. 体积和重量

笨重和庞大产品的储运成本占其产品价值的比例可能是很高的。这类产品的制造商要想获得竞争优势,就必须保证储运成本达到最小。一般情况下,这类制造商应努力减少运货次数。所以,除了消费者少量购买或要求迅速交货的特殊情形外,制造商通常会采用直接的分销渠道。

### 2. 易腐蚀性

对于易腐烂(如新鲜食品)和易过时的产品,渠道设计的关键是要保证制造商尽快把产品运送到最终用户的手中,以减少腐烂变质的风险和损失。所以,当厂商与最终用户的距离很近时通常采用短渠道;而当距离很远时,就需要使用中间商,以便快速运送货物并保证经济性。

### 3. 单位价值

一般产品的单位价值越低,渠道就会越长。一方面,低价值导致留给分销渠道的利润空间很小,处于这类产品渠道中的中间商必须经营多种其他产品,创造规模经济,以此来分摊成本,保证获得预期的收益。另一方面,当一件产品的单位价值相对较高时,订货处理和运送成本就显得很低了,即使是远距离的直接分销也是可行的。

### 4. 标准化程度

产品的定制化程度越高,渠道结构越短。对于完全定制化的产品,制造商常常直接出售给最终用户,因为短渠道便于制造商与用户之间的沟通和提供必要的服务。对于高度标准化的产品,通常会采取长渠道。厂商利用长渠道有助于拓展市场,获得更多的市场机会。

### 5. 技术水平

技术含量高的产品,需要制造商直接委派销售和服务人员开发市场,提供售前和售后服务，通常采用直接渠道来销售。对于技术含量低的产品，中间商就可以承担销售和服务工作，制造商可以利用较多的中间商。

#### 6. 新颖性

新产品在进入市场初期需要投入大量的促销费用。但是，在长渠道中，要想使所有渠道成员协同努力是非常困难的。采用短渠道，制造商就能选取少数愿意作出积极的促销努力的中间商，提供市场开发初期所需要的促销努力，缩短市场开发周期。

### (三)厂商因素

#### 1. 规模

大的厂商在渠道选择中拥有更多的权力基础。在不同渠道结构的选择上具有更多的自由度和灵活性。受条件限制，可供小厂商选择的渠道结构方案通常是很有限的。

#### 2. 资金实力

采用直接渠道需要配备更多的销售人员和支持服务人员，还常常需要提供零售服务、拥有仓储和较强的订单处理能力。所有这些都需要厂商投入很多的资金。能够承担得起这些费用的厂商对其他渠道成员的依赖性就较低。对于无法承担这些费用的厂商来说，就必须依靠其他渠道成员来分担。然而，互联网的发展为那些只有有限资金的小公司提供了直接把产品成功地销售给最终消费者的新机会。

#### 3. 管理专长

许多厂商往往缺乏履行分销任务所必需的管理技能。此时，渠道设计必须考虑到如何利用其他中间商来提供所需要的服务。在厂商自身掌握了所需要的管理技能后，才可以考虑改变渠道结构，以减少对中间商的依赖。

#### 4. 目标和战略

厂商的某些目标和战略可能会对渠道结构设计具有限制和约束作用。如果厂商的营销目标要求对产品和服务实施高度的控制，则渠道结构设计中就需要限制中间商的数量。如果厂商的战略是采用积极进取的促销策略和对市场的变动做出迅速的反应，则渠道结构设计不可能选择过长的渠道或密集分销。

### (四)中间商因素

与渠道结构选择有关的中间商因素包括三个方面。第一，可获得性。厂商能否获得足够的、所需要的中间商会影响到渠道结构的设计。当厂商发现难以获得合适的中间商时，则只能选择直接渠道。第二，使用成本。渠道成员的使用成本也直接影响渠道结构的选择。当渠道管理者认为某种渠道成员的使用成本太高时，就会尽量少用这类渠道成员。第三，所提供的服务。渠道成员所提供的服务与渠道结构的选择也密切相关。制造商在渠道设计时需要通过评价某些特定中间商所提供的服务，选择能以最低成本最有效地完成分销任务的中间商作为自己渠道的成员。

## 第四节　电子分销

### 一、网络营销渠道概述

随着经济的发展,科学与技术的进步,电子分销成为企业渠道选择的新宠。电子分销就是建立在电子商务平台上的一种和传统分销模式类同的网络分销模式。网络分销渠道则是借助互联网技术提供产品或服务信息,以供消费者进行信息沟通、资金转移和产品转移的一整套相互依存的中间环节。相对于传统分销渠道,网络分销渠道具有自身的特点:其一,网络分销便于生产者和消费者的双向直接信息沟通,销售商品几乎没有时空限制,查找方便。其二,网络分销是销售产品、提供服务的快捷通道。其三,网络分销改变了传统中间商的功能,使他们从流通环节的中坚力量转变成提供服务的中介机构,把原来的多个中间环节变成少数中间环节,节约了产品销售成本。

### 二、网络营销渠道类型

在传统营销渠道中,中间商是营销渠道的重要组成部分,凭借其业务往来关系、经验、专业化和规模经营,带给生产者高于设立自营商店所能获取的利润。互联网的发展及在商业中的应用,使传统中间商凭借地缘获得的优势被互联网的虚拟性所取代,同时互联网的高效信息交换特性改变了传统营销渠道的多环节特点,将错综复杂的关系简单化。

网络营销渠道主要有三大类:

#### (一)直接营销渠道

直接营销渠道也就是网络直销,通过互联网实现从生产者到消费者的直接销售。此时,中间商由过去的中坚力量变成提供服务的中介机构,如网络服务商、专业配送公司和网上银行等。

#### (二)间接营销渠道

间接营销渠道就是通过电子中间商来沟通买卖双方的信息。电子中间商融合了互联网技术,这会大大提高交易效率和专业化程度,实现规模经济效益,从而比某些企业通过网上直销更有效(如当当网网上商店吸引了众多出版商在其网上销售产品)。常见的电子中间商包括:目标服务、搜索服务、虚拟商业街、网络出版、虚拟零售店(网络商店)、站点评估、电子支付、虚拟市场、交换网络和智能代理等。

#### (三)双渠道

双渠道是比较理想的网络营销渠道,是企业同时使用网络直接和间接的营销渠道,以更好地渗透市场,达到最大量销售的目的。

### 三、网络营销渠道建设

随着全球化浪潮和规模经济的出现,企业关注的焦点不再是生产更好的产品,而在于改进分销渠道来降低成本,获得效益。这就决定了分销渠道的设计和管理有至关重要的作用。由于网络销售对象的特点不同,企业的经营特色不同,因此开展网络分销的企业,要根据自身的实际情况、产品的特性、目标市场的定位和企业整体战略来选择合适的分销渠道和分销商。

(一)选择电子中间商

在从事网络营销活动的企业中,多数企业除建立自己的网络外,还同时利用网络分销商销售产品,以扩大企业的影响力。在选择分销商时,应该从以下几个方面综合考虑:

1. **服务水平**

网络分销商的服务水平包括开展促销活动的能力、与消费者沟通的能力、收集信息的能力、物流配送能力以及售后服务能力。不同阶段的企业需要不同,因此网络分销商应该针对不同的企业提供不同的服务。

2. **服务成本**

服务成本主要指网络分销商为企业提供服务时所收取的费用,包括价格折扣、运行费用、促销费用等。

3. **信用程度**

信用程度是指网络分销商所具有的信用程度的大小。由于网络的虚拟性和交易的远程性、网络交易安全的不确定性,选择信誉好的分销商就是质量和服务的保证。

4. **经营特色**

网络本身应该更好地满足消费者的个性化需求。分销商网站应该体现经营者的文化素质、经营理念、经济实力等特色。而生产企业在选择网络分销商时必须与自己的经营目标相吻合,这样,才能发挥网络分销商的优势。

5. **持续稳定**

一个企业要想在用户或消费者心目中建立品牌信誉、服务信誉,就必须选择具有连续性的网络站点。因此,企业应该采取必要的措施密切联系中间商,防止中间商把其他企业的产品放在重要的位置去经营。

(二)网络营销渠道选择

在现实的网络分销思路的择取上,企业应该采取网络直销与间接营销渠道并用的双渠道策略,这是因为仅用企业网络直销或仅用间接营销渠道均存在着种种不利之处:

一方面,企业拥有自己的网站已很普遍,互联网上企业域名数量成倍增长,吸引目标客户来企业网站访问已经成为"注意力经济"的核心论题(这并不是一件容易办到的事情)。网民们没有耐心去逐个访问企业站点(甚至在他们轻度需要的时候也不会这么做)。对于知名企业以外的中心企业站点,情况就更为尴尬(其访问者寥寥无几,即便访问,逗留时间也不长)。这就使得仅凭企业网站直销收效并不令人满意。

另一方面,完全依靠商务中介站点也是不合现实需要的。企业没有自己的网站,就像缺少了在互联网上的根基,任何可能指向企业网站并最终带来成功交易的链接或页面都毫无着落,同时企业也失去了经由互联网传播和推介自己的机会,这种机会对于中小企业更具有重大意义。

所以,并用企业网站和商务中介站点就成为必然。关键问题就是如何找到共用两者的平衡点,这可以从三个方面着手:第一,产品性质。如果企业产品属于使用价值较小、消费者不需慎重比较同类产品、消费者习惯购买型的产品,企业选择较多的商务中介站点优势更大;反之,结论亦反。第二,市场性质。如果企业产品定位于对产品差异性要求不高的同质性消费群体,则商务中介站点在推动销量增加上的作用会更加明显;如果消费者的个性化需求较强烈,热衷于产品差异和希望突出产品的与众不同之处,那么,着重提高企业网站直销的信息服务水平和产品服务水平则能带来更理想的销售业绩。第三,竞争对手策略。遍布网际间的各式各样的、功能强大的搜索引擎和网络链接为企业跟踪竞争对手(甚至行业老大)的策略创造了条件,并在一定程度上增加了竞争企业间信息的透明度。当企业不知如何在网站直销和选用商务中介站点分配力量的时候,参考一下竞争对手的做法也不失为一种好的策略。在很多情况下,行业龙头老大的做法具有一定的前瞻性和有效性——当然要同时考虑企业的资源状况,不能自不量力强出头。

## 本章小结

所谓"分销渠道",是指某种产品和服务在从生产者向消费者转移过程中,取得这种产品和服务的所有权或帮助所有权转移的所有企业和个人,包括商人中间商、代理中间商、生产者和消费者等渠道成员。根据不同的分类标准,分销渠道可以划分为直接渠道和间接渠道、宽渠道和窄渠道。间接渠道一般都有中间商参与商品分销。中间商是介于生产者与消费者之间,专门从事组织或参与商品流通业务,促进交易行为实现的企业和个人,包括批发商和零售商。批发商包括商人中间商、代理中间商和生产商及零售商的分店和销售办事处。零售业态包括食杂店、便利店、折扣店、超市、大型超市、仓储会员店、百货店、专业店、专卖店、家居建材商店、购物中心、厂家直销中心、电视购物、邮购、网上商店、自动售货亭、电话购物等。分销渠道设计和选择需要确定渠道设计的需要和目标、渠道结构、并分析影响渠道结构的因素。

随着经济的发展,科学与技术的进步,电子分销成为企业渠道选择的新宠。网络分销渠道包括网络直销渠道、网络间接分销渠道和双渠道。网络分销渠道建设需要选择合适的电子中间商,并进行网络分销渠道选择。

## 本章习题

1. 分销渠道的含义?
2. 分销渠道设计应考虑哪些因素?
3. 网络营销渠道相比传统营销渠道有哪些优点?
4. 中国零售业态有哪些类型?各自有何特点?
5. 中国企业渠道管理中存在哪些主要问题?如何解决?

## 案例研讨

### "华帝"谋变——草根民企如何突破渠道、品牌两道坎?

"企业如果没了恒久保持创业的冲势,一旦改为守势,那必死无疑。"这是"华帝"总裁黄启均对自家企业生存之道的概括。

一如其言,这家1992年创立,如今净利润为1.2亿元的国内知名厨卫制造商,眼下也面临着和其他珠三角地区家电制造业同行一样的困境:纵向渠道的多元化变更,使得管理更为复杂,而横向中低产品的同质化竞争,也让企业惴惴难安。如何求变,破除这些困境,有待华帝续写自己的新故事。

1. 大势倒逼转型

近年来,政府大力提倡产业转型,在产业政策制定上倾斜高附加值产业,这逼迫珠三角地区众多制造业进行产业升级,从产业链的低端走向高附加值领域。同时高度的市场同质化竞争也逼着企业在渠道上继续整合拓展。上述两股压力自然也传递到华帝这家主营灶具、油烟机、热水器的厨卫具企业。

黄启均指出:

珠三角企业升级是形势所迫也是大势所趋。许多同行依然观望着风向,大多数一边贴牌一边打造自有品牌,采用保守进取的方式。

黄启均还指出:不说其他家电制造业,"华帝"所从事的厨卫具行业一直处于鱼龙混杂的状态,整个行业强者不强、弱者不弱,需要产业升级来提高品牌的聚集度。

相较于其他家电领域,黄启均认为,厨卫业的前景只会越来越明朗,而品牌高端化是未来的必然趋势。对此,他解释道,过去我们的眼光仅把厨具看成工具,现在厨具的角色已经转化成了"道具"。何谓"道具"?就是生活品质和品位的体现者。厨卫一体化的解决方案就是帮助实现这个"道具"的目的。现在大家要做的就是引入充分的工业设计,把厨卫一体化做得专业。

不过,产业前景的明朗并非意味着企业远景光明。去年华帝1.2亿元净利润、同比增长126%的靓丽财报数据,也很难回避厨卫具行业高端化之争,且其与同行方太、老板在高端品牌转向上还存在差距。

市场倒逼的不仅是品牌。当多元化渠道不断兴起时,华帝传统的渠道模式以及渠道管理思路也受到了威胁。

华帝早年采取的总代理制分级销售模式如何在新兴的自营店、家电连锁、房地产集采、网购等多元化渠道下重构,如何从传统厨具产品提供商转变为厨卫一体化解决方案提供商,这些都是黄启均直面的棘手问题。

2. 渠道,华帝谋变之一坎

渠道,作为国内家电制造企业最主要的利润血脉,也是上述转型问题中最迫切需要解决的问题。

回首华帝渠道壮大之路,坚决推行总代理制、扶持重视个体工商户作为经销商、打击冲货是其标志性的举措。

采用总代理制,一个区域只找一个实力强的一级经销商的模式很好地保护了众经销商利益,避免了经销商间的恶性竞争;扶持当时不受大企业重视的个体工商户作为分级经销商,为其开疆拓土形成了良好的渠道网;面对冲货,华帝首创了"防冲货编码"和"产品身份证制度",用来防止假冒伪劣产品的冲击,每台产品都有独一无二的编码,出厂前存入电脑,市场上只要提供产品编码,就能通过电脑验明正身。

在华帝创业以及成长的初始十年,上述渠道措施较妥善地解决了企业、代理商、经销商间的关系,保障了厂商间的共同成长。

不过,此一时彼一时,如今的渠道情况亦非华帝当年所处的内、外部环境。眼下,内部渠道环境是向高端品牌化转型,控制客户服务质量、加强渠道的掌控力是必需之举;外部渠道环境中,厂商面对的是渠道多样化之势,自营店渠道、家电连锁渠道、传统渠道(百货店、传统分级经销商)、网购等五花八门,如何理顺渠道间的脉络,解决渠道间的冲突成了企业所面临问题的重中之重。

在内外交错中,华帝与渠道战友个体经销商间的关系也变得微妙起来。对此,深远顾问机构董事长杜建君指出,华帝昔日渠道之成功是"草根民企 + 草根经销商经典合作"的经典模式。渠道合作模式围绕的是小区域独家代理而展开,创业时的共同成长为彼此结下良缘。但到了如今,随着企业规模变大,内部渠道环境在变,厂家、商家之间的情谊在新的游戏规则面前该如何重新定位,如何把人情转化为切实的利益协调规则,这是华帝必须慎重考量的。

另一位家电行业资深专家罗清启也表达了类似的观点。"早年华帝采取总代理制的渠道销售模式,是家小业小企业常采用的省钱、省力、风险系数较小的渠道模式。该类模式的优点是与代理商、经销商之间的联系稳固、回款迅速、企业能节约有限的资金。但该类销售方式的缺点一样明显:渠道间无竞争、缺乏动力、总代理羽翼丰满后不易控制。"

对于外部环境渠道多元化之变,罗清启进一步指出,"企业未来发展需要渠道多元化,但多元化容易造成渠道冲突。眼下困难还不仅是如此,金融风暴余波、通货膨胀、央行加息、银行信贷紧缩导致贷款成本增加,原材料上涨等因素也侵蚀着厂家和经销商的利润。利润减少意味着渠道矛盾激化的可能性更高。面对上、下游利润波动,厂商间该如何分配利益是难题,协调机制一旦处理不合适,就会演变成厂商抢经销商饭碗,或是经销商抢经销商饭碗的局面。"

"在渠道问题上,华帝的目标是共赢,我们较早就开始专卖店的模式。华帝出部分装修费用,输出品牌、技术,选择合适的经销商经营,经营的权利完全交给经营者自己,华帝并不参与,尽可能让利给经销商。如今,在该模式下已经发展了近2000家专卖店。对于未来,华帝目前并没有实质的合伙经营或自有经营专卖店渠道的考虑。"在渠道问题的处理上,黄启均谨慎异常,所采取的方式也是温和的连锁拓展模式。

"在一线城市的进占率上,尤其在家电连锁卖场(苏宁、国美等卖场)上,相比同行,我们处在劣势。今年我们会重点在家电连锁领域发力,在一、二线城市建立精品生活体验店也是未来重点布局的一个方向。在三、四线以及乡镇等区域,我们布局较早,有明显的渠道优势。"黄启均直言。

由于厨卫业和房地产有着密切联系,许多新人婚房装修需要厨卫具,所以在黄启均看来,与房地产商合作、为买房的人提供其厨卫一体化的解决方案是潮流。

"房地产商现在普遍采用集采模式。与其合作,发展直营渠道也是我们近年来尝试的方式。考虑到这将成为行业发展的趋势,我们会进一步拓展,不过就目前而言很难。政府在这方面没有相关的立法,没有一套清晰的住宅厨卫配套标准体系,同时从整个产业环境而言,信息——业务——产品技术对接通道不顺畅,如何给需要的人定制提供他所需要的厨卫一体化方案,流程系统如何做很困惑。"黄启均坦言。

黄启均上述所言的渠道深化方向与华帝2010年年报所呈现的现状一致。在年报中可以看出,华帝2010年通过KA(家电连锁卖场)销售的产品占比约30%,通过专卖店销售的产品占比约60%,其余销售额来自房地产销售、燃气公司销售和网络销售等,KA较弱,传统专卖店渠道较强是其特征。

对于华帝渠道的发展规划,在杜建君看来,它的变革步伐迈得不够快。

"华帝KA渠道进店率与同行比呈弱势,这也是其传统代理商、经销商面对外界渠道变化而难以适应的结果。传统代理商与KA合作,觉得没利润,没主动权,处于抵触心态。但KA渠道销售在一、二线城市是主流,企业向高端品牌化转型中,KA是不可缺少的助力。如果与渠道商一荣俱荣、一损俱损的厂商不来引导其观念转变,最后必然导致渠道矛盾激化,转过来又拖慢了企业向高端品牌转型的步伐。"杜建君称。

在KA之外的县镇,也是近年来渠道发展的重点,但渠道下沉后,如何在厂商内部保持品牌协同效力与管理通畅,其中的难处不言而喻,同时小区域横向的激烈市场竞争也让代理商与经销商疲于奔命。

"如今国内5万多个乡镇市场奇货可居,众多厨卫具品牌都在抢占瓜分。华帝的代理商、经销商们面对渠道下沉中的残酷竞争,他们没有人才、没有充裕的资金、没有长期的规划,惶恐不知所措。倘若厂商通过分公司模式去管理与扶持,还要遇到决策的主辅角色协调问题与企业直接管理所产生的效率与支出成本考量问题。"杜建君表示。

黄启均此前也表示,2000年左右,华帝曾在几个大城市建立起自己的分公司(北京、上海、南京、武汉、沈阳),之后发现,很难去控制分公司整个收支的合理性。

"如今华帝尝试采取'直供'方式,跨过一级代理商,与市、县级经销商直接对接,省去省级代理这一中间环节,提高渠道效率,但实际运作中依然会遇到之前分公司的管理难题。"杜建君指出:"无论分公司还是直供模式实质是对渠道竞争力减弱的变相弥补。但是,这也意味着华帝渠道管理体系转向高度扁平化,这对企业物流、供应链管理、信息对接、后台支持各方面将提出更高的要求,而华帝在这方面,仍需要改善良多。"

同时,杜建君指出:"网购、集成采购(团购、房地产配套)等新的销售形式不断涌现,也必然对总代理体制造成冲击。比如网购,它的特点是不容易或者是没法划分区域边界。"

"方太目前极其重视房地产直营渠道,在集成采购、配套服务上花大力气在做。华帝这方面动作幅度不大,而且未来渠道多元化这个坎是华帝无法避免的,早布局少受伤。"杜建君如是认为。

3. 品牌,华帝谋变之二坎

除渠道变革外,华帝在转型高端品牌的过程中还直面更大的困境,那就是虎视眈眈的竞争对手,美的、方太、老板等企业已不知不觉对其低、中、高的产品结构线形成了弧形挤压,用"山雨欲来风满楼"来形容华帝目前的外部环境毫不为过。

从其年报来看,华帝的利润主要来源于中低端价位产品的畅销。然而,厨卫业本身是家电领域为数不多的低密集化领域,竞争对手无序,产品平均毛利率相对较高,群雄逐鹿是其国内市场多年的格局。

来自国内家电业权威数据机构中怡康的数据显示,2010年华帝灶具、油烟机与消毒柜的市场占有率分别为9.72%、7.57%和4.61%,市场占有率分别位列同行业第一、第三与第六。灶具、油烟机前三大品牌市场份额也均仅在25%左右的较低水平,其余近60%的销售额被数百家同行瓜分。

中怡康资深家电分析师表示"美的小家电品牌集群影响力大,渠道强势,在进入同属家电领域的厨卫具行业,尤其在灶具和油烟机领域,短短数年就做到了前列。"

事实上,从中怡康最新的数据来看,2011年上半年,在华帝传统强项油烟机领域,美的的城市市场份额已经超越华帝,挤进前三甲,华帝位于第四。而在2009年、2010年华帝份额一直处于第三的位置。在其2010年年报中,华南地区销售份额增幅远不如华北、西南等地,亦可见广东企业在本土厨卫具领域竞争之残酷。面对众多咄咄逼人的对手,依托本土作战的华帝不仅难有优势,反呈区域防势。

从上述角度来看,华帝中低端产品市场也面临着日益残酷的争夺,产品被其他品牌替代的风险系数不低。

同时,在向高端品牌转型的过程中,华帝与浙江系的老板、方太等企业相比,目前仍有较大一段差距。公开数据显示,浙江系品牌占据了厨卫具高端品牌领域80％的市场份额,华帝在转型进军这一领域的过程中,未来必遭浙江系品牌的强势冲击。

对此,常年研究家电领域的安信证券分析师赵志成在其2010年华帝研究报告中直接指出,华帝和主要的竞争对手相比,虽然定位中高端,但是净利润率却处于较低的位置,行业内毛利率最高的上市公司老板电器毛利率接近55％,华帝股份毛利率仅35％。公司产品的定价能力不及老板电器,高端产品的占比也比较有限,因此公司仍需时日才能真正完成其高端定位的目标。

而在华帝一枝独秀的灶具领域,虽然在2010年推出了绿色聚能灶,将灶具的热效率提升到68.5％,在节能环保的技术研发上目前暂处领头羊的位置。但近年来,行业内多家经营同类产品的中小品牌企业登陆资本市场,获得大量的发展资金,随后必然在生产工艺和渠道建设方面进行大规模的投资建设,华帝的灶具技术领先优势未来将面临这类企业的强烈冲击。

政府的下乡政策给华帝渠道下沉助益良多。但家电下乡政策优惠会在近年内逐步淡化直至取消。虽然厨卫具整体市场增幅稳定,但当政策优惠消失时,众多因该政策获利的厨卫具企业必将经受新一轮的市场洗牌。

(资料来源:世界经理人网站)

**案例思考题:**
1. 在渠道多样化的情况下,如何处理好渠道间的冲突?
2. 面对新的渠道模式的冲击,你认为华帝应该选择怎样的渠道策略?

## 应用训练

1. 实训目标
通过本章的学习,学会对中间商进行选择和管理。
2. 实训资料

### 格力空调:离开国美,走自己的路

珠海格力集团公司是珠海市目前规模最大、实力最强的企业之一。集团拥有的"格力"、"罗西尼"两大品牌分别于1999年1月和2004年2月被国家工商总局认定为中国驰名商标。2003年,格力集团共实现营业收入198.42亿元,位列中国企业500强第88名。集团下属的珠海格力电器股份有限公司是中国目前生产规模最大的空调生产基地,现有固定资产7.6亿元,拥有年产空调器250万台(套)的能力。经过多年的发展,格力空调已奠定了国内空调市场的领导者地位,格力品牌在消费者中享有较高的声誉。据国家轻工业局、央视调查中心的统计数据显示,从1996年起,格力空调连续数年产销量、市场占有率均居行业第一。现在,格力空调产品覆盖全国并远销世界100多个国家和地区。

多年来,格力空调一直采取的是厂家——经销商或代理商——零售商的渠道策略,并在这种渠道模式下取得了较高的市场占有率。然而,近年来,一批优秀的渠道商经过多年发展历程,已经成长为市场上的一支非常重要的力量。其中尤以北京国美、山东三联、南京苏宁为代表的大型专业家电连锁企业的表现最为抢眼。这些超级终端浮出水面,甚至公开和制造企业"叫板"。自2000年以来,这些大型家电连锁企业开始在全国各大中城市攻城略地,在整个家电市场中的销量份额大幅度提高,其地位也直线上升。

2004年2月,成都国美为启动淡季空调市场,在相关媒体上刊发广告,把"格力"两款畅销空调的价格大幅度下降,零售价原为1680元的1P挂机被降为1000元,零售价原为3650元的2P柜机被降为2650元。格力认为国美电器在未经自己同意的情况下擅自降低了格力空调的价格,破坏了格力空调在市场中长期稳定、统一的价格体系,导致其他众多经销商的强烈不满,并有损于其一线品牌的良好形象,要求国美立即终止低价销售行为。格力在交涉未果后,决定正式停止向国美供货,并要求国美电器给个说法。"格力拒供国美"事件传出后,不由让人联想起2003年7月份发生在南京家乐福的春兰空调大幅降价事件,二者如出一辙,都是商家擅自将厂家的产品进行"低价倾销",引起厂家的抗议。

2004年3月10日,四川格力开始将产品全线撤出成都国美6大卖场。四川格力表示,这是一次全国统一性行动,格力在全国有20多家销售分公司,其中有5家公司与国美有合作,产品直接在国美销售,导致这次撤柜的主要原因是与国美在2004年度的空调销售政策上未能达成共识。2004年3月11日,国美北京总部向全国分公司下达通知,要求各门店清理格力空调库存。通知称,格力代理商模式、价格等已经不能满足国美的市场经营需求,要求国美各地分公司做好将格力空调撤场的准备。

面对国美的"封杀令",格力的态度并没有退让。格力空调北京销售公司副总经理金杰表示:"国美不是格力的关键渠道,格力在北京有400多个专卖性质的分销点,他们才是核心。谁抛弃谁,消费者说了算。"格力空调珠海总部新闻发言人黄芳华表示:"在渠道策略上,格力不会随大流。格力空调连续数年全国销量第一,渠道模式好与坏,市场是最好的检验。"格力电器公司总经理董明珠在接受《广州日报》记者采访时表示,格力只与国美的少数分店有合作,此事对格力空调的销售几乎没有什么影响,自己的销售方式也不会为此做出改变。对一个企业来说,对任何经销商都应该是一个态度,不能以大欺小,格力对不同的经销商价格都是一样的。格力在各地设立自己的销售公司主要是为了在各个区域进行市场规范管理,保持自己的品牌形象,而销售公司靠服务取得合理利润,价格一直贴近市场,格力空调去年500万台的销量就证明了这一点,因此格力不会改变这种销售方式。对于今后能否与国美继续合作,格力坚持厂商之间的合作必须建立在平等、公正的基础上,违背这种合作原则只能一拍两散。

事实上,在国美、苏宁等全国性专业连锁企业势力逐渐强盛的今天,格力电器依然坚持以依靠自身经销网点为主要销售渠道。格力是从2001年下半年才开始进入国美、苏宁等大型家电卖场的。与一些家电企业完全或很大程度地依赖家电卖场渠道不同的是,格力只是把这些卖场当作自己的普通经销网点,与其他众多经销商一视同仁,因此在对国美的供货价格上也与其他经销商一样,这是格力电器在全国的推广模式,也是保障各级经销商利益的方式。以北京地区为例,格力拥有着1200多家经销商。2003年度格力在北京的总销售额为3亿元,而通过国美等大卖场的销售额占比不过10%。由于零售业市场格局的变化,格力的确意识到原来单纯依靠自己的经销网络已经不适应市场的发展,因此从2001年开始进入大卖场,但格力以自有营销网络作为主体的战略并没有改变。

而在国美方面,国美电器销售中心副总经理何阳青认为,格力目前奉行的股份制区域性销售公司的"渠道模式"在经营思路以及实际操作上与国美的渠道理念是相抵触的。国美表示,格力的营销模式是通过中间商的代理,然后国美再从中间商那里购货。这种模式中间增加了一道代理商,它必定是要增加销售成本的,因为代理商也要有它的利润。格力的这种营销模式直接导致了空调销售价格的抬高,同品质的空调,格力要比其他品牌贵150元左右,这与国美一直推行的厂家直接供货、薄利多销的大卖场模式相去甚远。国美与制造商一般是签定全国性的销售合同,而由于现在格力采取的是股份制区域性销售公司的经营模式,与格力合作时就不得不采取区域合作的方式,这与国美的经营模式也是不相符合的。

3. 实训要求

请你为格力制定加强对中间商管理的策略,防止出现"类国美"事件。

4. 实训程序

(1)认真阅读分析资料。

(2)找出出现"国美事件"的原因。

(3)格力集团的处理措施是否得当?

(4)制定措施加强中间商管理。

5. 总结评价关键点

对格力这次"国美事件"的分析是否透彻?制定的措施对中间商的管理策略是否有效?

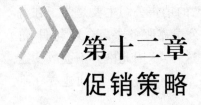

# 第十二章
# 促销策略

## 学习目标

▶ 理解促销的含义,认识促销对企业营销的重要作用
▶ 领会人员推销的特点,掌握人员推销的策略以及对推销队伍的管理
▶ 明确广告的含义,掌握广告设计和广告效果的测定
▶ 理解公共关系的本质含义与特征,了解公共关系的实施进程
▶ 掌握销售促进特点,了解销售促进工作的实际运作

## 案例导引

### "红双喜"的促销之道

我国久负盛名的"红双喜"牌乒乓球早被国际乒联列为国际比赛专用球。然而在第38届世乒赛期间,"红双喜"销售量仅为日本"尼塔库"牌乒乓球销售量的三十分之一。究其原因,并非质量问题,而是促销问题。产品经营呆板,等客上门,不注重促销宣传,在市场上放任自流。相比之下,日本人为使其产品能挤入国际乒乓球市场,主动出击,在赛场竖起广告牌,通过各种媒介大做广告,每次比赛重金资助东道国,运用各种促销方式,使"尼塔库"牌深入人心,最终抢先占领了世界乒乓球市场。

(资料来源:中国创业联盟)

# 第一节 促销与促销组合

## 一、促销概念及其作用

### (一)促销概念

促销(Promotion Selling)指企业通过人员和非人员的方式把产品和服务的有关信息传递给顾客,以激起顾客的购买欲望,影响和促成顾客购买行为的活动过程。

促销的实质在于企业与顾客之间的信息沟通。促销沟通是企业与潜在客户之间进行信息交流的过程。企业作为沟通的主体,发出作为信息源的产品及其相关信息,对信息进行组织重构,并借助于某种媒介把信息传播给潜在客户,从而引起消费者的注意,使消费者产生兴趣,激发消费者的购买欲望,从而促成消费者采取购买行为,如图12-1所示。

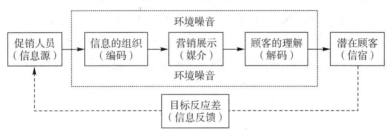

图12-1 促销沟通

促销的对象是潜在客户及对潜在客户的消费行为具有影响的群体。促销的主要任务是传递企业的行为、理念、形象以及企业提供的产品和服务的信息。促销的目的是引起消费者的注意与兴趣,激发其购买欲望,促成其购买行为。

### (二)促销的作用

促销作为市场营销组合的一个重要组成部分,在整个市场营销活动中发挥着重要作用,其作用主要表现如下:

**1. 提供信息,唤起需求**

企业的产品进入市场后,必须及时向消费者提供有关的产品信息,让消费者了解产品的性能、特征等,引起消费者的注意,诱导需求,并激发其购买欲望。通过促销活动,使企业能及时了解消费者的需求动态,企业能根据市场需求的变化,生产适销对路的产品。

**2. 提高竞争力,促进销售**

在激烈的市场竞争中,通过促销活动,企业可以宣传自己的产品与同类产品之间的差异,强调本企业的产品能给消费者带来独特的利益,促使顾客加深对本企业产品的了解,增强信任感,从而提高企业产品的竞争力。

### 3. 强化企业形象,稳定市场地位

通过传播企业组织理念等信息,可以形成和强化公众对企业的信任,从而建立良好的公众形象。企业的形象和声誉是企业的无形财富,它直接影响企业产品的销售。通过促销活动,可以达到提高企业声誉、美化企业形象的目的。尤其是通过对名、优、特产品的宣传,更能促使顾客对企业产品及企业本身产生好感,从而培养和提高顾客的"品牌忠诚度",巩固和扩大产品市场占有率。

## 二、促销组合及促销组合策略

促销的基本形式可分为人员推销和非人员推销两大类。人员推销又称直接促销,是企业通过推销人员向消费者推销产品、劳务或服务的一种促销活动。非人员推销又称为间接促销,是企业通过一定的媒体传递产品、劳务或服务的有关信息,以促使消费者产生购买欲望,产生购买行为的一系列促销活动,包括广告、公共关系、销售促进和直复营销等方式。促销方式的选择决定于促销目标、市场特点、产品性质等因素。

促销组合是指企业根据促销的需要对人员销售、广告、公共关系、销售促进和直复营销等促销方式的恰当选择和综合编配。现代企业运用各种促销组合来接触中间商、消费者和各种社会公众;中间商也可以运用促销组合接触消费者及各种社会公众;消费者之间、消费者与其他社会公众之间则进行口碑传播等。根据促销信息流动的方向,可以将促销方式分为推式、拉式和推拉结合式三种组合策略。

### (一)推式策略

推式策略是指企业以促销组合中人员销售的方式进行促销活动。在推式策略中,促销信息流动由企业流向中间商再流向消费者或者由企业直接流向最终顾客,如图12—2所示。在这种方式中,促销信息流向和产品流向是同方向的。

运用这一策略的企业,通常有完善的促销队伍,或者产品质量可靠、企业声誉较高。这种促销策略的促销对象一般是中间商。由于顾客不同、产品不同、企业实力不同,具体采用什么样的方法要视具体情况而定。常见的推式策略有:举办产品技术讲座与实物展销以及走访销售法、示范推销法、网点销售法等。

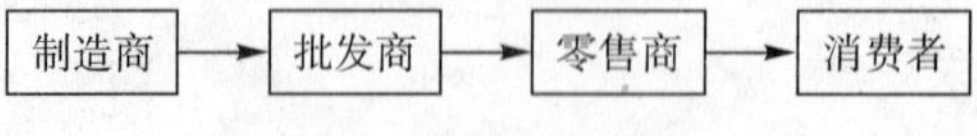

制造商 → 批发商 → 零售商 → 消费者

图12—2 推式促销策略

### (二)拉式策略

拉式策略是指企业利用广告、公共关系、销售促进及直复营销等方式宣传产品,激

发消费者的购买兴趣,促使其产生购买欲望并进而采取购买行为的策略。在拉式促销策略中,一般促销信息从企业流向最终顾客,被激发的有效需求会拉动整个渠道系统。消费者向零售商购买产品,零售商向批发商购买产品,批发商向制造商订购产品。如图12-3所示。常用的拉式策略有:会议促销法、广告吸引法、代销法、试销法、展销会或订货会拉引法等。

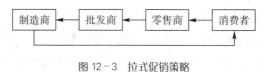

图12-3 拉式促销策略

（三）推拉结合式策略

在通常情况下,企业可以把上述两种策略结合起来运用,称为"推拉结合式策略"。推式策略和拉式策略都包含了企业与消费者双方的能动作用。但前者的重心在推动,着重强调了企业的能动性,表明消费需求是可以通过企业的积极促销而被激发和创造的;而后者的重心在拉引,着重强调了消费者的能动性,表明消费需求是决定生产的基本因素。许多企业在促销实践中,根据产品及市场的特点采取"推"、"拉"组合的方式,采用先推后拉、先拉后推或推拉同时进行的方式展开促销攻势,既各有侧重,又相互配合。企业的促销活动,必须顺应市场需求才能取得事半功倍的效果。

### 三、影响促销组合策略的因素

在市场营销实践中,促销组合起着沟通企业内外的作用,有助于企业树立良好的形象,提高企业竞争力,实现产品销售的稳定增长。企业必须对人员推销、广告、公共关系、销售促进、直复营销五种促销方式进行适当选择、综合编配,以求达到最好的促销效果。但是在制定促销组合时应考虑如下因素:

（一）促销目标

企业的促销目标,直接影响企业的促销方式。相同的促销方式用于不同的促销目标,其成本效益会有所不同。例如,甲企业的营销目标是增加销量,扩大市场占有率,该企业应更多地使用人员推销、广告、销售促进和直复营销的形式;而乙企业的营销目标是树立企业形象,则应从长远利益出发,运用公共关系宣传等手段树立企业形象。

（二）产品状况

**1. 产品的性质与特征**

不同的产品有不同的性质和特征,其消费者的购买动机和购买行为也是不同的,因而需要采用不同的促销组合策略。如生产资料,可采用以人员推销为主,配合销售促进的组合;日用消费品,通常以广告为主,配合销售促进和直复营销的组合。

**2. 产品生命周期**

产品所处的生命周期阶段不同,销售侧重的目标也就会不同,故采用的促销策略也不同。导入期,要提高产品的知名度,诱导中间商进货和消费者试用,因而采用广告、人员推销和公关宣传方式可能会比其他方式效果要好。成长期,促销的重点是增进顾客兴趣,对产品产生偏爱,广告仍然是重要手段。成熟期,企业的竞争对手日益增多,促销手段还是以广告为主,同时辅之以销售促进和直复营销,强调产品的附加利益或新的用途。衰退期,消费者偏好已经形成,企业应把促销费用降到最低限度,以保证足够的利润收入。这时企业可以做一些提示性的广告,并配合销售促进和直复营销,维持尽可能多的销售量。

**(三)市场特征**

不同的市场,其规模、类型、顾客数量不同,应采用不同的促销策略。

从市场规模来看,在地理范围狭小、买主比较集中、交易额大的目标市场中(如生产资料市场),可采用以人员推销为主,配合销售促进的组合;在地理范围比较大、买主比较分散、交易额小、购买频率高的目标市场上(如日用消费品市场),宜以广告为主进行促销。

从市场类型来看,由于生产资料市场具有购买者少且购买数量多、技术性较强、专业性强等特点,所以,以人员推销为主,并结合广告和公共关系的组合策略为宜;生活资料市场购买者人数众多且较分散,产品技术性较简单,标准化程度较高,多以广告促销为主,销售促进和直复营销为辅,并结合人员推销和公共关系的组合策略。

**(四)促销费用**

开展促销活动必须花费一定的费用,这些费用必须事先进行预算。一般来说,人员推销、广告促销、公共关系、销售促进、直复营销的费用是依次递减的。当然,促销费用与促销效益并不一定成正比关系。促销组合的效益不仅在于各种促销方式的配合,还要考虑产品开发、渠道选择、定价策略、消费行为和消费习惯等因素。总之,企业在选择促销方式时,要综合考虑促销目标、各种促销方式的适应性和企业的资金状况,并进行合理选择,灵活运用,以取得最佳的促销效果,如图12-4所示。

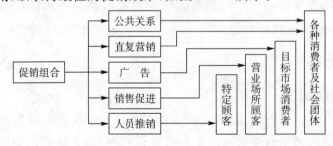

图12-4 各种促销方式的适用范围

## 第二节 人员推销策略

### 一、人员推销的概念及特点

#### (一)人员推销的概念

人员推销(Personal Selling)是指企业的营销人员直接向潜在客户介绍和推销产品,说服顾客,使其接受本产品或服务的一种促销方式。人员推销有三个基本要素:推销人员、推销品、推销对象。人员推销是一种古老的销售方式,由于这种方式有着独特的优点,因此,在现代市场上它仍然起着重要的作用。

#### (二)人员推销的特点

**1. 信息双向沟通**

人员推销属于信息的双向沟通。销售人员在与目标顾客的直接接触中,一方面能将企业和产品的有关信息及时、准确地传递给目标顾客;另一方面又能及时了解顾客的潜在需求,并将这种潜在需求及时反馈给企业,以指导企业经营,使其产品更符合消费者的需要,从而提高企业的决策水平。

**2. 推销过程灵活性强**

由于推销人员与顾客直接联系,当面洽谈,可以通过交谈与观察了解顾客,进而根据不同顾客的特点与态度,随时调整自己的推销策略与技巧,充分发挥推销者的主观能动性,保证推销效率。而且还能及时发现和解决顾客提出的问题,提高顾客的满意度。

**3. 人际关系融洽**

人员推销注重人际关系,有利于买卖双方之间建立友谊。在长期保持友谊的基础上开展推销活动,也有助于建立长期的买卖协作关系,从而稳定地销售产品。

**4. 推销针对性强**

人员推销是通过推销人员与消费者的直接接触,将目标顾客从消费者中分离出来,这样能可靠地发掘推销对象,把推销努力集中于目标顾客身上,避免了许多无效劳动。

**5. 指导消费**

人员推销可以给消费者提供现场的消费指导。在人员推销中,销售人员可以直接面对面地向目标顾客提供咨询和技术服务,向目标顾客展示产品的特点,演示产品使用方法,解答目标顾客的问题。这有利于目标顾客放心大胆地购买产品,在复杂的产品和复杂的购买行为中,人员推销最能发挥这一优势。

## 二、人员推销的主要任务

人员推销是由营销人员进行的,作为企业和消费者之间相互联系的纽带,企业营销人员肩负着多方面的责任,主要有以下几个方面:

### (一)寻找顾客

寻找顾客是推销人员的一个重要任务。推销人员不仅仅要与现有顾客保持密切联系,还应该不断地寻找潜在顾客,发现并培养新顾客,使企业的新顾客能够源源不断地增加,以便开拓新市场。

### (二)传递信息

推销人员通过与现实和潜在的顾客交往,将有关产品的特点、性能、价格等方面的信息及时传递给顾客,以促进产品的销售。同时,推销人员要及时了解市场的变化和顾客对产品的反映,为管理者决策提供有价值的信息,为企业生产适销对路的产品打下基础。

### (三)销售产品

销售产品是推销人员的最基本职责。推销人员通过与顾客直接联系,运用灵活的推销技巧,接近顾客,介绍产品,解答顾客的问题,以促成购买行为的实现。

### (四)提供服务

一方面为顾客提供服务。它要求推销人员不仅要把产品销售给顾客,还要为顾客提供咨询、技术、信息、维修等多种售前、售中、售后服务,帮助顾客解决困难,满足顾客需求。

另一方面为企业提供服务。推销人员还要为自己的公司提供服务,包括:推销产品,协助企业收回货款,提供必要的业务报告,积极参加各种销售会议,建立企业的良好声誉或扩大企业的影响等。

### (五)协调分配

推销人员要协调好供需关系,特别是在货源不足的情况下,要尽可能的合理安排有限货源,并向用户做好解释工作,以巩固企业和顾客的业务往来和友好关系。

## 三、人员推销的程序

人员推销过程大致分为七个步骤。这七个步骤也是对每次推销活动全过程的描述。

### (一)寻找并分析顾客

寻找顾客,是推销工作的第一步。推销人员首先要善于寻找产品的购买者,发现潜在顾客后,推销人员还要进行初步的顾客分析,进一步确认潜在顾客成为现实顾客、实施购买行为的可能性有多大,以减少推销的盲目性,提高成交率。

### (二)充分准备

推销人员在确定推销对象,着手进行推销工作之前,应进行充分的准备。推销人员必须了解关于本企业的情况,产品的特点、用途、功能等;了解潜在顾客的个人情况,所在企业的情况,具体用户的生产、技术、资金情况等。同时,还要准备好样品、说明材料,选定接近顾客的方式、访问时间、应变语言等等。充分的准备是推销成功的必要前提和基础。

### (三)接近顾客

接近顾客是推销人员征求顾客同意并进行接见洽谈的过程。接近顾客能否成功是推销成功的先决条件。推销接近要达到三个目标:给潜在顾客一个良好的印象;验证在准备阶段所得到的信息;为推销洽谈打下基础。

### (四)洽谈沟通

洽谈沟通是推销人员与潜在顾客正式接触,引导与指导潜在顾客实施购物行为的阶段。这是推销过程中的重要一步。在这一过程中,推销人员在描述产品性质和特点时,必须使自己的表述充分吸引顾客的注意力,要注意通过顾客的视、听、触摸等感官向顾客传递信息,其中视觉是最重要的。然后,再针对产品本身的特点以及能给顾客带来的利益进行说服与解释。还要特别注意了解对方的反应,以判断买主的真实意图。

### (五)处理异议

推销人员应随时准备应付不同意见。顾客异议表现在多方面:如价格异议、功能异议、服务异议、购买时机异议等。有效地排除顾客异议是达成交易的必要条件。

### (六)促成交易

人员推销工作的重要环节是促使顾客采取购买行动,这也是推销工作最困难的阶段。推销人员在认为时机成熟时,应抓住有利时机,或者提出购买建议,或者提供价格优惠,或者提供便利的服务,或者归纳销售的重点,以促进顾客做出购买决策。

### (七)跟踪服务

现代推销理论认为,成交是推销过程的开始。成交并不意味着整个推销过程的终止,推销人员必须做好售后的跟踪服务工作,搜集顾客对于产品或服务的改进意见,及时向有关部门反映,以调整营销措施。

**知识链接**

**推销的"3H1F"**

推销是由3个H和1个F组成的。第1个"H"是"头"(Head)。推销人员需要有学者的头脑,必须深入了解顾客的生活形态、价值观以及购买动机等,否则不能成为推销高手;第2个"H"代表"心"(Heart)。推销人员要有艺术家的心,对事物具有敏锐的洞察力,能经常地对事物感到一种惊奇和感动;第3个"H"代表"手"(Hand)。推销人员要有技术员的手。推销人员是业务工程师,对于自己推销产品的构造、品质、性能、制造工艺等,必须具有充分的知识;"F"代表"脚"(Foot)。推销人员要有劳动者的脚。不管何时、何地,只要有顾客,推销人员就要不辞劳苦。

因此,具有"学者的头脑"、"艺术家的心"、"技术员的手"和"劳动者的脚"是一个推销员应具备的基本条件。

(资料来源:中国创业联盟)

### 四、人员推销的组织结构

人员推销的组织结构有四种基本形式:

#### (一)区域结构式

区域结构式将企业的目标市场分为若干个区域,每个(组)推销人员负责一个特定区域内各种产品的推销业务。其主要优点是:推销人员责任明确,便于考核;推销人员活动地域稳定,便于与当地建立密切联系,制定有针对性的推销策略;推销人员活动范围小,节约差旅费用;售后服务能做得比较到位。这种结构适用于产品和市场都比较单纯的企业。

#### (二)产品结构式

产品结构式指每个(组)推销人员负责某种或某类产品的推销业务。其最大优点是能为顾客提供相对比较专业的服务。这种结构比较适用于产品技术性强、工艺复杂、营销技术要求比较高的企业。

#### (三)顾客结构式

顾客结构式指对应不同类型的顾客配备不同的推销人员,每个推销人员负责一个或几个顾客群体的推销工作。其主要优点是能更深入地了解顾客的需求，从而为顾客提供差异化的服务。

（四）综合式结构

当企业在一个较大的区域内存在许多不同类型的顾客，同时推销多种产品时，要将上述方法结合起来使用，这种模式被称为"综合式结构"。如按照"区域—产品"、"产品—顾客"、"区域—顾客"，甚至"区域—产品—顾客"的形式进行组合，配备推销人员。其优点是能吸纳上述三种形式的优点，从企业整体营销效益出发开展营销活动。这种形式比较适合那些顾客种类复杂、区域分散、产品多样化的企业。

**五、人员推销的形式及策略**

（一）人员推销的基本形式

一般来说，人员推销有以下3种基本形式：

**1. 上门推销**

上门推销是最常见的人员推销形式。它是由推销人员携带产品的样品、说明书和订单等走访顾客、推销产品。这种推销形式，可以针对顾客的需要提供有效的服务，方便顾客，故为顾客所广泛认可和接受。此种形式是一种积极主动的推销形式。

**2. 柜台推销**

柜台推销又称"门市推销"，是指企业在适当地点设置固定的门市，由营业员接待进入门市的顾客并向其推销产品。由于门市里的产品种类齐全，能满足顾客多方面的购买要求，并且可以保证商品安全无损，因此，顾客比较乐于接受这种方式。零星小商品、贵重商品和容易损坏的商品适合用柜台推销的形式。

**3. 会议推销**

会议推销指的是利用各种会议向与会人员宣传和介绍产品，开展推销活动。例如，在订货会、交易会、展览会、物资交流会等会议上推销产品均属会议推销。这种推销形式接触面广，推销集中，可以同时向多个推销对象推销产品，成交额较大，推销效果较好。

（二）人员推销的基本策略

在人员推销活动中，一般采用以下3种基本策略：

**1. 试探性策略**

试探性策略也称"刺激—反应"策略，是指在不了解顾客的情况下，推销人员运用刺激性手段引发顾客产生购买行为的策略。推销人员事先设计好能引起顾客兴趣、能刺激顾客购买欲望的推销语言，通过渗透性交谈进行刺激，在交谈中观察顾客的反应，然后根据其反应采取相应的对策，并选用得体的语言，再对顾客进行刺激，进一步观察顾客的反应,以了解顾客的真实需要,诱发其购买动机,引导其产生购买行为。

**2. 针对性策略**

针对性策略也称"配方—成交"策略,是指推销人员在基本了解顾客某些情况的前提下,有针对性地对顾客进行宣传、介绍,以引起顾客的兴趣和好感,从而达到成交的目的。

**3. 诱导性策略**

诱导性策略也称"需要—满足"策略,是指推销人员运用能激起顾客某种需求的说服方法,诱发、引导顾客产生购买行为。这种策略是一种创造性推销策略,它对推销人员要求较高,要求推销人员能因势利导,诱发、唤起顾客的需求,并能不失时机地宣传介绍和推荐所推销的产品,以满足顾客对产品的需求。

## 六、推销人员的管理

### (一)推销人员的素质

人员推销是一个综合过程。它既是信息沟通过程,也是产品交换过程,又是技术服务过程。推销人员的素质,决定了人员推销质量的好坏乃至推销活动的成败。合格的推销人员一般应具备以下素质:

**1. 热爱推销,勇于进取**

推销人员是企业的代表,有为企业推销产品的职责;同时又是顾客的顾问,有为顾客的购买活动当好参谋的义务。推销人员要具有高度的责任心和使命感,这样才能使推销工作获得成功。

**2. 求知欲强,知识广博**

广博的知识是推销人员做好推销工作的前提条件。高素质的推销员必须有较强的上进心和求知欲。一般来说,推销员应具备的知识有以下几个方面:

(1)企业知识。要熟悉企业的历史及现状,包括本企业的规模及在同行业中的地位、企业的经营特点、经营方针、服务项目、定价方法、交货方式、付款条件、企业发展方向等。

(2)产品知识。要熟悉产品的性能、用途、价格、使用知识、保养方法及竞争者的产品情况等。

(3)市场知识。要了解目标市场的供求状况及竞争者的有关情况,竞争者的能力、地位和它们的产品特点等,熟悉目标市场的环境,包括国家的有关政策、条例等。

(4)心理学知识。了解并适时、适地的运用心理学知识,来研究顾客心理变化,以便采取相应的方法和技巧。

(5)其他基础知识。由于推销人员面对的是形形色色不同类型的客户群,为了与客户有共同语言,适应各类客户群的共同话题,推销人员还必须具备天文、地理、旅游、时事新闻、文学等方面的一般基础知识。

#### 3. 文明礼貌，善于表达

在人员推销活动中，推销人员在推销产品的同时也是在推销自己。这就要求推销人员要注意推销礼仪，讲究文明礼貌、仪表端庄、热情待人、举止适度、谦恭有礼、谈吐文雅。给顾客留下良好的印象，为推销获得成功创造条件。

#### 4. 富于应变，技巧娴熟

市场环境因素多种多样，市场状况很不平稳。为实现促销目标，推销人员必须对各种变化反应灵敏，并有娴熟的推销技巧，能对变化万千的市场环境采用恰当的推销技巧。能恰当地选定推销对象，要善于说服顾客（对不同的顾客采取不同的技巧），要善于选择适当的洽谈时机，尽可能地解答顾客异议，掌握良好的成交机会。

#### 5. 自信健康，吃苦耐劳

自信，对于推销人员的成功来说是极其重要和关键的。推销人员的自信心来自于三个方面：对自己的信心、对企业的信心、对产品及品牌的信心。同时，推销的工作充满酸甜苦涩，只有拥有健康的体魄和吃苦耐劳的精神才能胜任。

### （二）推销人员激励与考核

为了加强对推销人员的管理，企业必须对推销人员的工作业绩进行科学合理的考核与评价。推销人员的业绩考评结果，既可以作为分配报酬的依据，又可以作为企业人事决策的重要参考指标。

#### 1. 推销人员的激励

用于激励推销人员的方法可分为物质激励和精神激励两类。企业对于推销人员的激励，应当将物质激励和精神激励有机结合起来。

企业对推销人员的激励，通常是通过推销系列指标和竞赛等激励工具来进行的。推销系列指标主要包括：产品销量（额）、一年内访问顾客的次数、每月访问新顾客的次数、订货单平均比重的增加额等。

#### 2. 推销人员的业绩评估

对推销人员业绩的科学评估，一是需要阅读和分析有关情报资料；二是需要建立有效的评估标准；三是实施正式考评。具体如下：

（1）考核资料的收集。收集推销人员的资料是考评推销人员业绩的基础工作。全面、准确地收集考评所需资料是做好考评工作的客观要求。考评资料主要从推销人员销售工作报告、企业销售记录、顾客及社会公众的评价以及企业内部员工的意见等四个来源途径获得。

（2）考评标准的建立。考评销售人员的绩效，标准要科学合理。制定公平、客观而富有激励作用的绩效考评标准，需要企业管理人员根据过去的经验，结合推销人员的个人行为来综合制定，并在实践中不断加以修整与完善。常用的推销人员绩效考核指标主要有：销售量、毛利、访问率（每天的访问次数）、访问成功率、平均订单数目、销售费用及费用率、增加新客户数目等。

(3)实施正式考核。正式考核有两种方法:一种是将各个推销人员的绩效进行比较和排队;另一种方式是把推销人员目前的绩效同过去的绩效相比较。

**知识链接**

### 安徽卫视:培训为每一次"变脸"做准备

在全国电视台中,安徽卫视的客户服务满意度相当优秀。如今,优秀的服务已经成为它留在客户心目中最为深刻的印象,而安徽卫视优秀的服务源自于多年重视培训的积累。

安徽卫视的培训思路与众不同,除了对自身员工进行各种各样的培训外,他们还把培训的对象扩展到业务变化的相关者。为此,安徽卫视成立了大客户服务中心。

对员工的培训,主要针对于服务细节的培训,比如通过户外拓展训练的开展使得员工的服务行动一致,通过规范的文件训练和流程训练,你可以看到与众不同的一面:比如活动邀请信里对于提醒客户在参加活动时必须注意的细节,他们会用特别的图形加上一句"温馨的提示语",让客户感觉到由衷的舒服。而在每一次开展活动前,每位客户都可以收到短信,提醒活动地的天气以及活动路线和地点,更是让你有一种受尊重的感觉。

安徽卫视的大客户服务部,每年会通过深入发现广告主在市场发展过程中存在的一些共性问题,请专家为这些客户做培训课程,使得这些客户统一认识,和安徽卫视在市场拓展方面保持一致。

安徽卫视还抓住每年的自身变化和创新机会,举办客户沟通培训会。安徽卫视每一年的"变脸行动(改版)"都会邀请客户参加沟通培训,并且请专家在会上为客户讲解为什么自己要"变脸","变脸"是基于广告主所在的市场发生了什么样的变化,从而使广告主也感受到了市场在发生着什么样的变化。如今,安徽卫视已经连续5年举办了5届这样的客户沟通培训会。

(资料来源:《销售与市场》,2005年第7期。)

## 第三节 广告策略

### 一、广告的概念和特点

广告(Advertising)是广告主以促进销售为目的,付出一定的费用,通过特定的媒体传播产品、劳务或服务等有关经济信息的大众传播活动。它既是一种重要的促销手段,又是一种重要的文化现象。广告的目的是为了促进产品销售,实现企业的经济效益。确定广告目标、设计广告信息、选择广告媒体、制定广告预算和评估广告效果是企业的主要广告决策。

### 二、广告的功能

(一)广告对企业的功能

**1. 传播信息,沟通产销**

企业可以通过广告,将企业和产品的相关信息向消费者传播,使消费者及时方便地找到自己所需要购买的产品或服务的相关信息。

**2. 降低成本,促进销售**

从绝对成本的角度看,广告的成本是最高的。但如果从相对成本的角度看,因为广告的大众化程度高,广告的成本又是比较低的。

**3. 塑造企业形象,赢得市场**

广告不仅能传递产品信息,而且也能扩大企业影响范围。企业在广告宣传中有意识地突出企业的形象标识,就有可能通过大量的广告宣传树立起企业的整体形象。以巩固和发展市场,赢得更多的消费者。

(二)广告对消费者的功能

**1. 提供消费信息**

在现代社会,广告是消费者获取有关商品信息的最重要渠道,面对琳琅满目的商品,如果离开了广告,消费者将无所适从。

**2. 刺激需求**

广告的一个重要功能就是刺激消费者的购买欲望,促使消费者对商品产生购买冲动。

**3. 培养消费观念**

广告引导着消费潮流,促使消费者树立科学的消费观念。

### (三)广告对社会的功能

**1. 美化环境,丰富生活**

路牌广告、POP 广告、霓虹灯广告、优美的广告歌曲、绚丽的广告画、精彩的广告词等美化了城市环境。

**2. 影响意识形态,改变道德观念**

广告对社会的价值观念、文化传承都具有非常重要的影响。

## 三、广告的类型

根据不同的划分标准,广告有不同的类型。

### (一)根据广告的内容划分

**1. 产品广告**

产品广告是针对产品销售开展的大众传播活动。

**2. 企业广告**

企业广告着重宣传、介绍企业名称、企业文化、企业概况(包括生产能力、服务项目等)有关企业信息,其目的在于提高企业的声望、树立企业形象。

**3. 公益广告**

公益广告是用来宣传公益事业或公共道德的广告。对企业来说,公益广告能够实现企业自身目标与社会目标的融合,有助于树立并强化企业形象。

### (二)根据广告的目标划分

**1. 开拓性广告**

开拓性广告是一种介绍、说服型的广告,主要向消费者宣传新产品的质量、性能、花色、品种、用途、价格以及服务等情况,以加深消费者对产品的认识,促使消费者产生购买行为,使产品迅速占领市场。

**2. 劝导性广告**

劝导性广告是一种竞争性广告,其目的是促使消费者建立起特定的需求,对本企业的产品产生偏好,以稳定产品的销售。

**3. 提醒性广告**

提醒性广告是一种加强消费者对商品认识和理解的强化性广告。提醒性广告着重宣传产品的市场定位,使企业某一品牌产品在衰退期即将退出市场之前,仍能满足一部分老顾客的需求。

### (三)根据广告传播的区域划分

**1. 全国性广告**

全国性广告指采用信息传播范围能覆盖全国的媒体所做的广告。这种广告要求广告产品是适合全国通用的产品,因其费用较高,适合生产规模较大、服务范围较广的大企业。

**2. 地区性广告**

地区性广告指采用信息传播范围只能覆盖一定区域的媒体所做的广告,借以刺激某些特定地区消费者对产品的需求。此类广告传播范围较小,多适合于生产规模较小的企业和通用性较差的产品。

此外,还有其他一些分类标准。例如,按广告的形式划分,可分为文字广告和图画广告;按广告的媒介不同,可分为报纸广告、杂志广告、广播广告、电视广告、网络广告等等。

## 四、广告媒体的类型和特点

广告媒体也就是传递广告信息的载体。广告媒体可分为大众传播媒体和企业自办媒体两大类。大众传播媒体包括报纸、杂志、广播、电视、网络五种,是广告信息传递的主要工具,被称为"五大广告媒体"。企业自办媒体,是企业自己制作的广告媒体,主要有户外广告、交通流动广告、招贴广告、邮递广告、包装广告、车体广告等。

### (一)报纸

报纸的优点是:传播及时,传播范围广,覆盖率高,读者面宽而且稳定,便于剪贴存查,版面伸缩余地大。

其缺点是:时效短,注目率较低,广告时效短,重复性差,表现能力有限。

### (二)杂志

杂志的优点是:读者群稳定,针对性较强,一般有相当固定的读者群,时效较长,制作精美,具有欣赏性。

其缺点是:专注率较低,传播范围较小,适时性差,灵活性较差。

### (三)电视

电视广告的优点是:覆盖面广,收视率高,宣传手法灵活多样,艺术性强,能综合利用各种艺术形式,表现力丰富,形象生动,感染力强。

其缺点是:费用较高,时效较短,不易存查,制作复杂,因播放节目繁多,易分散对广告的注意力。

## （四）广播

广播媒体的优点是：迅速及时，听众广泛，收听率高，制作简便，费用较低廉。

其缺点是：时效短，传递的信息量有限，遗忘率高。

## （五）网络

网络广告的优点是：空间无限、即时互动、效果可衡量。网络广告在不久的将来会成为最重要的广告媒体。

其缺点是：受一定的客户群体的限制。

## 五、广告促销方案设计

企业在促销活动中要进行科学的广告决策。运用有效的广告策略，策划设计广告促销方案。广告促销方案的设计一般包括以下五个重要的步骤（简称"4M1R"）。

### （一）确定广告目标（Mission）

广告目标是指企业通过广告宣传要达到的目的。其实质是要在特定的时间对特定受众完成特定的信息沟通任务。对于某一企业来说，在不同时间、不同情况下可以确定不同的广告目标。企业可以根据不同的具体目标进行广告设计。企业做广告的最终目标是增加销售量和实现企业利润。

### （二）制定广告预算（Money）

为了实现企业的销售目标，企业必须花费必要的广告费用，广告费用的开支是一个关键问题。如果开支过少，达不到广告效果；反之，会造成浪费。广告预算总额确定以后，必须在不同广告媒体之间、广告管理的各个程序之间、不同目标市场和不同地区之间依据不同媒体的传播时间和传播次数进行合理分配，才能达到预期的效果。

### （三）确定广告信息（Message）

广告的效果并不主要取决于企业投入的广告经费，关键在于广告的主题和创意。只有广告内容迎合目标受众的需求，广告表现具有独特性，广告才能引人注意。广告的信息决策一般包括3个步骤：

1. 确定广告的主题

广告主题是广告所要表达的中心思想。广告主题应当显示产品的主要优点和用途以吸引消费者。对于同一类商品，可以从不同角度提炼不同的广告主题，以满足不同消费者的需要和同一消费者的不同需要。

2. 广告信息的评估与选择

一个好的广告总是集中于一个中心的促销主题，而不必涉及太多的产品信息。"农夫山泉有点甜",就以异常简洁的信息在受众中留下深刻的印象。如果广告信息过多、过杂,消费者往往不知所云。

### 3. 信息的表达

广告信息的效果不仅取决于"说什么",更在于"怎么说",也就是广告信息的表达。如统一润滑油的"多一份润滑,少一份摩擦";中国移动通信公司的"我的地盘听我的"等,既简明扼要,又朗朗上口,都取得了意想不到的效果。

**市场回放**

### 世界经典广告语

1. 雀巢咖啡：味道好极了

这是人们最熟悉的一句广告语,也是人们最喜欢的广告语。简单而又意味深远。

2. M&M巧克力：只溶在口,不溶在手

这是著名广告大师伯恩巴克的灵感之作,堪称"经典",流传至今。它既反映了M&M巧克力糖衣包装的独特USP,又暗示M&M巧克力口味好,以至于我们不愿意使巧克力在手上停留片刻。

3. 百事可乐：新一代的选择

在与可口可乐的竞争中,百事可乐终于找到突破口,它们从年轻人身上发现市场,把自己定位为新生代的可乐,邀请新生代喜欢的超级歌星作为自己的品牌代言人,终于赢得青年人的青睐。

4. 大众甲壳虫汽车：想想还是小的好

60年代的美国汽车市场是大型车的天下。伯恩巴克提出"think small"的主张拯救了大众的甲壳虫,运用广告的力量,改变了美国人的观念,使美国人认识到小型车的优点。

5. 耐克：just do it

耐克凭借"just do it"为主题的系列广告和篮球明星乔丹的明星效应,迅速成为体育用品的第一品牌。

(资料来源：中国创业联盟)

### (四)选择广告媒体(Media)

由于不同的广告媒体有不同的特点,因此,企业在选择广告媒体时需要考虑以下4个因素：

### 1. 产品特点

不同性质的产品,有不同的使用价值、适用范围和宣传要求。广告媒体只有适应产品的性质,才能取得较好的广告效果。生产资料和生活资料、高技术产品和一般生活用品、价值较低的产品和高档产品、耐用品和非耐用品等都应采用不同的广告媒体。

### 2. 媒体习惯

在选择媒体时要考虑广告信息传播目标受众的消费习惯。一般认为,能使广告信息传到目标市场的媒体是最有效的媒体。

### 3. 媒体的传播范围

媒体传播范围的大小直接影响广告信息传播区域的宽窄。适合全国各地使用的产品,应以全国性发放的报纸、杂志、广播、电视等作广告媒体;地方性销售的产品,可通过地方性报刊、电台、电视台、霓虹灯等传播信息。

### 4. 广告费用

各广告媒体的收费标准不同,即使同一种媒体,也因传播范围和影响力的大小而有价格差别。考虑媒体费用,不能只看广告的绝对费用,应该注意其相对费用,也就是广告促销效果。

总之,不同媒体的广告成本是不同的,企业应根据产品特点、目标受众的特点,结合各广告媒体的优、缺点,综合考虑各种影响因素,尽可能选择效果好、费用低的广告媒体。

## (五)广告效果的测定(Result)

广告的效果主要体现在三方面,也就是广告的传播效果、促销效果和社会效果。

### 1. 广告传播效果的测定

广告的传播效果是前提和基础,主要测定广告是否将信息有效地传递给目标受众。这种评估在传播前和传播后都应进行。

### 2. 广告促销效果的测定

广告的促销效果是广告效果的核心,主要是测定广告所引起的产品销售额及利润的变化状况。测定广告的促销效果,一般可以采用比较的方法。例如:比较广告后和广告前销售额的变化;或者其他条件基本相同的甲和乙两个地区,在甲地做广告而在乙地不做广告,然后比较两地销售额的差别,以此判断广告的促销效果等。

### 3. 广告社会效果的测定

企业的广告活动也不能忽视对社会的影响。广告社会效果的测定主要是评定广告的合法性以及广告对社会文化价值观念的影响。一般可以通过专家意见法和消费者评判法进行测定。

### 六、广告管理系统

**(一)广告管理的含义**

广告管理是指国家各级相关部门,依据《广告法》及其他有关的法律、法规,对从事广告活动的广告经营者和广告发布者的广告宣传和广告经营活动的管理过程。

**(二)广告管理的方法**

对于广告活动实施管理,主要有法律管理、行业自律、社会监督等方法。

**1. 广告法律管理**

广告的法律管理是指国家各级相关部门依据《广告法》及相关政策、法规,对广告活动的参与者进行监督、检查、控制和指导的过程。1994年10月第八届全国人大常委会通过了《中华人民共和国广告法》,这部法律是广告管理活动中最重要和最权威的文件,是进行广告活动必须遵守和执行的,是有关部门进行广告管理和进一步制定管理细则的依据。

**2. 广告行业自律管理**

广告行业自律管理简称"广告自律管理",就是指广告经营者和广告发布者自己制定广告业务活动的内部条例或行业团体机构共同制定广告公约,以此作为本企业或行业执行国家有关广告法规的具体行为规则,进行自我约束,承担责任,保证自己所发布的广告能奉公守法、真实可信。广告行业的自律管理是广告业健康发展的标志;是国家广告管理的重要补充;是保证广告业健康发展的重要手段。

**3. 广告的社会监督管理**

促进广告业健康发展的社会监督管理主要包括两个方面:消费者组织的监督管理和新闻舆论的监督管理。1983年5月我国第一个消费者协会在河北省新乐县宣告成立。1984年12月中国消费者协会成立,标志着我国消费者监督的开始,此后便进入了全面发展的时期。目前已经形成了一个全国性的消费者组织网络。

## 第四节 公共关系策略

### 一、公共关系的概念和特征

**(一)公共关系的概念**

公共关系(Public Relations)是指企业在一定理论指导下,运用各种传播手段,沟通内外部关系,塑造企业良好形象,为企业的生存和发展创造良好环境的经营管理活动。公共关系作为促销组合的一部分,应以公众利益为前提,以社会服务为方针,以交流宣传为手段,以谅解、信任和事业发展为目的。公共关系的主体可以是组织也可以是个人。当前公共关系发展的一个显著特点就是社会组织、工商业组织、非营利组织和政府已构成了当代公共关系的四大主体。

(二)公共关系的特征

**1. 信息沟通的双向性**

公共关系是企业与其相关的社会公众之间的一种信息交流活动。企业从事公关活动,能沟通企业上下、内外的信息,建立相互间的理解、信任与支持,协调和改善企业的社会关系环境。同时也要把公众的信息向企业进行传播,使企业和公众在信息的双向传播中形成和谐的关系。

**2. 促销作用的间接性**

与其他促销方式不同,公共关系具有促销间接性的特点。其直接目的不是推销某种具体的产品或服务,而是要树立企业的整体形象,提高企业的社会声誉。公共关系旨在提高企业的信誉度,以取得社会公众的了解和信赖。

**3. 服务社会的长效性**

公共关系是一种长期活动。它着手于平时努力,着眼于长远打算。公共关系的效果不是急功近利的短期行为所能达到的,需要连续的、有计划的努力,追求长期的、稳定的战略性关系。

**二、公共关系的作用**

公共关系对企业的作用主要表现在如下几个方面:

(一)有助于树立良好的企业形象

良好的企业形象对企业的生存和发展具有重要意义。开展公共关系有助于树立良好的企业形象。如通过新颖别致的对外宣传和广泛的交往可以联络公众的感情,通过支持赞助公益事业可以体现企业的社会责任感等。

(二)有助于增进企业之间的交往与合作

企业的生存与发展,需要与其他企业进行交流与合作。开展公共关系活动,可以增进企业之间的相互了解,使企业之间在相互信任、相互支持的基础上携手合作,共同发展。

(三)有助于提高企业的经济效益

企业通过有计划的、长期的公共关系活动,增进企业和外部公众的了解和沟通,使企业在社会上享有较高的声誉,从而有效促进产品的销售,提高经济效益。

(四)有助于处理企业的危机事件

企业环境监测是公共关系部门的重要职能之一。环境监测工作的一个重要任务,就是通过合理的工作机制进行危机预警管理。此外,当企业遇到风险或危机事件并足以使企业形象受损时,公关人员应及时应变,妥善处理危机事件,尽可能地将企业损失降到最低。

### 三、公共关系的实施

公共关系活动的开展需要经过以下五个步骤:

(一)确定公关目标

进行公共关系活动首先要有明确的目标。目标的确定是公共关系活动取得良好效果的前提条件。企业的公关目标因企业面临的环境和任务的不同而有异。如在新产品、新技术开发过程中,要让公众有足够的了解;开辟新市场之前,要在新市场所在地的公众中宣传企业的声誉;转产其他产品时,要树立企业新形象,使之与新产品相适应;参加社会公益活动,增加公众对企业的了解和好感;企业的产品或服务在社会上造成不良影响时,要进行公共关系活动以挽回影响等等。

(二)确定公关对象

公关对象的选择就是公众的选择。公关的对象决定于公关目标,不同的公关目标决定了公关传播对象的侧重点不同。选择公关对象时要注意两点:一是侧重点是相对的。企业在针对某类对象进行公关活动时不能忽视了与其他公众沟通;二是在某些时候(如企业出现重大危机等),企业必须加强与各类公关对象的沟通,以赢得各方面的理解和支持。

(三)选择公关方式

在不同的公关目标下,企业必须选择不同的公关方式,以便有效地实现公共关系发展目标。一般来说,供企业选择的公关方式主要有战略性公关方式和策略性公关方式两类:

**1. 战略性公关方式**

战略性公关方式主要针对企业面临不同环境和任务,从整体上塑造和影响企业形象。它包括:

(1)建设性公关。主要适用于企业初创时期或新产品、新服务首次推出之时,主要功能是扩大知名度,树立良好的第一印象。

(2)维系性公关。适用于企业稳定发展之际，用以巩固良好企业形象的公关方式。

(3)矫正性公关。企业遇到风险时采用的一种公关方式，适用于企业公共关系严重失调，从而企业形象严重受损的时候。

**2. 策略性公关方式**

主要是发展公共关系的策略技巧，它包括：

(1)宣传性公关。运用大众传播媒介和内部沟通方式开展宣传工作，树立良好企业形象的公共关系方式，分为内部宣传和外部宣传。

(2)交际性公关。通过人际交往开展公共关系的方式，目的是通过人与人的直接接触，进行感情上的联络。其方式是开展团体交际和个人交往。

(3)服务性公关。以提供优质服务为主要手段的公共关系活动方式，目的是以实际行动获得社会公众的了解和好评。

(4)社会性公关。通过举办各种社会性、公益性、赞助性活动开展公关，带有战略性特点，着眼于整体形象和长远利益。

### (四)实施公关方案

实施公共关系方案的过程，就是把公关方案确定的内容变为现实的过程，是企业利用各种方式与各类公众进行沟通的过程。实施公关方案是企业公关活动的关键环节。需要做好以下工作：

**1. 做好实施前的准备**

公共关系活动实施之前做好充分的准备，这是保证公共关系活动实施成功的关键。公关准备工作主要包括公关实施人员的培训、公关实施的资源配备等。

**2. 消除沟通障碍，提高沟通的有效性**

公关传播中存在着各种障碍，如语言、风俗习惯、观念和信仰的差异等多方面形成的沟通障碍和突发事件的干扰等影响因素。消除不良影响因素，是提高沟通效果的重要条件。

**3. 加强公关实施的控制**

公关实施中的控制主要包括对人力、物力、财力、时机、进程、质量、阶段性目标以及突发事件等方面的控制。

### (五)评估公关效果

公共关系评估就是根据特定的标准，对公共关系计划、实施及效果进行衡量、检查、评估。公共关系评估并不是在公关实施后才评估公关效果，而是贯穿于整个公关活动之中。公共关系评估的内容包括：

**1. 公共关系程序的评估**

公共关系程序的评估是对公共关系的调研过程、公关计划的制定过程和公关实施过程的合理性和效益作出客观的评价。

**2. 专项公共关系活动的评估**

专项公共关系活动的评估主要包括对企业日常公共关系活动效果、企业单项公共关系活动（如联谊活动、庆典活动等）效果、企业年度公共关系活动效果等方面的评估。

**3. 公共关系状态的评估**

企业的公共关系状态包括舆论状态和关系状态两个方面。企业需要从内部和外部两个角度对自身的舆论状态和关系状态进行评估。

## 第五节 销售促进与直复营销

### 一、销售促进

（一）销售促进的概念

销售促进（Promotion Selling）又称"营业推广"，是指企业运用各种短期诱因鼓励消费者或中间商购买、经销（或代理）企业产品或服务的促销活动。美国市场营销协会认为，销售促进是指"除了人员推销、广告、宣传以外的，刺激消费者购买和经销商销售的各种市场营销活动。如陈列、演出、展览会、示范表演以及其他推销努力"。在美国零售业界，销售促进被理解为零售企业"刺激顾客的一切方法，包括人员推销、广告等"。因此，它被视为促销的同义语。

（二）销售促进的方式

一般来讲，销售促进的方式可以分为对消费者的销售促进、对中间商的销售促进以及对推销人员的销售促进。

**1. 针对消费者的销售促进**

（1）赠送样品。在企业推出新产品时，向消费者赠送免费样品或试用样品，可以吸引消费者率先使用该产品。这些样品可以上门赠送，可以在商店里散发，也可以在其他商品中附送。

（2）有奖销售。企业在销售产品时，对在一定时间内购买数量达到一定标准的消费者给予一定的奖券或商品加以奖励，从而增加销售量。

（3）现场示范。在销售现场把产品的性能、特点及使用方法表演给消费者观看，增加消费者对产品的了解，刺激其购买欲望。

（4）特价包。企业向消费者提供低于正常价格的商品的一种销售方法。特价包形式常用于食品和日用品销售，对刺激短期销售增长十分有效。

(5)组织展销。企业将一些能显示企业优势和特征的产品集中陈列,边展边销。

### 2. 针对中间商的销售促进

(1)价格折扣。企业可以对中间商按购买产品的一定数量给予一定的折扣。

(2)推广津贴。企业为促使中间商购买本企业产品,并帮助企业推销产品,可支付给中间商一定的推广津贴,以鼓励和酬谢中间商在推销本企业产品方面所作的努力。

(3)业务会议。每年在销售旺季来临之前,企业举行由多方参加的购销业务会议,在短期内集中订货、补货,促成大批量交易。

### 3. 针对推销员的销售促进

(1)销售红利。事先规定推销员的销售指标,对超额完成销售指标的推销员按照超额指标的多少提取一定比例的红利,以此激励其努力推销产品。

(2)销售竞赛。在推销员中开展销售竞赛,对销售业绩领先的推销员给予奖励,以此调动其销售积极性。

(3)推销回扣。从销售额中提取一定比例作为推销员推销产品的奖励或酬劳,通过回扣方式把销售额与推销报酬结合起来,有利于激励推销员积极工作。

## (三)销售促进策略的实施程序

### 1. 确定销售促进目标

企业在进行销售促进活动之前,必须确定明确的目标。目标因不同的促销对象而不同。对消费者的销售促进是为了鼓励其产生购买欲望,提高重复购买率,促进产品销售,扩大市场占有率;对中间商的销售促进是为了鼓励中间商大量进货,加快货款回笼率;对推销员的销售促进则是为了鼓励推销人员努力开拓市场,增加销售量。

### 2. 制定销售促进方案

在确定了销售促进目标后,接下来就要制定具体的销售促进方案。在制定具体方案时一般要做出如下6个方面的决策:

(1)确定销售促进的规模。企业制定销售促进方案时应首先决定激励的规模,进行成本——效益分析。

(2)选择销售促进的对象。企业在确定激励对象时,应决定激励哪些现实的或潜在的长期顾客。

(3)选择销售促进方式。为了实现销售促进目标,企业可以在多种销售促进方式中进行选择。各种销售促进方式有其不同的特点与适用范围。企业应根据市场类型、销售促进目标、竞争情况以及各种销售促进方式的成本及效果等因素,作出适当的选择。

(4)确定活动期限。企业在实施销售促进活动时必须规定其持续时间的长短。时间过长或过短,都不利于销售目标的实现。

(5)选择销售促进时机。企业应综合考虑产品生命周期、顾客购买心理、收入状况、市场竞争状况等因素选择时机。

(6)进行销售促进总预算。销售促进活动往往需要较大的支出,所以事先必须筹划预算。

### 3. 测试销售促进方案

为了保证销售促进的效果,企业在正式实施推广方案之前,必须对推广方案进行测试。测试的内容主要是促销对消费者的效果、所选用的销售促进的方式是否恰当、顾客反应是否强烈等。

### 4. 销售促进的实施和控制

销售促进是一种促销效果比较显著的促销方式,但倘若使用不当,不仅达不到促销的目的,反而会影响产品销售,甚至损害企业的形象。因此,企业在实施销售促进方案时,必须对其加以控制。

### 5. 销售促进效果评估

销售促进活动结束后,应立即进行销售促进效果评估,总结经验与教训,为今后的销售促进决策提供依据。常用的评估方法有两种:其一,阶段比较法。也就是把活动前、中、后期的销售情况进行比较,从中分析销售促进产生的效果;其二,事后跟踪调查法。也就是在活动结束后,对顾客进行调查,了解有多少顾客能记住此次活动,其看法如何,多少顾客从中受益以及此次活动对顾客今后购买的影响程度等。

## 二、直复营销

### (一)直复营销的概念

直复营销(Direct Marketing)也就是"直接回应的营销"。直复营销是以赢利为目的,通过个性化与大众沟通媒介向目标市场成员传播信息,以寻求对方直接回应(问询或订购)的活动过程。

直复营销是一种新型的市场营销观念。它坚持以消费者需求为导向,强调比竞争者更有效的方式传递目标市场所期待的产品与服务。直复营销具有如下特性:

### 1. 互动性

直复营销活动是互动性的,营销者和顾客之间可以进行双向的沟通,营销者通过某些或特定的媒介向潜在顾客传递产品或者服务信息,顾客通过邮件、电话、在线等方式对企业进行回应。

### 2. 可衡量性

直复营销的效果更易于衡量。目标市场成员对企业直复营销活动项目的回应与否,都与每一个目录邮件、每次广播或每个直邮直接相关。效果是立竿见影的。

### 3. 空间上广泛性

直复营销活动可以发生在任何地点。只要是直复营销者所选择的沟通媒介可以到达的地方都可以展开直复营销。

## (二)直复营销区别于其他促销方式的主要特点

**1. 目标顾客选择精确**

直复营销的人员可以从顾客名单和数据库中的有关信息中挑选出有可能成为目标顾客的人,然后与单个目标顾客或特定的商业用户进行直接的信息交流。从而使目标顾客更准确,沟通更有针对性。

**2. 注重与顾客的关系**

直复营销活动中,直复营销人员可根据每一个顾客的不同需求和消费习惯进行有针对性的营销活动。这将形成与顾客之间一对一的双向沟通,将与顾客形成并保持良好的关系。

**3. 激励顾客敏捷反应**

通过激励潜在顾客立即采取某种行动,并为潜在顾客立即反应提供了尽可能多的方便,使人性化的直接沟通即刻实现。

**4. 营销战略隐蔽**

直复营销战略不是大张旗鼓地进行的,因此不易被竞争对手察觉,即使竞争对手察觉到自己的营销战略也为时已晚,因为直复营销广告和销售是可以同时进行的。

**5. 关注顾客长期价值**

直复营销将企业的顾客(包括最终客户、分销商和合作伙伴)作为最重要的企业资源,通过完善的客户服务和深入的客户分析来满足顾客的需求,关注和帮助顾客实现最终价值。

## (三)直复营销的主要类型

典型的直复营销类型包括:直接邮购营销、目录营销、电话营销、电视营销、网络营销等。

**1. 直接邮购营销**

直接邮购营销是指经营者自身或委托广告公司制作宣传信函,分发给目标顾客,引起顾客对产品的兴趣,再通过信函或其他媒体进行订货和发货,最终完成销售行为的营销过程。这是最古老的直复营销形式,也是当今应用最广泛的形式。

**2. 目录营销**

目录营销是指经营者编制商品目录,并通过一定的途径分发到顾客手中,由此接受订货并发货的销售行为。目录营销的优点:内容含量大,信息丰富完整;图文并茂,易于吸引顾客;便于顾客作为资料长期保存,反复使用。目录营销的缺点:设计与制作的成本费用高昂;只能具有平面效果,视觉刺激较为平淡。

**3. 电话营销**

电话营销是指营销者通过电话向顾客提供商品与服务信息,顾客再借助电话提出交易要求的营销行为。其优点是:能与顾客直接沟通,可及时收集反馈意见;可随时掌握顾客态度。其缺点是:在电话普及率低的地区难以开展;因干扰顾客的工作和休息所导致的负效应较大等。

**4. 电视营销**

电视营销是指营销者购买一定时段的电视时间,播放某些产品的录像,介绍功能,告示价格,从而使顾客产生购买意向并最终达成交易的行为。其优点是:商品由静态转为动态,直观效果强烈;通过商品演示,使顾客注意力集中;接受信息的人数相对较多。其缺点是:制作成本高,播放费用昂贵。

**5. 网络营销**

网络营销是指企业借助网络、通信和数字交互式媒体而进行的营销活动。它主要是随着信息技术、通讯技术、电子交易与支付手段的发展而产生的。网络营销是直复营销的各种方式中出现最晚的一种,但也是发展最为迅猛、生命力最强的一种。

(四)直复营销模式的实施步骤

第一步:建立直复营销系统

建立客户关系管理系统(CRM),搭建一个先进的平台。

第二步:获取数据

获取数据可以采取的方法有以下几种:

一是直返式广告。

二是购买别人现成的、符合目标人群的数据。

三是和相关企业单位合作获取数据。

第三步:建立一对一的沟通关系

通过呼叫中心和客户直接沟通,形成购买意愿。

第四步:促成购买行为

通过和消费者的良好沟通,促成购买行为。

第五步:信息反馈

通过呼叫中心和已购买产品的客户进行沟通,跟踪服务,了解产品使用情况,进行信息反馈,形成再次购买。

## 本章小结

本章概括了促销及促销组合策略,人员推销、广告、公共关系、销售促进和直复营销等促销方式的选择决定于促销目标、市场的特点、产品的性质等因素。

促销(Promotion Selling)是企业通过人员和非人员的方式把产品和服务的有关信息传递给顾客,以激起顾客的购买欲望,影响和促成顾客购买行为的全部活动。促销的实质是信息的传播和沟通。人员推销、广告、公关关系、销售促进和直复营销是促销的基本方式。确定目标受众、确定沟通目标、设计促销方案、选择信息沟通渠道、制定促销预算和确定促销组合是促销的基本步骤。

随着媒体细分化和信息技术的发展所出现的直复营销、整合营销传播,以消费者为核心,以各种传播媒介的整合运用为手段,以"一种声音"为内在支持点,以建立消费者和品牌之间的关系为目的,体现了促销的新趋势。

总之,促销是企业与消费者购买意愿的直接碰撞,是激发消费者购买决策的决定因素,它既是市场攻坚的矛,也是市场防御的盾,是企业实施和转变销售策略的必经之路。企业通过一系列的促销活动,把产品推向消费者,短期内迅速增加消费者的购买量和购买频率,增加新的消费群体,并巩固现有顾客的忠诚度,从而有效控制竞争对手,实现预期目标。

## 本章习题

1. 什么是促销?促销有哪些作用?
2. 什么是广告?简述广告设计的步骤。
3. 人员推销有哪些优、缺点?
4. 如何甄选和培训推销人员?
5. 推销人员应具备哪些素质?
6. 如何控制销售促进活动?
7. 什么是公共关系?它有哪些基本特征?

## 案例研讨

### 蓓英服装店的促销策略

蓓英服装店是上海一家特约经销牛仔裤的个体和集体联营的百货服装店,它靠近繁华的商业街淮海路。前些年,由于社会上服装业呈现日渐萧条的趋势,店主便提出了别出心裁的一招:特别做了一条近两米长的牛仔裤挂在店堂,上面贴着一张纸条——"合适者赠送留念"。这一招引来了不少高个子和大块头,尽管许多人跃跃欲试,但裤子实在太大,他们只能望裤兴叹了。可是小店的名气大增,并引起了上海新闻界的注意,《上海经济透视》、《新民晚报》、《解放日报》纷纷对此做了报道。一时间,"蓓英"这家毫不起眼的小店几乎家喻户晓。这家服装店并不就此罢休,他们继续寻找着大号牛仔裤的"合适者"。不久,第一个幸运者出现了:上海郊区的一位退休工人陆阿照穿走了第一条超大号牛仔裤。于是《解放日报》以"腰围1.3米的牛仔裤被穿走了"为标题,进行了再次报道。国家女篮的巨人郑海霞也赶来做了尝试,但因裤子的腰围太大而未能如愿。商店为此特意在广州重新为郑海霞定做了一条,赶到北京送给她。于是"蓓英"的名气从上海传到了北京。穆铁柱是慕名前来的第三位幸运者。"穆铁柱穿上了牛仔裤"的消息不胫而走,各类大小报纸纷纷报道,上海电视台、中央电视台也相继播放了这条新闻。蓓英服装店没出一分钱广告费,赠送的牛仔裤价值也不过几百元,却轻而易举地闻名全国,营业额翻了几番,小小服装店取得了如此成就,完全依靠着公共关系的巨大作用力。从中可见,企业应当有公关意识,应具备丰富的想象力和创造力,有意识地策划能充分引起新闻媒介注意和重视的新闻。蓓英服装店注意到了新闻的新奇性、大众性、显著性和趣味性。众多"巨人"慕名而来试穿大号牛仔裤本身就具有新奇性,而像穆铁柱、郑海霞这些世界著名运动员的光临更具有强烈的新闻效果。这样看来,只要不断增强公关意识,自觉地以此指导企业实践,并及时去总结、掌握好公关这门科学和艺术,就能抓住时机,利用机遇,取得意想不到的成功。

(资料来源:百度文库)

**案例思考题:**

1. 蓓英服装店经营成功的秘诀是什么?
2. 蓓英服装店在其特大号牛仔裤无人合身的情况下,为什么还要继续寻找"合适者"?
3. 企业应如何处理好同新闻媒介的关系?

## 应用训练

1. 实训目标

(1)明确促销策略对企业发展的作用。

(2)理解在现代营销理念下,企业进行促销活动的程序和技巧。

2. 实训资料

李刚从朋友那里了解到一家公司准备新增几台电脑,就通过朋友来认识这家公司负责采购的张经理,希望能够达成这几台电脑的销售意向。在朋友的牵线下,李刚终于有机会登门拜访。

李刚:我是××公司的小李,王哥告诉我说你们需要购买计算机,我们是很好的朋友,同时我们公司也正好是××电脑的代理商。

张经理:哦,小王和我是老朋友了,那既然是他介绍的,没说的。是这样的,我们公司新增加了几个员工,因此,需要新购买几台计算机用于办公。我已经报上去了,基本上已经批下来了,你们的机器价格有些高,我的经费不够啊。

李刚:哦,是这样啊,您对市场还真的很了解啊,对这个牌子我也就不用多说了,不知道你们办公到底需要怎样用电脑?我这里倒是有一些型号在你的预算之内,这些产品做日常办公是没有问题的,如果要做图形设计之类或者多媒体制作,可能要差些。

张经理：主要是文字处理、财务处理这样的工作，所以对电脑的要求并不是很高，要不你来参观一下。

（简单地参观之后，李刚发现，这家公司有几台电脑，但却没有联网，打印文件都用软盘存储后再连接到有打印机的电脑上打印。）

李刚：看来你们对电脑的依赖还是很重的啊。

张经理：是啊，现在客户都要我们给他们发电子邮件，合同之类的文件也都需要正式的印刷体文件，为了效果好，我们专门买了激光打印机，确实不错，现代科技确实不得了啊。

李刚：我有一个建议，或许能帮你，软盘经常用会坏也经常丢，属于消耗品，如果你把这些电脑连接起来，就不用再买软盘了，可以节省好多费用呢。

张经理：怎么做？复杂吗？

李刚：其实很简单，每台机器买一个局域网卡、一个集线器，大家就可以共享打印机了，随时都可以在自己的电脑上打印文件。

张经理：哦，你给我详细说说……

最后，李刚不但销售了几台电脑，同时还搭配了一些诸如杀毒软件、集线器、Modem之类的产品，远远超过了客户原有的预算，并且获得了客户极高的满意度。

3. 实训内容及要求

选出两个同学分别扮演李刚和张经理，可以不拘于对话中的内容。要求设置相应的情景，其余同学认真观摩两个同学的表演，然后对人员推销成败进行评论，再分析原因。

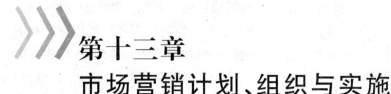

# 第十三章
# 市场营销计划、组织与实施

## 学习目标

▶ 了解市场营销组织的主要类型
▶ 明确市场营销组织设置的原则
▶ 明确市场营销计划的构成及撰写
▶ 了解市场营销计划的具体实施及其产生的问题
▶ 知晓市场营销控制的主要方法
▶ 了解从哪些方面进行市场营销审计

## 案例导引

### 国美的促销管理

国美电器集团作为中国最大的家电零售连锁企业,始终坚持"薄利多销、服务当先"的经营理念,依靠准确的市场定位和不断创新的经营策略,本着"商者无域、相融共生"的企业发展理念,与全球知名家电制造企业保持紧密、友好、互助的战略合作伙伴关系。国美电器集团始终站在中国家电业发展的最前沿,全面引领家电消费潮流,向消费者展示未来家电的发展趋势。如今"规模、经营、管理、商品、服务、价格、环境、物流"等已成为国美电器集团的核心竞争力,为消费者提供个性化、多样化的服务,国美品牌得到了中国广大消费者的青睐。国美现已成为中国家电连锁第一品牌。未来,国美电器集团将通过实施精细化管理,加速企业发展,力争成为全球顶尖的电器及消费电子产品连锁零售企业。

(资料来源:《销售与市场》,2009年第5期。)

在现代市场营销环境下,企业要想在市场上取得成功就必须制定并实施战略计划,加强市场营销管理,提高企业的环境适应能力,对外部不可控的宏观环境进行观察和了解,对内部可控的微观环境进行不断的调整。制定与环境相适应的营销计划、构建营销组织,加强营销计划执行中各个环节的控制,通过对营销过程和营销结果的分析、审计和评估,发现营销中存在的问题,便于企业进行整改,制定新的营销战略。

# 第一节　市场营销计划

## 一、市场营销计划的概念

企业要在激烈的市场竞争中求得生存和发展,必须不断地为实现目标而采取相应的策略。市场营销计划(Marketing Plan)是指在对企业目前营销环境进行深入调查研究和对市场需求进行科学预测的基础上,结合自身的条件和实力制定关于一定时期内企业营销活动的任务、目标及实现目标的策略、方法和步骤。市场营销计划是企业战略计划在营销领域里的具体化。因此,正确制定和实施市场营销计划,是实现企业总体任务和目标的重要保证。

## 二、市场营销计划的地位和作用

### (一)市场营销计划的地位

其一,市场营销计划是营销管理的首要职能和中心内容。市场营销管理是营销管理人员所从事的一种有目的、有意识的社会实践活动,在从事市场营销管理活动以前,必须要明确市场营销活动的目标及实现目标的方式,这正是市场营销计划要解决的问题。没有市场营销计划,市场营销管理就是一种盲目的活动。因此,市场营销计划是市场营销管理的首要职能,也是市场营销管理的中心内容。

其二,市场营销计划是市场营销管理的起点和基础。这是因为市场营销管理是以市场营销计划为依据的,在确定采用什么样的组织结构、选用什么样的人员、如何对市场营销人员加以引导和激励、采取什么样的控制手段以前,首先要考虑市场营销计划所确定的市场营销目标是什么。因此,市场营销计划是市场营销管理的起点和基础。

### (二)市场营销计划的作用

**1. 协调实现预期目标的各项活动**

市场营销计划规定了预期的营销目标和需要解决的主要问题。通过制定市场营销计划,可以使企业明确前进的方向,从而减少盲目性,提高预见性,增强应变能力,使企业各部门之间协调一致,促使市场营销目标的实现。

### 2. 增强开发市场的能力

市场营销计划是在市场调研、分析和预测的基础上制定的,可使企业明确市场营销环境的影响,识别不利的市场趋势和有利的营销机会,提高市场开发的能力。

### 3. 提高企业的营销管理能力

市场营销计划是市场营销组织实施、控制、监督的依据。使市场营销管理者能有效地控制、监督、评价各种营销活动的过程,保证企业市场营销任务和目标的实现。

### 4. 使企业合理利用资源

由于市场营销计划是有明确目标的,可以使企业预测各种资源的需要情况,并进行合理的分配,从而使营销费用降低到最低限度,提高营销活动的效率。

## 三、市场营销计划的类型及特点

### (一)市场营销计划的类型

按照不同的标准,市场营销计划可以分为不同的类型。

#### 1. 按计划时期的长短

按计划时期的长短划分可分为长期计划、中期计划和短期计划三大类。

(1)长期计划。这种计划一般是5年以上的计划,长期计划是企业对未来较长时期内的营销活动进行战略部署和安排的计划,它是企业编制中期计划的依据。

(2)中期计划。介于长期计划和短期计划之间,期限通常为3~5年。它根据长期计划的任务要求,确定分年度的实施步骤及具体目标。

(3)短期计划。它以年度计划为主,期限通常为1年。短期计划是企业营销的具体行动计划,其主要内容是分析当前的营销形势、机会和威胁、年度的营销目标、营销策略、行动方案和预算等,也就是把中、长期计划规定的任务详细进行分解,予以落实。

#### 2. 按计划涉及的范围划分

按计划涉及的范围,可分为总体营销计划和专项营销计划。

(1)总体营销计划。这种计划是关于企业营销活动的全面、综合性计划,它反映企业的总体营销目标,以及实现总体目标所必须采取的策略和主要的行动方案,是制定各种专项营销计划的依据。

(2)专项营销计划。这种计划是为解决某一具体问题或销售某一产品而制定的计划,如市场调研和预测计划、产品计划、渠道计划、定价计划、促销计划、储运计划等等。专项计划在制定时,要注意与总体营销计划相衔接。

#### 3. 按计划的性质划分

按计划的性质,可分为战略计划、策略计划和作业计划。

(1)战略计划。是有关企业市场营销活动全局和长远的谋划,其期限一般较长、影响面较广,是企业其他各种市场营销计划的总纲。

(2)策略计划。是就企业营销活动某一方面所作的谋划,带有局部性和战术性的性质。

(3)作业计划。是企业各项市场营销活动的执行性计划,非常细致和具体。如某一次具体的促销活动计划,对活动的内容、时间、地点、方式、参加人员等做出详细的规定和说明。

#### 4. 按计划的作用划分

按计划的作用,可分为进入计划、撤退计划和应急计划。

(1)进入计划。是企业准备开拓一个新的市场营销项目的计划。

(2)撤退计划。是企业根据市场营销环境的变化,准备从原来营销项目中撤出的计划。

(3)应急计划。是企业针对市场可能发生的重大变化而适时地作出应急反应的计划。

### (二)市场营销计划的特点

#### 1. 整体性

企业是一个由生产、营销、财务、人事等众多部门构成的,且各部门之间相互联系、相互影响的组织机构。因此,企业在制定营销计划时必须统筹营销活动的各个方面,整体安排,使营销计划与其他各部门的计划协调一致。

#### 2. 可行性

营销计划所规定的任务、目标,以及做出的各项决策必须是可行的。

#### 3. 经济性

企业制定的营销计划必须遵循经济效益原则。

#### 4. 灵活性

营销计划是关于未来营销活动的行动方案,而未来充满着众多事先难以预料的不确定因素,因此,在编制营销计划时一定要考虑灵活性。

#### 5. 连续性

营销计划要前后衔接、成组配套。为此,中期计划的制定必须以长期计划为指导,与长期计划相衔接,短期计划的制定必须以中、长期计划为指导,与中、长期计划相衔接。

### 四、市场营销计划的内容

市场营销计划一般由以下九个部分构成(如表13-1所示),企业的市场营销计划通过制定并经审核批准后,就成为企业营销部门一定时期内的行动纲领和各项营销活动的主要依据。

表 13-1 市场营销计划的内容

| 组成部分 | 内容 |
|---|---|
| 内容提要 | 简述市场营销计划的目标及建议 |
| 当前营销状况 | 描述与市场、产品、竞争、分销以及现实环境有关的背景资料 |
| 机会与威胁 | 概述主要的机会和威胁、优势和劣势,以及产品面临的问题 |
| 市场预测 | 市场需求预测、市场供给预测、商品价格预测、竞争形势预测 |
| 营销目标 | 确定总目标、财务目标、市场目标等 |
| 营销策略 | 描述为实现计划目标而采用的主要营销方法 |
| 行动方案 | 说明每个营销环节做什么?谁来做?什么时候做? |
| 营销预算 | 描述计划所预期的财务收益情况 |
| 营销控制 | 说明如何对计划进行监控 |

## 第二节 市场营销组织

### 一、市场营销组织的概念

企业的市场营销计划和其他营销活动必须通过相应的、高效率的市场营销组织或机构来执行与实施。所谓"市场营销组织(Marketing Organization)",就是企业内部涉及营销活动的各个职位及其结构。营销组织的设计,要根据市场营销计划所确定的目标与要求,将营销工作进行分工,确定企业不同营销部门和营销人员的职责与权限,设立相应的协调机构,以求高效率实现企业的营销目标。理解这一概念必须注意以下两个问题:

(一)市场营销活动跨越组织岗位

并非所有的市场营销活动都发生在同一岗位。在拥有很多产品大类的大公司中,每个产品经理下面都有一支销售队伍,而运输则由一位生产经理集中管辖。不仅如此,有些活动还发生在不同的国家或地区,但它们都属于市场营销组织,因为它们从事的都是市场营销活动。

(二)市场营销组织范围难以明确

不同企业对其经营管理活动的划分也是不同的。例如,信贷对某个企业来说是市场营销活动,对另一个企业来说可能是会计活动。同时,即使企业在组织结构中正式设有市场营销部门,企业的所有市场营销活动也并不全部由该部门来完成。因此,市场营销组织范围是难以明确界定的。

有时市场营销组织也被理解为各个市场营销职位中人的集合,由于企业中的各项活动总是由人来承担,所以,对企业而言,人的管理比组织结构设计更重要。有的组织看起来完美无缺,运作起来却不尽如人意,这主要是因为有人的因素介入。所以,判断市场营销组织的好坏同时要兼顾人的素质,而不仅是组织结构的设计。这就要求营销经理既能有效地制定市场营销计划和战略,又能使下级正确地贯彻执行这些计划和战略。

## 二、市场营销组织的演变

企业的市场营销组织机构是随着外部和内部的情况变化而改变的,是随着市场形势和营销观念的演变而发展变化的。市场营销组织机构的演变大致经历了五个阶段,每个阶段都有不同的组织形态。

### (一)简单的销售部门

20世纪30年代以前,西方企业以生产观念作为指导,大多采用这种形式。大多数企业都是从财务、生产、销售、人事和会计这五个基本职能部门开始发展的。企业的组织机构往往是以生产部门和财务部门为核心,销售部门处于次要地位,生产什么、生产多少,完全由生产部门决定,销售部门对产品的种类、规格、数量等问题,几乎没有任何发言权。通常在总经理之下设有销售部,管理按地区分派销售人员。如图13—1所示。

图13—1　简单的销售部门

### (二)兼有附属功能的销售部门

20世纪30年代世界性的经济大萧条之后,市场竞争日趋激烈,大多数企业以推销观念为指导思想。此时,企业经营的重心也由产品的生产转向产品的推销,需要进行经常性的营销调研、广告宣传以及其他促销活动,销售职能也日益专业化,以往那种盲目的销售日益被有组织、有目的推销所代替。这时,销售经理可聘用一位市场主管来负责这方面工作。如图13—2所示。

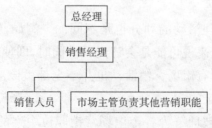

图13—2　兼有附属功能的销售部门

### (三)独立的市场营销部门

20世纪50年代初开始形成的以市场为中心的市场营销观念,是企业经营思想上一次深刻的变革,它对营销组织机构的设立提出了新的要求。除了销售部门外,还设立了与此平行的营销部门,营销部门从销售部门中独立出来,成为一个相对独立的职能部门,执行着营销调研、新产品开发、广告促销和为顾客服务等专项职能,以确保产品更适合于市场。如图13—3所示。

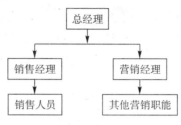

图13-3 独立的营销部门

### (四)现代市场营销部门

现代市场营销部门形成于20世纪60年代。随着企业规模和业务范围的不断扩大,销售部门和营销部门因为各自的职能、目标不同,结果往往互相扯皮,矛盾日益突出。为了进一步协调销售部门与营销部门的关系,企业以营销观念为指导,把力量统一起来,采取了将销售合并于营销部门并从属于它的组织形式,在总经理之下设销售副总经理,主管销售部门和营销部门。如图13—4所示。

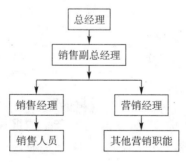

图13-4 现代营销部门

### (五)现代市场营销企业

20世纪70年代以来,形成了按市场分工的现代营销公司。它对于企业贯彻市场营销观念起了很大的推动作用,使企业营销活动形成一个系统,并给予其足够的协调控制权力。设置独立的营销调研部门和专职的营销调研人员,以便确定消费者的需求。同时营销部门参与新产品的研发,在开发新产品时营销部门起着指导作用。从现阶段企业发展的实际情况看,这种组织形式有利于适应市场经济的发展和企业不断拓展市场的要求。

### 三、市场营销组织机构的类型

为了实现企业目标,市场营销经理必须选择合适的市场营销组织形式类型。现代企业市场营销组织形式是多种多样的,主要有以下几种基本的市场营销组织形式:

#### (一)职能型营销组织

职能型营销组织(如图13—5所示)是一种最常见的营销组织形式,也就是按照需要完成的市场营销职能来设立不同的部门,各部门由市场营销专家担任经理,执行某一方面的营销职能,这些部门经理向营销副总经理负责,营销副总经理负责协调各职能部门的关系及各项营销活动。

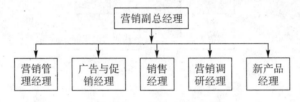

图13-5 职能型营销组织

职能型营销组织适宜于产品种类不多,对于有关产品的专门知识要求不高或企业经营地区情况差别不大的营销组织。

职能型营销组织的优点是:机构简单、分工明确、管理方便,便于发挥不同部门的专业知识与专门技能,有利于在人力使用上提高效率。同时各专业职能部门的数量比较容易随营销活动的需要而增减。

其缺点是:分立门户过多,易使各单位只顾自身工作。若是产品种类增加、市场扩大,这种组织很难发挥集体效应以便协同开拓市场。

#### (二)产品型营销组织

产品型营销组织形式(如图13—6所示)是根据产品的类别来组织企业的营销活动。其基本做法是,由一名产品经理负责,下设几个产品项目经理,产品项目经理下再设几个具体的产品项目经理负责各具体的产品。这在企业生产经营产品的种类多、产品之间差别大时较为适用,如宝洁公司和通用食品公司都采用这种组织结构形式。

产品型营销组织形式的优点是:能够为产品设计富有成效的营销组合策略;对所有产品在市场上出现的问题能及时作出反应;一些名气较小的产品因有专人负责而不会被忽视;同时由于产品管理涉及企业经营的方方面面,所以为培训年轻管理人员提供了最佳机会。

其缺点是:由于产品经理权力有限,不得不与其他部门合作,容易造成产品经理与其他职能部门之间的矛盾冲突;另外,产品经理较易于成为他所负责的产品方面的专家,而对其他方面的业务比较生疏;再有,由于产品管理人员的增加会导致人工成本的增加,结果使企业承担了巨额的管理费用,导致产品管理成本增加。

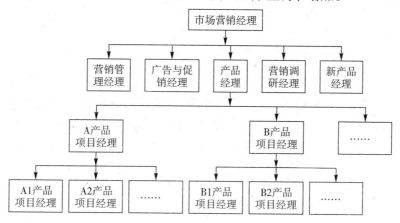

图 13-6 产品型营销组织

## (三)地区型营销组织

地区型营销组织形式(如图 13-7 所示)是根据地理区域的划分来组织企业的营销活动。这种组织形式适用于地理位置分散、销售区域大的企业。具体做法是,企业按地区设立管理部门,负责每个地区的推销、产品计划与产品服务。

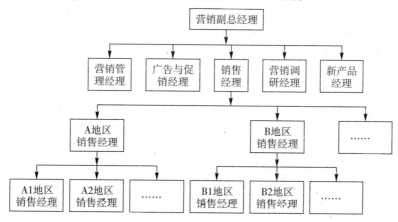

图 13-7 地区型营销组织

地区型营销组织形式的优点是:能充分发挥每个地区营销部门熟悉该地区情况的优势,使各地区经理能结合本地区消费者需求的实际情况制定切实可行的推销策略,有利于满足本地区消费者的需要,提高企业产品的竞争能力;另外,由于各地区具有相对独立性,各地区经理有权控制企业在本地区的有关产品和服务的全部或大部分生产经营活动,便于调动地区销售经理的积极性。

其缺点是:其一,由于各地区都需要相同的专业人员,因而企业专业人员有时会出现重复。其二,每一个地区组织是相对独立的,都是一个独立的利润中心,容易使各地区经理从本地区利益出发,使地区的营销活动协调比较困难。其三,对跨国经营的企业来说,实行这种组织形式需要大量具有国际工作经验的经理人员,这无疑将会增加销售成本。

(四)市场管理型营销组织

市场管理型营销组织(如图13-8所示)又称"顾客型营销组织形式",是根据不同的细分市场组织企业的营销活动。其具体做法是,企业通过开展市场研究、用户研究,根据消费者需求和消费特性的不同,将消费者划分为不同的细分市场,并相应设置市场经理进行管理。通常由一个市场经理管辖若干细分市场经理,从而建立相应的市场管理型营销组织。

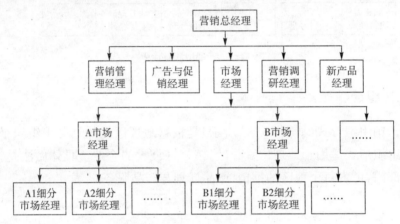

图13-8 市场管理型营销组织

市场管理型营销组织的优点是:各个细分市场经理易于分析各自的市场趋势,针对不同细分市场及不同顾客群体的需要开展营销活动并可灵活调整;另外,可以有效地吸引潜在顾客,扩大企业的服务面。其缺点是:服务面的扩大和市场的细分,容易造成各个部门对人力、物力、财力资源的争夺,引起部门之间的矛盾和资源的浪费;同时,也会给营销控制带来一定的困难。

(五)矩阵型营销组织

矩阵型营销组织(如图13-9所示)即产品—市场型营销组织,是根据产品类别和市场类别来组织企业的营销活动。对于生产多种不同产品,面向不同市场的企业,可采取该形式。这种组织形式要求产品经理和市场经理互相协调,共同进行市场预测,以适销对路的产品适应市场竞争及市场规模扩大的需要。例如,某电风扇制造公司的产品分为三类:立式、台式、吊式,所供应的主要用户也可分为三类:餐厅、商场、家庭,其销售可遍及各地。面对这种情况,可将产品和市场因素组合起来形成一个如图13—9所示的矩阵结构。

图13—9共有9个交叉点,每个点都对应某种产品和某个市场,这样,营销组织就可

以适应这种特点进行相应设置,使每个产品、市场组合都有一个既了解产品,又了解市场的人员组合负责经营。

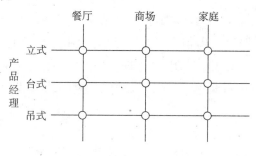

图13-9 矩阵型营销组织

矩阵型营销组织的优点是:使营销活动按目标要求进行,一组人员熟悉各种产品,另一组人员熟悉各个市场,两组互相配合,取长补短。

其缺点是:必须明确规定产品部和市场部的责任范围和完成的目标,否则他们之间也容易发生矛盾。

(六)事业部组织

随着企业规模不断扩大,市场业务从国内扩展到国外,产品项目也由一个行业跨越到不同行业。这时,企业就应考虑设置事业部组织,把各大产品部门或市场部门成立为独立的事业部,各事业部再设置自己的职能部门和服务部门,建立自成体系的事业部营销组织结构。这一组织形式所面临的问题是:营销职能如何在公司总部和事业部之间划分?一般有三种选择:其一,公司总部不设营销部门,营销职能完全由各事业部自己负责;其二,公司总部保持适度的营销组织,执行有限的营销职能;其三,公司总部保留强大的营销部门,为事业部提供各种营销服务,如广告、促销、市场调研、公共关系、人员培训与管理等。

(七)营销战略联盟

营销战略联盟目前已成为许多企业,特别是跨国企业的一种基本战略。具体的营销战略联盟可能是纵向的伙伴关系(如制造商与分销商间的伙伴关系),也可能是横向的伙伴关系(如制造商之间在新产品开发、分销上的合作),还可能是混合的伙伴关系(如跨行业的营销合作)。

**四、市场营销组织机构的影响因素**

企业无论怎样设计其营销组织形式,其根本目标都是要保证企业各项营销计划的顺利实施。所以在设置市场营销组织结构时,必须要根据主客观条件,选择适当的组织形式。具体来说,企业在选择、设计其营销组织形式时,应重点考虑下列因素的影响。

## （一）企业规模

企业规模的大小影响着企业在设置市场营销组织机构时所采用的组织形式。一般来说，企业规模越大，需要的专职部门、层次和营销专业人员就越多，因而往往采用比较复杂的组织形式，如产品型、地区型、市场管理型、矩阵型组织形式等。若企业规模较小时，市场营销组织形式就相对简单，可考虑采用职能型组织形式。

## （二）产品因素

如果企业经营的产品种类和数量很多，且产品之间的差异性较大，可以考虑采用产品型组织形式为主的营销组织形式。从产品的生命周期来看，在产品生命周期的不同阶段，企业的市场营销战略和市场营销组织也应作出相应的改变。

## （三）市场因素

若企业实行市场多元化方针，营销市场的地理分布区域广泛，各区域的营销环境彼此有较大差别，则可以考虑以地区型为主的营销组织形式。

## （四）企业营销高层管理者的风格

如果企业营销高层管理者倾向于加强对营销活动的"集权"控制，则可能赞成产品型的营销组织形式。反之，若赞成"分散"经营的做法，企业可能认为采用地区型的组织形式更加合适。

## （五）企业类型

不同的企业类型（如服务行业和原材料行业），其市场营销组织的类型也不同。

总之，没有一种十全十美的营销组织形式。一些营销专家认为，以主要目标市场为中心建立相应的营销组织形式，是确保企业实现营销目标的最好方法。因此，对于企业来说，要根据特定的发展阶段，结合企业的产品、技术、资源等条件，寻求一种有利于企业发展的营销组织形式。

营销心得：
顾客不是我们要争辩和斗智的人。从未有人会取得同顾客争辩的胜利。
顾客是把他们的欲望带给我们的人。我们的工作是为其服务，使他们和我们都得益。
（资料来源：菲利普·科特勒：《营销管理》，北京：中国人民大学出版社，2001。）

## 第三节 市场营销实施

### 一、市场营销实施的含义

市场营销实施(Marketing Implementation)是指企业为确保营销目标的实现,而致力于将营销战略和营销计划变为具体营销活动的过程。营销战略和计划是解决企业营销部门"做什么"和"为什么"的问题,而市场营销实施则是要解决"由谁做"、"在何处做"、"何时做"和"怎样做"的问题。

### 二、市场营销实施中的问题及其原因

企业在进行市场营销实施的过程中,有时正确的战略和计划得不到应有的业绩,主要是由以下几个方面的原因导致的:

(一)营销计划脱离实际

企业的营销战略和营销计划通常是由上层的专业计划人员制定的,而营销实施则要依靠营销管理人员,由于这两类人员间缺少必要的沟通和协调,往往出现企业的专业计划人员只考虑总体战略而忽视实施中的细节,使计划过于笼统和流于形式,或者脱离实际。脱离实际的计划工作导致计划人员和营销人员之间相互对立和不信任。

因此,不能单靠专业计划人员制订营销计划,而应该让计划人员和营销人员共同制订计划。因为市场营销人员比计划人员更了解消费者需求,让他们参与企业营销计划的制定过程,更有利于营销战略的实施。

(二)长期目标和短期目标相矛盾

营销战略通常着眼于企业的长期目标,涉及今后3~5年的经营活动。但具体实施这些战略的营销人员通常是根据他们的短期工作绩效,如销售量、市场占有率或利润率等指标来评估和奖励的,因此,市场营销人员常选择短期行为。例如,某公司的长期产品开发战略中途夭折,原因就是营销人员追求眼前效益和个人奖金而置新产品开发战略于不顾,将公司的主要资源都投入到现有的成熟产品中去了。因此,企业应设法使长期目标和短期目标协调起来。

(三)因循守旧的惰性

企业的经营活动往往习惯于实现既定的战略目标,新的战略如果不符合企业的传统和习惯就会遭到抵制。新战略同旧战略之间的差异越大,实施中可能遇到的阻力也

就越大。要想实施与旧战略完全不同的新战略,常常需要打破企业传统的组织结构和供销关系。譬如,为了实施给老产品开辟新销路的市场开拓战略,就必须创建一个新的推销机构。

(四)缺乏具体明确的实施方案

有些战略和计划之所以失败,是因为计划人员没有制定明确而具体的实施方案。实践证明,许多企业面临的困境,就是因为缺乏一个能够使企业内部各有关部门协调一致的具体实施方案。因此,企业的高层决策者必须制订具体的实施方案,规划和协调各部门的活动,编制详细周密的项目实施时间表,明确各部门经理应担负的责任。

针对以上几方面的问题,企业必须加以妥善处理,才能使营销战略和计划目标顺利实现。

## 三、市场营销的实施过程

企业市场营销的实施过程,包括相互制约的六个方面(如表13-2所示)。

表13-2 市场营销计划实施过程

| 营销实施过程 | 内 涵 |
| --- | --- |
| 制定行动方案 | 明确实施的关键性决策和任务,落实到人,并作出明确行动时间表 |
| 建立组织机构 | 明确机构,明确职责,责任到人 |
| 设计决策和报酬制度 | 根据营销目标和实施方案,制定科学的政策和设计合理的报酬制度,引导职工积极性 |
| 开发人力资源 | 合理配备人员,开发每个人的潜力 |
| 建设企业文化 | 加强企业文化建设,加强职工凝聚力 |
| 确定管理风格 | 企业的任务、组织结构、人员素质和营销环境不同,应具有不同的领导风格 |

(一)制定行动方案

为了有效地实施营销战略,必须拟定详细的行动方案。这个方案应该明确市场营销实施的关键性决策和任务,并将实施这些决策和任务的责任落实到人,并作出明确的行动时间表。

(二)建立组织结构

企业的正式组织在营销战略的实施过程中起着决定性的作用,组织将战略实施的任务分配给具体的部门和人员,明确规定职权界限和信息沟通渠道,使企业内部的各项决策和行动协调一致。企业的战略不同,需要建立不同的组织结构。也就是说,组织结构必须同企业战略相配合,必须同企业本身的特点和营销环境相适应。

### (三)设计决策和报酬制度

为实施市场营销战略,还必须设计相应的决策和报酬制度。这些制度直接关系到战略实施的成败。例如,企业对管理人员工作的评估和报酬制度,如果以短期的经营利润为标准,管理人员的行为必定趋于短期化,对实现长期战略目标就不会有积极性。

### (四)开发人力资源

市场营销战略最终是由企业内部员工来实施的,所以人力资源的开发至关重要。这涉及人员的考核、选拔、安置、培训和激励等问题。在考核、选拔管理人员时,要考虑从企业内部选拔还是从外部招聘更有利;在安置人员时要注意将适当的工作分配给适当的人,做到人尽其才;为了激励员工的积极性,必须建立完善的工资、福利和奖惩制度。此外,企业还必须决定行政管理人员、业务管理人员和一线工人之间的比例。

### (五)建设企业文化

企业文化是指一个企业内部全体人员共同持有和遵循的价值标准、基本信念和行为准则。企业文化是企业的精神支柱,对企业经营思想和领导风格,对职工的工作态度和作风,均起着决定性的作用。企业文化体现了集体责任感和集体荣誉感,它甚至关系到职工人生观和他们所追求的最高目标,能够起到把全体职工团结在一起的"黏合剂"作用。因此,塑造和强化企业文化是营销实施过程中不可忽视的一环。

### (六)确定管理风格

与企业文化相关联的,是企业的管理风格。有些管理者的管理风格属于集权型,他们发号施令,独揽大权,严格控制,坚持采用正式的沟通渠道,不容许非正式的组织和活动;有些管理者的管理风格属于分权型,他们主张授权给下属,协调各部门的工作,鼓励下属的主动精神和非正式的交流与沟通。这两种对立的管理风格各有利弊,不同的战略需要不同的管理风格。具体需要什么样的管理风格,取决于企业的战略任务、组织结构、人员素质和营销环境。

总之,为有效地实施营销战略,行动方案、组织结构、决策和报酬制度、人力资源、企业文化和管理风格各因素必须协调一致,形成合力,才能使营销战略成功实施。

## 第四节 市场营销控制

市场营销控制(Marketing Control)是指市场营销经理经常检查市场营销计划的执行情况,看看计划与实际是否一致,如果不一致或没有完成计划,就要找出原因所在,并采取适当措施和正确行动,以保证市场营销计划的完成。市场营销控制有四种主要类型,即年度计划控制、盈利能力控制、营销效率控制和营销战略控制。

## 一、年度计划控制

### (一)年度计划控制的程序

年度计划控制的目的是确保年度计划中所确定的销售、利润和其他目标的实现。控制过程分为4个步骤:

**1. 制定标准**

制定标准指确定年度计划中的月份目标或季度目标,如销售目标,利润目标等。

**2. 绩效测量**

绩效测量指检查营销计划的实施情况,将实际成果与预期成果相比较。

**3. 原因分析**

原因分析指如果营销计划在实施中有较大的偏差,则需要找出发生偏差的原因。

**4. 改正行动**

改正行动指采取必要的修正措施,或是调整计划,努力使成果与计划相一致。

### (二)年度计划控制的主要方法

年度计划控制的主要方法(即销售分析、市场占有率分析、市场营销费用率分析等)是企业管理人员运用各种绩效工具对年度计划目标的实现程度进行控制。

**1. 销售分析**

销售分析主要是衡量和评估实际销售额与计划销售额之间的差距。有两种具体方法:

(1)销售差距分析。这种方法是用来衡量不同因素对出现销售差距的影响程度。例如,某公司年度计划规定:某种产品第一季度出售350件,单价1000元,总销售额350000元。季度末实际售出300件,且售价降为900元,总销售额为270000元,比计划销售额少80000元。原因是售价下降和销售量减少,但二者对总销售额的影响程度是不同的,计算如下:

售价下降的差距=$(SP-AP) \times AQ = (1000-900) \times 300 = 30000$(元)

由于售价下降造成的损失在差距损失中所占比重为:

$30000/80000 \times 100\% = 37.5\%$

销售量减少的差距=$(SQ-AQ) \times SP$

$=(350-300) \times 1000 = 50000$(元)

由于销售量减少造成的损失在差距损失中所占比重为:

$5000/80000 \times 100\% = 62.5\%$

式中:

SP——计划售价

AP——实际售价

SQ——计划销售量

AQ——实际销售量

由此可见,将近三分之二的差距是由于没有完成销售量造成的。因此,该公司应该进一步深入分析造成销售量减少的原因。

(2)地区销售差距分析。这种方法是用来审核导致销售差距产生的具体产品和地区。例如,某公司在 A、B、C 三个地区的计划销售量分别为 2000 件、800 件和 2200 件,共 5000 件。但实际销售量分别为 1800 件、850 件和 1850 件,共 4500 件,差距 500 件。与计划的差距分别为少 200 件、多 50 件和少 350 件。可见,引起销售差距的原因主要是 C 地区销售量的大幅度减少。因此,应进一步查明 C 地区销售量减少的原因,造成 C 地区销售量的大幅度减少的原因有如下可能:该地区销售代理不够努力;有主要竞争者进入该地区;该地区居民购买力下降等。从而要加强对该地区市场营销工作的管理。

### 2. 市场占有率分析

销售分析只能说明企业本身的销售业绩,但不能反映企业在市场上的竞争地位,只有市场占有率分析才能显示出企业竞争地位的变化。例如,某公司销售额的增长,可能是由于公司营销绩效较其竞争者有所提高,也可能是由于整个宏观经济环境的改善使市场上所有的公司都受益,而某公司和竞争对手之间的实力对比关系并无变化,甚至还可能出现销售额虽增长而市场占有率却下降的情况。营销管理者要密切注视企业市场占有率的变化情况,如果企业的市场占有率上升,表示企业比竞争对手情况好,在市场竞争中处于优势;反之,则表明企业在竞争中失利。通常有三种主要的市场占有率度量方法。

(1)整体市场占有率,即以企业的销售额占整个行业销售额的百分比来表示,它反映企业在本行业中的实力和地位。使用这种测量方法必须做两项决策:一是要以单位销售额来表示市场占有率;二是正确认识行业的范围,即明确本行业所应包括的产品、市场等。

(2)目标市场占有率,即企业的销售额在其目标市场上所占的比重,它大于整体市场占有率,是企业首先要达到的目标,在此基础上再增加新品牌,扩大市场范围。

(3)相对市场占有率,指企业销售额占市场主导者(或相对于三个最大竞争者)销售额的百分比,可反映企业与主要竞争者间的力量对比关系。

使用市场占有率分析时还要考虑下列几种情况的影响:

(1)营销环境因素对同行业所有企业的影响方向和程度往往不一样。

(2)新的竞争者进入本行业市场,致使所有企业的销售额均下降。

(3)企业为提高利润而采取的某项措施,导致市场占有率下降等等。

### 3. 市场营销费用率分析

年度计划控制不但要保证销售额和市场占有率达到计划指标,而且还要确保营销费用不超支。例如,某公司营销费用占销售额的比率为 30%,即每销售 100 元产品,支出营销费用为 30 元,其中所包含的五项费用分别为:人员推销费 12 元,广告费 8 元,其他促销费 6 元,营销调研费 1 元,营销管理费 3 元。它们占销售额的比率分别为:12%、8%、6%、1%、3%。管理者应该对各项费用率加以分析,并将其控制在一定限度内。如果某项费用率变化不大,处于安全范围内,则没有必要采取任何措施。如果变化幅度过大,或上升速度过快,以至接近或超出控制上限,则必须及时采取有效措施。用于跟踪波动情况的控制图如图 13-10,图中显示的广告费用/销售额比率的正常波动范围在 8%~12%,图中有两点要引起注意。从第 15 期起的费用率已超出控制上限,应该立即采取控制措施。有时即使费用率仍在安全范围之内也应加以注意,如图 13-10 中从第 9 期起费用率就逐步上升,如果及时采取有效措施则不会上升或超出控制上限。

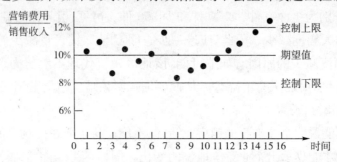

图 13-10 营销费用/销售额比率控制模型

还有一种费用/销售额偏差图可以用来评价不同地区或不同产品达到的销售额目标与费用目标的比较(如图 13-11),横轴是销售目标实现情况(百分比),纵轴是费用目标实施情况(百分比),图中斜线是一等比例线。按图中所示:地区 D 达到的销售目标与费用目标几乎等比;地区 B 超额完成了销售目标,费用目标也同等比例增加;最糟糕的是 J 地区,销售目标只完成 80%,而费用却不成比例地增加到定额的 120%。下一步就要为偏差较大的地区准备一张表,调查找出造成偏差的原因并进行控制。

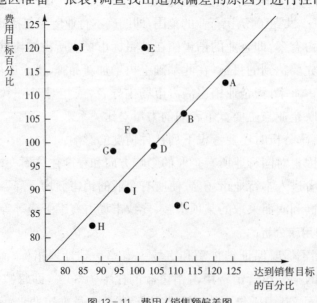

图 13-11 费用/销售额偏差图

通过上述各项分析,如果发现营销实际完成情况与年度计划指标差距太大,则必须采取调整措施:一是调整营销计划指标,使之更切合实际;二是调整营销策略,以利于实现计划指标。如果营销计划指标和策略都没有问题,则应在实施过程中查找原因,并加以纠正。

此外,还要进行财务分析和顾客态度跟踪分析等活动。

## 二、盈利能力控制

除年度计划控制外,企业还需要衡量各种产品、地区、顾客群、分销渠道和订货规模等方面的盈利能力,即进行盈利能力控制。盈利能力控制能帮助营销管理人员决策哪些产品或市场应予以扩大,哪些应收缩或放弃。

(一)盈利能力分析

盈利能力分析就是通过对财务报表和数据进行一系列的处理,把所获利润分摊到产品、地区、渠道、顾客等各方面,从而衡量出每一因素对企业最终获利的贡献大小,判别其盈利能力如何。

营销管理者必须依据产品、地区、顾客、渠道等各方面的特点和类别,利用财务部门提供的报表和数据,重新编制出各类营销损益表,并对各表进行分析。例如,某公司的渠道损益表(如表13-3所示)表明,尽管专业商店不如百货商店的销售额高,但其净利却远远高于百货商店,而杂货商店则亏损150万元。上述渠道损益分析,可作为选择销售渠道决策的依据。

表13-3 某公司的渠道损益平衡表　　　　　　　　单位:万元

| 项目 | | 百货商店 | 杂货商店 | 专业商店 | 总额 |
|---|---|---|---|---|---|
| 销售收入 | | 3000 | 2500 | 2000 | 7500 |
| 销售成本 | | 2000 | 1700 | 1400 | 5100 |
| 毛利 | | 1000 | 800 | 600 | 2400 |
| 费用 | 推销 | 200 | 250 | 200 | 650 |
| | 广告 | 600 | 400 | 100 | 1100 |
| | 包装运输 | 150 | 300 | 100 | 550 |
| | 总费用 | 950 | 950 | 400 | 2300 |
| 净利 | | 50 | −150 | 200 | 100 |

(二)选择调整措施

盈利能力分析的目的在于找出妨碍盈利的因素,以便采取相应措施排除或削弱这些不利因素的影响。可供采用的调整措施很多,企业必须在全面考虑之后做出最佳选择。仍以上述某公司为例,如果仅仅根据渠道盈利能力分析的结果,就决定把杂货商店和百货商店从销售渠道中剔除,而集中全力于专业商店一条销售渠道,那就未免过于简单化。营销管理者应当进一步深入研究,依据具体情况作出适当的决定。他们面临若干选择:不采取任何措施,任其自然发展,以观后效;取消亏损渠道中盈利能力最差的中间商,增加新的中间商;采取特殊策略以鼓励顾客大量定货;缩减百货商店和杂货商店的推销和广告费用等。由此可见,盈利能力分析能提供企业在不同地区、不同产品及分销渠道等方面的资料,但它并不能说明最好的办法就是放弃那些不赚钱的产品、地区或渠道,也不能证明放弃它们企业利润就能改善。

### 三、营销效率控制

营销效率控制是指企业不断寻求更有效的方法来管理有关营销各方面的工作,如营销队伍建设、广告、促销和渠道等营销实体活动。

营销效率控制的内容主要有:销售人员效率控制、广告效率控制、促销效率控制、分销效率控制等。

#### (一)销售人员效率控制

企业进行销售人员效率控制时,各个地区的销售经理需要记录本地区内销售人员效率的几项主要指标。

其一,销售人员日均拜访客户的次数。
其二,每次销售访问平均所需时间。
其三,每次销售访问的平均收益。
其四,每次销售访问的平均成本。
其五,每百次销售访问所定购的百分比。
其六,每月新增客户数目。
其七,每月流失客户数目。
其八,销售成本对销售额的百分比。

企业可以通过从以上的分析中发现一些重要问题,可用这些指标考核和管理销售队伍,提高销售人员的工作效率。例如,销售人员每天访问的次数是否太少;每次访问花的时间是否太多;成本是否太高;访问的成功率是多少;是否增加了足够的新顾客并留住了老顾客等。

#### (二)广告效率控制

为提高广告宣传的效率,营销经理应掌握一些统计资料。测量广告效率的主要指标有:

其一,每种媒体接触每千名顾客所花费的广告成本。
其二,注意、阅读广告的人在其受众中所占的比率。
其三,目标顾客对广告内容和效果的评价。
其四,广告前后目标顾客态度的变化。
其五,目标顾客由广告激发的询问次数。

### (三)促销效率控制

评价促销效率的指标主要有:
其一,优惠销售占总销量的百分比。
其二,每单位销售额中所包含的陈列成本。
其三,赠券回收率。
其四,因示范引起的顾客询问次数。

### (四)分销效率控制

评价分销效率的指标主要是对分销渠道的业绩、企业存货水平、仓库位置和运输方式的效率进行分析和改进,以提高分销的效率。

## 四、营销战略控制

营销战略控制是营销管理中最高层级的控制,它是市场营销管理者采取一系列行动对企业环境、战略、经营目标以及整体营销水平的控制、评价和检验的过程。战略控制的目的主要是使营销工作与原计划尽可能一致,确保企业目标、政策、战略和措施与市场营销环境相适应。

营销战略控制的内容主要包括以下几个方面:营销环境控制;具体营销战略控制;营销组织分析与控制;营销系统分析与控制;营销效率控制;营销组合要素分析与控制。

**知识窗**

## 营销效益等级评价表

**顾客宗旨**

A. 管理层是否认识到根据公司所选市场的需要、欲望,设计公司业务的重要性?

1. 管理部门主要赞同将现有的产品和新产品推销给那些愿意购买的顾客

2. 管理部门决定先满足所选市场的需要和欲望,这些市场能符合公司长期发展和潜在利润的要求

B. 管理部门是否对不同的细分市场提供不同的产品,并制定不同的市场营销计划?

1. 没有
2. 有一些
3. 在很大程度上

C. 管理部门是否用整体市场营销的系统观点来规划其经营业务(是否兼顾供应商、渠道、竞争者、顾客和环境)？

1. 没有,管理部门将注意力集中在向眼前的顾客推销和服务
2. 有一些,管理部门虽然大部分精力用来向眼前的顾客推销和服务,但还是对渠道进行了长远的考虑
3. 是的,管理部门采用了整体市场营销的系统观点,认识到系统中任何部分的变化都会给公司带来威胁或机会

整体市场营销组织

D. 主要的营销功能是否有高水平的市场营销整合和市场营销控制？

1. 没有,销售和其他市场功能没有高层次的整合和控制,并且存在一些毫无意义的冲突
2. 有一些,主要的市场营销功能有形式上的整合和控制,但缺少令人满意的协调与合作
3. 是的,主要的市场营销功能被有效地整合在一起

E. 市场营销管理部门是否和科研、生产、采购以及财务部门之间建立了良好的工作关系？

1. 否,人们抱怨说营销部门向其他部门提出的要求和成本是不合理的
2. 还可以,尽管各部门一般都倾向于维护本部门利益,它们之间的关系还是可以的
3. 是,各部门能有效地进行合作,并且能从全局考虑,从公司的最高利益出发来解决问题

F. 新产品开发过程组织得如何？

1. 这一系统界定不明,运行较差
2. 这一系统在形式上存在,但缺乏有经验的工作人员
3. 这一系统结构完善,并按项目小组工作原则运行

充足的市场营销信息

G. 最近一次研究顾客、顾客购买行为的影响因素、渠道和竞争对手是在什么时候进行的？

1. 若干年前
2. 几年前
3. 最近

H. 管理部门对不同的细分市场、顾客、地区、产品、渠道和订货规模的销售潜力

以及盈利能力了解多少？

1. 一无所知

2. 了解一些

3. 知道很多

I. 公司在测定不同营销支出的成本效益时采取了什么程度的措施？

1. 很少或根本没有努力

2. 有一些努力

3. 相当多的努力

战略导向

J. 正式营销计划的制定情况如何？

1. 管理部门很少或根本不制定正式的市场营销计划

2. 管理部门编制了一个年度销售计划

3. 管理部门编制了一个详尽的年度营销计划和一个每年更新的长期战略计划

K. 现行营销战略的质量如何？

1. 现行营销战略不明确

2. 现行营销战略明确，但只是传统策略的延续

3. 现行营销战略明确，有创新精神，建立在数据翔实和合理论证的基础上

L. 有关意外事件的考虑和规划做得如何？

1. 管理部门很少或者不考虑意外事件

2. 管理部门尽管没有有关意外事件的规划，但对于意外事件有一定的考虑

3. 管理部门有一套辨认重要意外事件的程序，并制定了应付意外事件的制度

M. 在传播和贯彻最高管理层的营销思想方面做得如何？

1. 很差

2. 中等

3. 很成功

N. 管理部门是否有效地利用了各种营销资源？

1. 否，相对于所完成的工作，营销资源是不足的

2. 做了一些，市场营销资源是充足的，但没有得到最充分的使用

3. 是，市场营销资源是充足的，而且被有效地利用了

O. 管理部门能否具备对现场出现的新问题作出迅速有效反应的良好能力？

1. 否，销售和市场信息过时，管理部门反应较慢

2. 有一些，管理部门收到大量最新的销售和市场信息，但反应时间各不相同

3. 是，管理部门建立了及时收取信息并作出快速反应的制度

总得分

这个表格可按下述方式运用：对表中每一个问题选择一个适当的答案，每题三

个答案的分数分别为0分、1分和2分,然后把各题的分数加起来——总分将界于0分到30分之间。下列分数表示不同水平的营销效益:

0—5分=无  11—15分=中等  21—25分=很好
6—10分=差  16—20分=良好  26—30分=优秀

(资料来源:周建波:《营销管理:理论与实务》,山东人民出版社,2002。)

# 第五节  市场营销审计

## 一、市场营销审计的概念

市场营销审计(Marketing Audit)是对一个企业市场营销环境、营销目标、营销战略、营销组织、营销方法、营销程序和营销业务等进行综合、系统、独立和定期的核查,以便确定企业面临的威胁和机会,并提出行动计划的建议,改进市场营销管理效果的活动。市场营销审计实际上是在一定时期内对企业全部市场营销活动进行总的效果评价。

## 二、市场营销审计的特征

### (一)系统性

市场营销审计是一个系统的过程。首先,确定审计目标和审计方法;然后,拟定详尽的审计调查计划;最后,在诊断的基础上制定调整行动计划,以提高组织的整体营销效益。

### (二)全面性

市场营销审计不只是涉及营销过程中某一个方面的问题,也不限于对营销过程中出现的问题进行分析和处理,而是要对一个企业营销活动进行全面审计,以便找到造成企业营销问题的真正原因。

### (三)多元性

进行市场营销审计可以通过多种途径,包括内部审计、外部审计和交叉审计等。内部审计是指由企业内部成员自行审计,可分为自我审计和企业审计部门审计两种类型。自我审计是指经理利用一个检查表,评价自己的业务活动。企业审计部门审计是通过企业内独立的审计部门,根据需要向各事业部提供营销审计服务。外部审计是由上级主管部门或外界专业的审计机构进行审计。外部审计具有客观性和独立性,外部审计人员有许多行业的广泛经验,同时可以集中时间和注意力从事审计活动。交叉审计通常在行业内部的各个企业之间进行。

### (四)制度性

营销审计要定期进行,形成定期审计的制度,而不应该等到企业销售量下降,推销人员士气低落或企业发生问题时才审计。

## 三、市场营销审计的内容

市场营销审计的内容主要包括以下六个方面:市场营销环境审计、市场营销战略审计、市场营销组织审计、市场营销系统审计、市场营销效率审计、市场营销组合因素审计。

### (一)市场营销环境审计

市场营销环境审计包括宏观环境和微观环境2个方面的审计。

**1. 宏观环境方面包括以下主要因素**

(1)人口环境。人口环境中哪些主要变化和趋势会成为企业的机会或构成哪些威胁;企业采取了哪些措施等。

(2)经济环境。收入、储蓄、价格、通货膨胀等方面主要影响企业的是哪些方面;企业采取的措施等。

(3)自然环境。企业所需要的自然资源和能源在成本和可获性方面的前景怎样;企业对环境的污染程度怎样;企业采取了什么保护措施等。

(4)技术环境。在产品技术和工艺流程方面发生了哪些重要变化;本企业在变化中处于什么地位;目前产品有哪些换代或替代可能等。

(5)政治环境。有哪些刚出台的可能影响到企业的营销战略的法规,如反污染法、就业政策、食品卫生法、广告法、价格法、反不正当竞争法等法规政策的出台等。

(6)文化环境。消费者的价值观念、生活习惯发生了哪些足以影响企业营销策略的变化等。

**2. 微观环境方面有以下主要因素**

(1)市场。企业市场的规模、地区分布、盈利能力、增长速度如何;有哪些主要的细分市场。

(2)顾客。本企业的现实和潜在顾客对本企业及竞争对手在信誉、产品质量、提供服务、定价等方面的评价怎样;不同顾客群是怎样做出购买决策的。

(3)竞争者。谁是自己的主要竞争对手,他们的目标、战略是什么;它们有何长处及短处;他们的生产规模及市场占有率怎样。

(4)经销商。企业依靠哪些分销渠道;不同分销渠道的效益怎样。

(5)供应商。生产所需关键原材料来自哪些供应商;供应商的分销方式如何。

(6)物流机构。物流机构的费用及服务怎样。

(7)公众关系。哪些公众给企业带来了机会或威胁;企业在处理与公众关系时有哪些措施。

### (二)市场营销战略审计

市场营销战略审计主要考察企业营销目标、战略与当前及预期的营销环境相适应的程度。它表现为:

**1. 企业营销任务审计**

企业营销任务是否得到明确阐述,并切实可行。

**2. 企业营销目标和目的审计**

企业目标是否用明确的目的表达出来,并切实指导营销计划及对工作绩效的衡量;企业营销目标是否与竞争地位、资源及企业机会相适应。

**3. 营销战略审计**

企业是否明确表达了其达到营销目标的营销战略;达到目标的战略核心是什么;是否有足够的资源保证。

**4. 新产品战略审计**

企业是否很好地收集、产生和筛选新产品构思;企业在推出新产品前是否做过恰当的新产品测试和市场试销。

### (三)市场营销组织审计

市场营销组织审计主要是审查营销组织在执行市场营销战略方面的组织保证程度和对市场营销环境的适应能力。主要包括:

**1. 组织结构审计**

企业是否有坚强有力的市场营销主管领导及明确的职责与权力;是否按产品、市场等有效地组织市场营销活动;其销售队伍影响消费者满意程度怎样。

**2. 职能部门效率及关系审计**

市场营销与其他职能部门之间是否有良好的信息沟通和工作关系;产品管理系统怎样;产品经理职权怎样;营销部门同生产、研究开发、财务等部门关系如何;怎样改善等。

### (四)市场营销系统审计

**1. 市场营销信息系统审计**

市场营销信息系统是否能准确、及时、有效地提供与顾客、分销商、竞争对手及各类媒体有关的信息;企业决策者是否充分利用了市场调查等。

**2. 市场营销计划系统审计**

市场预测是否充分;计划制定是否有效;销售定额完成怎样等。

### 3. 新产品开发系统审计

企业有无鼓励、评价新产品开发的措施；在进行研究开发之前是否有过充分的论证；新产品在推广之前是否进行了产品测试或试销等。

### 4. 市场营销控制系统审计

市场营销控制系统是否能确保年度计划目标的实现；是否定期分析了各产品、市场、地区和分销渠道的盈利能力；是否定期审查市场营销成本等。

## 营销故事

### 羊性和狼性

一头羊到了天堂对圣彼得说："我的头上长着一双角，是攻击敌人和保护自己的武器，但为什么总是被狼吃掉呢？"

圣彼得说："虽然你和狼都是哺乳动物，但是你是以草、乔木树叶为生，狼以食肉为生。在地球的陆地上，只要是有水的地方，野草和乔木遍地都是，你想吃的时候只要张嘴即可，生存比狼容易得多；而狼的生存是寄托在战胜对手，吃掉对手，否则生命不保。你们太安于现状了，缺乏自我保护意识和能力，虽有羊群，但无群体合力。而从狼身上可以看到它们具有敏锐地发现猎物的嗅觉，向猎物发起攻击的时候，有那种勇往直前的勇气和不屈不挠的精神，它们将凶狠和机智结合起来，提高了战胜猎物的能力，并且狼群有协同抗敌的精神和能力。换句话说，你身上只具有羊性，而狼具有狼性。这就是差别呀。"

营销启示：

"羊性"实际是说安于现状，缺乏群体合作意愿，而"狼性"则是指积极、主动、富有竞争力和群体合作精神。在营销管理中，选择具有狼性的领导者是抵御竞争对手进攻，战胜对手的关键前提。我们在面对入世后的世界强手时，许多企业由于平时安于现状，此时感到了危机，但为时已晚，只有那些较早进入国际市场，参与国际竞争的企业才会获得更大的生存空间。

（资料来源：《销售与市场》，2009年第4期。）

### （五）市场营销效率审计

市场营销效率审计是检查各营销单位的盈利能力和各项营销活动的成本效率。具体表现为：

#### 1. 盈利能力控制

企业在不同产品、市场、地区和渠道中的盈利能力怎样；企业应进入、扩展、收缩或撤离哪些细分市场；这样对短期或长期利润有何影响等。

### 2. 成本效益分析

哪些营销活动的成本过高;可采取什么措施降低成本等。

### (六)市场营销组合因素审计

市场营销组合因素审计主要是对市场营销组合各因素进行评价,以促进企业目标顺利地实现。其具体体现在:

#### 1. 产品状况审计

现有产品线是否适合顾客的需要;现有产品是否需要做调整;应增加、扩大或淘汰哪些品种或品牌;顾客对本企业产品的质量、款式、规格颜色及品牌(或商标)态度如何;产品战略的哪些方面还需要调整等。

#### 2. 定价状况审计

定价的目标、策略、程序分别是什么;成本、需求及竞争状况对定价的影响程度是什么;顾客认为价格与产品的实际利益是否相符;经销商和供应商的要求以及政府对定价的政策相一致的程度如何等。

#### 3. 分销渠道状况审计

分销目标和策略是什么;市场覆盖率怎样;分销渠道是否需要改进等。

#### 4. 促销状况审计

促销预算如何确定;实际的费用是否适当;广告制作效果怎样;企业广告目标是什么;公众对促销效果的评价如何等。

#### 5. 销售队伍状况审计

推销队伍的规模、组织方式是否适应产品的销售;推销人员的选拔、任用、素质与能力的提高进行得怎样;推销人员的报酬及激励措施怎样;与竞争对手的销售队伍相比,本企业的销售队伍如何等。

当然,营销审计只是一种保健产品,而不是药品,它的目的是让企业更强壮、更均衡、更理性。正如人们常讲的那样,没有远虑,必有近忧。企业营销活动的审计是当今企业发展的必然趋势,是健全企业运营机制的基础和关键。有效地将内部审计与外部审计相结合,定期对企业进行全面系统的审计,将会促使企业合理科学地防范风险,对相关业务活动进行事前控制,从而使企业沿着正确的道路向前迈进,健康地成长。

## 本章小结

本章概括了市场营销计划、市场营销组织、市场营销实施、市场营销控制的综合管理过程。制定与环境相适应的营销计划、构建营销组织,加强营销计划执行中各个环节的控制,通过对营销过程和营销结果的分析、审计和评价,发现营销中存在的问题,便于企业进行整改,制定新的营销战略,提高企业对内外不断变化环境的适应能力。

市场营销计划是指在对企业目前营销环境进行深入调查研究,对市场需求进行科学预测的基础上,结合自身的条件和实力制定的关于一定时期内企业营销活动的任务、目标及实现目标的策略、方法和步骤,是企业战略计划在营销领域里的具体化。

市场营销组织是指企业内部涉及营销活动的各个职位及其结构,市场营销组织的设计要根据市场营销计划所确定的目标,将营销活动进行分工,确定企业不同营销部门和营销人员的职责与权限,设立相应的协调机构,以求高效率实现企业的营销目标。

市场营销实施是指企业为确保营销目标的实现,而致力于将营销战略和计划变为具体营销活动的过程。为有效地实施营销战略,行动方案、组织结构、决策和报酬制度、人力资源、企业文化和管理风格等各因素必须协调一致,形成合力,才能使营销战略成功实施。

市场营销控制是指对营销计划的执行情况进行衡量与评估,并采取适当的纠偏措施以确保营销目标的实现。企业的日常业务活动离不开控制,因为在实施过程中,经常会出现一些意料之外的情况。

市场营销审计是对一个企业市场营销环境、目标、战略、组织、方法、程序和业务等进行综合的、系统的、独立的和定期的核查,以便确定企业的困难和机会,并提出行动计划和建议,改进市场营销管理效果的活动。市场营销审计实际上是在一定时期对企业全部市场营销活动进行总的效果评价。

## 本章习题

1. 简述市场营销计划的主要内容。
2. 产品型营销组织和市场管理型营销组织各有什么优缺点?
3. 简述企业市场营销实施的过程。
4. 企业市场营销控制的主要内容有哪些?

## 案例研讨

### "雕牌"的营销管理

"雕牌"是浙江纳爱斯集团旗下的一个知名品牌,而纳爱斯集团是"中国500强企业",是中国洗涤用品行业的"龙头"企业,是中国规模最大、设备一流的洗涤用品综合生产基地,并且在全国大中型城市设有销售公司并建有健全的市场网络。在湖南益阳、四川成都、河北正定和吉林的四平建有四个子公司,在19个省市自治区的30家工厂进行贴牌生产加工,这其中包括"宝洁"、"汉高"、湖南"丽臣"等跨国公司的在华企业和国内的知名品牌。纳爱斯集团由于发展迅速,业绩突出,多年来数次荣获"中国轻工优秀企业"、"中国轻工先进集体"、"中国企业500强"、"质量效益型企业",以及"诚信示范企业"、"AAA级信用企业"、"A级纳税信誉单位"、"国家生态示范点"等多项殊荣。

"妈妈,我能帮你洗衣服了。"这句经典而令人眼圈发红的广告词,赚得了人们的眼泪,也使得"雕牌"肥皂和洗衣粉为人们所熟知,成为纳爱斯集团的两大支柱品牌之一。2001年,它的销量达到89万吨,相当于所有在华跨国公司洗衣粉销售总量的5倍,超过国内前10家的总和。而这一品牌是如何运作并成功地推向市场的呢?可以说雕牌在广告战略和价位上的优势是其异军突起、后来居上的重要原因,而强大的分销体系则是雕牌得以顺利走向市场的最坚实的后盾和铺开市场的重要通道。

纳爱斯集团在"雕牌"皂粉的分销中采取了相当有效的铺市措施,并给予经销商以足够的优惠。如在与经销商签订合同时都会向经销商许诺年底给予一定的返利,从经销商的角度保证了他们在年底得到相应的回报,这在很大程度上提高了经销商的积极性,而大力度的广告宣传也使经销商对产品的大众接收程度高枕无忧。另外,促销也是"雕牌"给经销商的额外惊喜。

纳爱斯也将市场经营工作重心放在超市、卖场上,开创城市辐射农村的新局面。因为有了多年流通网络建设的基础和经验,又实行了保证金制度,使得"雕牌"在市场的开拓上有足够的优势,也让"雕牌"皂粉在农村市场走得游刃有余。他在全国各地实行分公司建制,最终形成城市辐射农村的格局。推行网络扁平化管理,减少中转环节,降低经营成本。同时,继续推行经销商保证金制度,这是对品牌经营和品牌忠诚度的"试金石"。如此一来,经销商成倍增加,市场大大拓展,为集团更快发展铺平了道路,采取自建网络与经销商并行的营销策略。同时纳爱斯集团在时间上突出不同阶段的战略重点。正是"雕牌"这种自上而下对渠道的重视和不同阶段的战略管理,才能使得"雕牌"在竞争对手众多的激烈市场上脱颖而出。

首先,完善管理体系。针对江苏终端分布既相对集中在省会城市,又发散式分布在地县级城市的个性特点,江苏分公司狠下工夫完善管理制度和网络配送体系,规范价格体系,理清网络销售结构,调整人员配备,改变作业环境,为实现"零距离面对终端"打下了较为扎实的基础。

其次,合理安排促销。在完善管理体系的基础和前提下,发挥具体操作的思维空间,凭借纳爱斯企业和雕牌产品的知名度和消费者的认可度。通过合理安排促销,进行错位销售,扩大店面陈列,增加销售品种,分别与苏果、大润发、时代、新一佳、北京华联等超市合作,参与洗化节活动,各业务人员积极选择洗化区有利地段,布置展台和端架,极大提升了产品的形象。卖场、超市销售增长明显。

再次,配合超市挖潜力。通过与各大超市紧密配合,深挖潜力,销量不断攀升,有的超市由于来不及办理银行承兑汇票而直接打款购货。随着与各超市合作的层次不断提升,渠道不断拓宽,销量大幅提升,获得了双赢,从而形成了战略伙伴关系。很多卖场、超市的采购经理通过数据分析,对产品的市场竞争力一致看好,他们纷纷称赞集团终端销售理念和灵活多变的操作方式适应了市场竞争环境。

最后,委托加工。营销管理的本土化是纳爱斯集团又一个性化特点。包括德国汉高在内的四个洗涤剂生产厂和宝洁的两个工厂在内的遍布全国的19个省的30家企业,他们每天都在生产着雕牌的产品,也就是说这些知名企业的在华生产商同时生产着和他们竞争市场的竞争对手的产品。

纳爱斯集团看到了终端销售和渠道铺陈带给整体产品市场的巨大推动力,同时也认识到这是今后发展的趋势。纳爱斯集团将进一步实行扁平化区域代理制,因地制宜的进行管理和营销。

(资料来源:《销售与市场》,2008年第3期。)

**案例思考题:**

1. "雕牌"这一品牌是如何运作并成功推向市场的?
2. 纳爱斯集团在"雕牌"皂粉的分销中采取了什么样的策略?它的渠道优势是什么?
3. 纳爱斯集团营销管理的趋势是什么?

### 应用训练

1. 实训目标

(1)明确营销策略对产品推广的影响。

(2)归纳营销活动开展的准备工作。

2. 实训资料

#### 乘风造势的"悦活"果汁

中粮集团为推广新产品"悦活"果汁,中粮创新食品有限公司(以下简称中粮创新)将"悦活"果汁的品牌推广植入到用户游戏的过程中,举办线上的种植大赛吸引用户参与。"线上种植、虚拟榨果汁"这种新奇的玩法在白领阶层掀起了一股狂热。中粮旗下的"悦活"果汁在一个月内销售业绩提升了30%。从2009年5月16日开始仅半个月的时间,参与活动人数超过40万人,虚拟榨果汁次数达8300多万次,送好友果汁超过6000万瓶。开心网上的虚拟果汁受追捧,带动了线下真实产品的热销。尽管一瓶280毫升的果汁标价5.8元,但仍有大量的追捧者。在果汁市场竞争如此激烈的今天,"悦活"作为一瓶含量小,价格较贵的果蔬汁凭借什么让顾客买单?

3. 实训内容及要求

(1)阅读上述资料,分析实施一项成功的营销活动需要做好哪些准备工作?

(2)拟一份报告,陈述"在果汁市场竞争如此激烈的今天,'悦活'作为一瓶含量小,价格较贵的果蔬汁凭借什么让顾客买单?"

# 第十四章
## 市场营销创新

**学习目标**

▶ 理解整合营销的概念、4C 观念及整合营销沟通的意义
▶ 理解绿色营销的概念、特点及管理
▶ 理解水平营销的概念及实施要点
▶ 理解网络营销的概念、特点及策略
▶ 理解体验营销的概念、特点及营销战略模块
▶ 在实践中运用以上营销工具和手段

**案例导引**

### IBM 公司的整合营销战略

1914 年公司成立以来,国际商业机器公司(IBM)以其超前的技术,出色的管理和独树一帜的产品,一直处于世界信息产业的领先地位。20 世纪 90 年代起来,IBM 公司着力实施整合营销战略,并取得成功,成为世界上很多企业效仿的对象。

1997 年,IBM 成立了一个虚拟的团队,把与市场营销有关的各部门整合进来,共同制定市场营销方案。这种虚拟团队存在了一段时间。其间,公司上下对整合营销理念的实质、精髓、操作方式,以及可能出现的问题有了较深的理解。1999 年 1 月,IBM 中国公司正式成立了整合市场营销部门。同时,公司对部门间、公司与合作伙伴间、公司与营销服务机构间的关系也进行了整合。

IBM 公司大力推进企业的组织转型和内部变革,重组营销系统,将营销工作的重心下移,实现企业决策层和执行层的彻底分离。IBM 公司还采取了矩阵式架构和矩阵式管理,将广告、促销、公关、新闻、CI 等传播手段进行一元化重组,实行"海陆空"协同作战。如今 IBM 公司的营销管理体系是由三个部门构成的:市场调研部(Marketing Intelligence,MI)、行业和产品营销管理部(Marketing Management,MM)、整合市场营销部(Integrated Marketing Communications,IMC)。

整合市场营销(IMC)担负的职责重大而艰巨:一方面要规划决定企业未来兴衰

的品牌战略，统筹管理好传播交流；另一方面又要兼顾当前的销售促进，允许各个营销部门灵活快速地应对市场变化，下放资源。IBM 公司的所有市场推广活动都是在 IMC、MI 及 MM 之间的合作基础上完成的。其整合营销的实施程序为：IMC 制订发展传播计划，并加以执行，在执行的过程中 IMC、MI 和 MM 密切合作，消费者回应；IMC 从回应中得到有用的资讯。根据消费者及潜在消费者传播沟通上的需要与欲求，调整修正传播计划，然后再将整个流程循环下去，从而实现真正的整合营销，使消费者与厂商实现双赢。

此外，IBM 的其他部门也都是整合营销的参与者。IBM 设有一个电话销售支持中心，它与 IMC 的关系非常密切。电话销售支持中心的工作包括接受客户反馈、数据采集等，对客户反馈进行评估、追踪，直至把销售机会培养成熟，再分配给代理或销售人员完成销售。这样一来，IMC 的每一次市场活动效果如何，就能得到清晰的量化。

（资料来源：傅慧芬：《当代营销学案例集》，北京：对外经济贸易大学出版社，2001。）

20 世纪 50 年代以来，市场营销学的新概念层出不穷，这不仅引发了争论，也指导了实践。近年来，我国营销学界密切关注市场营销的新领域和新发展，中国高等院校市场学研究会组织营销学者研究跨世纪的市场营销，提出了有关市场营销的新动向、新问题。国内诸多学者探讨市场营销的新概念、新领域，取得了许多学术成果，对我国市场营销理论的发展做出了贡献。

## 第一节　整合营销

### 一、整合营销的提出

传统的大众营销，是为了向同质性高、无显著差异的消费者，销售大量制造的规范化消费品。一些营销管理者认为，只要不断强调企业产品质量，并努力降低成本和价格，消费者就会购买。然而大众取向的传媒和充斥市场的广告，并未能持续圆满地解决销售问题。以满足消费者需求为中心的服务营销，在竞争日益激烈的条件下，逐步取代了以企业生存和发展为中心的产品营销。需求导向型的企业以目标市场的需求为出发点，力求比竞争者更有效地满足消费者的需求和欲望。

但是，了解消费者真正的需求并非易事。企业面临的主要难题是：消费者在做出购买决定时，愈来愈依赖他们自以为重要、真实、正确无误的认识，而并非具体、理性的思考。企业唯一的差异化特色，在于消费者相信什么是厂商、产品或劳务以及品牌所能提供的利益。实际上存在于消费者心智网络中的价值，才是真正的营销价值。因此，要想有效地为满足顾客需求而开展营销，首先要进行有效的沟通。

整合营销观念改变了把营销活动作为企业经营管理一项职能的观点，而是要求所有活动都整合和协调起来，努力为顾客的利益服务。同时，强调企业与市场间互动的关系和影响，努力发现潜在市场并创造新市场。所以，以注重企业、顾客、社会三方共同利益为中心的整合营销，具有整体性与动态性特征。企业把与消费者之间的交流、对话、沟通放在特别重要的地位，是营销观念的变革和发展。

菲利普·科特勒认为：企业所有部门为服务于顾客利益而共同工作时，其结果就是整合营销。整合营销发生在两个层次：一是不同的营销功能（如销售力量、广告、产品管理、市场研究等）必须共同工作；二是营销部门必须和企业的其他部门相协调。

营销组合概念强调将市场营销中各种要素组合的重要性，营销整合则与之一脉相承，但更为强调各种要素之间的关联性，要求其成为统一的有机体。在此基础上，整合营销更要求各种营销要素的作用力统一方向，形成合力，共同为企业的营销目标服务。

## 二、整合营销中的 4C 观念

整合营销的核心内涵是 4C 观念，即消费者的需求和欲望（Customer needs and wants）、成本（Cost）、便利（Convenience）和沟通（Communication）。

### （一）消费者的需求和欲望

企业应把重视顾客放在第一位，强调创造顾客比开发产品更重要，满足消费者的需求和欲望比产品功能更重要。

### （二）成本

成本指消费者获得满足的成本（Cost and value to satisfy consumer needs and wants），或是消费者满足自己的需要和欲望肯付出的成本价格。这里的营销价格因素延伸为生产经营过程的全部成本。包括：企业的生产成本（即生产适合消费者需要的产品成本）；消费者购物成本（不仅指购物的货币支出，还有时间耗费、体力和精力耗费以及风险承担）。新的定价模式是：消费者支持的价格－适当的利润＝成本上限。企业要想在消费者支持的价格限度内增加利润，则必须努力降低成本。

### （三）便利

便利指购买的方便性（Convenience to buy）。与传统的营销渠道相比，新观念更重视服务环节，在销售过程中，强调为顾客提供便利，让顾客既买到商品，也买到便利。在各种邮购、电话订购、代购代送方式出现后，消费者不一定要去商场，在小区或坐在家里就能买到自己所需要的物品。这时企业要深入了解不同的消费者有哪些不同的购买方式和偏好,把便利原则贯穿于营销活动的全过程。在售前及时向消费者提供充分的关于产品性能、质量、价格、使用方法和效果的准确信息,售货地点要提供自由挑选、方便停车、免费送货、咨询导购等服务,售后应重视信息反馈和追踪调查,及时处理和答复顾客意见,对有问题的商品主动退换,对使用故障积极提供维修方便,大件商品甚至提供终身保修。为方便顾客,很多企业已开设热线电话服务。

### (四)沟通

沟通指与用户沟通(Communication with consumer)。企业可以尝试多种营销策划与营销组合,如果未能收到理想的效果,说明企业与产品尚未完全被消费者接受。这时,不能依靠加强单向劝导顾客,要着眼于加强双向沟通,增进相互理解,实现真正的适销对路,培养忠诚的顾客。

### 三、整合营销沟通

整合营销沟通(Integrated Marketing Communications,IMC)也称"整合营销传播",它由美国学者唐·E·舒尔兹等人于1992年提出,并在20世纪90年代得到营销理论研究者、企业管理者的广泛认同。我国有学者将其内涵表述为以消费者为核心重视企业行为和市场行为,综合协调地使用各种形式的传播方式,以统一的目标和统一的传播形象,传播一致的产品信息,实现与消费者的双向沟通,迅速树立产品品牌在消费者心目中的地位,建立产品与消费者之间长期密切的关系,更有效地达到广告传播和产品行销的目的。也有学者认为,IMC是指企业在经营活动中,以由外而内战略观点为基础,为了与利害关系者进行有效的沟通,以营销传播管理者为主体所展开的传播战略,即为了对消费者、从业人员、投资者、竞争对手等直接利害关系者和社区、大众媒体、政府、各种社会团体等间接利害关系者进行密切、有机的传播活动,营销传播管理者应该了解他们的需求,并反映到企业经营战略中去,应首先决定符合企业实情的各种传播手段和方法的优先次序,通过计划、调整、控制等管理过程,有效、阶段性地整合诸多企业传播活动。

## 第二节 绿色营销

### 一、绿色营销的兴起

20世纪中叶后,世界各国经济大都进入高速增长时期,自然资源的消耗成倍增长,生产和生活的排污量迅速增加,超过了自然生态环境的调节能力及净化能力,环境质量迅速下降——酸雨、物种消失和淡水缺乏等全球性环境问题以前所未有的速度蔓延,使原本就比较脆弱的自然生态环境受到严重冲击。资源和环境问题已到了非常尖锐、危急的地步。由于生态环境破坏所带来的灾难给人类的健康、生存与发展造成了极大的影响,所以越来越多的人萌生了绿色理念,对环境保护日益关注,绿色消费日益兴起。与此同时,许多绿色环保组织也相继成立。

1968年,在意大利成立的罗马俱乐部指出:人类社会的进步并不等于GDP的上升。1972年,联合国首次召开了斯德哥尔摩人类环境会议,通过了全球性环保行动计划和《人类环境宣言》。20世纪80年代初,欧洲出现了以销售绿色产品为特色的绿色市场营销。

我国的环境污染和生态破坏较发达国家更为严峻。以城市为中心的环境污染仍在扩展,并急剧向农村蔓延,生态破坏的范围扩大、程度加剧。近年来环境污染和生态破坏对我国经济和社会发展的影响程度越来越大。

我国的绿色工程始于绿色食品开发,1984年在广州出现了第一家无公害蔬菜生产基地,1989年农业部组织专家研究并提出绿色食品概念,1992年7月出台了关于下一世纪发展的行动纲要《中国21世纪议程》;1992年11月国务院批准成立了中国绿色食品发展中心,制定了《绿色食品标志管理办法》;1993年5月,绿色食品发展中心加入了"有机农业运动国际联盟"。1995年初,全国已有28个绿色食品的生产与开发企业。随着绿色食品的开发,绿色商店也在一些大城市相继建立。中国的绿色产业、绿色消费、绿色营销也蓬勃地发展起来。

绿色市场营销,有广义和狭义之分。广义的绿色营销,也称伦理营销,指企业营销活动中体现的社会价值观、伦理道德观,充分考虑社会效益,既自觉维护生态平衡,又自觉抵制各种有害营销。狭义的绿色营销,也称生态营销或环境营销,是指企业在营销活动中,谋求消费者利益、企业利益与环境利益相协调,既要充分满足消费者的需求,实现企业利润目标,也要充分注意自然生态平衡。实施绿色营销的企业,对产品的创意、设计和生产,以及定价与促销的策划和实施,都以保护生态环境为前提,力求减少和避免环境污染,保护和节约自然资源,维护人类社会的长远利益,实现经济与市场的可持续发展。

绿色营销就是要充分注意消费者的绿色需求,并通过绿色产品的生产和销售,满足消费者的绿色需求。绿色营销作为一种全新的营销模式,有利于企业占领市场和扩大市场销路。随着公共环境的改善和人类生活水平的提高,人们逐渐认识到追求物质享受,过度地消费自然资源将加深这个星球和人类自身的危机。以保护环境为特征的绿色消费正影响着人们的消费观念和消费行为,成为一种新的时尚,世界各国逐渐掀起一个绿色消费的高潮。企业通过实施绿色营销,也可扩大市场占有率,促进企业占领国际市场,使企业立于不败之地。

此外,实施绿色营销可以促进企业塑造绿色文化。绿色企业文化强调大家共同努力为我们生存的地球和环境变得更美好而负起责任并付诸行动,它具有丰富的内涵和强大的生命力,一是顺应潮流,二是无论从道义上还是从利益方面都很吸引人,三是影响人类的良知,四是满足人们对利益的长远考虑。企业通过实施绿色营销,使全体员工树立绿色营销观念,并在此观念指导下,在企业内部营造清洁和安全的工作环境和生产方式,有利于企业职工保持身心健康,培育企业"绿色文化"。同时,实施绿色营销可以构建绿色企业形象,赢得独特的竞争优势,在市场竞争日益激烈之中立于不败之地。

## 二、绿色营销的特点

与传统营销方式相比,绿色营销具有以下特点:

### (一)绿色消费是开展绿色营销的基础

消费需求由低层次向高层次发展,是不可逆转的客观规律,绿色消费是较高层次的消费观念,人们的温饱等生理需要基本满足后,便会产生提高生活综合质量的要求,产生对清洁环境与绿色产品的需要。

### (二)绿色观念是绿色营销的指导思想

绿色营销以满足需求为中心,为消费者提供能有效防止资源浪费、环境污染及损害健康的产品。绿色营销所追求的是人类的长远利益与可持续发展,重视协调企业经营与自然环境的关系,力求实现人类与自然环境的和谐发展。

### (三)绿色体制是绿色营销的法制保障

在竞争性的市场上,必须有完善的政治与经济管理体制,制定并实施环境保护与绿色营销的方针、政策,制约各方面的短期行为,维护全社会的长远利益。

### (四)绿色科技是绿色营销的物质保证

技术进步是产业变革和进化的决定因素,新兴产业的形成必然要求技术进步;但技术进步背离绿色观念,其结果有可能加快环境污染的进程。只有以绿色科技促进绿色产品的发展,促进节约能源和资源可再生,以及无公害的绿色产品的开发,才是绿色营销的物质保证。

## 三、绿色营销的管理

绿色营销管理包括以下五个方面的内容:

### (一)树立绿色营销观念

绿色营销观念是在绿色营销环境条件下企业生产经营的指导思想。传统营销观念认为,企业在市场经济条件下的生产经营,应时刻关注与研究的中心问题是消费者需求、企业自身条件和竞争者状况三个方面,并且认为满足消费需求、改善企业条件、创造比竞争者更有利的优势,便能取得市场营销的成效。而绿色营销观念却在传统营销观念的基础上增添了新的思想内容。即企业生产经营研究的首要问题不是在传统营销因素条件下,通过协调三方面关系使自身取得利益,而是与绿色营销环境的关系。企业营销决策的制定必须首先建立在有利于节约能源、资源和保护自然环境的基础上,促使企业市场营销的立足点发生新的转移。

对市场消费者需求的研究,是在传统需求理论基础上,着眼于绿色需求的研究,并且认为这种绿色需求不仅要考虑现实需求,更要放眼于潜在需求。

企业与同行竞争的焦点,不在于传统营销要素的较量,争夺传统目标市场的份额,而在于最佳保护生态环境的营销措施,并且认为这些措施的不断建立和完善,是企业实现长远经营目标的需要,它能形成和创造新的目标市场,是竞争制胜的法宝。

与传统的社会营销观念相比,绿色营销观念注重的社会利益更加明确的定位于节能与环保,立足于可持续发展,放眼于社会经济的长远利益与全球利益。

### (二)设计绿色产品

产品策略是市场营销的首要策略,企业实施绿色营销必须以绿色产品为载体,为社会和消费者提供满足绿色需求的绿色产品。所谓绿色产品是指对社会、对环境改善有利的产品,或称无公害产品。这种绿色产品与传统同类产品相比,至少具有下列特征:

其一,产品的核心功能既要能满足消费者的传统需要,符合相应的技术和质量标准,更要满足对社会、自然环境和人类身心健康有利的绿色需求,符合有关环保和安全卫生的标准。

其二,产品的实体部分应减少资源的消耗,尽可能利用再生资源。产品实体中不应添加有害环境和人体健康的原料、辅料。在产品制造过程中应消除或减少"三废"对环境的污染。

其三,产品的包装应减少对资源的消耗,包装的废弃物和产品报废后的残余物应尽可能地成为新的可利用资源。

其四,产品生产和销售的着眼点,不在于引导消费者大量消费而大量生产,而是指导消费者正确消费而适量生产,建立全新的生产美学观念。

### (三)制定绿色产品的价格

价格是市场的敏感因素,定价是市场营销的重要策略,实施绿色营销不能不研究绿色产品价格的制定。一般来说,绿色产品在市场的投入期,生产成本会高于同类传统产品,因为绿色产品成本中应计入产品环保的成本,主要包括以下几方面:

其一,在产品开发中,因增加或改善环保功能而支付的研制经费。

其二,在产品制造中,因研制对环境和人体无污染、无伤害而增加的工艺成本。

其三,使用新的绿色原料、辅料而可能增加的资源成本。

其四,由于实施绿色营销而可能增加的管理成本、销售费用。

但是,产品价格的上升只是暂时的,随着科学技术的发展和各种环保措施的完善,绿色产品的制造成本会逐步下降,趋向稳定。企业制定绿色产品价格,一方面当然应考虑上述因素,另一方面应注意到,随着人们环保意识的增强,消费者经济收入的增加,消费者对商品可接受的价格观念会逐步与消费观念相协调。所以,企业销售绿色产品不仅能使企业盈利,更能在同行竞争中取得优势。

### (四)绿色营销的渠道策略

绿色营销渠道是绿色产品从生产者转移到消费者所经过的通道。企业实施绿色营销必须建立稳定的绿色营销渠道,策略上可从以下几方面努力:

其一,启发和引导中间商的绿色意识,建立与中间商恰当的利益关系,不断发现和选择热心的营销伙伴,逐步建立稳定的营销网络。

其二,注重营销渠道有关环节的工作。为了真正实施绿色营销,从绿色交通工具的选择,绿色仓库的建立,到绿色装卸、运输、贮存、管理办法的制定与实施,认真做好绿色营销渠道的一系列基础工作。

其三,尽可能建立短渠道、宽渠道,减少渠道资源消耗,降低渠道费用。

### (五)搞好绿色营销的促销活动

绿色促销是通过绿色促销媒体,传递绿色信息,指导绿色消费,启发、引导消费者的绿色需求,最终促成购买行为。绿色促销的主要手段有以下几方面:

#### 1. 绿色广告

通过广告对产品的绿色功能进行定位,引导消费者理解并接受广告诉求。在绿色产品的市场投入期和成长期,通过量大、面广的绿色广告,营造市场营销的绿色氛围,激发消费者的购买欲望。

#### 2. 绿色推广

通过绿色营销人员的绿色推销和营业推广,从销售现场到推销实地,直接向消费者宣传、推广产品的绿色信息,讲解、示范产品的绿色功能,回答消费者的绿色咨询,宣讲绿色营销的各种环境现状和发展趋势,激励消费者的消费欲望。同时,通过试用、馈赠、竞赛、优惠等策略,激发消费兴趣,促成购买行为。

#### 3. 绿色公关

通过企业公关人员参与一系列公关活动,诸如发表文章、演讲、影视资料的播放,社交联谊、环保公益活动的参与、赞助等,广泛与社会公众进行接触,增强公众的绿色意识,树立企业的绿色形象,为绿色营销建立广泛的社会基础,促进绿色营销的发展。

# 第三节 水平营销

## 一、水平营销的提出

水平营销(Lateral Marketing)，也称"横向营销"，2005年由菲利普·科特勒提出。在今天网络化、全球化的竞争市场上，越来越多的企业开始感受到营销的尴尬，痛切于企业孱弱的盈利能力。一方面，传统的广告促销等营销组合已经无法有效激发消费者的消费诉求；另一方面，企业间的竞争在每个传统的营销层面上刀刃互现。无论是在传统的日化行业，还是在新兴的数字电子行业，企业的有机增长已经越来越困难。科特勒认为，在日益复杂的现代营销作用下，新产品、新品牌迅速地推出，但相当比例的这些新产品、新品牌不能避免注定失败的命运。

针对这场全球范围的市场嬗变，科特勒提出了新的营销思维——水平营销。水平营销是相对于传统的营销观念而言，传统的营销方式被科特勒称为纵向营销。纵向营销的运行步骤是：首先，通过市场调研，确立可能成为潜在市场的群体；其次，在划定这个潜在市场后，运用市场细分、目标锁定、定位等方式形成产品或服务的竞争策略；最后，运用4P等营销组合贯彻竞争策略，将产品或服务推向有形的市场。作为一种成熟的市场营销理念，纵向营销虽然有其成功之处，但这种营销思维也决定了许多企业的市场细分、定位只是基于同一市场、同一产品的局部更新，而不能产生让人耳目一新的全新东西。纵向营销的创新只是源于特定市场内部的创新，它是在市场一成不变的假定下开发新产品的主要策略，这是一种最普遍的市场创新方式。很显然，这些创新是常规性的，并不改变特定的市场，都是在原有产品的类别里发生，诚然它们能够扩大市场规模，但由于它们不能创造出新的产品、新的市场，最终的结果必然是特定市场的无限细分和需求饱和，这也是当前许多企业面临营销困境的原因所在。

水平营销的核心就是横向思考，它跨越原有的产品和市场，通过原创性的理念和产品开发激发出新的市场和利润增长点。水平营销是创造性的思考，科特勒称之为"跳出盒子的思考"，它不同于纵向营销的逻辑思维，本质上是一种基于直觉的创造。这种思维的基本步骤是，首先选择一个焦点，然后进行横向置换以产生刺激，最后建立一种联结。例如，聚焦于生活中总是会凋谢的花，将凋谢置换成不凋谢，这时候就产生了"不凋谢的花"这一刺激，这个刺激对于市场是有价值的，但在实现过程中产生了逻辑思维的中断，此时通过引入塑料等材质，创造出永不凋谢的塑料的花，这就成功地建立了联结。再如，日本伊仓产业公司原是一家从中国进口中药的贸易公司，然而在西药称霸的时代里，中药的销路并不好，药品大量积压在仓库。后来，该公司将中药和日本人习惯的茶饮联系起来，决定在东京中央区开办一家把中药与茶结合起来的新行业，结果这个称为"汉方吃茶店"的生意之好,令人羡慕。中药和茶并无本质上的关联,但跳出中药的行销领域,伊仓产业公司创造了新的市场。

不过,水平营销并不否定纵向营销,科特勒认为,水平营销只是纵向营销的有益补充。水平营销的思考能够激发无数的可能性,但这些可能性最终需要在纵向营销的框架内进行分析和落实。实际上,营销本来就是艺术与科学的综合,按照科特勒的说法,营销随需而变,它无法严格按照科学的术语进行规范,不同的营销方式可能都是对营销不同侧面的正确理解。水平营销对于可能性的颠覆和生长正是营销艺术的体现,只是这种艺术思维最终还有赖于纵向营销的框定。

科特勒认为水平营销是一个过程,虽然它属于一种跳跃性的思维,但也是有法可依的。这种应用创造性研究的结果指出了水平营销的6种横向置换的创新技巧,并分别应用到市场层面、产品层面和营销组合层面上。这6种技巧分别是:替代、反转、组合、夸张、去除和换序。

## 二、水平营销的实施

### (一)市场层面

由于市场是需求、目标、时间、地点、情境、体验的结合体,此时运用替代的一个简单技巧就是改变其中的一个维度,这也是情境替代的最有效方法。例如,原来乐队伴奏是职业歌手的专利,而卡拉OK则通过改变目标,使得大家都能享受音乐伴唱。

市场层面上的另5种技巧相对困难,推荐在积累了一定的替代经验后使用。比如,餐馆吃饭一般是不限时的,但如果进行情境反转,那么可否实现限时收费的餐馆经营?市场已有先例。在日本的一些餐馆中,每张餐桌上放一个大钟,计算顾客的就餐时间。如果顾客在规定时间内吃完饭,餐馆便给予优惠价。意大利米兰市有一家叫希尔顿的餐厅,他们不按菜肴的价格收费,而是根据用餐时间的长短向顾客收钱——每分钟1000里拉。更有趣的是,纽约市中心开设了一家沙漏餐厅,当顾客坐定后,服务员即把桌子上一个沙漏翻过来,约1小时后,沙子基本漏完,这时,顾客也就该离座了。

### (二)产品层面

对于产品层面,科特勒参考市场层面的维度划分,主张对现有的产品进行分解,分解后的主要层面包括:有形的产品或服务、包装、品牌特征、使用或购买,然后利用6种技巧进行横向置换。例如,在牛奶包装上,可改变玻璃、塑料包装的做法,代之以纸盒,这导致了利乐无菌纸盒的产生。在品牌特征上,耐克公司通过将婴幼儿鞋子的"可爱"特征换成"新潮",一举将业务扩展到婴幼儿鞋类市场。在使用或购买层面上,在糖果中插入一根细棒便造就了儿童棒棒糖,这种替代曾在糖果市场引发了一场革命。产品层面的创新还有很多,如可作闹钟的温度计、不送货上门的比萨饼等。

### (三)营销组合层面

在市场层面和产品层面不改变的情况下,通过市场营销组合的改变,往往能催生创新性的商业战略。这种水平营销更讲究策略,更偏重短期效应。相对于原创性的新概念,新产品的开发能更快速地生成新点子。

该层面的创新,可以在定价、分销和沟通等领域产生可观的效果,而最直接的创新做法就是替代,"拿其他产品的营销组合为我所用"。例如,在定价领域,电力、煤气或自来水公司可以通过自动取款机进行收费,利用自动取款机付账。这时的营销组合创新对自动取款机用来提取现金的功能作了颠覆。在沟通上,一些公司把附有广告和产品说明的CD放入杂志,而不是通过常规的电视节目来宣传自己的产品。

## 第四节 网络营销

### 一、网络营销的概念及特点

#### (一)网络营销的概念

网络营销(Cyber Marketing)就是以国际互联网为基础,利用数字化的信息和网络媒体的交互性来辅助营销目标实现的一种新型的市场营销方式。简单而言,网络营销就是以互联网为主要手段进行的,为达到一定营销目的的营销活动。

网络营销与电子商务是有区别的。首先,网络营销与电子商务研究的范围不同。电子商务的内涵很广,核心是电子化交易。网络营销注重的是以互联网为主要手段的营销活动。网络营销和电子商务的这种关系也表明,发生在电子交易过程中的网上支付和交易之后的商品配送等问题并不是网络营销所能包含的内容,同样,电子商务体系中涉及的安全、法律等问题也不适合全部包括在网络营销中。此外,网络营销与电子商务的关注重点也不同,网络营销的重点在于交易前期阶段的宣传和推广,电子商务的标志之一则是实现了电子化交易。从这种意义上说,电子商务可以被看作网络营销的高级阶段,一个企业在没有完全开展电子商务前,同样可以开展不同层次的网络营销活动。所以电子商务与网络营销实际上是密切联系的,网络营销是电子商务的组成部分,而实现电子商务则一定是以开展网络营销为前提的。

#### (二)网络营销的优势

**1. 营销成本低**

传统的营销方式往往要花费大量的经费用于产品目录、说明书、包装、储运和运输,并设专人负责向顾客寄送各种相关数据。而运用网络营销后,企业只需将产品的信息输入计算机系统并传输到网络,就可让顾客自己查询,无需再设专人寄送数据。电子版本的产品目录、说明书等不必再进行印刷、包装、储运和运输。这就大大节约了营销费用,降低了营销成本。

### 2. 营销环节少

在网络营销中,营销数据不必再求助出版商,企业可直接安排有关数据上网供顾客查询,潜在的顾客也不必再等企业的营销人员打电话告知所要查询的信息,他们自己可以在计算机上查找。网络营销可使商品信息发布、收款至售后服务一气呵成,大大减少了营销环节。而对于软件、书籍、歌曲、影视节目等知识性产品而言,已没有了海关和运输问题,人们可以直接从网上下载并采用电子方式付款。

### 3. 营销方式新

在购买的同时,顾客可以自行控制购买过程。网络营销是一对一、理性、消费者主导、非强迫性、循序渐进的营销过程。营销者可运用多媒体展示技术和虚拟技术,使得顾客坐在家里了解最新产品和最新价格,选择各种商品,作出购买决策,并自行决定运输方式,自行下定单,从而获得最大的消费满足。

### 4. 营销国际性

网络营销有助于企业进军国际市场,在国际市场占有一席之地。互联网已经形成了一个全球体系,企业运用网络进行营销,能够超越时间和空间的限制,随时随地提供全球性的营销服务,使国外的顾客与本企业在网上达成交易,从而实现全球营销。

### 5. 营销全天候性

网络营销没有时间限制。企业的营销信息上网后,电子"信息服务员"就可以一直进行工作,一天 24 小时,一年 365 天从不间断。

**知识链接**

## "农民信箱"打开营销新思维

"点点鼠标,就轻松完成了一笔生意。"2009 年 6 月,浙江常山县宋畈乡东鲁村陈齐君通过"农民信箱"发布消息,80 头生猪成功销售,毛收入 8 万多元。

陈齐君是一位患小儿麻痹症的残疾人,为自食其力,他创办了齐龙果禽有限公司,建有现代生态养猪基地和胡柚加工基地,存栏生猪 350 多头,母猪 22 头,是当地有名的创业能手。现在,坐在电脑前,登陆"农民信箱",浏览市场供求信息,成为陈齐君每日必做的"功课"之一。

"农民信箱"采用实名制登记注册,与手机同步联网使用,因为信息真实可靠和使用快捷方便,许多农民都利用这个信箱进行了成功的交易。2008 年初,浙江省利用"农民信箱"专门举办了首届网上农博会,设立摊位 5957 个,参展产品 33080 个,一周时间实现交易额 2.7 亿元,平均每天交易额达 3000 多万元。如今,"农民信箱"

每日一助活动更是效果显著,只要你是注册农民,若需要帮助销售农产品,只需通过"农民信箱"发布,所有的注册用户手机都会收到求助信息。

据初步统计,至2008年底,浙江利用"农民信箱"先后开展杨梅、葡萄等22场产销对接活动,成交额达51亿元以上,节省营销成本2.3亿元。"农民信箱"的成功运行,对浙江农产品营销方式的改变产生了深刻影响。人们发现,在有形市场之外,还存在一个看不见摸不着的无形市场。由此,农产品网络营销这一崭新的概念在浙江得到越来越普遍的应用。

(资料来源:蒋文龙、胡立刚、张道生:《农产品营销的浙江道路》,载《农民日报》,2009。)

## 二、网络营销的策略

### (一)产品策略

互联网所提供的产品除充分显示产品的性能、特点、质量以及售后服务等内容外,更重要的是能够对个别需求进行一对一的营销服务。企业要根据用户对产品提出的具体或特殊要求进行产品的生产供应,最大限度地满足消费者的需求。在网络上可开展以下工作:

首先,提供消费者间、消费者与企业间的互动讨论区,借以了解消费者的需求、市场趋势等,以此作为企业改进产品开发的参考。

其次,在网络上建立消费者意见调查区,了解消费者对产品特性、质量、包装及样式等的意见,以协助企业产品的开发与改进。

最后,建立网上消费者自助设计区,提供个性化的产品与服务,如顾客可以自行设计服装的式样和花色,购车者可以自行决定所需颜色和配件等。

### (二)定价策略

任何企业的网络定价都不是孤立行为,必须按照企业的目标市场策略及市场定位策略要求进行。虽然网络交易的成本相对比较低廉,但因交易形式多样化,所以价格弹性较大。企业制定产品价格应在核算产品成本的基础上,适当增加无形成本的含量,精确计算产品中的无形价值量,科学合理地制定产品网上交易价格。由于网络交易能够充分互动沟通,并完全掌握消费者的购买信息,因此应以理性的方式制定价格策略。

网络定价可以采取下列方法:

其一,消费者可通过网络价格查询功能,查询市场相关产品的价格,货比三家,进而理性地购买价格合理的产品。因此企业一定要在对上网企业相关产品价格和竞争情况进行认真调研的基础上,合理估计本企业产品在消费者心目中的形象,进而确定产品的价格。

其二,开展网络会员制。依据会员过去的交易记录与偏好、购买数量的多少,给予顾客折扣,鼓励消费者上网消费。

其三,建立网络议价系统,与消费者直接在网上协商价格。

其四,建立自动调价系统。可以依季节变动、市场供需形势、竞争产品价格变动、促销活动等,自动进行调价。

(三) 渠道策略

互联网络直通消费者个人,使得销售针对性加强,商品直接展示在顾客面前,并直接接受顾客订单,任何一个单个用户对企业都具有重要意义。这种直接互动与超越时空的方式,无疑是分销渠道发展中的一场革命。

1. 设立虚拟商店橱窗

使消费者如同进入实际的商店一般,虚拟商店橱窗可以因季节、促销活动、经营战略的需要迅速地改变设计。虚拟橱窗不占空间,可 24 小时开张,服务全球顾客,并由服务售货员回答任何专业性的问题,这样的优势决非一般商店可以比拟。

2. **可以结合相关企业的相关产品,共同在网络上组织商品展销**

消费者一次上网,可以饱览各种商品,增强上网意愿与消费动机。例如,房地产商展可以结合家具商、厨房商、家电商、灯具商、装饰材料商等合并促销,以增加渠道的吸引力。

3. 采取灵活的付款方式

目前金融机构已率先进入信息网络,企业通过金融机构采取更加灵活的购买付款方式已成为可能。在互联网络的推动下,企业可以依赖金融机构的专业信息优势,针对不同的用户采取灵活的付款方式,达到刺激和方便消费者购买的目的。

4. **可以在网络上以首页方式设立虚拟经销商或虚拟公司**

提供各类商品目录及售后服务,除部分产品可以自网上取货(如计算机软件、电子图书等)外,大部分产品采用送货上门或邮寄等方式。

(四) 促销策略

网络促销具有一对一服务与消费者需求导向的特色,除可作为企业广告外,也是发掘潜在顾客的最佳渠道。但网上促销基本是被动的,因此如何吸引消费者上网,并提供具有价值诱因的商品信息,对于企业来说,是一个重大的挑战。常用的促销方法如下:

1. 举行消费者网络联谊活动或网络记者招待会进行促销

这种方式可以跨越时空进行沟通,同时也是一种低成本的促销活动。

2. 利用诱因工具进行网络促销

如进行网上竞赛游戏、提供折扣券与赠品券、样品赠送、发放彩券和进行抽奖等,提高消费者上网搜寻及购买产品的意愿。

### 3. 利用网上广告进行网络促销

网上广告是目前最普遍的商业应用,除能进行企业与产品介绍外,还可以说明企业的经营观念、企业文化、售后服务、质量保证措施等,借以提高企业在消费者中的知名度。

### 4. 建立英文版的首页

这是企业产品国际化不可或缺的促销活动。

## 第五节 体验营销

### 一、体验经济的到来

1998年,美国俄亥俄州的战略地平线顾问公司的共同创办人约瑟夫·派因二世与詹姆斯·吉尔摩在美国《哈佛商业评论》上发表"体验式经济时代来临"一文中指出:体验式经济(Experience Economy)时代已来临,区分经济价值演进的四个阶段为货物(Commodities)、商品(Goods)、服务(Services)与体验(Experiences)。

经济发展的演进已从过去的农业经济、工业经济、服务经济走向现阶段的体验经济(Experience Economy),而各经济发展阶段在生产行为及消费行为上呈现不同的形态。

农业经济:在生产行为上是以原料生产为主;消费行为则仅以自给自足为原则。

工业经济:在生产行为上是以商品制造为主;消费行为则强调功能性与效率。

服务经济:在生产行为上强调分工及产品功能;消费行为则以服务为导向。

体验经济:在生产行为上以提升服务为首,并以商品为道具;消费行为则追求感性与情境的诉求,创造值得消费者回忆的活动,并注重与商品的互动。

所谓体验经济,是指企业以服务为重心,以商品为素材,为消费者创造出值得回忆的感受。传统经济主要注重产品的功能强大、外形美观、价格优势,现在的趋势则是从生活与情境出发,塑造感官体验及思维认同,以此抓住消费者的注意力,改变消费行为,并为产品找到新的生存价值与空间。经济发展与社会形态的变迁息息相关,随着科技、信息产业日新月异的发展,人们的需求与欲望,消费者的消费形态也相应地受到了影响。

随着体验经济的到来,生产及消费行为已有了如下的变化:

其一,以体验为基础,开发新产品、新活动。

其二,强调与消费者的沟通,并触动其内在的情感和情绪。

其三,以创造体验吸引消费者,并增加产品的附加值。

其四,以建立品牌、商标、标语及整体意象塑造等方式,取得消费者的认同感。

### 二、体验营销的核心思想

所谓体验营销,是指企业通过采用让目标顾客观摩、聆听、尝试、试用等方式,使其亲身体验企业提供的产品或服务,让顾客实际感知产品或服务的品质或性能,从而促使顾客认知、喜好并购买的一种营销方式。这种方式以满足消费者的体验需求为目标,以服务产品为平台,以有形产品为载体,生产、经营高质量产品,拉近企业和消费者之间的距离。

著名体验经济学大师派恩指出:"所谓体验就是指人们用一种从本质上说以个人化的方式来度过一段时间,并从中获得过程中呈现出来的一系列可回忆的事件"。由于一项服务被赋予个性化之后,变得值得记忆。所以,一项服务的顾客定制化,就使它成为一种体验。

以显示器行业为例,早期显示器只是满足基本的文字显示需求,显示颜色还是单色。随着电脑走入家庭步入多媒体时代,人们对显示器窗口不只是追求简单的数据、信息处理,更注重应用感受。近年来,一些厂商敏锐地感觉到这一消费潮流,开始在产品设计和市场活动中融入这种理念,倡导"体验消费"。推出了电脑彩壳套装产品,命以蓝色魅力、绿色原野、粉红佳人等颇具感性化的名称,顿时使产品与众不同,使产品在消费者心中的地位得以提高。无独有偶,2003年,上海某鞋油厂家为了抢占商机,针对社区居民,每逢双休日就派服务人员义务为社区居民免费擦鞋,并介绍专业的护鞋知识,让居民体验护鞋的好处,然后产生消费欲望,扩大了该鞋油的销售量。可见,为了营造企业发展更加广阔的空间,要从根本上实现变营销为合作,必须将服务经济与商品经济融为一体,企业必须以服务为舞台,以商品为道具,围绕消费者创造出值得回忆的活动,使客户与企业建立合作,以此促进企业达到增加产品销售量的目的。

### 三、体验营销的特点

(一)关注顾客的体验

体验的产生是一个人在遭遇、经历或是生活过一些处境的结果。企业应注重与顾客间的沟通,发掘他们内心的渴望,站在顾客体验的角度,去审视自己的产品和服务。

(二)以体验为导向设计、制作和销售你的产品

当咖啡被当成"货物"贩卖时,一磅可卖三百元;当咖啡被包装为"商品"时,一杯就可以卖一二十块钱;当其加入了"服务",在咖啡店中出售,一杯最少要几十块至一百块;但如能让咖啡成为一种香醇与美好的"体验",一杯就可以卖到上百块甚至是好几百块钱。增加产品的"体验"含量,能为企业带来可观的经济效益。相信大家对星巴克咖啡都不陌生,无论你置身于任何一家星巴克咖啡馆,你都会体验到一种新的生活形态。它能在众多的文明古国风靡一时,这就是体验营销发挥了真正的作用,我们来看一看它是如何获取成功体验的:首先它是多样的,咖啡的种类繁多,顾客的选择性较大,你可以喝到任何一种咖啡;其次,它是新鲜的,你能在哪里找到充满活力地为你煮咖啡、不厌其烦地教你

喝咖啡的人呢？只有星巴克！这成为为顾客提供"星巴克体验"的主要动力。

### (三)检验消费情景

营销人员不再孤立地去思考一个产品(质量、包装、功能等)，而是要通过各种手段和途径(娱乐、店面、人员等)来创造一种综合的效应以增加消费体验；不仅如此，而且还要跟随社会文化消费向量，思考消费所表达的内在价值观念、消费文化和生活的意义。检验消费情境使得在对营销的思考方式上，通过综合考虑各个方面扩展其外延，并在较广泛的社会文化背景中提升其内涵。顾客购物前、中、后的体验已成为增加顾客满意度和品牌忠诚度的关键决定因素。

### (四)顾客的理性与情感因素

一般来说，顾客在消费时经常会进行理性的选择，但也会有对狂想、感情、欢乐的追求。企业不仅要从顾客理性的角度去开展营销活动，也要考虑顾客情感的需要。

### (五)体验要有一个主题

体验要先设定一个"主题"，体验式营销是从一个主题出发且所有服务都围绕这个主题，或者其至少应设有"主题道具"(例如一些主题博物馆、主题公园、游乐区、或以主题为设计导向的一场活动等)，这些"体验"和"主题"并非随意出现，是体验式营销人员所精心设计出来的。如果是"误打误撞"形成的则不应说是一种体验式营销行为。体验式营销要有严格的计划、实施和控制等一系列管理过程在里面，而非仅是形式上的符合而已。

### (六)方法和工具有多种来源

体验是五花八门的，体验式营销的方法和工具也是种类繁多，并且和传统的营销又有很大的差异。企业要善于寻找和开发适合自己的营销方法和工具，并不断地推陈出新。

## 四、体验式营销的战略模块

体验是复杂的，可以分成不同的形式，各种形式都有自己所固有且独特的结构和过程。这些体验形式是经特定的体验媒介创造出来的，能达到有效的营销目的。伯德·施密特将这些不同的体验形式称之为战略体验模块，并以此形成体验式营销构架。下面将介绍五种不同的战略体验模块：

### (一)感官(Sense)

感官营销的诉求目标是创造知觉体验的感觉，它由视觉、听觉、触觉、味觉与嗅觉等直接感官组成。感官营销可分为公司与产品识别、引发顾客购买动机与增加产品的附加价值等。

理查特公司制作的巧克力被英国版《时尚》杂志称为"世界上最漂亮的巧克力"。理查特首先把自己定位为一家设计公司,接着才是巧克力公司。其商标以艺术装饰字体完成,特别将"A"作成斜体,用来区隔"富有"与"艺术"这两个字。理查特巧克力呈现在类似精致的珠宝商展示厅进行销售,巧克力装在一个玻璃盒子中,陈列于一个广阔、明亮的店面。对产品精心拍摄的宣传资料中就像是一件精致的艺术品或是珠宝。促销品用的是光滑、厚实的纸张,它的包装也是非常的优雅。巧克力盒子的颜色是有光泽的白色,附着金色与银色的浮雕字,红色丝带封着包装盒。盒子衬里分割成格,每个巧克力艺术品都摆设于自己的间隔中。就视觉感而言,巧克力本身就是个偌大的盛宴。有着漂亮的形状,饰以不同的花样与彩饰装饰,他们还可以根据顾客的不同要求定做特别的巧克力徽章。理查特甚至还为巧克力设计了附有温度与湿度表的薄板巧克力储藏柜,一盒巧克力标出 650 美元的高价。如此赏心悦目的巧克力,自然是赢得了不少消费者的青睐。

再如希尔顿连锁饭店,曾经在房客的浴室内放置了一只造型极可爱的小鸭子,客人大多爱不释手,并带回家给家人作纪念。于是,这个不在市面销售的赠品便成了顾客特别喜爱希尔顿饭店的动力(当然希尔顿饭店其他设施、服务等方面也是一流的),这样便赢得了很好的口碑,这也是体验营销的具体应用。

(二)情感(Feel)

情感营销诉求顾客内在的感情与情绪,目标是创造情感体验。其范围可从一个温和、柔情的正面心情到欢乐、自豪甚至是激情的强烈的情绪。情感营销运作需要的是,真正了解什么刺激可以引起某种情绪,以及能使消费者自然地受到感染,并融入这种情景中。

云锋汽车销售公司是一家普通的汽车销售公司,在充分调研市场和结合自身特色的基础上,确定以"轻松"为体验式营销的主题,宣传语为"购车到云锋,一切都轻松"。为什么将"轻松"确定为宣传主题,这是经过市场调研得出的结论:顾客购车最大的烦恼就是麻烦,购车前不得不从眼花缭乱的品牌中选出适合自己的车,购车中又不得不面对拍牌、上牌、办证、保险、按揭等一系列麻烦的手续,用车中又涉及车辆保养、保修、维护、急修、年审、事故处理、检测等无尽的麻烦。如果公司真正能从顾客的角度出发,想顾客所想,急顾客所急,千方百计为顾客减少麻烦,让顾客体验到能轻松地拥有车,逐步形成有别于竞争对手的差异化服务,并坚持不懈地宣传,渐渐深入人心,顾客就会认同,从而形成具有自身特色的品牌效应。公司通过对各网点的整合和服务的拓展实现了为顾客提供全程化、全方位的服务目标。即为顾客提供从购车、拍牌上牌、办证、维修保养、年检、代理保险、紧急援助、上门维修、拖车、备用车等一条龙服务,真正让顾客体会到"轻松"。

## (三) 思考 (Think)

思考营销诉求的是智力。以创意方式引起顾客的惊奇、兴趣、对问题集中或分散的思考，为顾客创造认知和解决问题的体验。对于高科技产品而言，思考活动的方案是被普遍使用的。在许多其他产业中，思考营销也已经使用于产品的设计、促销和与顾客的沟通。

1998年苹果计算机公司的IMac计算机上市仅6个星期，就销售了278000台。《商业周刊》把IMac评为1998年的最佳产品。该公司的首席执行官史提夫·贾伯斯表示："苹果已回到它的根源，并再度开始创新"。IMac的设计师伊维也指出："与众不同的思考是这个公司的基因"。IMac的创新紧随着一个引人沉思的思考营销的促销活动方案。该方案是由广告人克劳构思，将"与众不同的思考"的标语，结合许多在不同领域的"创意天才"(包括爱因斯坦、甘地、拳王阿里、理查·布兰森、约翰·蓝侬和小野洋子等人的黑白照片)。在各种大型的广告路牌、墙体广告和公交车的车身等随处可见该方案的平面广告。当这个广告刺激消费者去思考苹果计算机的与众不同时，也同时促使人们思考自己的与众不同，以及通过使用苹果电脑，而使得他们成为创意天才。贾伯斯说："与众不同的思考代表着'苹果'品牌的精神，因为充满热情创意的人们可以让这个世界变得更美好。苹果决定为处处可见的创意人制造世界上最好的工具。"

## (四) 行动 (Act)

行动营销的目标是影响身体的有形体验、生活形态与互动。行动营销通过增加他们的身体体验，指出做事的替代方法、替代的生活形态与互动，进而丰富顾客的生活。一般而言，顾客生活形态的改变是激发或自发的，也有可能是由偶像角色引起的(如影视、歌星或是著名的运动员等)。

中国著名跨栏运动员刘翔，在取得2004年雅典奥运会金牌后，被白沙集团聘为形象代言人。在央视一套的广告中，刘翔一直在奔跑和跨越，展示着青春和活力，身着红色的运动服，闪耀的五星红旗，高亢的音乐，运动会场和白鹤飞翔的不断切换，广告语随着画面的前进而随之变换，"中国有我"、"亚洲有我"、"世界有我"，既展示了刘翔个人冲出亚洲、走向世界、不断奋进的风采，也展示了奋斗不止的奥运精神，更暗喻了白沙集团不断发展、做大做强、走向国际市场的雄心壮志。刘翔随奥运金牌代表团赴香港、澳门等地联欢，其人气远远超过了影视红星，在中国大陆，他更是成为中华民族傲立世界的标志，深入千万人心。白沙集团巧妙的借用刘翔的运动形象，让消费者购买和享受白沙的同时，也在体验奥运精神和感受中华民族的希望。白沙在促进了销售的同时，也提升了企业的整体形象，给消费者带来不受任何竞争者限制的无拘无束的"刘翔体验"。

## (五) 关联 (Relate)

关联营销包含感官、情感、思考与行动营销等层面。关联营销超越私人感情、人格、个性,加上"个人体验",而且与个人对理想自我、他人或文化产生关联。关联活动案的诉求是为自我改进(如想要与未来的"理想自己"有关联)的个人渴望,要别人(如一个人的亲戚、朋友、同事、恋人或是配偶和家庭)对自己产生好感。让人和一个较广泛的社会系统(一种亚文化、一个群体等)产生关联,从而建立个人对某种品牌的偏好,同时让使用该品牌的人们形成一个群体。关联营销已在许多不同产业中使用,包括化妆品、日用品、私人交通工具等。

美国哈雷机车,是个杰出的关联品牌。哈雷就是一种生活形态,从机车本身、与哈雷有关的商品、到狂热者身体上的哈雷文身,消费者视哈雷为他们自身识别的一部分。在"垮掉的一代"的岁月里,哈雷展现的是张狂、热烈、叛逆,机车车身庞大、油箱大、马达强劲。步入上世纪80年代后,人们的生活重新趋于平静,哈雷机车的风格也随之转变,轻盈、小巧又成为主题。哈雷总是这样贴近时代,贴近生活。

## 本章小结

创新在市场营销中是一个永恒的主题,是营销工作者思维中不可缺少的组成部分。本章对近年来市场营销领域出现的一些新概念做了介绍,主要包括整合营销、绿色营销、水平营销、网络营销和体验营销等。通过学习,增强我们对于市场营销的前沿和发展趋势的了解,拓宽视野,领会市场营销创新的精神。营销永远在不断创新中发展。学习中应将市场营销的最新学术成果和营销实践结合起来,丰富营销内容,推动我国营销事业的可持续发展。

## 本章习题

1. 绿色营销的主要特点是什么?
2. 水平营销与传统的纵向营销有何区别?在具体实施过程中应当把握哪些要点?
3. 互联网络给企业开展市场营销活动提供了哪些机会?
4. 结合实际,谈谈体验营销在中国有效实施的策略。

## 案例研讨

### "体验"的魅力——江苏移动全面实施"体验营销"

怎样真正确立起"以客户为导向"的服务理念,走出低层次竞争的泥潭,通过充分而有效的沟通将合适的产品和服务推介给合适的客户?近几年来,在全面了解客户消费特征的基础上,中国移动江苏公司注重通过开展"体验营销"来提升客户对新业务的认知度,从而有效推进了移动新业务的发展。

**面向青年群体,多维度传播动感体验文化**

喜爱新事物并乐于尝试,这是年轻人的共同特点。针对这一特点,江苏移动经过精心策划,以面向年轻一族的"动感地带"品牌为切入点,开展了多种形式的动感体验活动,以品牌文化增强客户体验感知,使"新奇、时尚、探索"的动感文化得到有效传播,品牌更加深入人心。

近几年来,江苏移动以动感体验店建设为抓手,在动感地带客户高密度集聚的全省各大高校附近,建设动感地带体验店80余家,实现了一校一店,适应年轻人的特点。店内设置了新业务体验区、上网体验区、休闲娱乐区等,为"动感地带"客户提供了一个新业务"体验基地"。在体验店内,年轻人不仅可以通过新业务体验岛、彩铃坊、彩信大头贴等现场感受移动新业务,还可以在上网体验区体验移动梦网业务、网上教育、网上游戏,或用积分租用休闲娱乐区举办小型活动。同时,江苏移动以动感文化为主题,组建了体育、文化、游戏、影音、旅游等"动感部落",开展了三人篮球赛、CS超女星秀赛、DV大赛、博客大赛等数十个项目的"动感嘉年华"活动,使"动感地带"品牌集聚了旺盛的人气,品牌知名度迅速提高。此外,江苏移动还以自主服务为纽带,在体验店内设立了"大学生就业见习基地",聘用熟悉、痴迷新业务的"动感地带"客户,为其他"动感地带"客户提供服务,全面推介各种新业务,使"动感地带"品牌在年轻人中深入人心。

### 创新业务推广,构建客户新业务体验平台

要想加速移动新业务的规模化推广,"体验"无疑是一柄利剑。通过体验,能使客户真正在学习和使用的过程中接受产品,在感受服务的过程中提高认知度。

近几年来,江苏移动以"手机俱乐部"为载体,努力打造新业务体验平台。凡在网的签约客户,通过兑换一定的积分或达到规定的新业务使用量即可成为俱乐部会员。会员除可用会员价格购买定制手机、积分兑换配件、享受一站式售后维修服务外,还可进行新业务体验,并可以定期参加新业务培训、讲座及业务推介等会员活动。

为增强客户对移动生活的美好感受,江苏移动在全省建立了多处移动未来生活展示厅,以紧贴生活的情节为主线,以场景为分区,整合各项已有和未来的新业务,让客户在参观过程中亲身体验掌上电视、移动导航、移动办公、移动票务、身份认证、多媒体彩铃、视频彩信、家庭监控等在未来生活中的应用。这些贴近生活的移动新业务应用给数以万计的个人、集团客户留下了美好的憧憬和遐想。

为了帮助客户有效体验新业务,江苏移动还推出了新业务体验卡。每张体验卡中预充值了一定额度的新业务使用费,未使用过相关新业务的客户可以用体验卡免费对该业务进行体验,通过体验了解业务的使用和操作过程。体验卡对每一项新业务都做了详细介绍,客户对各类新业务的特点和操作方法一目了然,真正做到了"无形业务有形展示"。体验卡的推出,对于培养客户使用习惯、激发客户对新业务的兴趣具有十分重要的作用。同时,通过推广体验卡,江苏移动积累了丰富的客户资料信息,为公司针对目标群体开展定向营销打下了良好的基础。

**优化服务体系,在体验中提升客户感知度**

体验,不仅仅是对移动通信产品和业务的感知,更重要的还有对移动通信服务的感受。没有令人称道的服务,再好的产品和业务都要打折扣。

基于这样的考虑,江苏移动在体验式营销开展过程中,不仅关注客户对移动产品和业务的体验,同时还力求让客户体验到超值的服务。为此,公司从服务渠道、服务内涵、服务队伍、服务支撑等四方面入手,不断完善和优化服务体系,提升整体服务水平,让客户从良好的服务体验中获得"心田留香"的美好感受。在服务渠道方面,江苏移动在全省加快建设沟通100服务品牌店,大力推进电子渠道建设和热线服务升级,实现营销和服务齐头并进。在服务内涵方面,大力实施个性化服务,对高端客户提供点对点服务和延伸服务,对大众客户提供标准化服务,对集团客户进行分级服务。同时,重点突出"五化",即服务显性化、服务内容明确化、服务价值凸显化、服务组合套餐化、服务展示统一化。在服务队伍方面,从行业客户经理、个人客户经理、电话经理以及投诉处理人员、营业人员、话务人员各方面充实服务力量。在服务支撑方面,通过实施全过程考核、服务周例会制度、加强一线授权等多种方式,实现对服务一线的全程支撑。

(资料来源:余雷、孙小和《体验的魅力——江苏移动全面实施"体验营销"侧记》,载《中国邮电报》,2006。)

**案例思考题:**

1. 体验营销有哪些基本战略模块?
2. 该案例中,江苏移动是如何构建体验营销模块的?
3. 在具体实践中,中国企业实施体验营销有哪些常见的障碍?如何克服这些障碍?

## 应用训练

### 网站推广实训

1. 实训目标

通过网站推广的实训,可以使学生对网站推广理论和实际的结合有进一步的了解,掌握网站推广的方法、技巧、策略;能够对互联网中存在的问题有深刻认识,并能提出相关解决方案;能够明白网站推广的趋势。

2. 实训内容

(1)利用百度、谷歌对关键词"网络营销"进行检索(百度为自然优化的网站),对排列在前10位的网站,进行下列实训:

①观察搜索结果显示的标题、页面摘要、网站链接,同时点击进入网站,记录所看到

的内容出现在网页的哪个位置?

②根据所学知识,这些网站在开展用户体验活动过程中是否存在不足?

③分别针对百度、谷歌的检索说明对从事网站推广有何帮助?

(2)登陆马云的博客,说一说博客对企业有哪些价值?

(3)电子商务专业学生小王毕业后来到一家电脑公司上班,从事电脑的销售工作。他准备利用许可 Email 营销,请你帮助小王列出详细营销计划。

# 第十五章
# 国际市场营销

## 学习目标

▶ 理解国际市场营销与相关概念的区别与联系
▶ 体会国际市场营销环境的复杂性
▶ 掌握国际目标市场营销战略及进入模式
▶ 掌握并运用国际市场营销策略

## 案例导引

### 斯沃琪手表的世界级品牌之路

1982年,两家瑞士钟表制造商(拥有欧米茄品牌的SSAH公司和拥有雷达、浪琴的ASUAG公司),一年内共损失1.2亿美元,而这两家公司年收入仅为1.2亿美元。在1984年,两家公司合并为SMH集团。1985年,德国企业家哈耶克和一些投资者共同收购了上述两家公司全部资产的51%。取得控制权后,哈耶克开始了缔造品牌神话的过程。1991年,SMH集团生产了8000万只手表和其他计时产品,到1992年,数量增至差不多1亿,并成功地将瑞士在世界钟表市场的占有率提升到53%,而且该占有率还在继续提升。SMH集团打了一场漂亮的翻身仗,斯沃琪这款诞生于80年代初期的全塑电子手表,已经风靡全球,它早已不再只是简单地发挥计时作用,而是代表了一种观念、一种时尚、一种艺术和一种文化。

哈耶克认为,低价位永远是消费市场的一个基本原则,千万不要放弃低档产品,因为低档产品能够以最低的成本进行大批量的生产,并被大量的消费群体所接受。通过市场调查,SMH发现消费者可以接受瑞士表相对于日本、香港产品更贵一些的价格,瑞士手表这种产品上的差别优势,使得即使日本劳动力成本为零,瑞士手表仍会有市场。这不是一个工资成本的问题,而是管理、创新、营销和产品的问题。因此,哈耶克大胆提出进入低价市场。随后,为实现这一目标,SMH对生产制造工艺进行改进,并实现了一系列突破,例如,把手表零件从155个减少到51个,减少转动部分,也就降低了损坏几率,并且组装手表所需人手也少多了;新建自动装配线,每天能生产3.5万块斯沃琪手表和上百万个零部件,劳动力成本从30%降到10%;保证质量,手表的返修率一般是不到3%,而斯沃琪表的返修率不到1%。SMH同样也在低档市场上寻求产品的差异性,对低档市场进行细分。他们将新产品定位于年轻的消费者,哈耶克认为,要在这个市场上取得成功,必须能够感知消费者口味的变化,这比掌握新的生产技术更重要。年轻人没有很多钱购买高档表,但需要一种时尚来满足个性化需求。

SMH创造了斯沃琪手表的神话。他们抛弃了传统工艺、技术、生产、资产和销售关系,转向更柔和、更富有主观色彩的消费者行为、偏好和情感。并针对这种需求,采取更先进的工艺制造和促销方式,将企业与消费者的关系长远维持下去。总之,只有找到消费者的真正需求所在,创建合适的传递模式,与竞争者形成差异化,企业才可持续稳定地发展下去。

(资料来源:刘永清:《斯沃琪手表的世界级品牌之路》,载《管理现代化》,2003。)

国际市场营销与普通市场营销的环境有较大区别,国际市场营销的环境更为复杂和多变,因而国际营销的策略也在普通市场营销策略的基础上有所发展。通过本章的学习,我们主要掌握国际市场营销的特殊环境分析和策略选择,重点是国际市场细分和国际目标市场策略、国际市场的进入方式选择以及国际市场的营销组合及特点。

## 第一节 国际市场营销概述

### 一、国际市场的概念

#### (一)国际市场的含义

狭义的国际市场是指各国或地区间商品交换的场所和通过国际经济活动把各国国内市场连接起来的整体。广义的国际市场则包括各国间商品、劳务、金融、投资等经济活动领域,即包括国际商品市场、国际劳务市场、国际金融市场、国际投资市场等。

如同对市场的理解一样,国际市场也可以有不同的解释,可被理解为国际产品交换的场所,也可被理解为国际商品购买者或购买集团的总和,还可被理解为国际商品交换所反映的经济关系和经济活动现象的总和。这些理解均有其合理性和适用性。但是,当我们把国际市场作为国际营销环境考虑时,应该把它看作一个系统,即国际市场是一个与商品经济相联系,由国际市场主体、客体、载体、媒体等各种要素组成的有结构、功能强大的有机统一整体。

## (二)国际市场概念的发展

### 1. 全球市场的概念

全球市场是指企业在确定自己目标市场时,不是把世界各地各市场按不同的需求差异划分为互不相关的、单个的国际市场,而是将全世界看成一个整体的市场来分析和判断,然后再进行市场细分。

### 2. 全球市场与国际市场的区别

全球市场将全世界各国的市场看成是一个整体的大市场,并依据企业自身的优势资源确定其目标市场,而国际市场是企业将某些国家或地区作为自己的目标市场。主要体现在范围大小不同。

## 二、国际市场营销的概念

### (一)国际市场营销的概念

国际市场营销(International Marketing)是指企业超出国境的市场营销活动,是国内市场营销活动在国际市场上的延伸。换而言之,国际市场营销是一种跨国界的社会和管理过程,是企业通过计划、定价、促销和引导,创造产品和价值并在国际市场上进行交换,以满足多国消费者的需要和获取利润的活动。

### (二)国际市场营销的特点

#### 1. 环境的不可控性

与国内市场相比,国际市场的营销环境更为复杂多变难以控制。由于各国地理位置、自然条件、资源构成、人口状况、生产水平、传统文化、宗教信仰以及社会制度等方面都有很大差异,企业在进行国际营销的过程中会遇到各种意想不到的困难,营销环境难以准确把握和控制。

#### 2. 市场竞争激烈

国际市场营销涉及企业与企业间、企业与消费者间、企业与国家间和国家与国家间的各种利益联系与交织,国际贸易关系与国际政治经济外交关系相互制约和影响。当今世界各国为稳定国内市场、发展本国经济,贸易保护主义盛行,一些国家推出"奖出限入"政策,一方面高筑贸易壁垒,阻挡国外商品进入本国;市场另一方面加强出口攻势,扩大本国商品出口,使国际市场上的商品营销日渐困难。

#### 3. 市场行情变化莫测

国际市场行情受到诸多因素的影响变化快、变化大,难以准确预测。国际市场营销人员要重视搜集国际市场信息并适时做出灵敏反应和正确决策。国际市场有自己独特的价格体系,市场价格的形成也受国际市场供求关系的调节。

### 4. 国际市场结构变化

国际市场结构日益发生着明显的变化。从国家构成来看,打破了少数几个国家在国际市场上一统天下的格局;从商品构成来看,新产品的比重越来越大,技术贸易和劳务贸易都在迅速发展,以许可证贸易为主要形式的知识产权贸易在国际市场上逐渐增加;从成员构成来看,集体贸易兴起,跨国公司的影响日益扩大,参与国际市场经营活动的大多数是各国的大型跨国企业或垄断组织,他们规模庞大、资金雄厚、经营范围宽广、市场垄断严重。

## (三)国际市场营销与国内市场营销

### 1. 营销环境不同

国内营销的范围局限于本国市场,受国内环境的制约;国际营销必须面对更加复杂的市场环境,不仅受企业母国的环境影响,而且还要充分适应目标国家市场的环境,如果企业进入多个国家市场,适应市场环境的难度就更大。

### 2. 营销对象不同

企业的市场营销人员面对不熟悉的营销环境和社会文化观念差异性很大的消费者和用户,需要特别对目标顾客进行深入细致的调查研究,才能采取行之有效的营销手段和策略进行市场营销活动。

### 3. 资源观和市场观不同

国内营销是利用本国的资源在国内生产和销售,国际营销是将国外的资源和市场进行合理配置,在本国或国外生产、组装、包装,在国外销售,将企业可利用的各国资源优势集中于企业的最终产品生产上。现代国际营销内容已经发生了深刻的变化,企业不仅输出有形的产品,也可能输出资本、技术和服务,不仅研究本国的输出活动,也研究在他国生产后向其他国家的输出活动。

### 4. 营销策略不同

市场营销的一般原理和策略适用于国内、国际的营销活动。所不同的是国际营销必须考虑国际市场的复杂性和多变性来应用这些策略,包括产品策略的本土化与标准化、定价策略的法律法规限制、国际市场价格竞争因素和汇率波动、渠道策略的管理控制和外国中间商的介入、促销策略的法律法规限制和各国文化背景的影响等。

### 5. 营销管理不同

国际营销管理比国内营销管理的难度大。由于各市场的环境差异大,各国政府对企业经营干预的程度不同,企业国际营销风险总体较大。跨国公司的总公司与子公司间、子公司与子公司间的利益差异性和环境差异性,企业在进行国际营销的过程中各公司的营销活动可能影响总体战略的实施,使大型跨国公司的计划、执行、控制等营销管理活动的难度增大。

### (四)国际市场营销与国际贸易

**1. 国际市场营销与国际商务的区别**

从职能范围看,国际市场营销属于国际商务的范围。国际商务包含跨国界的所有商务活动,如跨国公司创建、国际生产、国际营销、国际金融、国际会计、人力资源管理、国际贸易、跨国服务与旅游、跨国投资(海外直接投资)、国际技术转让、国际租赁、国际工程承包与劳务输出、跨国公司管理,通常指资源、商品或服务在国与国之间的转移等。显然,国际商务是一个大概念,国际营销是国际商务的组成部分。

**2. 国际市场营销与国际贸易的相同点**

国际市场营销的目的(为获取利润进行跨国界经营活动)、对象(产品及劳务)、环境(国际环境)、理论基础(比较利益学说、国际产品生命周期理论)与国际贸易具有相同点。

**3. 国际市场营销与国际贸易的区别**

国际贸易又称"世界贸易",是指国家(或地区)间的商品和劳务的交换活动。其活动范围比国际市场营销的活动范围小得多,仅仅是流通领域的交换活动,在生产与消费之间起中介作用。而国际市场营销活动不仅涉及流通领域,而且涉及生产领域、消费领域,其立足点是生产企业,经营活动贯穿于生产、流通、消费的始终。如表15—1所示。

表15—1 国际营销与国际贸易的比较

| 比较项目 | 国际营销 | 国际贸易 |
| --- | --- | --- |
| 商品移动跨越国界 | 不一定 | 是 |
| 动机 | 企业决策 | 比较利益 |
| 买卖行为 | 有 | 有 |
| 仓储运输 | 有 | 有 |
| 定价策略 | 有 | 有 |
| 营销研究 | 有 | 一般没有 |
| 产品开发 | 有 | 一般没有 |
| 促销活动 | 有 | 一般没有 |
| 渠道管理 | 有 | 没有 |

(资料来源:龚维新:《现代国际营销》,上海社会科学出版社,1995。)

## 三、国际市场营销的发展阶段

### (一)国内营销

在这一阶段,市场营销活动仅局限在一国范围之内。企业在营销决策时通常不会考虑国际市场和国际营销环境等问题。国内营销往往发生在国际市场尚未形成之前,企业面临的仅仅是一个不成熟的国内市场;或者是企业仅仅把目标市场定在国内市场,不考虑国际市场的状况。

### (二)出口营销

出口营销是企业以国内市场为基础,同时从事一部分产品的出口业务,通过产品出口进入国际市场的一种市场营销形态。这时,企业生产经营的基地在国内,营销重点也在国内。但是,或是由于国内市场的容量不够,或是由于规模经济的需要,或是国外市场具有较大的吸引力等,企业开始把自己的一部分产品销往国外市场。

### (三)国际营销

这是在出口营销的基础上,企业更多地参与某些国际市场,并有较完整的营销策略。跨国营销不仅仅是限于产品的出口,而是明确把某些国外的市场作为自己的目标市场,根据顾客的需要开发产品、建立渠道、销售产品、取得利润。

### (四)多国营销

企业同时参与多个国外市场,参与国外市场的广度有了进一步的发展,它主要是随跨国公司的出现和发展而产生的,主要特征是一个公司同时进入若干个国家的市场,并分别针对不同的市场实施不同的营销战略,出现营销地方化和多样化趋势。

### (五)全球营销

企业把整个世界(包括企业的母国)视为一个市场,不是强调各国文化背景的差异性,而是强调不同国家市场需求的一致性,据此实施全球标准化策略,并实现企业的经营目标,促使企业获得更大的发展。

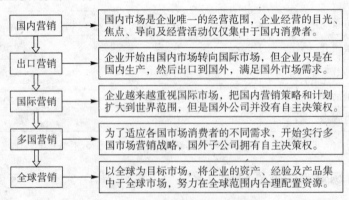

图 15-1　国际市场营销的发展阶段

## 第二节 国际市场营销环境

国际市场营销环境包括国际市场营销宏观环境和微观环境。宏观环境是指企业在从事国际营销活动中难以控制也较难影响的营销大环境,包括社会文化环境、经济环境、政治法律环境、技术环境、物质自然环境和金融环境等。微观环境是企业在不同目标市场进行营销活动中所构建的处于不同国家和不同地域的分支机构的组织结构,以及与当地社会文化特征相结合的企业文化特征等环境,主要包括企业本身的状况、供应者、中间商、竞争者、顾客和各种公众等。国际市场营销环境具有较大的复杂性和差异性,程度不同的相关性,以及控制、把握、利用和影响的较大难度等特点。本节主要讲述国际市场营销宏观环境。

### 一、国际社会文化环境

国际市场营销文化环境是指对企业国际营销活动产生影响和制约作用的各种文化因素的总和,是企业从事国际市场营销活动的重要外部条件。文化是人类在社会历史发展过程中所创造的物质财富和精神财富的总和,它包括物质文化、语言、审美、教育、宗教、社会组织、文化变化等。人类学家一致认为,每种文化都具有三个特征:第一,文化非遗传之物,而是由人们后天学习获得的;第二,知识、信念、道德、习惯和其他各种文化要素构成相互联系、大小各异的总体;第三,文化是由特定社会集团成员具有理智的行为特征所构成,它不仅体现自己的行为,而且体现对他人行为的要求。

(一)物质文化

物质文化质量的高低和完善程度直接影响了国际营销的方式、规模,如运输、能源、沟通媒体(如广告促销策略)、商业设施(如分销渠道选择)等。国际营销者在把握东道国的物质文化时,要注意到各国不同的物质文化水平直接影响购买者对其所需产品的质量、品种、使用特点及其生产、销售方式的要求。

(二)语言

语言是文化的镜子,是文化的核心组成部分,折射出民族的价值观和世界观,反映某一文化的本质特性,也是经济活动沟通的桥梁和表达思想、传递感情的工具,需要适时、适地而用。

(三)审美

美是一种高层次的人类心理需求,是关于美、审美认识的观念,是文化的重要组成部分。在不同的文化环境中,美有不同的评价标准,人的审美活动(如对数字、色彩、图案、形体、运动、音乐旋律与节奏、建筑式样等艺术表现形式的喜好和忌讳)对产品设计和营销有很大影响,是营销活动的重要工具。国际营销者对自己的产品、包装、广告、工厂布置应注意迎合当地的审美偏好,依据营销环境所包含的审美观来设计产品和包装、广告,进行工厂和店铺布置。

(四)教育

教育是技能、思想、态度的传授和专门知识的学习和培训。教育与经济发展水平密切相关,越是经济发达的地区和国家教育越受重视,教育水平也越高。教育状况影响国际营销表现在这样几方面:其一,受教育水平影响人们的消费行为;其二,受教育水平制约国际市场营销活动;其三,教育状况影响当地市场的商品构成;其四,受教育水平影响国际营销活动在当地可利用的人力资源状况。

(五)宗教

宗教对很多国家和地区的国际市场营销活动的影响很大。宗教信仰影响了人们的消费行为、社交方式、穿着举止、经商风格、价值观、和谐与冲突的方式,以及人们对时间、财富、变化、风险的态度。企业要在其国际营销活动中充分认识到宗教信仰对企业营销的影响,尊重目标市场各方的宗教信仰和观念,充分利用营销契机、巧妙规避风险。

(六)社会组织

在对社会组织的考察中,分析社会阶层、家庭规模和特点、群体行为等对国际市场营销活动的开展具有很大意义。

社会阶层是一个社会具有相对同质性和持久性的群体,按等级排列。同阶层成员,具有类似的价值观、兴趣爱好、行为方式乃至产品偏好。家庭的作用在不同的社会中具有差异性。亲属关系是社会组织的最基本组成部分,农业社会的家庭是最重要的社会中心,为家庭成员提供衣食住行、教育、文化传承,浓厚的家庭观念使家庭成员之间联系紧密,购买决策以家庭为主,家庭成员的消费受家庭的影响很大。相关群体是与消费者具有社会关联的亲友、同学、同事、邻里等,因相互之间有观念、爱好等方面的影响,也需要采取有针对性的营销措施。

(七)文化变化和文化变化阻力

文化不是一成不变的,它是随着社会、经济和科学技术的飞速发展不断发生变化的,文化变化的过程中总存在文化借鉴和文化融合的现象。从总体来看,文化变化总是向着有利于社会发展的方向变化。文化变化有时为企业从事国际市场营销带来机会,有时却会造成企业国际营销的威胁。

## 营销聚焦

### 迪斯尼公司的跨文化营销

跨文化营销是指企业在两种以上不同文化环境下进行的营销活动。这种营销活动强调达成交易的双方(企业与顾客、客户、分销商、供应商等)的文化背景差异管理。其主要包括跨文化营销战略管理、跨文化需求分析和市场调研、跨文化产品开发及定价、跨文化品牌管理、跨文化渠道管理、跨文化促销、跨文化服务管理等内容。

迪斯尼公司(以下简称"迪斯尼")是由美国著名动画片制作家沃尔特·迪斯尼于1955年在美国本土创立的,它的核心产品就是"娱乐"。迪斯尼乐园的经典招牌形象"米老鼠"和"唐老鸭",深受世界范围内儿童、少年、甚至成人的欢迎。美国《时代周刊》已经把它们列为代表美国文化的10个最典型形象之一,成为美国文化的优秀品牌。它作为世界上第一个真正意义上的主题公园和服务营销公司,至今已有50多年的历史,是跨国经营发展公司的典型代表。自从其在美国加州洛杉矶建立第一个以迪斯尼动画人物为主体的主题公园——迪斯尼乐园取得成功之后,又在本国佛罗里达州迈阿密建立了第2家乐园——迪斯尼世界。从此之后就走上了跨国、跨地区的发展之路,该公司先后在东京、巴黎、香港分别建立了3个主题公园。

1983年,"迪斯尼"决定走向海外,建成了日本迪斯尼乐园,完全采用美国"迪斯尼"的标准化经营模式,并连年创下该公司的收入新高,以至引起许多文化与营销学家的关注。显而易见,日本作为东方文化的典型代表,与美国的西方文化有着极为明显的差异,但迪斯尼公司在经营和营销方面却获得了显著的成功,并成为跨文化营销的典范。

其一,二战历史形成了日本对美国文化的崇拜和认同。二战中,美国率领盟国占领日本,战后,美国又不遗余力帮助日本重建,使日本经济迅速恢复,变成世界经济大国,对此日本人感激涕零,从心底对美国产生了一种推崇感和认同感,而"迪斯尼"所代表的正是典型的美国文化。在这种情况下,"迪斯尼"进入日本非常顺畅。

其二,日本人崇尚集体主义,是世界上最爱结伴旅行的人群。日本儿童和青少年热爱参加由学校组织的活动,这种崇尚集体活动的文化特征无形中大大促进了娱乐消费,为"迪斯尼"带来了不菲的利润。

其三,日本东京是"迪斯尼"在亚洲开办的第一家海外机构,其地理位置决定了"迪斯尼"将获得更广泛的潜在市场,其异域文化的神秘色彩对亚洲市场具有强烈的吸引力和感召力,为迪斯尼乐园成功开发海外市场,实施跨文化营销策略奠定了重要基础。

(资料来源:陈学清:《迪斯尼跨文化营销经验的启示》,载《企业研究》,2006。)

## 二、国际经济环境

国际市场营销的经济环境是各种直接或间接影响和制约国际市场营销的经济因素的集合,是国际市场营销环境的重要组成部分,具有国际市场营销环境的各种特征。它可以分为三个不同层次:一是从全球的角度出发,考察整个世界经济的基本状况(国际金融环境、国际贸易环境、经济周期、世界经济结构);二是从一个国家角度出发考察某个具体国家的经济状况,及其对国际营销效应国别层面的经济环境(即本地经济环境);三是从世界区域性范围及区域性组织出发考察某些文化背景相似、经济发展水平相当、关系往来密切的一系列国家和地区区域性层面的经济环境。

## 三、国际政治法律环境

国际市场营销的政治环境指各种直接或间接影响和制约国际营销的政治因素的集合,包括全球的国际政治环境和东道国的政治环境。它们对企业的国际营销活动产生重大的影响和制约作用。

国际政治法律环境主要包括国内法律、国际法律、东道国法律、解决国际营销争端的途径等。国内法律主要有出口控制,即限制、管制、管理出口许可证制度;进口控制,即通过关税、非关税、配额制严格控制进口产品和数量(国际收支赤字国这方面的控制尤其严格);外汇管制,即外汇供需和使用管制,包括限制本国出口商所能持有和获得的外汇数额,限制国外投资者所能汇出的利润数额等。国际法是调整交往中国家间相互关系并规定其权利和义务的原则和制度,国际法的主体即权利和义务的承担者是国家。依据是国际条约、国际惯例、国际组织的决议、有关国际问题的判例。对国际市场营销活动影响较大的国际经济法有保护消费者利益的立法(国际产品责任法),确定生产者和销售者对其生产或出售的产品所应承担的责任,保护消费者的合法权益;保护生产制造者和销售者的立法(如工业产权法、专利法和商标法);保护公平竞争的立法(如国际反托拉斯法、限制性商业惯例、保护竞争法);调整国际经济贸易行为的立法(各种国际公约、条约、惯例、协定、议定书、规则等)。东道国法律是影响国际市场营销活动最经常、最直接的因素,东道国法律对国际营销活动的影响主要体现在产品标准、定价限制、分销方式和渠道的法律规定和促销的法规限制。

## 四、国际技术环境

技术革命带来技术创新,改变企业生产、经营和管理组织模式,同时改变市场运行模式和机制。近年来的信息技术革命带来全球经济一体化,推动知识经济发展,也改变了传统工业经济时代的营销模式和竞争策略。特别对于一些发达国家,它们的经济正在发生或已经发生转型,知识经济已初见端倪。因此,企业在制定国际营销策略时,必须注意到技术革命特别是信息技术发展带来的变化。以信息技术革命为中心的知识经济,作为一种新型经济形式对企业开展国际营销活动的影响是多方面的。

知识经济时代要求企业的发展必须以服务为主,以顾客为中心,为顾客提供适时、适地、适情的服务,最大限度地满足顾客需求。因特网作为跨时空传输的"超导体"媒体,克服了国际营销过程中时空的限制,可以为国际市场中所有顾客提供及时的服务,同时通过因特网的交互性可以了解不同市场顾客特定需求并针对性地提供服务,因此,因特网可以说是国际营销中满足消费者需求最具魅力的营销工具。因特网将同4P(产品/服务、价格、分销、促销)和以顾客为中心的4C(顾客、成本、方便、沟通)有效结合,从而对企业国际营销产生深刻影响。

人类自从进入蒸汽机时代以来,就无时无刻不感受到技术革命带来的冲击,尤其是当代技术革命对人们的思想观念、人类的生存条件、人们的工作方式等带来了难以预料的变化。在知识经济时代,信息技术成为目前众多技术中发展最快、应用最广和经济效益最大的高新技术。信息技术发展的核心是计算机技术,因此各国特别重视对计算机技术的开发,特别是计算机的灵魂——软件技术的开发和使用,已经成为企业竞争的重要手段。

### 五、国际自然环境

各国自然条件包括地形、气候、土地面积、自然资源等。各国自然环境对企业从事国际营销产生了很大影响,国际营销者不仅要注意各国资源分布的差异对各国经济发展与贸易格局的影响,还要关注各国资源拥有状况的变化对社会经济的影响。

基础设施包括交通设施、通讯设备、仓库等。便利的交通运输为国际营销活动提供更多选择的机会、易于降低营销成本,运输基础设施的好坏及效率与国家的经济发展水平相联系。邮政、电话、印刷、无线电、电视、电脑等国际通讯设备水平及普及程度、因特网的使用面,以及企业对市场信息掌握程度和速度,影响商务交易的便捷程度和交易成本,进而影响企业国际营销的竞争力。商业基础设施如仓库、批发商、零售商网点设置、广告机构、市场调研机构、金融保险机构、管理咨询机构等的完备和效率直接影响国际营销活动的展开(如物流管理、分销渠道选择,融资渠道选择和广告决策)。企业必须考虑自然环境和基础设施对企业在从事国际营销活动的过程中的不同影响,选择适合当地自然环境和基础设施情况的国际营销策略组合,以期达到预定的营销绩效。

工业革命使经济飞速发展,也使环境遭到全球性的严重破坏,随着人类的环境意识的不断提高,环保运动兴起。环保运动对企业营销既造成威胁又带来机遇,企业在设计、制造、销售时必须投入大量资金研究减少污染的方法和举措,提高了生产成本,但研制控制环境污染的设备的企业却有了广阔的发展机会。

# 第三节 国际市场营销战略

## 一、国际目标市场战略

国际目标市场是在对细分市场的盈利前景和规模进行评估的基础上,结合企业自身条件,从中选定一个或几个细分市场作为自己的营销对象。

### (一)国际市场细分和目标市场选择

按照一定标准把整个国际市场细分为若干个需求不同的子市场,是企业确定国际目标市场和国际市场营销策略的必要前提。所谓国际市场细分,是指企业按照一定的细分标准,把整个国际市场细分为若干个需求不同的子市场,其中任何一个子市场中的消费者都具有相同或相似的需求特征,企业可以在这些子市场中选择一个或多个作为其国际目标市场。

选择国际目标市场的战略主要有无差异营销战略、集中营销战略和差异化营销战略等。选择国际目标市场时主要考察的内容有市场规模、市场增长速度、市场进入难易程度、风险程度和相对竞争优势。

企业对国际市场进行细分后,先在众多的国家中确定某个国家或地区作为大的目标市场,然后把这个目标市场国家进一步地依据地理、人口、行为、心理等因素进行微观细分,并从众多的子市场中选择一个或几个作为具体的目标市场,并且确保每个目标市场都具有未被满足的消费者需求,每个目标市场都能够被扩大以便获得销售额的提高,为企业带来更多的利润。

### (二)进入国际目标市场的模式选择

#### 1. 国际目标市场进入模式

进入国际市场模式是企业对进入外国市场的产品、技术、技能、管理、资源所进行的系统规划。包括出口进入、契约进入和投资进入三种模式。

(1)出口进入模式。企业进入国际市场的重要方式一般为间接出口和直接出口。间接出口指将产品卖给国内出口商或委托出口代理商代理出口,直接出口指企业不通过国内中间商(机构),直接将产品销给国外客户。

(2)契约进入模式。契约进入模式是国际化企业与目标国家法人单位间通过转让技术或技能维持长期的非股权联系。具体分为许可证进入模式、特许经营进入模式、合同制造进入模式、管理合同进入模式和工程承包进入模式等。

许可证进入模式,是企业在一定时期内向东道国企业转让其专利、商标、产品配方、公司名称等各种有价值的工业产权的使用权,取得提成费用及其他补偿。

特许经营进入模式,是许可方将商业制度及专利、商标、包装、产品配方、公司名称、技术技能、管理服务等无形资产及其他产权通过合同许可东道国特许方使用并指导其生产及管理,并获取一定初始费用及定期按营业额一定比例支付专利使用和管理咨询等费用。

合同制造进入模式,是外国企业向东道国企业提供产品零部件由其组装,或外国企业向东道国提供详细的产品规格标准并由其仿制,由外国企业自身负责营销的市场进入方式。

管理合同进入模式,是管理公司以合同形式承担另一公司的一部分或全部管理任务,以提取管理费、部分利润、以某一特定价格购买该企业的股票作为报酬的市场进入模式。

工程承包进入模式,是企业通过与东道国企业签订合同进行项目设计,建造完成某一工程项目,并将该项目交付合同方后提供诸如管理和培训工人,为对方经营该项目做准备等服务的方式进入东道国市场。

(3)投资进入模式。投资进入模式又称股权式进入,分为合资与独资进入方式。合资进入即投资企业与目标国家企业联合投资,共同经营,共同分享股权及管理权,共担风险。独资进入即企业独自到目标国家去投资建厂,拥有完全的管理权、控制权和90%以上的产权,进行产销活动,独享经营利润、独自承担风险。

**2.进入国际目标市场的模式选择**

影响企业进入模式选择的因素主要包括:

(1)目标国家的市场因素。如果目标国家的市场规模、市场潜力较大,则企业可考虑以投资模式进入,尽可能地扩大销售额;反之,则可以考虑以出口模式和契约模式进入,以保证企业资源的有效使用。如果目标市场的竞争结构是垄断或寡头垄断型,企业应考虑以契约模式或投资模式进入,以使企业有足够的能力在当地与实力雄厚的企业竞争,如果目标国家的市场结构是分散型的,则应以出口模式为宜。

(2)目标国家的环境因素。如果目标国家的政局稳定、法制健全、投资政策较为宽松、人均国民收入比较高、汇率稳定,则可以考虑采取投资模式进入;反之,则以出口模式或契约模式进入为宜。如果目标国家距离本国较远,为了省去长途运输的费用,则可以考虑契约模式或投资模式。如果目标国家的社会文化和本国文化差异较大,则最好先采取出口模式或契约模式进入,以避免由于文化的冲突造成巨大的摩擦成本。如果目标国家的生产要素价格比较低、基础设施比较完善,则比较适合采取投资进入模式,否则应采取出口模式。

(3)国内因素。国内因素主要包括本国市场的竞争结构、生产要素和环境因素三个方面。如果本国市场是垄断竞争或寡头垄断型,企业可以考虑以契约或投资模式进入国外市场;如果本国市场的竞争程度比较高,则企业可采取出口模式;从生产要素来看,如果本国生产要素比较便宜且容易获得，则企业可以采取出口模式进入国际市场。所谓本国的环境要素是指本国政府对出口和对外投资的态度。

（4）企业产品因素。主要有企业产品要素的密集度、价值高低和技术含量。劳动密集型和资源密集型产品主要以具有丰富自然资源的国家为生产基地，如果目标国家具备这些条件，那么可以采取投资模式，就地设厂，以节省出口的中间费用；如果企业生产的产品价值高、技术复杂，考虑到目标国市场的需求量，以及当地技术基础的配套能力，则以出口模式为宜；如果客户对产品的售后服务要求比较高，以及那些需要做出大量适应性变化以销售国外市场的产品，企业最好采取契约模式或投资模式进入。另外，企业的主线产品、核心技术在进入目标国市场时，大多应采取投资方式，且以独资为主。

（5）企业的核心竞争力。就核心竞争力而言，企业可以分为两类：一类企业的核心竞争力是技术诀窍，另一类企业的核心竞争力是管理诀窍。当企业的竞争优势建立在技术诀窍上时，应尽量避免许可协定和合资企业的经营方式，以降低技术失控的可能性；当企业的竞争优势建立在管理诀窍上时（以管理技巧为基础的大多是服务性企业，如麦当劳、希尔顿国际饭店等），这些企业最宝贵的是他们的品牌，而品牌是受国际标准化法律保护的，因此可以采取特许经营和建立子公司相结合的方法。

（6）企业资源与投入因素。企业在管理、资金、技术、工艺和销售方面的资源越充裕，企业在进入方式上的选择余地就越大。如果企业的资金较为充足，技术较先进，且积累了丰富的国际市场营销经验，则可以采取直接投资模式进入国外市场；反之，则以出口模式和契约模式为宜，待企业实力增强，积累了一定的国际市场营销经验后再采取直接投资模式。

三种进入模式代表了国际市场营销活动从低级到高级的三个主要阶段。从进入深度看，国际化经营企业强调用资源投入到东道国市场的相对程度比例来衡量，资源投入越多，进入越深；从控制程度看，与进入深度正相关的是国际化经营企业在东道国经营企业所拥有的决策能力和影响力，包括经营决策（经营职能、管理职能、营销职能的发挥等）和发展决策（投资战略和发展战略等）两个层次。掌握控制权可有效保护企业利益并按照自己的战略部署进行经营管理，在处理与东道国政府和合作企业关系时就有了主动权和影响力。从灵活性看，国际化经营企业要具有能够迅速、低成本地改变经营地点、进入方式及退出东道国市场的能力；从风险性看，与进入深度正相关，是不可预期损失的可能性及损失程度，包括环境风险（东道国政局动荡和对外贸易政策的调整等）、经营风险（投资信息的不确定、市场不完全性、交易成本高、机会成本高等）。

**二、国际市场营销策略组合**

国际市场营销策略组合包括国际产品策略、国际定价策略、国际分销策略、国际促销策略和国际公共关系策略。

## (一)国际市场产品策略

国际市场产品策略面对更为广阔的国际市场,需要根据市场营销原理在具体产品策略的基础上更为关注产品的战略规划。沃伦·基根将国际市场产品战略分为三种:直接扩散、产品适应、产品发明。直接扩散产品是指产品不作任何改变即进入国外市场,寻找新的客户。这种产品战略对企业具有很大的成本吸引力,但不利于企业在国际市场的长期发展。产品适应是指改变产品的性能特性、用途宣传等以适应当地市场情况或偏好。产品发明是指发明或创造新的产品以供应海内外市场,以应对日益剧烈的市场竞争和不断变化的消费需求。国际市场产品策略通常是差异化策略和标准化策略的组合,企业可根据目标市场具体情况选择有所偏重的产品策略组合。

国际市场产品生命周期是一个产品从研究开发成功投入国际市场,迅速成长到市场饱和,直至被市场淘汰退出整个国际市场的一个完整的销售变化过程。与一般典型产品市场生命周期相似,国际产品的生命周期经历了新产品发明阶段、产品成长和成熟初期阶段、成熟期和产品标准化阶段。新产品发明阶段,又称产品介绍期,企业在发达国家开发新产品,掌握新产品的发明、制造、应用,满足本国消费需求;产品成长和成熟初期,由于发达国家的这种产品供过于求,将产品销售到其他较发达国家和发展中国家,这项技术逐渐被其中较发达国家学习掌握、进行研究和仿制;产品成熟期和标准化阶段,该产品不断完善后可以进行标准化大量生产,在世界范围内该产品的成本基本无差异,发达国家从较发达国家和发展中国家进口该产品,同时致力于新产品、新技术的研发。

## (二)国际市场定价策略

国际市场的定价问题不同于国内市场的定价,企业的国际定价决策不仅在经济上,而且在政治上比较敏感。影响国际市场产品定价的因素有定价目标、产品因素(产品成本因素、产品生命周期因素、产品的市场需求状况等)、市场因素(市场竞争环境、市场竞争条件、母国和目标市场国家的政府政策等)及国际性因素。

国际市场定价可根据企业资源状况和国际市场竞争状况采取全球标准价格、双重价格和市场差别价格策略。全球标准价格策略即产品在世界各地实行统一的价格;双重价格策略即企业对某种产品制定两种不同的价格(在国内市场用一个与国内经济和购买条件相适应的价格,出口和在外国生产销售时采用与目标市场的经济状况与购买条件相适应的价格);市场差别价格策略是企业根据目标市场实际情况而制定的价格,目标市场不同,产品价格也不同。

转移价格和倾销是近年来国际市场定价中出现的主要问题。转移价格是企业内部母公司与子公司,或子公司与子公司间转移产品或劳务的定价。跨国公司根据其全球战略目标,在公司内部销售商品和劳务的价格,不受市场一般供求关系影响,是跨国公司借以获取最大限度利润的一种手段。倾销是企业在海外市场廉价抛售产品,其售价低于产品正常价值的价格或公平价格。倾销被视为一种不正当的竞争手段,为WTO所禁止,因此反倾销也成为各国保护本国市场,扶持本国企业强有力的借口和理由。

### (三)国际市场分销策略

国际分销渠道是指产品从一国生产企业到达国外最终购买者手中(消费者和最终用户)所经过的各个环节和途径。它实质上是把产品及其所有权从生产者转移到最终购买者的所有活动(功能)的一套组织机构。

企业把自己的产品或服务通过某种途径或方式转移到国际市场消费者手中的过程及因素构成国际分销系统。其中,转移的途径或方式被称为国际分销渠道。在国际分销系统中,一般具有三个基本因素:制造商、中间商和最终消费者。制造商和消费者分别为分销系统的起点和终点。当企业采取不同的分销策略进入国际市场时,产品或服务从生产者向消费者的转移就会经过不同的营销中介机构,从而形成不同类型的国际分销结构。出口企业管理分销渠道主要有两个目标:一是将产品有效地从生产国转移到产品销售国市场;二是参加销售国的市场竞争,实现产品的销售和获取利润。为实现这两个目标,一次分销过程要经过三个环节:第一个环节是本国的国内分销渠道,第二个环节是由本国进入进口国的分销渠道,第三个环节是进口国的分销渠道。

由于环境差异和各国分销渠道间的差异,国际分销渠道的选择有较大的困难,必须依据企业营销目标、产品特性和目标市场的渠道特征等因素进行慎重选择。企业对销售渠道的决策,在很大程度上依赖于客观环境条件(如法律法规限制、渠道控制、盈利性、渠道长度与宽度、销售条件、分销系统的所有权等),所以,应结合企业营销目标和产品市场需求状况与成本等因素综合考虑。

由于环境差异的客观存在,企业对其在国外的分销渠道的控制具有较大难度。在制定国际分销目标时,需根据企业的营销目标如利润、市场占有率、顾客服务水平等,与企业自身的规模实力发展状况、市场竞争状况、各种环境变化状况与发展趋势来确定企业总的分销目标、具体目标、长期的和短期的分销目标,审慎选择国内外中间商。为保证企业高效率完成营销目标,可通过适当手段评价、激励和控制国际分销渠道,在必要时对国外分销渠道进行增加、替换、更新、更换、改变等调整。

### (四)国际促销策略

由于国际市场环境的多样性和复杂性,国际促销策略的选择需要针对目标市场的环境状况来确定。国际促销策略主要包括国际人员推销策略、国际广告策略、国际公共关系策略和国际营业推广策略。

**1. 国际人员推销策略**

国际人员推销是指企业派出推销人员,或委托、聘用当地人员,向国外顾客介绍商品,洽谈交易,以达到销售产品的目的。推销人员与顾客联系、进行信息沟通的方法包括面对面、书信来往、电话等。

由于目标市场国与企业母国环境的巨大差异,企业在目标市场工作的推销员的选择(尽管企业也可以选择其母国或第三国的公民),一般企业仍采用当地人,以适应当地的文化观念包括价值观、宗教信仰、风俗习惯、商业习惯等。这样有利于企业取得预期的营销目标。

**2. 国际广告策略**

在目标市场国,影响国际广告的主要限制性因素可能有语言文化和政府对广告的法规限制(如对广告商品种类的限制、对广告内容的限制、对广告媒体时间的限制和对广告税率的限制等)。与国内广告相比,国际营销广告有自身的一些特点,如必须遵守目标国的广告法规,尊重目标国的风俗习惯、宗教信仰和其他环境因素。国际营销广告的限制因素较多,主要集中在以下方面。

(1)语言的限制。广告信息可以是标准化的,但语言必须是地方化的。如美国百事可乐公司的一幅英语广告"Come Alive With Pepsi",意指"喝了百事可乐,使您充满活力"。这在美国是颇有吸引力的,但到了法国,直译成法语的意思就变成"喝了百事可乐等于从坟墓里爬出来"。

(2)政府限制。一是对某些产品的广告进行限制。如英国、法国、加拿大、意大利、丹麦、挪威、瑞典、芬兰等国家都禁止香烟广告。哥伦比亚政府规定,酒类广告必须经政府批准交税后才能播放。法国禁止做与竞争者产品相比较的广告等。二是对广告信息的限制。世界上有24个国家规定,某些广告在播出之前,必须经有关部门批准。三是对广告媒介的限制。如比利时、丹麦、瑞典等国家禁止在电视和广播中做广告。荷兰每天电视广告不得超过10分钟,法国不得超过13分钟,瑞士不得超过150分钟,德国不超过27分钟,西班牙可以超过60分钟,美国较宽松,平均每一频道每天播放广告的时间可达180分钟。四是对广告开支的限制。许多国家的大公司广告开支越来越大,因此,政府便采取措施进行干涉和限制,以降低产品流通费用,达到降低产品零售价格的目的。如英国政府曾要求尤尼莱费公司和宝洁公司减少在英国的广告费用。

(3)广告媒介的限制。以电视媒介为例,有些国家完全限制电视广告,有些国家限制某些产品在电视上做广告,另有一些国家则规定电视台每天播放广告的时间。有些国家通讯基础设施落后,某种或某些广告媒介的普及率很低,这也限制了企业做广告时对媒介的利用。

(4)广告代理商的限制。限制国际广告的另一因素是各国广告代理商的可获性。有些国家广告业很发达,广告代理商数量多、规模大、服务质量高;而在另外一些国家中很难找到合格的广告代理商。

**3. 国际公共关系策略**

企业从事国际公共关系比在其母国的难度要大得多,范围也有所不同。在国际营销中,除利用公共关系来树立企业的良好形象和信誉,争取获得对企业有利的新闻报道,巩固企业在目标市场国的市场地位外,还要处理突发的谣言和对企业不利的新闻。

每个国家、民族甚至地区,均有其独特的社会环境、生活习惯和消费标准,都是一个独特的市场。因此,开展国际公共关系工作,必须坚持以下几项原则:

(1)加强调查研究,增强针对性。承担开展国际公共关系任务的组织,要全面深入地了解自己将要与之交往的外国公众的情况。包括他们的要求、对本国所持的态度、有关影响外国公众心理状态的社会、经济、政治、文化、状况以及风俗习惯等。

(2)善于运用国外公众经常接触的新闻传播媒介。一是要了解你的目标公众所在国新闻传播媒介的基本情况,例如主要的报纸、刊物、广播、电视、出版商、知名记者、编辑、政府管理机构、有关法律规定、广告收费标准等;二是选择新闻媒介进行广告宣传,提供新闻资料和邀请记者采访等,既要考虑新闻媒介的视听对象、发行范围和信誉程度,也要结合企业本身的形象和产品、服务的范围来加以确定;三是不论企业在国外传播何种信息,都要十分注意运用当地的语言,适应当地的风俗和文化背景,尽量能够为他们所接受,绝不能触犯当地约定俗成的政治、风俗、宗教、文化等方面的禁忌,避免引起当地公众的反感,防止弄巧成拙,得不偿失;四是加强和所在国的公众代表、社会知名人士和公共关系机构的联系。

**4. 国际营业推广策略**

在国际营销中,具体的营业推广活动一般由目标市场国的代理商、经销商负责,企业也可联合或独立举办国际商品展览会或展销会这类具有特色的营业推广活动。但在具体操作过程中也要注意目标市场国各种影响企业进行国际市场销售推广的因素,如当地政府的政策法规限制、经销商的合作态度和市场的竞争程度与状况等。国际营销推广主要策略如下:

(1)超前与滞后策略。所谓"超前营业推广策略",是指企业在市场变化前,依据市场预测和商情分析,针对未来市场需求及早运筹,提前采取行动、抢占市场、取得竞争主动权的策略。1990年夏季,世界气候反常,一向炎热难耐的日本出现了"冷夏"现象,最高气温一般在摄氏27度左右。一直畅销的电风扇无人问津,使某些国家和地区的企业在日本销售电风扇的生意遭到厄运。而素来凉爽无酷夏的美国和加拿大等北美国家,却出现了奇热难忍的现象,一向倍受冷落的电风扇严重供不应求,价格高涨。香港、韩国一些电风扇厂商深知气候对电风扇销售量的影响,早在电风扇销售之前就请有关气象专家对世界气候进行预测分析,专门研究预测各贸易国的气候情况,超前决策,较早调整产品投入方向,将原计划投放日本的电风扇改投北美等国,不仅避免了因气候变化可能给企业带来的损失,而且大大提高了企业效益。所谓"滞后营业推广策略",是指企业利用市场细分方法,针对市场多样化需求销售老产品、传统产品或滞销产品,使其增值增效的策略。例如当企业正着眼生产款式新、功能全、屏幕大的彩色电视机时,有的企业却发现多年遭受冷落的黑白电视机在发达国家峰回路转,又成为家庭购物的选择商品。

黑白电视机体积小,适用范围广,厨房、卫生间均可放置;生产技术和工艺水平十分完善,质量可靠,物美价廉;无色彩放射,对儿童、青少年视力无影响。由于黑白电视机有上述特点,使许多发达国家的家庭争购黑白电视机,而这些国家早已不再生产黑白电视机了,市场需求难以满足。我国江苏外贸部门抓住这一市场机会,积极组织货源,使我国黑白电视机成功地打入发达国家市场,从老产品中创造出新效益。

(2)填缺与候鸟营业推广策略。所谓"填缺营业推广策略",是指企业及时抓住市场空缺机会,以自己的产品有效填补市场空缺的策略。例如,中东地区的一些国家,在竹笋、食用菌罐头营销中,凭借得天独厚的资源优势和先进的加工技术占有较大的市场份额,产品畅销欧美各国,一直保持着强大的竞争优势,令同行业奈何不得。由于近年来中东地区连年战争不断,严重影响经济的发展,传统的竹笋、食用菌罐头销量锐减,出现较大的市场空白。台湾、韩国的一些企业及时抓住这一市场机会,调整产品结构,不失时机地把产品投放到国际市场,轻而易举地获得了成功。

所谓"候鸟营业推广策略",是指企业根据市场需求变化规律或消费习俗,提早组织货源,应时应需地组织营业推广策略。二次世界大战中,美国在日本广岛、长崎投放了原子弹,使这两个城市闻名于世。战后,为祈祷世界和平吉祥,每年都有数以万计的日本人和外国人在原子弹投放日,不远万里从四面八方聚集在广岛、长崎举行悼念活动。这一具有规律性的活动为许多精明的企业家提供了营销机会。其中韩国三星集团的一家生产玩具的电子公司,每年都特意制作一批象征和平、祝愿吉祥的工艺品按期设点销售,大受日本以及外国游客的欢迎,产品十分畅销,为企业赚取了大量利润。

(3)环境促销策略。所谓"环境促销策略"是指企业利用商品内外部环境,美化商店、烘托气氛、吸引顾客、刺激购买的策略。商店的购买环境是商品买卖的空间,它包括商店的外观建筑造型、门面、户外广告橱窗、室内装饰、货架柜台陈设、服装设施、停车场等内容。改善购物环境已成为众多商家吸引顾客,强化竞争实力的重要手段。

## 本章小结

本章对国际市场营销的基本概念、营销环境、营销战略及营销策略进行了详细阐述,在学习中要结合现代社会国际形势的变化,深刻理解国内和国际市场营销的关系及国际市场营销环境的错综复杂性。由于国际市场环境的多样性和复杂性,国际促销策略的选择使用更多的需要针对目标市场的环境状况来确定。国际促销策略主要包括国际人员推销策略、国际广告策略、国际公共关系策略和国际营业推广策略。学习中,应结合相关理论分析具体问题,以拓展国际营销视野,促进国际营销业务技能的提升。

## 本章习题

1. 国际市场与国内市场的主要区别是什么?
2. 国际营销环境与国内营销环境有何不同?

3. 国际市场进入的方式有哪些？各方式有什么不同？
4. 国际营销策略与国内营销策略的区别是什么？
5. 国际营销有何发展趋势？

## 案例研讨

### 重组汤姆逊，TCL 绕道国际市场

近几年，具有规模、制造成本优势的国内彩电业，在进军国际市场时，面临研发力量薄弱、贸易壁垒、在目标市场的品牌知名度低、营销渠道不健全等问题。特别是研发力量薄弱、贸易壁垒两大问题，有可能让国内彩电企业在彩电技术升级浪潮和国际市场中遭遇重大挫折。

2003 年 11 月 4 日，TCL 集团与法国汤姆逊签署了彩电业务合并重组协议。而美国当地时间 11 月 24 日，美国商务部初步裁定中国一些电视机生产商向美国市场倾销其产品，已圈定的长虹、TCL、康佳、厦华 4 家强制调查对象都被认定存在倾销，倾销价差为 27.94% 到 45.87%。这个裁定，对其他几家的打击是致命的，特别是长虹，它占据了国内出口到美国份额的半数以上。但正因为 TCL 的兼并，它不仅没有受损，反而成了最大的受益者，填补了其他企业留下的市场空白。

TCL 集团与汤姆逊集团签署的合作备忘录，拟由双方共同投入电视机和 DVD 资产，设立一合资公司，TCL 集团持有其 67% 股份。该合资公司将被打造成为全球最大的彩电厂商。TCL 集团将会把其在中国大陆、越南及德国的所有彩电及 DVD 生产厂房、研发机构、销售网络等业务投入新公司；而汤姆逊则会将所有位于墨西哥、波兰及泰国的彩电生产厂房、所有 DVD 的销售业务，以及所有彩电及 DVD 的研发中心投入新公司。TCL—汤姆逊公司成立后，其全球彩电销量将达 1800 万台，而去年全球彩电冠军"三星"的业绩是 1300 万台。

TCL 策略解析

1. 突破专利与研发实力薄弱的技术天花板

目前我国彩电企业在核心技术方面基本上没有专利权。在以往，核心零部件虽然需向外资企业采购，但国内企业依靠整机成本优势，在市场上还是有一定的话语权。但 2002 年年底，汤姆逊公司向我国彩电企业提出索要专利费的通牒，提出的专利共达 20 项，范围从小于 20 英寸的小彩电到 25 英寸的大彩电，平均每台要价 1 美元。作为老牌彩电企业，"汤姆逊"在传统彩电领域拥有 34000 多项专利，中国彩电产品只要出口，就很可能落入专利的陷阱。而联姻汤姆逊，TCL 就轻易化解了专利危机。

从全球范围来看，电视技术发展的速度越来越快，电视更新换代的周期越来越短。中国企业从零开始搞研发，能否在短期内取得突破，是一个很大的疑问。TCL 通过与汤姆逊的合资，很好地解决了研发环节薄弱的问题。根据协议，汤

姆逊全球所有的电视和DVD研发中心都归合资公司所有。汤姆逊拥有传统电视机的所有主要专利和大部分数字电视与DVD专利。合资公司成立以后,TCL虽然仍会按照市场规则支付专利费用,但李东生表示,合资公司有能力产生新专利。很快,TCL就以实质行动证明了李东生的话。2003年年底,TCL与汤姆逊研制生产的85HZ背投电视,通过国家广播电视产品质量监督检验中心的验证。85HZ背投电视是"第五代背投",TCL此举使得它在背投领域超越了长期领先的长虹。而且,这一突破也将为TCL带来丰厚的利润,据悉,已有多家国外背投品牌向TCL购买此项专利技术。

2. 绕开贸易壁垒

从1988年开始,欧洲市场就对我国和韩国彩电实施反倾销调查,并于1991年对我国彩电征收15.3%的最终反倾销税,中国彩电被阻隔在欧盟市场之外长达10年之久。2003年5月,美国也开始对我国彩电实施反倾销调查。2003年11月24日,美国商务部初步裁定我国出口到美国的彩色电视机存在倾销行为。

如果裁决结果是肯定的,那么今后五年内,美国进口我国彩电的税率将提高30%以上。这对我国彩电生产企业来说,将是毁灭性的打击。据统计,目前我国彩电出口到美国市场已经超过400万台,如果征收高额关税,我国彩电将只剩下本土、东南亚、中东、南美等局部市场,我国彩电超过1500万台的生产能力将被闲置。

如果不想坐以待毙,国内彩电企业必须想办法突破越来越严重的贸易壁垒。

2002年9月,TCL成功收购了德国老牌电视生产企业施耐德,通过建立欧洲生产基地,绕开了欧盟的贸易壁垒。但施耐德存在其局限性,它的市场主要集中在德国、英国和西班牙三国,生产所在地的劳动力成本高昂,原有重要客户在破产前已流失不少。

而汤姆逊则不同,在欧洲和北美均拥有当地的强势品牌,而且在欧美已经建立了相对完善的营销网络;其生产基地也在劳动力相对低廉的墨西哥、波兰等国,虽然这些国家劳动力成本相对中国要高,但与日、韩等地相比,依然有较强的优势。而且,TCL—汤姆逊如果采用的是主要零部件在国内生产,墨西哥、波兰等地整机装配的办法,将可以继续发挥国内劳动力成本低廉的优势。2004年,TCL—汤姆逊将通过其原先设在墨西哥的彩电制造厂出口北美地区,从而重新迈进美国市场的大门。

3. 节约品牌推广成本

在进入国际市场时,由于品牌推广成本的高昂,国内企业除了海尔等少数企业外,大多采用的都是与外资品牌合作,为其贴牌生产的方式。这样使得国内企业仅能获得微薄的加工利润。

海尔早在1998年就开始实施国际化战略,但直到2003年,其冰箱才在美国市场取得一定成绩。为此,在进入日本市场时,海尔调整了策略,虽然还继续坚持采用自有品牌,但销售网络则借助当地家电生产商——三洋的帮忙。

海尔能够在海外市场取得成绩,一定程度上还与其生产的产品没有面临更新换代的问题。而电视则不同,据已公布的信息显示,美国计划在2006年关闭模拟电视;欧洲各国计划在2010年关闭模拟电视。与之相对应的是这几年,美国、欧洲市场数字彩电的销量大增。而另一方面,数字电视领域蕴藏的巨大商机,已经引起各大企业的重视,连惠普、摩托罗拉等IT企业都先后宣布将生产数字彩电。

如果TCL采用在欧美推广自有品牌的方式,就算扣除反倾销的影响,它也需要时间建设销售网络,让当地消费者接受TCL品牌。但风云变幻的市场能给TCL留出时间吗?

与汤姆逊的合作,使TCL面临的难题迎刃而解。百年品牌——汤姆逊目前为全球四大消费电子类生产商之一,是全球第一台互动电视专利技术的拥有者,在数字电视、解码器、调制解调器、DVD机、MP3播放器、电子图书和家用数字网络等方面均处于世界领先地位,是欧美消费者认可的数字巨人。旗下的THOMSON品牌和RCA品牌分别在欧洲与北美市场上拥有良好的品牌形象。经过多年经营,在欧美已有庞大的销售网络。利用这些有利条件,可以大大节约TCL进入欧洲数字彩电市场的品牌推广成本。

(资料来源:邱小立:《2003年度中国十大经典营销案例》,北斗成功网。)

**案例思考题:**

从国内营销转向国际营销,企业面临的最大挑战是什么?

## 应用训练

1. 实训目标

通过实训掌握国际人员推销技巧,熟悉推销计划表的制作。

2. 实训内容

(1)组织观看《超级推销》。

(2)讨论《超级推销》的内容。

(3)讲解模拟范例。

(4)根据模拟实训材料进行模拟训练。

# 参考文献

[1]吴健安.市场营销学[M].第3版.北京:高等教育出版社,2007.
[2]纪宝成.市场营销学教程[M].第3版.北京:中国人民大学出版社,2002.
[3]吴晓云.市场营销管理教程[M].第3版.天津大学出版社,2009.
[4]王峰,吕彦儒.市场营销[M].上海财经大学出版社,2006.
[5]王妙.市场营销学教程[M].上海:复旦大学出版社,2005.
[6]邱斌.市场营销学——基本原理与经典案例[M].南京大学出版社,2005.
[7]方青云,袁蔚,孙慧.现代市场营销学[M].上海:复旦大学出版社,2005.
[8]祝海波,邓德胜,聂绍芳等.市场营销战略与管理[M].北京:中国经济出版社,2006.
[9]冯丽云.现代市场营销学[M].北京:经济管理出版社,2002.
[10]王维,刘岗.市场营销学[M].北京:经济科学出版社,2004.
[11]王彦长,王亮.市场营销学[M].合肥:中国科学技术大学出版社,2011.
[12]江若尘.市场营销学[M].北京:中国科学技术出版社,2003.
[14]李先国.分销[M].北京:企业管理出版社,2003.
[15]刘永清.斯沃琪手表的世界级品牌之路[J].管理现代化,2003.
[16]龚维新.现代国际营销[M].上海社会科学出版社,1995.
[17]陈学清.迪斯尼跨文化营销经验的启示[J].企业研究,2006.
[18]邱小立.2003年度中国十大经典营销案例,北斗成功网
[19]陈启杰.现代国际市场营销学[M].上海财经大学出版社,2000.
[20]周培玉.商务策划管理教程[M].北京:中国经济出版社,2006.
[21]徐阳,张毅.市场调查与市场预测[M].北京:高等教育出版社,2008.
[22]景奉杰,曾伏娥.市场营销调研[M].北京:高等教育出版社,2010.
[23]张道梅,吴义凤,张乃书.愿计算器助你一臂之力[J].中学教学参考,2009.
[24]汪建刚,蔡文芬,张乃书.生长曲线"非典"预测的有益启示[J].扬州大学学报(自然科学版).理论与实践研究,2010.
[25]丁宇晴,韦雪,张乃书.电子计算器在市场调查与预测中的应用[J].教育学文摘,2010.

[26]张乃书,易秋香,薛琴.电子计算器及其在统计中的应用[J].扬州大学学报(自然科学版),理论与实践研究,2010.

[27]王德清,严开胜.现代市场营销学[M].重庆大学出版社,2005.

[28]赵浩兴.市场营销理论与实践[M].北京:中国商业出版社,2005.

[29]王方华,顾锋.市场营销学[M].上海人民出版社,2003.

[30]陈阳.市场营销学[M].北京大学出版社,2008.

[31]北京三木广告公司编著.整合营销传播[M].北京:工商出版社,1997.

[32]杨永杰,李宁.市场营销学[M].北京:首都经济贸易大学出版社,2007.

[33]杨慧,张湘赣.市场营销学[M].湖南大学出版社,2009.

[34]郭国庆.市场营销学通论[M].北京:中国人民大学出版社,2005.

[35]白长虹,范秀成.市场学[M].天津:南开大学出版社,2007.

[36]王维,刘岗.市场营销学[M].北京:经济科学出版社,2004.

[37]任君卿,周根然,张明宝.新产品开发[M].北京:科学出版社,2009.

[38]何永祺,傅汉章.市场营销原理[M].广州:中山大学出版社,2006.

[39] Managing Customer Value: Creating Quality and Service That Customer Can See.

[40]菲利普·科特勒,迪派克·詹恩,苏维·麦森西著,高登第译.科特勒营销新论[M].北京:中信出版社,2002.

[41]张明立.顾客价值:21世纪企业竞争优势的来源[M].第1版.北京:电子工业出版社,2007.

[42]Woodruff, R. B. Customer Value: The Next Source of CompetitiveAdvantage. Journal of the Academy of Marketing Science,1997,25(2):139—153.

[43]尤建新,陈强.顾客满意管理[M].北京师范大学出版社,2008.

[44]汤兵勇.客户关系管理[M].第2版.北京:高等教育出版社,2008.

[45]杨路明.客户关系管理理论与实务[M].北京:电子工业出版社,2009.

[46]韩光军.品牌策划[M].北京:经济管理出版社,1997.

[47]王方华,奚俊芳.营销渠道[M].上海交通大学出版社,2005.

[48]伯特·罗森布罗姆.李乃和,奚俊芳等译.营销渠道管理[M].北京:机械工业出版社,2003.

[49]吕一林.营销渠道决策与管理[M].北京:首都经贸大学出版社,2002.

[50]张卫东.现代市场营销学[M].重庆大学出版社,2007.

[51]李小红.分销渠道设计与管理[M].重庆大学出版社,2006.

[52]沈君平.品牌营销后台——营销战略及品牌战略的创新思考[M].杭州:浙江大学出版社,2009.

[53]胡介埙.分销渠道管理[M].大连:东北财经大学出版社,2009.

[54]余明阳.品牌战略[M].北京:清华大学出版社,2009.

[55]卫军英.品牌营销[M].北京:首都经贸大学出版社,2009.

[56]卜妙金.分销渠道管理[M].北京:高等教育出版社,2007.

[57]郑佳.品牌管理[M].杭州:浙江大学出版社,2010.

[58]张广玲.分销渠道管理[M].武汉大学出版社,2005.

[59]卢泰宏等,实效促销SP[M].北京:清华大学出版社,2003.

[60]李仉辉,项巨力.市场营销学[M].上海:立信会计出版社,2006.

[61]梁士伦等.市场营销学[M].武汉理工大学出版社,2006.

[62]韩光军.现代广告学[M].第2版.北京:首都经济贸易大学出版社,2000.

[63]傅浙铭,吴晓灵.营销八段:企业广告管理[M].广州:广东经济出版社,2000.

[64]郑明珍.现代公共关系学[M].合肥:安徽人民出版社,2004.

[65]叶万春,宋先道.市场营销案例荟萃[M].武汉工业大学出版社,1999.

[66]李志敏.跟大师学营销[M].北京:中国经济出版社,2004.

[67]罗绍明.市场营销实训教程[M].北京:对外经济贸易大学出版社,2006.

[68]王妙,冯伟国.市场营销学实训(实践课业指导)[M].上海:复旦大学出版社,2007.

[69]傅慧芬.当代营销学案例集[M].北京:对外经济贸易大学出版社,2001.

[70]周培玉.商务策划管理教程[M].北京:中国经济出版社,2006.

[71]郭国庆,钱明辉.市场营销学通论[M].第4版.北京:中国人民大学出版社,2011.

[72]郭国庆,汪晓凡.市场营销学通论[M].第4版.北京:中国人民大学出版社,2009.

[73]郭国庆.营销理论发展史[M].北京:中国人民大学出版社,2009.

[74]菲利普·科特勒.梅汝和,梅清豪,周安柱译.营销管理.[M].第10版.北京:中国人民大学出版社,2001.

[75]张德鹏.市场营销学[M].广州:广东高等教育出版社,2007.

[76]李业.营销学原理[M].广州:广东高等教育出版社,2003.

[77]菲利普·科特勒等著.市场营销管理[M].亚洲版.北京:中国人民大学出版社,2008.

[78]吴建安.市场营销学[M].北京:高等教育出版,2008.

[79]彭代武.市场营销[M].北京:高等教育出版社,2004

[80]马丁·克里斯托弗.关系营销.李宏明译.北京:中国经济出版社,2001.

[81]菲力普·科特勒,加里·阿姆斯特朗.市场营销[M].北京:华夏出版社,2003.

[82]郭国庆,王雪莲.企业市场营销[M].北京:企业管理出版社,2003.

[83]刘伟萍.中国民营企业管理制度与发展模式[M].北京:机械工业出版社,2003.

[84]郭毅.市场营销学原理[M].北京:电子工业出版社,2003.

[85]杨智.市场导向与营销绩效关系研究[M].北京:中国财政经济出版社,2005.

[86]万后芬,汤定娜.市场营销学[M].北京:高等教育出版社,2007.

[87]菲利普·科特勒.梅清豪译.营销管理[M].上海:人民出版社,2007.

[88]杜纳·E·科耐普.品牌智慧[M].北京:企业管理出版社,2008.

[89]Roger J. Best,Market—Based Management,2nd Edition,New Jersey :Prentice—Hall,2000.

[90]Philip Kotler and Kevin Lane Keller,Marketing Management,13th Edition,New Jersey :Pearson Education,Inc,2009.

[91]许以洪,李双玫.市场营销学[M].北京:机械工业出版社,2009.

[92]郭国庆.市场营销学通论[M].北京:中国人民大学出版社,2004.

[93]王方华.市场营销学[M].上海:复旦大学出版社,2003.

[94]甘碧群.市场营销学[M].武汉大学出版社,2002.

[95]何永琪,张伟忠,蔡新春.市场营销学[M].大连:东北财经大学出版社,2003.

[96]李世宗,黄金火,邱华.市场营销学[M].武汉:华中科技大学出版社,2004.

[97]王妙.市场营销学实训[M].北京:高等教育出版社,2003.

[98]林祖华.市场营销案例分析[M].北京:高等教育出版社,2003.

[99]万后芬,汤定娜,杨智.市场营销教程[M].北京:高等教育出版社,2005.

[100]左莉.现代营销手册[M].北京:中国人事出版社,2001.

[101]金润圭.市场营销[M].北京:高等教育出版社,2004.

[102]中国市场营销网　http://www.ecm.com.cn/index.asp.

[103]中国营销传播网　http://www.emkt.com.cn/

[104]世界经理人网站 http://marketing.icxo.com

[105]世界经理人文摘 http://cec.asiansources.com

[106]《销售与市场》网络版 http://www.cmmo.com.cn

[107]中国经营报 http://www.cb.com.cn

[108]http://www.whaty.com/2009jpk/zzdx/scyxx/index.html

[109]http://www.all56.com/view.php? tid=3747&cid=21

[110]李成钢.基于美国政府采购制度的比较与借鉴[J].中国发展观察,2010.

# 后 记

在长期的市场营销教学中,我们深切感受到应用型的市场营销教材是如何的缺乏。在长期与企业市场营销人员的接触交流中,我们深切感受到指导营销实战的教材是如何的重要。实用、适用、好用是衡量一本教材成功与否的重要标志。我们一直在寻找这样定位的教材,也一直想做这方面的努力和尝试。恰逢北师大出版集团安徽大学出版社的领导高瞻远瞩,策划出版"应用型高等院校经管系列"教材,专门面向应用型人才定位培养、专门面向营销实战定位的教材。我们积极参与,汇聚旗下。于是便成就了这本教材。

本教材是集体智慧的结晶,在统一的教材编写体例及编写原则下成篇,撰稿分工如下:王彦长执笔第一章、第三章,姚垚执笔第九章,孟凡会执笔第二章和第五章,张乃书执笔第六章,王敏执笔第四章、第七章和第八章,张保花执笔第十章和第十一章,何叶荣执笔第十二章和第十三章,王亮执笔第十四章和第十五章。

本教材在编写过程中参考和吸收了国内、外同类教材和一些相关著作、报刊等文献资料,并引用了一些材料和观点,除了把这些文献目录列于本书后面外,同时在此向文献的作者们深致谢忱。本教材虽倾注编者宝贵心血,但限于水平,难免存在许多不足和错漏之处,恳请有关专家和读者批评指正。

真诚感谢北师大出版集团安徽大学出版社的康建中社长、朱丽琴副总编辑、龚婧瑶编辑在本书策划、编写过程中给予的大力支持和指导!

编 者

2012 年 5 月